LETTRES HISPANIQUES

ANATOMIE D'UN INSTANT

DU MÊME AUTEUR

LES SOLDATS DE SALAMINE, Actes Sud, 2002 ; Babel n° 621.
À PETITES FOULÉES, Actes Sud, 2004.
À LA VITESSE DE LA LUMIÈRE, Actes Sud, 2006 ; Babel n° 865.

Cet ouvrage a été publié avec une subvention
de la Direction générale du livre,
des archives et des bibliothèques
du ministère de la Culture d'Espagne

Titre original :
Anatomía de un instante
Editeur original :
Random House Mondadori, SA, Barcelone

ISBN 978-2-7427-9215-3

JAVIER CERCAS

Anatomie d'un instant

Traduit de l'espagnol
par Elisabeth Beyer et Aleksandar Grujičić

ACTES SUD

à la mémoire de José Cercas

à Raül Cercas et Mercé Mas

Colui
Che fece… il gran rifiuto.

DANTE, *Inferno*, III, 60.

Prologue

ÉPILOGUE D'UN ROMAN

1

J'ai lu mi-mars 2008 que, d'après une enquête[1] publiée au Royaume-Uni, un quart des Anglais pensaient que Winston Churchill était un personnage de fiction. A cette époque-là, je venais de terminer le brouillon d'un roman sur le coup d'Etat espagnol du 23 février 1981, j'étais rongé de doutes sur ce que j'avais écrit et je me souviens de m'être demandé combien d'Espagnols pouvaient penser qu'Adolfo Suárez était un personnage de fiction, que le général Gutiérrez Mellado était un personnage de fiction, que Santiago Carrillo ou le lieutenant-colonel Tejero étaient des personnages de fiction. La question me semble toujours pertinente. Certes, Winston Churchill est mort il y a plus de quarante ans, le général Gutiérrez Mellado, il y a moins de quinze ans, et au moment où j'écris ces lignes Adolfo Suárez, Santiago Carrillo et le lieutenant-colonel Tejero sont encore en vie. Pourtant, si Churchill est un personnage historique de premier ordre et si Suárez partage avec lui cette condition, du moins en Espagne, on peut se demander si c'est également le cas du général Gutiérrez Mellado et de Santiago Carrillo, pour ne pas parler du lieutenant-colonel Tejero. Qui plus est, à l'époque de Churchill, la télévision n'était pas encore le principal fabricant de réalité en même temps que le principal fabricant d'irréalité de la planète, alors que l'une des caractéristiques du coup d'Etat du 23 février est justement d'avoir été enregistré par la télévision et retransmis dans le monde entier. De fait, on peut se demander si à l'heure actuelle le lieutenant-colonel Tejero ne serait pas pour beaucoup un personnage de télévision ; dans une certaine mesure, Adolfo Suárez, le général Gutiérrez Mellado et Santiago Carrillo le sont peut-être eux aussi, mais certainement à un degré moindre : outre les annonces publicitaires de grandes marques d'électroménager et les plateaux d'émissions people sur lesquels on diffuse son image, la vie publique du lieutenant-colonel putschiste se résume aux quelques secondes retransmises tous les ans à la télévision lors desquelles, coiffé de son tricorne et brandissant son pistolet réglementaire 9 millimètres court, il fait irruption dans l'hémicycle du Congrès et humilie à coups de feu les députés présents. Nous savons certes qu'il s'agit d'un personnage réel, mais en fait il est irréel ; nous savons certes qu'il s'agit d'une image réelle, mais en fait elle est irréelle : il est question là d'une scène typiquement espagnole, qui semble tout droit sortie du cerveau infesté de clichés d'un médiocre imitateur de Luis García Berlanga. Aucun personnage réel ne devient fiction parce qu'il est apparu à la télévision, mais il est fort probable que la télévision contamine d'irréalité tout ce qu'elle touche, et qu'un événement historique change d'une certaine façon de nature s'il est retransmis par la télévision, parce qu'elle dénature la manière dont nous le percevons (pour ne pas dire qu'elle le trivialise ou le corrompt). Le coup d'Etat du 23 février présente cette anomalie : à ma connaissance, c'est le seul coup d'Etat de l'Histoire enregistré par la télévision, et le fait qu'il a été filmé constitue sa garantie à la fois de réalité et d'irréalité. Cette circonstance, à laquelle s'ajoutent la stupéfaction réitérée que produisent ces images, l'importance historique de l'événement et les zones d'ombre réelles ou supposées qui le brouillent encore, explique peut-être le ramassis inouï de fictions qui l'entoure, sous forme de théories sans fondement, d'idées fantaisistes, de spéculations romanesques et de souvenirs inventés.

Je n'en donne ici qu'un exemple infime ; infime, mais non banal, parce qu'il a précisément trait à l'existence télévisée du coup d'Etat. Aucun Espagnol à l'âge de raison au jour du 23 février 1981 n'a oublié ce qu'il a fait ce soir-là, et nombreux sont ceux qui, dotés d'une bonne mémoire, se rappellent avec force détails – l'heure, le lieu, les gens qui les entouraient à ce moment-là – avoir vu en direct et à la télévision le lieutenant-colonel Tejero et ses gardes civils entrer dans le Congrès, et ils seraient prêts à en mettre leur main à couper. Il n'en est rien : bien que la radio ait retransmis en direct le coup d'Etat, les images télévisées ne furent diffusées qu'après la libération du Congrès, c'est-à-dire le lendemain à midi et demi. Elles n'avaient été vues en direct que par une poignée de journalistes et de techniciens de la Télévision espagnole dont les caméras filmaient la séance parlementaire interrompue ; ces derniers faisaient circuler ces images en interne dans l'attente de les éditer et de les diffuser dans les journaux télévisés du soir et de la nuit. C'est ainsi que cela s'est déroulé, mais nous refusons tous de renoncer à nos souvenirs qui sont la base de notre identité, et d'aucuns préfèrent ce dont ils se souviennent à ce qui s'est réellement passé, c'est pourquoi ils persistent dans l'idée d'avoir vu le coup d'Etat en direct. Voilà, je suppose, une réaction névrotique, mais non pour autant illogique, *a fortiori* s'agissant du coup d'Etat du 23 février, où il paraît souvent difficile de distinguer le réel du fictif. En fin de compte, il y a de bonnes raisons pour concevoir le coup d'Etat du 23 février comme le produit d'une névrose collective. Ou d'une paranoïa collective. Ou, plus précisément, d'un roman collectif. Dans la société du spectacle en tout cas, ce fut un spectacle de plus. Cela ne veut pas dire pour autant que ç'ait été une fiction : le coup d'Etat du 23 février 1981 a bel et bien eu lieu, et vingt-six ans après, alors que ses protagonistes ont déjà commencé pour beaucoup à perdre leur statut de personnages historiques et à faire partie du champ de la fiction, je venais de terminer le brouillon d'un roman dans lequel j'essayais de transformer le 23 février en fiction. Et j'étais rongé de doutes.

2

Comment ai-je eu l'idée d'écrire une fiction sur le 23 février ? Comment ai-je eu l'idée d'écrire un roman sur une névrose, une paranoïa, un roman collectif ?

Il n'est point de romancier qui n'ait parfois eu l'impression présomptueuse que la réalité lui réclamait un roman, que ce n'était pas lui qui cherchait un roman, mais un roman qui le cherchait. J'ai eu cette impression le 23 février 2006. Peu avant cette date, un journal italien m'avait demandé de relater mes souvenirs du coup d'Etat. J'ai accepté ; j'ai écrit un article[2] dans lequel je racontais tout d'abord que j'avais été un héros ; ensuite, que je n'en avais pas été un ; enfin, que personne n'avait été héroïque. J'avais été un héros parce que ce soir-là, après avoir appris par ma mère qu'un groupe de gardes civils armés avait interrompu la séance d'investiture du nouveau président du gouvernement, j'étais sorti comme une flèche pour rejoindre l'université, l'imagination de mes dix-huit ans bouillonnant de scènes révolutionnaires – celles d'une ville qui prenait les armes et qui, hérissée de barricades à chaque coin de rue, grouillait de manifestants opposés au coup d'Etat ; je n'avais pas été un héros parce qu'à vrai dire, je n'étais pas sorti comme une flèche pour rejoindre l'université dans l'idée intrépide de participer à la défense de la démocratie contre les militaires rebelles, mais dans celle, libidineuse, de localiser une camarade dont j'étais follement épris et peut-être de profiter de ces heures romantiques, ou du moins romantiques à mes yeux, pour la conquérir ; personne n'avait été héroïque parce que ce soir-là, quand je suis arrivé à l'université, je n'y ai rencontré personne sinon ma copine et deux autres étudiants, aussi inoffensifs que déboussolés : personne dans mon université – ni dans aucune autre – n'avait fait le moindre geste pour s'opposer au coup d'Etat ; personne dans ma ville – ni dans aucune autre – n'était sorti dans la rue pour affronter les militaires rebelles. Hormis une poignée d'individus qui s'étaient réellement montrés prêts à risquer leur vie pour défendre la démocratie, le pays entier était resté à la maison à attendre l'échec du coup d'Etat. Ou son succès.

C'est en résumé ce que je racontais dans mon article et, sans doute parce qu'il avait activé des souvenirs oubliés, ce 23 février-là j'ai suivi avec un intérêt plus vif la presse écrite, les reportages et les entretiens par lesquels les médias commémoraient le vingt-cinquième anniversaire du coup d'Etat. J'en suis resté perplexe : j'avais présenté le coup d'Etat du 23 février 1981 comme un échec total de la démocratie, alors que la plupart de ces articles, de ces reportages et de ces entretiens le présentaient comme un triomphe absolu de la démocratie. Et ils n'étaient pas les seuls. Le même jour, le Congrès des députés approuva un texte institutionnel qui déclarait que "l'absence de la moindre lueur de soutien populaire, l'attitude exemplaire des citoyens, le comportement responsable des partis politiques et des syndicats, ainsi que des médias et surtout des institutions démocratiques [...], suffirent à déjouer le coup d'Etat[3]". Il semble difficile d'accumuler tant de contre-vérités en si peu de mots, ou c'est du moins ce que je me suis dit en lisant ces lignes : j'avais l'impression que le coup d'Etat n'avait pas manqué de soutien populaire, que l'attitude des citoyens n'avait pas été exemplaire, que le comportement des partis politiques et des syndicats n'avait pas été responsable, et surtout, hormis quelques rarissimes exceptions, que les médias et les institutions démocratiques n'avaient rien fait pour déjouer le coup d'Etat. Mais ce ne fut pas cette spectaculaire divergence entre mon souvenir personnel du 23 février et le souvenir apparemment collectif qui attira le plus mon attention et suscita chez moi le sentiment présomptueux que la réalité exigeait de moi un roman, mais quelque chose de beaucoup moins choquant ou de plus élémentaire, même si cela était probablement lié à cette divergence. Ce fut une image que tous les reportages télévisés rediffusaient à souhait : celle d'Adolfo Suárez pétrifié sur son siège, quelques secondes après l'entrée du lieutenant-colonel Tejero dans l'hémicycle du Congrès, au moment où les balles des gardes civils sifflaient autour de lui et des autres députés présents qui se jetèrent tous à terre pour se protéger de la fusillade – à l'exception de deux d'entre eux : le général Gutiérrez Mellado et Santiago Carrillo. Bien sûr, j'avais vu cette image des dizaines de fois, mais pour une raison ou pour une autre, ce jour-là, je la vis comme pour la première fois : les cris, les tirs, le silence terrorisé de l'hémicycle et cet homme appuyé contre le dossier en cuir bleu de son siège de président du gouvernement, seul, statuaire et spectral dans un désert de sièges vides. Tout d'un coup, cette image me parut hypnotique et radieuse, profondément complexe, saturée de sens ; peut-être parce que l'énigme véritable ne réside pas dans ce qui n'a été vu de personne, mais dans ce que nous avons tous vu de nombreuses fois et qui refuse cependant de délivrer sa signification, cette image me parut tout d'un coup énigmatique. C'est elle qui m'a alerté. Borges dit que "tout destin, aussi long et compliqué soit-il, se résume au fond à un seul moment : le moment où l'homme apprend une fois pour toutes qui il est[4]". En regardant ce 23 février-là Adolfo Suárez assis sur son siège alors qu'autour de lui sifflaient les balles dans l'hémicycle désert, je me suis demandé si à ce moment précis Suárez avait appris une fois pour toutes qui il était, et quel sens revêtait cette image lointaine, à supposer qu'elle en revête un. Cette double question ne m'a pas quitté pendant quelques jours, et pour essayer d'y répondre – ou plus précisément pour essayer de la formuler avec précision – je décidai d'écrire un roman.

Je me mis à la tâche immédiatement. Je ne sais pas s'il faut préciser que mon dessein n'était ni de justifier la figure de Suárez, ni de la dénigrer, encore moins de la jauger, mais uniquement d'explorer le sens d'un geste. Je mentirais pourtant en disant que Suárez m'inspirait à cette époque beaucoup de sympathie : j'étais adolescent lorsqu'il était au pouvoir et je l'avais toujours pris pour un arriviste du franquisme qui avait prospéré en courbant l'échine à force de révérences, un homme politique opportuniste, réactionnaire, bigot, superficiel et roué, qui incarnait tout ce que je détestais le plus dans mon pays et que j'identifiais, je le crains, avec mon père, suariste obstiné ; avec le temps, mon opinion sur mon père s'était améliorée, contrairement à mon opinion sur Suárez : un quart de siècle après le coup d'Etat, je le considérais tout juste comme un homme politique médiocre dont le plus grand mérite était d'avoir été au bon endroit et au bon moment, ce qui lui avait accidentellement octroyé le statut de cheville ouvrière du changement, celui de la dictature à la démocratie, que le pays aurait connu avec ou sans lui. Mes réserves m'incitaient à contempler avec plus de sarcasme que d'étonnement les festivités autour de la canonisation de Suárez, érigé de son vivant en grand homme d'Etat artisan de la démocratie. Cette année-là, je crus d'ailleurs déceler lors de ces festivités le parfum d'une hypocrisie bien supérieure à celle dont j'avais l'habitude en ces circonstances, comme si personne n'y croyait un instant ou comme si, plus que de célébrer Suárez, ceux qui le célébraient se célébraient eux-mêmes. Paradoxalement, la faible estime que j'éprouvais à son égard m'aida à saisir son personnage et son geste dans toute leur complexité, surtout à mesure que je fouinais dans sa biographie et me documentais sur le coup d'Etat. J'ai tout d'abord essayé d'obtenir de la Télévision espagnole une copie de l'enregistrement complet de l'entrée du lieutenant-colonel Tejero dans le Congrès. Les formalités se montrèrent plus fastidieuses que prévu, mais elles en valurent la peine : les images que nous voyons à chaque anniversaire du 23 février durent cinq, dix, quinze secondes tout au plus ; les images complètes sont bien plus longues : trente-quatre minutes et vingt-quatre secondes. Quand elles avaient été diffusées par la télévision, le 24 février 1981 à midi, le philosophe Julián Marías[5] avait déclaré qu'elles méritaient le prix du meilleur film de l'année. Presque trois décennies plus tard, j'eus l'impression que cet éloge ne leur rendait pas assez justice : il s'agit d'images très denses, d'une puissance visuelle extraordinaire, saturées d'Histoire et électrisées par la vérité, que j'ai regardées maintes fois sans pouvoir m'arracher à leur sortilège. Pendant cette première phase, j'ai lu plusieurs biographies de Suárez, plusieurs livres sur les années où il avait exercé le pouvoir et sur le coup d'Etat, j'ai consulté certains journaux de l'époque, je me suis entretenu avec plusieurs hommes politiques et plusieurs militaires, aussi avec quelques journalistes. L'un de mes premiers interlocuteurs a été Javier Pradera, un ancien rédacteur communiste devenu éminence grise de la culture espagnole et aussi l'une des rares personnes qui, le 23 février 1981, s'étaient montrées prêtes à risquer leur vie pour la démocratie : à l'époque, il écrivait les éditoriaux d'*El País* et, le jour du coup d'Etat, le quotidien sortit une édition spéciale avec un texte ouvertement antiputschiste signé de lui. J'ai raconté à Pradera mon projet (je lui ai menti : je lui ai dit que j'envisageais d'écrire un roman sur le 23 février ; ou peut-être ne lui ai-je pas menti : peut-être dès le début ai-je voulu imaginer que le geste d'Adolfo Suárez contenait en substance tout le sens du 23 février). Pradera s'est montré enthousiasmé ; comme c'est un homme peu enclin aux enthousiasmes, je suis resté sur mes gardes : je lui ai demandé pourquoi tant d'enthousiasme. "C'est très simple, répondit-il. Parce que ce coup d'Etat est un roman. Un roman policier. En voici l'intrigue : Cortina monte le coup d'Etat et Cortina le démonte. Par loyauté envers le roi." Cortina est le commandant José Luis Cortina ; le 23 février, il était chef de l'unité d'opérations spéciales du CESID, le service de renseignements espagnol : il appartenait à la même promotion militaire que le roi, on le supposait en étroites relations avec le monarque. Après le 23 février, il a été accusé d'avoir participé au coup d'Etat, ou plutôt de l'avoir déclenché, à la suite de quoi il a été incarcéré, interrogé et acquitté par le conseil de guerre, mais les doutes qui planaient sur lui ne se sont jamais dissipés. "Cortina monte le coup d'Etat et Cortina le démonte" : Pradera rit, moqueur ; je ris aussi : plutôt que l'intrigue d'un roman policier, cela me parut une version sophistiquée des *Trois Mousquetaires*, avec le commandant Cortina dans un rôle qui mêlait d'Artagnan et le comte de Tréville.

L'idée me plut. Peu après ma conversation avec Pradera, je suis tombé par hasard sur un livre qui faisait très exactement écho à la fiction que l'ancien éditorialiste d'*El País* avait évoquée, sauf que ce livre n'était pas une fiction : il s'agissait d'un travail d'investigation journalistique. Dans sa thèse, Jesús Palacios affirmait que, contrairement à ce qu'il y paraît à première vue, le coup d'Etat du 23 février ne fut pas un bâclage improvisé par un groupe incertain de militaires franquistes invétérés et de militaires monarchistes aux ambitions politiques, mais "un coup d'Etat d'auteur", une opération conçue jusque dans ses moindres détails par le CESID – par le commandant Cortina, mais aussi par le lieutenant-colonel Calderón, son supérieur immédiat et, à l'époque, l'homme fort des services de renseignements –, dont l'objectif ne consistait pas à anéantir la démocratie, mais à la limiter ou à en changer le cours en écartant Adolfo Suárez de la présidence pour lui substituer un militaire à la tête d'un gouvernement de salut national composé des représentants de tous les partis politiques ; d'après Palacios, pour ce faire, non seulement Calderón et Cortina avaient compté sur le consentement implicite et l'impulsion du roi, désireux de surmonter le malaise provoqué par les crises chroniques des gouvernements de Suárez, mais ils avaient aussi désigné le chef de l'opération – le général Armada, ancien secrétaire du roi –, lui avaient attribué deux hommes de main – le général Milans del Bosch et le lieutenant-colonel Tejero – et avaient tissé au cordeau une toile d'araignée conspiratrice faite de militaires, d'hommes politiques, de patrons, de journalistes et de diplomates que des ambitions diverses et opposées avaient réunis autour de cette cause commune qu'était le coup d'Etat. C'était une hypothèse irréfutable : soudain, le chaos du 23 février prenait tout son sens ; soudain, tout semblait cohérent, symétrique, géométrique, comme dans les romans. Bien entendu, le livre de Palacios n'était pas un roman, et une certaine connaissance des faits – *a fortiori* pour les spécialistes les plus pointilleux – laissait entrevoir que

Palacios avait pris des libertés vis-à-vis de la réalité afin que celle-ci ne démentît pas son hypothèse ; mais je n'étais pas historien, ni même journaliste, juste un écrivain de fictions, ainsi étais-je autorisé par la réalité à prendre avec elle toutes les libertés nécessaires, car le roman est un genre qui n'a pas à se justifier face à la réalité, mais uniquement face à lui-même. Je me réjouissais de voir que Pradera et Palacios m'offraient une version améliorée des *Trois Mousquetaires* : cette dernière racontait l'histoire d'un agent secret qui, pour sauver la monarchie, trame une gigantesque conspiration destinée à renverser, par crainte d'un coup d'Etat, le président désigné par le roi, celui-là même qui refuse de se plier à la volonté des putschistes et seul homme politique (ou presque) à rester sur son siège tandis qu'autour de lui sifflent les balles dans l'hémicycle du Congrès.

A l'automne 2006, quand je crus en savoir suffisamment sur le coup d'Etat pour développer cette intrigue, je commençai à écrire mon roman ; pour des raisons qu'il n'est pas opportun d'évoquer ici, je l'abandonnai à l'hiver, mais vers la fin du printemps 2007 je le repris et en moins d'un an j'en terminai le brouillon : c'était, ou cela prétendait être, le brouillon d'une étrange version expérimentale des *Trois Mousquetaires*, racontée et jouée par le commandant Cortina et dont l'action ne renvoyait pas aux ferrets de diamants donnés au duc de Buckingham par la reine Anne d'Autriche, mais à l'image solitaire d'Adolfo Suárez assis dans l'hémicycle du Congrès pendant la soirée du 23 février. Le texte avait quatre cents pages ; je l'écrivis avec une fluidité inhabituelle, presque triomphale, chassant les doutes en me disant que le livre se trouvait dans un état embryonnaire et qu'à mesure que j'adhérerais à son mécanisme, l'incertitude finirait par se dissiper. Il n'en fut rien et, dès que j'eus terminé le premier jet, l'impression de triomphe s'évanouit et les doutes, au lieu de se dissiper, se multiplièrent. Après avoir passé des mois à examiner dans mon imagination les entrailles du coup d'Etat, je commençais à comprendre ce qu'avant je ne faisais que pressentir avec appréhension ou malgré moi : l'hypothèse de Palacios – qui constituait le ciment historique de mon roman – était fondamentalement fausse. Le problème n'était pas tant que le livre de Palacios fût globalement erroné ou mauvais : le problème était que le livre était bon au point que les lecteurs non familiers des événements du 23 février pouvaient finir par croire que pour une fois l'Histoire avait été cohérente, symétrique et géométrique, et non désordonnée, aléatoire et imprévisible, comme elle l'est en réalité ; autrement dit, l'hypothèse sur laquelle se basait mon roman était une fiction qui, comme toute bonne fiction, était construite à partir de données, de dates, de noms, d'analyses et de conjectures exacts, sélectionnés et astucieusement agencés par le romancier pour que tout se tienne et que la réalité se dote d'un sens homogène. Or, si le livre de Palacios n'était pas à proprement parler un travail d'investigation journalistique mais un roman superposé à un travail de cette nature, n'était-il pas redondant d'écrire un roman basé sur un autre roman ? Si un roman doit illuminer la réalité moyennant la fiction, en imposant géométrie et symétrie là où il n'y a que désordre et hasard, ne devait-il pas partir de la réalité et non de la fiction ? N'était-il pas superflu d'ajouter de la géométrie à la géométrie et de la symétrie à la symétrie ? Si un roman doit vaincre la réalité en la réinventant afin de lui substituer une fiction tout aussi persuasive, n'était-il pas indispensable de connaître d'abord la réalité pour la vaincre ? Un roman sur le 23 février ne doit-il pas renoncer à certains privilèges du genre et essayer de se justifier face à la réalité en plus de se justifier face à lui-même ?

C'était là des questions rhétoriques : au printemps 2008, je décidai que la seule façon de construire une fiction sur le coup d'Etat du 23 février était d'apprendre le plus scrupuleusement possible quelle en avait été la réalité. Ce n'est qu'alors que je me suis plongé à corps perdu dans la foison de constructions théoriques, d'hypothèses, d'incertitudes, d'inventions, de fabulations et de souvenirs imaginaires qui entourent cette journée-là. Pendant plusieurs mois et à temps complet, tandis que je voyageais fréquemment à Madrid et revenais sans arrêt sur l'enregistrement du Congrès pris d'assaut – comme si ces images cachaient dans leur transparence la clé secrète du coup d'Etat –, je lus tous les livres que je pus trouver sur le 23 février et sur les années qui l'avaient précédé, je consultai journaux et revues de l'époque, je me plongeai dans l'instruction du procès, j'interviewai des témoins et des protagonistes. Je me suis entretenu avec des politiciens, des militaires, des gardes civils, des espions, des journalistes, des personnalités politiques de l'époque du passage du franquisme à la démocratie qui avaient connu Adolfo Suárez et le général Gutiérrez Mellado et Santiago Carrillo et les témoins privilégiés du 23 février, que ce fût dans le palais de la Zarzuela, aux côtés du roi, dans le Congrès des députés, dans le Quartier général de l'armée, dans la division blindée Brunete, au siège central du CESID, au siège central de l'AOME, l'unité secrète du CESID dirigée par le commandant Cortina. Ce furent quelques mois obsessionnels, heureux, pourtant à mesure que j'avançais dans mes recherches et que ma vision du coup d'Etat évoluait, je commençai non seulement à comprendre que je m'engageais dans un labyrinthe infini de souvenirs presque toujours irréconciliables, en un lieu où rares étaient les certitudes et les preuves et que, par prudence, les historiens n'avaient pas trop arpenté, mais surtout que la réalité du 23 février était d'une envergure telle qu'elle était impénétrable, du moins pour moi, et que par conséquent il était inutile que je me lance le défi de l'asservir par un roman. Je pris davantage de temps à comprendre une chose bien plus importante : je compris que les faits du 23 février possédaient en eux-mêmes cette force dramatique et ce potentiel symbolique que nous exigeons de la littérature et je compris aussi que, bien qu'écrivain de fictions, je tenais pour une fois à la réalité plus qu'à la fiction, ou que je tenais bien trop à la réalité pour souhaiter la réinventer en lui substituant une réalité alternative ; en fait, rien de ce que j'aurais pu imaginer sur le 23 février ne me touchait ni ne m'exaltait autant et ne pouvait se montrer plus complexe et plus éloquent que la réalité pure du 23 février.

3

C'est ainsi que j'ai décidé d'écrire ce livre. Un livre qui – autant le reconnaître tout de suite – n'est que l'humble témoignage d'un échec : étant incapable d'inventer ce que je sais de l'événement pour tenter d'en illuminer la réalité par la fiction, je me suis résigné à le raconter. Les pages qui suivent ont pour objet de conférer à cet échec une certaine dignité. Cela signifie que j'essaierai de n'ôter aux faits ni leur force dramatique, ni le potentiel symbolique dont ils sont porteurs par eux-mêmes, ni même leur surprenante cohérence, leur symétrie et leur géométrie occasionnelles ; cela signifie aussi que je vais essayer de les rendre quelque peu intelligibles en les relatant sans cacher leur nature chaotique ni effacer les empreintes d'une névrose ou d'une paranoïa ou d'un roman collectif, mais avec la plus grande netteté, avec toute l'innocence dont je suis capable, comme si personne ne les avait racontés avant moi ou comme si personne ne se les rappelait plus, comme si, dans un certain sens, il était vrai que pour presque tout le monde Adolfo Suárez et le général Gutiérrez Mellado et Santiago Carrillo et le lieutenant-colonel Tejero étaient déjà des personnages fictifs ou du moins contaminés d'irréalité et que le coup d'Etat du 23 février était un souvenir inventé ; dans le meilleur des cas, je raconterai ces faits tel un chroniqueur de l'Antiquité ou celui d'un avenir lointain ; enfin, cela veut dire que j'essaierai de raconter le coup d'Etat du 23 février comme s'il s'agissait d'une histoire minuscule, mais comme si cette histoire minuscule là était l'une des histoires décisives des soixante-dix dernières années de l'Histoire espagnole.

Ce livre est également – autant le reconnaître là aussi – une tentative présomptueuse de transformer l'échec de mon roman sur le 23 février en succès, parce qu'il a l'insolence de ne renoncer à rien. Ou à presque rien : il ne renonce pas à s'approcher au plus près de la réalité pure du 23 février, d'où le fait que, même s'il n'est pas un livre d'Histoire – personne ne devrait se faire d'illusions et y chercher des données inédites ou des révélations sur notre récent passé –, il ne renonce pas entièrement à être lu comme tel* ; il ne renonce pas non plus

* A l'instar d'un livre d'Histoire, ce livre-ci s'appuie sur la source la plus tangible du 23 février : l'enregistrement des images de la prise du Congrès ; il ne peut s'appuyer en revanche sur la deuxième source et presque la plus importante : l'enregistrement des conversations téléphoniques ayant eu lieu au cours de la soirée et de la nuit du 23 février entre les personnes présentes à l'intérieur du Congrès et celles qui étaient à l'extérieur. L'enregistrement fut réalisé à la demande de Francisco Laína, directeur général de la Sécurité et chef du gouvernement d'urgence formé ce soir-là sur ordre du roi par des hommes politiques appartenant au deuxième échelon de l'administration de l'Etat afin de remplacer le gouvernement séquestré dans le Congrès. L'enregistrement ou une partie de l'enregistrement fut écouté le soir du 24 février par la Junte de défense nationale présidée par le roi et par Adolfo Suárez, au palais de

à se justifier face à lui-même, en plus de se justifier face à la réalité, ainsi, même s'il n'est pas un roman, il ne renonce pas entièrement à être lu comme tel, voire même comme une très singulière version expérimentale des *Trois Mousquetaires* ; surtout – et cela est peut-être la pire des insolences – ce livre ne renonce pas entièrement à comprendre par le truchement de la réalité ce qu'il a renoncé à comprendre par le truchement de la fiction, d'où le fait qu'il ne parle pas au fond du 23 février, mais uniquement d'une image ou d'un geste d'Adolfo Suárez en ce 23 février 1981 et, de façon collatérale, d'une image ou d'un geste du général Gutiérrez Mellado et d'une image ou d'un geste de Santiago Carrillo en ce même jour. Essayer de comprendre ce geste ou cette image revient à essayer de répondre à la question que je me suis posée quand un 23 février j'ai ressenti de façon présomptueuse que la réalité me réclamait un roman ; essayer de le comprendre sans les pouvoirs et la liberté de la fiction est le défi que se lance ce livre.

la Zarzuela (c'est sans doute à la suite de cela que le gouvernement ordonna l'arrestation immédiate du leader du coup d'Etat, le général Armada) ; il est possible que le juge d'instruction saisi de l'enquête sur le 23 février l'ait lui aussi écouté, même s'il a refusé d'en faire usage dans ses ordonnances car l'enregistrement avait été obtenu sans autorisation judiciaire ; l'enregistrement a disparu par la suite, et depuis lors on en a perdu la trace. Les uns disent qu'il se trouve dans les archives des services de renseignements. D'autres, qu'il fut détruit. Certains prétendent que, s'il n'a pas été détruit, il ne peut être que dans les archives du ministère de l'Intérieur. D'aucuns affirment qu'il a été déposé aux archives du ministère de l'Intérieur et que ce n'est que quelques années après le coup d'Etat qu'il a disparu. Certains disent enfin qu'en quittant le gouvernement, Adolfo Suárez a emporté une copie d'une partie de l'enregistrement. Les conjectures sont nombreuses. Je n'en sais pas plus.

Première partie

LE PLACENTA DU COUP D'ÉTAT

18 h 23 le 23 février 1981. Dans l'hémicycle du Congrès des députés se déroule le vote d'investiture de Leopoldo Calvo Sotelo sur le point d'être élu président du gouvernement pour succéder à Adolfo Suárez qui a démissionné vingt-cinq jours plus tôt mais qui est encore président en fonction après presque cinq ans de mandat au cours desquels le pays a mis un terme à une dictature et construit une démocratie. Assis sur leurs sièges, attendant leur tour pour voter, les députés conversent, somnolent ou rêvassent dans l'assoupissement général de la fin de l'après-midi ; la seule voix qui résonne avec clarté dans la salle est celle de Víctor Carrascal, secrétaire du Congrès, lisant depuis la tribune la liste des parlementaires qui, à mesure qu'ils entendent leurs noms, se lèvent pour appuyer ou rejeter la candidature de Calvo Sotelo, ou encore s'abstenir. C'est déjà le second vote et il est dépourvu de tout suspense : lors du premier, advenu trois jours plus tôt, Calvo Sotelo n'a pas obtenu le soutien de la majorité absolue des députés, mais il lui suffit cette fois-ci d'une majorité relative, ainsi – étant donné qu'elle lui est assurée –, à moins que ne surgisse un imprévu, le candidat sera-t-il dans quelques minutes élu président du gouvernement.

Mais l'imprévu surgit. Víctor Carrascal lit le nom de José Nasarre de Letosa Conde qui vote oui ; puis celui de Carlos Navarrete Merino qui vote non ; puis celui de Manuel Núñez Encabo, et c'est à ce moment-là qu'on entend une rumeur vive, peut-être un cri provenant de l'entrée droite de l'hémicycle, et Núñez Encabo ne vote pas ou son vote devient inaudible ou se perd dans l'agitation des députés perplexes dont certains échangent des regards, ne sachant pas s'ils doivent ou non en croire leurs oreilles, tandis que les autres se lèvent de leurs sièges pour tenter de voir ce qui se passe, curieux peut-être plus qu'inquiets. D'une voix nette et déconcertée, le secrétaire du Congrès demande : "Que se passe-t-il ?", balbutie quelque chose, puis redemande : "Que se passe-t-il ?" et c'est alors qu'entre par la droite un huissier en uniforme qui traverse à pas pressés le centre de l'hémicycle où sont assis les sténographes, et commence à monter les escaliers accédant aux sièges ; il s'arrête à mi-chemin, échange quelques mots avec un député et redescend ; il remonte ensuite trois marches puis les redescend. C'est alors qu'on entend le deuxième cri, confus, provenant de l'entrée gauche de l'hémicycle, puis, inintelligible lui aussi, un troisième cri, et la plupart des députés – de même que tous les sténographes et l'huissier – se tournent pour regarder vers l'entrée gauche.

Le plan change ; une deuxième caméra filme l'aile gauche de l'hémicycle : un pistolet à la main, le lieutenant-colonel de la garde civile Antonio Tejero monte posément les escaliers de la présidence du Congrès, passe derrière le secrétaire et se met à côté du président Landelino Lavilla qui le regarde d'un œil incrédule. Le lieutenant-colonel crie : "Que personne ne bouge !" puis quelques secondes ensorcelées s'écoulent pendant lesquelles il ne se passe rien et personne ne bouge et rien ne semble devoir se passer, aucun danger ne plane, seul le silence. Le plan change, mais le silence demeure : le lieutenant-colonel s'est volatilisé, la première caméra est maintenant braquée sur l'aile droite de l'hémicycle où tous les parlementaires qui s'étaient levés se sont rassis et le seul qui demeure debout est le général Manuel Gutiérrez Mellado, vice-président du gouvernement en fonction ; à côté de lui, Adolfo Suárez demeure assis sur son siège de président du gouvernement, le torse incliné vers l'avant, une main serrant l'accoudoir, comme si lui aussi était sur le point de se lever. Quatre cris très rapprochés, distincts et fermes, rompent alors le sortilège : quelqu'un crie : "Silence !" ; quelqu'un crie : "Que personne ne bouge !" ; quelqu'un crie : "A terre !" ; quelqu'un crie : "Tout le monde à terre !" L'hémicycle s'apprête à obéir : l'huissier et les sténographes s'agenouillent à côté de leur table ; certains députés semblent se contracter sur leurs sièges. Le général Gutiérrez Mellado se dirige pourtant vers le lieutenant-colonel rebelle, tandis que le président Suárez essaie en vain de le retenir en le tirant par la veste. A présent, le lieutenant-colonel Tejero, réapparu dans le champ, descend quelques marches de la tribune, puis s'arrête à mi-chemin, surpris ou intimidé par la présence du général Gutiérrez Mellado qui avance vers lui en lui intimant par des gestes catégoriques de sortir immédiatement de l'hémicycle, tandis que trois gardes civils font irruption par l'entrée droite et se ruent sur le vieux général décharné, le poussent, le tiennent par la veste, le secouent, ils sont sur le point de le pousser à terre. Le président Suárez se lève de son siège pour aller chercher son vice-président ; le lieutenant-colonel demeure encore sur l'escalier de la tribune sans se décider à descendre complètement, ne quittant pas la scène des yeux. Retentit alors le premier coup de feu ; s'ensuit le deuxième et le président Suárez attrape par le bras le général Gutiérrez Mellado impavide face à un garde civil qui lui ordonne par des gestes et des cris de se mettre à terre ; puis le troisième coup de feu se fait entendre et, sans cesser de défier du regard le garde civil, le général Gutiérrez Mellado libère violemment son bras de la prise de son président ; une fusillade éclate. Tandis que les balles arrachent du plafond des morceaux de plâtre et que tour à tour les sténographes et l'huissier se cachent sous la table et que les sièges engloutissent les députés jusqu'à ce que plus aucun d'entre eux ne soit visible, le vieux général demeure debout sous le feu des sous-officiers, les bras le long du corps et observant les gardes civils insurgés qui ne cessent de tirer. Quant au président Suárez, il retourne lentement vers sa place, s'assoit, s'appuie contre le dossier et reste ainsi, légèrement incliné à droite, seul, statuaire et spectral dans un désert de sièges vides.

1

Voilà l'image ; voilà le geste : un geste limpide qui contient de nombreux autres gestes.

A la fin de l'année 1989, alors que la carrière politique d'Adolfo Suárez touchait à sa fin, Hans Magnus Enzensberger saluait dans un essai la naissance d'une nouvelle classe de héros : les héros de la retraite[1]. D'après Enzensberger, face au héros classique, qui est le héros de la victoire et de la conquête, les dictatures du XXe siècle ont engendré le héros moderne, celui de la renonciation, de la démolition et du démontage : le premier est un idéaliste aux principes clairs et immuables ; le second, un professionnel de la combine et de la négociation qui inspire la défiance ; le premier atteint sa plénitude en imposant ses positions ; le second, en les abandonnant, en se sapant lui-même. C'est pourquoi le héros de la retraite n'est pas qu'un héros politique : il est aussi un héros moral. Enzensberger avance trois exemples de cette figure parfaitement nouvelle : le premier, Mikhaïl Gorbatchev, essayait à l'époque de démonter l'Union soviétique ; le deuxième, Wojciech Jaruzelski, avait empêché l'invasion soviétique de la Pologne en 1981 ; le troisième, Adolfo Suárez, avait démonté le franquisme. Adolfo Suárez, un héros ? Un héros non seulement politique mais aussi moral, qui plus est ? Pour la droite aussi bien que pour la gauche, c'était une couleuvre trop grosse à avaler : la gauche n'oubliait pas – elle n'avait pas de raison d'oublier – que, même si à partir d'un certain moment Suárez voulut être un homme politique progressiste et qu'il y réussit dans une certaine mesure, il fut pendant de nombreuses années un loyal collaborateur du franquisme et le parfait prototype de l'arriviste tel que la corruption institutionnalisée du régime l'avait favorisé ; la droite n'oubliait pas – elle se devait de ne pas oublier – que Suárez refusa toujours de s'identifier à elle, que plusieurs politiques qu'il avait appliquées ou soutenues n'étaient pas de droite et qu'aucun homme politique espagnol de la seconde moitié du XXe siècle ne l'avait autant exaspérée que lui. Suárez était-il donc un héros du centre, cette chimère politique forgée par lui-même afin de recueillir aussi bien les votes de la droite que ceux de la gauche ? Impossible, parce que la chimère se dissipa dès que Suárez abandonna la politique, ou même avant, comme se dissipe la magie dès que le magicien quitte la scène. A présent, vingt ans après l'analyse d'Enzensberger, alors que la maladie a rendu Suárez invalide et que sa figure est portée aux nues par tous, peut-être parce qu'il ne peut plus gêner personne, il y a dans la classe politique espagnole un consensus visant à lui accorder un rôle prépondérant dans la fondation de la démocratie ; mais si participer à la fondation de la démocratie est une chose, être le héros de la démocratie n'en est-il pas une tout autre ? Le fut-il vraiment ? Enzensberger a-t-il raison ? Si l'on oublie pour un moment que personne n'est un héros pour ses contemporains et si l'on accepte comme hypothèse qu'Enzensberger a raison, le geste de Suárez dans la soirée du 23 février ne prend-il pas l'importance d'un geste constitutif de la démocratie ? Le geste de Suárez ne devient-il pas alors l'emblème de Suárez en tant que héros de la retraite ?

Il faut d'abord dire à propos de ce geste qu'il n'est pas gratuit ; le geste de Suárez est porteur de sens, même si nous ne savons pas lequel exactement, de même que le geste de tous les autres parlementaires est porteur de sens et qu'il n'est pas gratuit – de tous sauf de Gutiérrez Mellado et de Santiago Carrillo. Au lieu de rester assis pendant la fusillade, les parlementaires obtempérèrent aux ordres des putschistes et cherchèrent refuge sous leurs sièges : inutile de se le cacher, ce geste est peu glorieux, et aucun des intéressés n'a voulu, à juste titre, longuement s'y attarder, même si l'un d'eux – le froid et pondéré Leopoldo Calvo Sotelo[2] – n'hésitera pas à attribuer le discrédit du Parlement à ce désert de sièges vides. Le geste le plus évident contenu dans celui de Suárez est un geste de courage, d'un courage remarquable : ceux qui ont vécu cet instant dans le Congrès se rappellent unanimement le fracas apocalyptique des rafales de mitraillettes dans l'espace clos de l'hémicycle, la panique devant une mort imminente, la certitude que cet Armageddon – comme le décrit Alfonso Guerra[3], le numéro deux socialiste qui se trouvait assis vis-à-vis de Suárez – ne pouvait se solder que par un massacre, cette même certitude qui s'abattit sur les techniciens et les cadres de la télévision qui avaient suivi la scène en direct depuis les studios du Prado del Rey. Ce jour-là, à peu près trois cent cinquante parlementaires remplissaient l'hémicycle dont certains – Simón Sánchez Montero, par exemple, ou encore Gregorio López Raimundo – avaient donné des preuves de leur courage dans la clandestinité et dans les prisons du franquisme ; je ne sais pas s'il faut trop leur reprocher leur attitude : quel que soit le point de vue, rester assis au milieu de l'assaut représente une témérité frisant le désir de se poser en martyr. En temps de guerre, dans la chaleur irréfléchie du combat, ce geste n'est pas d'une témérité insolite ; il l'est en temps de paix et dans l'ennui solennel et coutumier d'une séance parlementaire. J'ajouterai que, à en juger par les images, la témérité de Suárez n'est pas celle que dicte l'instinct, mais la raison : quand résonne le premier coup de feu, Suárez se trouve debout ; au moment du deuxième coup de feu, il essaie d'inciter le général Gutiérrez Mellado à regagner son siège puis il se cale contre l'accoudoir en attendant que la fusillade cesse, ou qu'une balle le tue. C'est un geste mûri, réfléchi : ce geste semble avoir été répété et peut-être le fut-il dans un certain sens : ceux qui fréquentaient Suárez à cette époque-là prétendent qu'il essayait depuis longtemps de se préparer à une fin violente, comme si une obscure prémonition le taraudait (il portait depuis plusieurs mois un petit pistolet dans la poche ; durant l'automne et l'hiver précédents, plusieurs visiteurs du palais de la Moncloa l'auraient entendu dire ceci : Ce n'est que par les élections ou les pieds devant qu'ils me feront sortir d'ici[4]) ; c'est possible mais, quoi qu'il en soit, il n'est pas facile de se préparer à une telle mort, et il n'est surtout pas facile de ne pas flancher au moment fatidique.

Puisque c'est un geste de courage, le geste de Suárez est un geste de grâce, car tout geste de courage est, comme Ernest Hemingway[5] l'a observé, un geste de grâce dicté par l'urgence du moment. En ce sens, c'est un geste affirmatif ; dans un autre sens, c'est un geste négatif, puisque tout geste de courage est, comme Albert Camus[6] l'a observé, le geste de révolte d'un homme qui dit non. Dans les deux cas, il s'agit d'un geste de liberté souverain ; il n'est donc pas contradictoire qu'il s'agisse aussi d'un geste de comédien : le geste d'un homme qui joue un rôle. Si je ne me trompe pas, les romans parus à ce jour entièrement consacrés au coup d'Etat du 23 février se comptent sur les doigts d'une main ; d'un point de vue littéraire, ils n'ont pas grande valeur, mais l'un d'eux présente un intérêt particulier du fait que son auteur en est Josep Melià[7], un journaliste acerbe vis-à-vis de Suárez devenu par la suite l'un de ses plus proches collaborateurs. Agissant en romancier, Melià se demande à un moment de son récit ce à quoi Suárez avait tout d'abord pensé en entendant le premier coup de feu dans l'hémicycle ; il avance une réponse : A la une du *New York Times* du lendemain. Cette réponse, qui peut paraître inoffensive ou malintentionnée, se veut cordiale ; à mes yeux, elle semble surtout juste. Comme tout homme politique digne de ce nom, Suárez était un comédien accompli : jeune, athlétique, extrêmement beau et toujours habillé avec un soin de séducteur de province qui ravissait les mères de famille de droite et suscitait la moquerie des journalistes de gauche – vestes croisées aux boutons dorés, pantalons marengo, chemises bleu ciel et cravates bleu marine –, Suárez exploitait consciencieusement son allure kennedienne. Il concevait la politique comme spectacle après avoir appris pendant ses longues années de travail à la Télévision espagnole que ce n'était plus la réalité qui créait les images mais les images qui créaient la réalité. Quelques jours seulement avant le 23 février, au moment le plus dramatique de sa vie politique, tandis qu'il apprenait à un petit groupe de camarades du parti qu'il démissionnait de son poste de président du gouvernement, Suárez ne put s'empêcher de glisser un commentaire d'incorrigible protagoniste : "Vous rendez-vous compte ? leur dit-il. Ma démission fera la une de tous les journaux du monde[8]." La soirée du 23 février ne fut pas la soirée la plus dramatique de sa vie politique, mais la soirée la plus dramatique de sa vie tout court et, malgré cela (ou précisément à cause de cela), il est possible que, pendant que les balles sifflaient autour de lui dans l'hémicycle, une intuition de vedette politique, exercée pendant des années, lui ait révélé instantanément cette évidence : quel que soit le rôle que lui réservait cette représentation barbare, il ne rejouerait plus jamais devant un public aussi fasciné et aussi nombreux. Si c'est bien là ce qu'il s'était dit, il avait raison : le lendemain, son image accaparait la une du *New York Times* et celle de tous les journaux et de toutes les télévisions du monde. Le geste de Suárez est, ainsi, le geste d'un homme qui prend la pose. C'est ce que Melià imagine. Mais à la réflexion son imagination est un peu courte ; à la réflexion, dans la soirée du 23 février, Suárez ne posait peut-être pas uniquement pour les journaux et les télévisions : ainsi qu'il allait le faire dès lors dans sa vie politique – comme si à ce moment-là il avait vraiment su qui il était –, Suárez posait peut-être pour l'Histoire.

C'est peut-être un autre geste que contient son geste : un geste, pour ainsi dire, posthume. Car c'est un fait que, du moins pour les principaux meneurs du coup d'Etat du 23 février, celui-ci ne fut pas exactement dirigé contre la démocratie : ce fut un coup d'Etat contre Adolfo Suárez ; ou si l'on préfère : un coup d'Etat contre la démocratie telle qu'elle était incarnée par Adolfo Suárez. Suárez lui-même ne le comprit que quelques heures ou quelques jours plus tard, mais dans ces premiers instants il ne pouvait ignorer que, pendant presque cinq ans de démocratie, aucun homme politique n'avait attiré autant de haine des putschistes que lui et que, si le sang devait couler lors de cette soirée, ce serait d'abord le sien. C'est ce qui explique peut-être son geste : dès qu'il entendit le premier coup de feu, Suárez sut qu'il ne pouvait pas se protéger de la mort, il sut qu'il était déjà mort. Je reconnais qu'il s'agit d'une explication embarrassante qui combine avec mauvais goût l'emphase et le mélodrame ; mais cela ne l'infirme pas pour autant, surtout parce qu'au fond, le geste de Suárez reste un geste d'emphase mélodramatique propre à un homme qui avait par tempérament un penchant égal pour la comédie, la tragédie et le mélodrame. Suárez aurait certes rejeté cette explication. En effet, chaque fois qu'on lui posait des questions sur les raisons de son geste, il recourait à la même réponse : Parce que j'étais encore président du gouvernement et le président du gouvernement ne pouvait pas se mettre à terre[9]. La réponse, que je crois sincère, est prévisible et elle trahit un trait tout à fait saillant de Suárez : sa dévotion religieuse vis-à-vis du pouvoir, la grandeur exagérée qu'il attribuait au poste qu'il occupait ; c'est aussi une réponse sans vanité : elle présuppose que, s'il n'avait plus été président, il aurait agi avec le même instinct de prudence que ses autres compagnons, en cherchant sous son siège à se protéger des tirs ; mais c'est surtout une réponse insuffisante : elle néglige le fait que tous les autres parlementaires représentaient la souveraineté populaire presque au même titre que lui – pour ne pas parler de Leopoldo Calvo Sotelo qui devait être investi président lors de cette même soirée, ou de Felipe González qui le deviendrait deux ans et demi plus tard, ou de Manuel Fraga qui aspirait à l'être, ou de Landelino Lavilla, le président du Congrès, ou bien de Rodrígez Sahagún, ministre de la Défense et en charge de l'armée. Quoi qu'il en soit, une chose est incontestable : le geste de Suárez n'est pas le geste puissant d'un homme qui affronte l'adversité dans la plénitude de ses moyens, mais le geste d'un homme politiquement fini et personnellement brisé, qui depuis des mois sent que la classe politique tout entière conspire contre lui et qui sent peut-être aussi que l'entrée intempestive des gardes civils rebelles dans l'hémicycle du Congrès est le fruit de ce complot universel.

2

Ce premier sentiment est assez juste ; le second l'est moins. S'il est vrai que la classe dirigeante espagnole s'était livrée à l'automne et à l'hiver 1980 à une série de manœuvres politiques étranges dans le dessein d'écarter Adolfo Suárez du gouvernement, il n'est que partiellement vrai que l'assaut du Congrès et le coup d'Etat militaire furent le fruit de ce complot universel. Dans le coup d'Etat du 23 février, deux choses distinctes s'entremêlent : tout d'abord une série d'opérations politiques contre Adolfo Suárez, mais non contre la démocratie, du moins en principe ; ensuite une opération militaire à la fois contre Adolfo Suárez et contre la démocratie. Ces deux choses ne sont ni complètement indépendantes ni complètement solidaires : les opérations politiques avaient créé un contexte favorable à l'opération militaire ; elles avaient été le placenta du coup d'Etat, non le coup d'Etat lui-même : cette nuance est capitale pour comprendre le coup d'Etat. C'est pourquoi il ne faut pas trop faire cas des déclarations des hommes politiques de l'époque qui prétendent avoir su à l'avance ce qui allait se passer ce soir-là au Congrès, ou qu'une bonne partie de l'hémicycle, voire tout l'hémicycle, le savait ; on peut dire presque avec certitude qu'il s'agit de souvenirs fictifs, vaniteux ou intéressés. La vérité est que, comme il n'y eut que très peu de communication entre les instigateurs des opérations politiques et ceux de l'opération militaire, personne ou presque dans l'hémicycle n'était au courant, et rares furent ceux qui l'étaient à l'extérieur[10].

Ce que tout le monde savait en revanche, c'est que, cet hiver-là, le pays entier respirait une atmosphère de coup d'Etat. Le 20 février, trois jours avant l'événement, Ricardo Paseyro, correspondant de *Paris-Match* à Madrid, écrivait : "La situation économique en Espagne frôle la catastrophe, le terrorisme s'aggrave, le scepticisme vis-à-vis des institutions et de leurs représentants ronge profondément l'âme du pays, l'Etat s'écroule, menacé par le féodalisme et les dérives régionalistes, tandis que la politique extérieure espagnole est un fiasco" ; il terminait ainsi : "On sent dans l'air le coup d'Etat, le *pronunciamiento*[11]." Tout le monde savait qu'il pouvait survenir, mais personne ou presque ne savait ni quand, ni comment, ni où ; quant à savoir qui en serait l'auteur, ce n'était pas précisément les candidats au coup d'Etat qui manquaient au sein de l'armée. Il est certain qu'à peine le lieutenant-colonel Tejero eut-il fait irruption dans l'hémicycle, tous les députés ou presque ne purent manquer de l'avoir reconnu immédiatement car son visage avait occupé les pages des journaux lorsqu'à la mi-novembre 1978, *Diario 16* avait révélé qu'il avait été détenu pour avoir planifié un coup d'Etat en voulant séquestrer le gouvernement réuni en Conseil des ministres au palais de la Moncloa et profiter ainsi du vide du pouvoir pour prendre le contrôle de l'Etat ; après sa détention, Tejero fut jugé, mais la peine décidée par le tribunal militaire fut tellement dérisoire que quelques mois plus tard il était remis en liberté conditionnelle, sans aucune occupation professionnelle concrète autre que celle d'organiser les préparatifs de sa seconde tentative putschiste dans une discrétion absolue et en comptant sur un nombre réduit de personnes afin d'empêcher l'infiltration qui avait mis à mal la première tentative. Ainsi, c'est dans le secret le plus absolu, avec l'appui de quelques rares conspirateurs parmi les militaires et avec un très haut niveau d'improvisation, que le coup d'Etat fut ourdi, et c'est ainsi que s'explique en grande partie le fait que, de toutes les menaces putschistes visant la démocratie espagnole depuis l'été précédent, ce soit précisément celle du 23 février qui finit par se réaliser.

Les menaces contre la démocratie espagnole n'avaient pourtant pas débuté l'été précédent. Longtemps après que Suárez eut abandonné le pouvoir, un journaliste lui demanda à quel moment il avait commencé à se douter de la possibilité d'un coup d'Etat. "Dès l'instant où j'ai eu l'usage de la raison présidentielle[12]", répondit Suárez. Il ne mentait pas. Moins qu'un accident de l'Histoire, le coup d'Etat est en Espagne une coutume vernaculaire : toutes les expériences démocratiques ont fini par des coups d'Etat et, durant les deux siècles passés, on en compte plus de cinquante ; le dernier s'était produit en 1936, cinq ans après l'instauration de la république ; en 1981, cela faisait justement cinq ans que le processus démocratique avait été amorcé. Combinée avec la mauvaise passe que traversait le pays, cette coïncidence dans les chiffres nourrit une superstition et cette superstition aiguillonna la psychose du coup d'Etat au sein de la classe politique. Mais ce n'était pas qu'une psychose, ni uniquement une superstition. En réalité, Suárez avait plus que tout autre président démocratique espagnol de bonnes raisons de craindre un coup d'Etat dès lors qu'il montra dans les faits que son objectif n'était pas, comme il y paraissait au début de son mandat, d'introduire du changement pour que tout continue de manière identique – en prolongeant ainsi le fond du franquisme sous une forme maquillée –, mais de restaurer un régime politique semblable pour l'essentiel à celui contre lequel Franco avait appelé l'armée à prendre les armes quarante ans plus tôt. Il ne s'agissait pas seulement du fait que l'armée fût presque uniformément franquiste lorsque Suárez arriva au pouvoir ; il s'agissait du fait qu'elle était, par mandat explicite de Franco, la gardienne du franquisme. La phrase la plus célèbre sur la transition de la dictature à la démocratie ("Tout est ficelé et bien ficelé") ne fut prononcée par aucun des protagonistes de la Transition ; elle le fut par Franco lui-même, ce qui laisse peut-être à penser que Franco fut le véritable protagoniste de la Transition, ou pour le moins l'un d'eux. Tout le monde se rappelle cette phrase prononcée le 30 décembre 1969 lors du discours de fin d'année, et tout le monde la prend pour ce qu'elle est : une garantie délivrée par le dictateur à ses fidèles qu'après sa mort tout continuerait comme avant sa mort ou que, comme le dit l'intellectuel phalangiste Jesús Fueyo, "après Franco, les institutions !" En revanche, on oublie que, sept ans plus tôt, Franco avait prononcé dans un discours devant une assemblée d'anciens combattants de la guerre civile réunis sur la colline de Garabitas une phrase presque identique ("Tout est ficelé et garanti"), et qu'à cette occasion-là, il avait ajouté : "Sous la bonne garde de notre armée, fidèle et invincible[13]." C'était un ordre : après sa mort, la mission de l'armée consistait à préserver le franquisme. Cependant, peu de temps avant de mourir, Franco donna aux militaires dans son testament un ordre différent : ils devaient obéir au roi avec la même loyauté que celle avec laquelle ils lui avaient obéi. Bien entendu, ni Franco ni les militaires n'imaginaient que les deux ordres puissent être contradictoires et, quand les réformes politiques installèrent le pays dans la démocratie en révélant cette contradiction de fait, parce que le roi s'éloignait du franquisme, la majorité des militaires hésitèrent : ils devaient choisir soit d'obéir au premier ordre de Franco et empêcher par la force l'épanouissement de la démocratie, soit d'obéir au second et accepter qu'il soit en contradiction avec le premier et qu'il l'annule, ce qui revenait à accepter la démocratie. Cette hésitation est l'une des clés du 23 février ; elle explique aussi le fait que, presque depuis son arrivée à la présidence en juillet 1976, Suárez avait vécu entouré de rumeurs de coup d'Etat. Au début de l'année 1981, les rumeurs n'étaient pas plus tenaces qu'en janvier ou en avril 1977, mais jamais la situation politique n'avait été aussi favorable à un coup d'Etat.

Depuis l'été 1980, la crise que traverse le pays est de plus en plus profonde. Nombreux sont ceux qui partagent le diagnostic du correspondant de *Paris-Match* : la santé de l'économie est mauvaise, la décentralisation de l'Etat est en train de le désarçonner et d'exaspérer les militaires, Suárez se montre incapable de gouverner alors que son parti se désagrège et que l'opposition s'applique à le faire sombrer définitivement, le charme inaugural de la démocratie semble s'être dissipé en quelques années seulement et dans la rue un mélange d'insécurité, de pessimisme et de peur est palpable* ; en outre, le terrorisme, surtout celui de l'ETA, prend des proportions nouvelles, visant surtout la garde civile et l'armée. Le panorama

* Le mot du moment est *desencanto*, "désenchantement" ; s'il revenait souvent pour résumer cette époque-là, c'est parce qu'il reflétait une réalité : dans la seconde moitié de l'année 1976, peu après l'arrivée de Suárez au pouvoir, 78 % des Espagnols préféraient que les décisions politiques soient prises par les représentants élus par le peuple, et en 1978, année où la Constitution fut approuvée, 77 % se définissaient comme des démocrates inconditionnels ; cependant, d'après l'institut Metroscopia, en 1980, la moitié des Espagnols à peine préféraient la démocratie à toute autre forme de gouvernement : les autres doutaient ou étaient indifférents, si tant est qu'ils ne soutinssent pas le retour à la dictature[14].

est alarmant et on commence à promouvoir des solutions d'urgence : cela est non seulement le fait des éternels partisans du coup d'Etat militaire – des franquistes séditieux et privés de leurs privilèges qui chaque jour embrasent les casernes avec leurs harangues patriotiques – mais aussi d'anciens militants démocratiques, comme Josep Tarradellas, un vieux politique républicain et ex-président du gouvernement régional catalan qui, depuis l'été 1979, demandait un coup de gouvernail permettant à la démocratie fourvoyée de retrouver son cap, et qui en juillet 1980 exigea "un coup de bistouri pour redresser le pays[15]". Coup de gouvernail, coup de bistouri, changement de cap : voilà la redoutable terminologie qui envahit depuis l'été 1980 les conversations dans les couloirs du Congrès, les dîners, les déjeuners, les réunions entre amis politiques et les articles de presse dans le petit Madrid du pouvoir. De telles expressions sont de simples euphémismes, ou plutôt des concepts vides que chacun remplit selon son intérêt, et qui, outre les résonances putschistes qu'elles évoquent, n'ont qu'un seul point commun : autant pour les franquistes que pour les démocrates, autant pour les membres de l'extrême droite de Blas Piñar ou de Girón de Velasco que pour les socialistes de Felipe González, autant pour de nombreux communistes autour de Santiago Carrillo que pour de nombreux centristes autour de Suárez lui-même, le seul responsable de cette crise est Adolfo Suárez, et la première condition pour y mettre fin est donc de le déloger du gouvernement. C'est une prétention légitime, dans le fond pertinente, parce que, bien avant l'été, Suárez semble être un homme politique inefficace ; mais la politique est aussi une question de forme – surtout celle d'une démocratie avec force ennemis à l'intérieur comme à l'extérieur de l'armée, une démocratie récemment inaugurée, dont les règles se trouvent encore en rodage et que personne ne maîtrise complètement, et dont les coutures sont encore extrêmement fragiles – et ici le problème n'est pas de fond, mais de forme : le problème n'était plus de déloger Suárez, mais la manière d'y parvenir. La réponse à cette question qu'aurait dû apporter la classe dirigeante espagnole est la seule réponse possible dans une démocratie aussi faible que celle de 1981 : par la voie des urnes ; or la réponse, presque unanime, que la classe dirigeante espagnole apporte à cette question fut autre : l'évincer coûte que coûte. Ce fut là la réponse sauvage, en grande partie fruit de l'orgueil, de l'avidité de pouvoir et de l'immaturité d'une classe dirigeante qui préféra courir le risque de créer des conditions propices à l'intervention des saboteurs de la démocratie plutôt que de tolérer encore dans le gouvernement l'intolérable présidence d'Adolfo Suárez. C'est ainsi et non autrement que s'explique le fait que, dès l'été 1980, des politiciens, des patrons, des dirigeants syndicaux, des ecclésiastiques et des journalistes aient exagéré jusqu'au délire la gravité de la situation afin de pouvoir jongler quotidiennement avec des solutions constitutionnelles douteuses qui faisaient chanceler le gouvernement d'un pays déjà chancelant de lui-même, en inventant des raccourcis extraparlementaires, en menaçant le nouveau cadre institutionnel et en créant de la confusion, carburant idéal pour favoriser le putsch. Dans le grand cloaque madrilène, ainsi que Suárez appelait à l'époque le petit Madrid du pouvoir, ces solutions – ces coups de bistouri ou de gouvernail, ces changements de cap – n'étaient un secret pour personne, et rares étaient les jours où la presse ne s'en faisait pas l'écho, et ce, presque toujours pour les encourager : un jour on parlait d'un gouvernement de gestion présidé par Alfonso Osorio – député de droite et vice-président du premier gouvernement de Suárez – et le lendemain on parlait d'un gouvernement de concentration présidé par José María de Areilza – également député de droite et ministre des Affaires étrangères du premier gouvernement du roi ; un autre jour encore on parlait de l'opération Quirinal, destinée à imposer comme président d'un gouvernement de coalition Landelino Lavilla – président du Congrès et leader du mouvement démocrate-chrétien au sein du parti de Suárez – et le lendemain on parlait de l'opération De Gaulle, destinée à imposer comme président d'un gouvernement d'unité nationale un militaire de prestige, Alvaro Lacalle Leloup ou Jesús González del Yerro ou Alfonso Armada, ancien secrétaire du roi et pour finir leader du 23 février. Il ne se passait pas une semaine sans que des voix divergeant sur presque tout s'unissent pour demander un gouvernement fort, ce que la majorité interprétait comme une demande visant à établir un gouvernement présidé par un militaire ou avec une forte présence militaire, un gouvernement à même de protéger la couronne des turbulences, de corriger les improvisations chaotiques qui avaient rendu possible le passage de la dictature à la démocratie et de mettre bon ordre dans ce que certains appelaient ses excès, d'enrayer le terrorisme, de ressusciter l'économie, de rationaliser le processus d'autonomie des régions et de restaurer le calme dans le pays. Il s'agissait d'un bric-à-brac quotidien de propositions, de commérages et de conciliabules, et le 2 décembre 1980 Joaquín Aguirre Bellver, chroniqueur parlementaire du journal d'extrême droite *El Alcázar*, décrivait ainsi l'ambiance politique du Congrès : "Coup d'Etat à la turque, gouvernement de gestion, gouvernement de concentration… Une course de chevaux de Pavía [...]. A l'heure qu'il est, celui qui n'a pas sa formule de coup d'Etat est un moins que rien. Entre-temps, Suárez se promène seul dans les couloirs sans que personne prête attention à lui[16]." Dans son énumération, en apportant de l'eau au moulin putschiste, Aguirre Bellver associait sciemment des coups d'Etat militaires – celui, récent, du général Evren en Turquie ou celui fait en Espagne par le général Pavía un peu moins d'un siècle plus tôt – à des opérations politiques qui préservaient les apparences constitutionnelles. C'était là une association fallacieuse, pernicieuse ; le 23 février en est le fruit : les opérations politiques furent le placenta qui nourrit le coup d'Etat, lui fournissant des arguments et des alibis ; en discutant sans dissimulation la possibilité d'offrir la conduite du gouvernement à un militaire ou de demander de l'aide aux militaires afin d'échapper à l'imbroglio régnant, la classe dirigeante entrouvrit la porte politique à une armée qui clamait son désir d'intervenir dans la politique pour anéantir la démocratie et, le 23 février, cette même armée fit son entrée en trombe, empruntant précisément cette porte-là. Quant à Suárez, la description qu'Aguirre Bellver fait de lui durant l'hiver du coup d'Etat est on ne peut plus exacte, et on se dit inévitablement que son image solitaire dans les couloirs préfigure son image solitaire dans l'hémicycle au cours de la soirée du 23 février : c'est l'image d'un homme perdu et d'un homme politique usé qui sent pendant les mois précédant le coup d'Etat que toute la classe politique, que toute la classe dirigeante du pays conspire contre lui. Il n'est pas le seul à le sentir : "Nous conspirons tous[17]" est le titre d'un article publié début décembre dans le journal *ABC*, dans lequel Pilar Urbano parle des machinations contre Suárez menées par un groupe de journalistes, de patrons, de diplomates et de politiciens de partis divers réunis à un dîner dans un salon de la capitale. Il n'est pas le seul à le sentir : dans le grand cloaque madrilène, dans le petit Madrid du pouvoir, nombreux sont ceux qui sentent que la réalité tout entière conspire contre Adolfo Suárez et, au long de l'automne et de l'hiver 1980, seuls quelques membres de la classe dirigeante, consciemment ou inconsciemment, se refuseront à apporter leur grain de sable à la grande montagne de la conspiration. Ou de ce que Suárez sent comme une conspiration.

3

Les journalistes conspirent contre Suárez (ou Suárez sent qu'ils conspirent contre lui). Bien sûr, ce sont les journalistes d'extrême droite qui conspirent, qui attaquent Suárez jour après jour parce qu'ils estiment que le détruire revient à détruire la démocratie. Certes, ils ne sont pas nombreux, mais ils sont importants parce que leurs journaux et leurs revues – *El Alcázar, El Imparcial, Heraldo español, Fuerza nueva, Reconquista* – sont presque les seuls à entrer dans les casernes, à convaincre les militaires que la situation est encore pire que ce qu'elle est en réalité et que, à moins que, par irresponsabilité, égoïsme ou lâcheté, ils n'acceptent d'être complices d'une classe politique indigne conduisant l'Espagne au précipice, ils devront tôt ou tard intervenir pour sauver la patrie en danger. Les exhortations au coup d'Etat sont constantes dès le début de la démocratie, mais depuis l'été 1980 elles ne sont plus sibyllines : le numéro de l'hebdomadaire *Heraldo español* du 7 août exhibait à sa une un énorme cheval cabré et un gros titre en travers de la page : "Qui montera ce cheval ? On cherche un général" ; dans les pages intérieures, un article, écrit sous pseudonyme par le journaliste Fernando Latorre[18], proposait d'éviter le coup d'Etat militaire dur moyennant un coup d'Etat militaire mou qui placerait un général à la tête d'un gouvernement d'unité ; il évoquait certains noms – entre autres, celui du général Alfonso Armada – et proposait au roi une alternative impérieuse entre les deux types de coup d'Etat : "Ou Pavía ou Prim : que celui qui en a le pouvoir choisisse." A l'automne et à l'hiver 1980, mais surtout dans les semaines qui précédèrent le 23 février, ces harangues étaient quotidiennes, surtout dans le journal *El Alcázar*, la publication la plus combative peut-être de l'extrême droite et sans doute la plus influente : entre les derniers jours de décembre et les premiers de février furent publiés trois articles signés par Almendros[19] – pseudonyme sous lequel se cachait probablement le général de réserve Manuel Cabeza Calahorra qui en réalité se faisait le porte-parole d'un groupe de généraux à la retraite – où il réclamait que l'armée et le roi mettent un terme à la démocratie. Le général de réserve Fernando de Santiago – vice-président du premier gouvernement de Suárez cinq ans plus tôt – en fit autant quinze jours avant le coup d'Etat dans un article intitulé "Situation limite[20]" ; dans ce même journal, son rédacteur en chef Antonio Izquierdo écrivait le 24 janvier : "De mystérieux et officieux émissaires, qui prétendent être au courant de tout, annoncent ces jours-ci aux personnalités en vue du monde de l'information et des finances que «le coup d'Etat est sur le point de se produire, que tout sera joué au plus tard dans les deux mois à venir[21]»" ; et là, malgré la discrétion avec laquelle le coup d'Etat fut ourdi, la veille du 23 février, certains lecteurs avisés apprirent que le lendemain serait le grand jour : sur la une d'*El Alcázar* du dimanche 22 février apparaissait un encadré en trois parties dont l'une présentait l'hémicycle du Congrès vide, sous laquelle, comme le journal l'avait déjà fait en d'autres occasions, un point rouge avertissait de ce que la une renfermait une information codée ; on obtenait cette information en reliant par une ligne horizontale la pointe de la flèche indiquant l'hémicycle (à l'intérieur de laquelle on lisait : "Tout est prêt pour la séance de lundi") au texte de l'article du rédacteur en chef situé à droite de la photo ; la phrase de l'article ainsi mise en évidence indiquait l'heure presque exacte où le lieutenant-colonel Tejero entrerait le lendemain dans le Congrès : "avant que sonnent 18 h 30 lundi prochain". Ce qui veut dire que, même s'il est fort probable qu'aucun des députés présents au Congrès dans la soirée du 23 février n'a su à l'avance ce qui allait se passer, le directeur d'*El Alcázar* et certains de ses collaborateurs au moins le savaient. On peut se poser quatre questions : qui leur avait donné cette information ? Qui d'autre le savait ? Qui sut interpréter cette une ? Qui le journal voulait-il prévenir* ?

* Je n'ai pas de réponses à ces questions, mais des conjectures. Il est probable que le journal avait eu l'information par le général Milans del Bosch qui le lendemain se soulèverait à Valence, ou par l'un des collaborateurs

Todo dispuesto para la sesión del lunes

UCD INTENSIFICA SU ACTIVIDAD EN BUSCA DE VOTOS

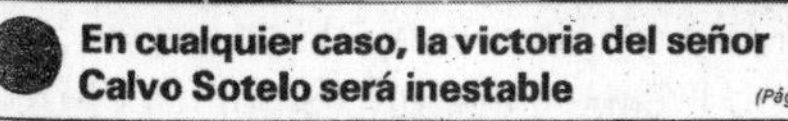

En cualquier caso, la victoria del señor Calvo Sotelo será inestable

(Pág. 10)

Un seguro perdedor

Con todo lo que se ha dicho en torno a la primera fase de la investidura presidencial, no se ha dicho algo importante: las 17 abstenciones (seis de Coalición Democrática, nueve de Minoría Catalana y dos de votos particulares) pueden decidir la suerte del candidato a la presidencia. Pero también y sustancialmente pueden decidir la suerte del PSOE y de todo el ala izquierda del Congreso de los Diputados. Las seis ausencias (dos del PSOE, una del Grupo Andalucista y tres de Herri Batasuna) podrían, a su vez, inclinar la balanza a favor de esa misma izquierda. La penosa realidad de UCD es que su candidato depende de que se mantengan las diecisiete abstenciones y las seis ausencias. Las abstenciones son negociables, claro está. Y no resulta ocioso suponer que a estas alturas —antes de que suenen las 18,30 horas del próximo lunes— los muñidores centristas habrán entrado en funcionamiento para sacar a esos grupos de su pasividad decisoria y para que emitan sus sufragios en favor de don Leopoldo Calvo Sotelo.

Pero, ¿a cambio de qué? Si Coalición Democrática, tras su clara escisión (tres votos afirmativos, seis abstenciones) se mantiene en su posición, el señor Calvo Sotelo no tiene otro camino que negociar, a tumba abierta, con la Minoría Catalana. ¿Qué puede negociar el candidato centrista con la Minoría Catalana? Sólo cuestiones que se escapan, política y moralmente hablando, a la capacidad de maniobra de todo Gobierno: cuestiones de Estado, de soberanía, de integridad... ¡Cara puede resultar la mínima victoria del centrismo! Cara e intolerable. Se dirá que de alguna forma hay que resolver la sesión del lunes, pero lo importante no es que se resuelva o no se resuelva la sesión del lunes. Es más importante que se prevea, a tiempo, lo que puede suceder tras esa sesión.

¿Disolución de las Cámaras y convocatoria de elecciones generales...? ¿Por qué? Existen otros indicios que pudieran presagiar el resultado positivo de otras operaciones, llevadas hasta ahora con la máxima cautela: formación de un Gobierno de «ancha base», como solicitaban anoche las movilizaciones de esas bases —en automóvil, porque los tiempos siguen cambiando que es una barbaridad— para anunciar una concentración prevista para hoy y posteriormente desautorizada. Es notorio que para la Corona existe una prueba hasta cierto punto atractiva por lo que pudiera tener de riesgo: un Gobierno socialista que estabilizara o desestabilizara, con carácter irreversible, la permanencia de la propia Institución. Eso dicen, al menos, los mejor informados. ¿No constituiría un primer paso ese Gobierno de «ancha base»? ¿Le pondrían reparos los socialdemócratas de Fernández Ordóñez, la figura más mimada por la oposición marxista? ¿Le haría reparos Manuel Fraga Iribarne, tras su demoledora actitud ante Calvo Sotelo y sus oportunas y recientes declaraciones dando por hecho que admitiría la colaboración del PSOE en un posible Gabinete? ¿Le harían ascos los liberales asidos al centrismo como fórmula de supervivencia? ¿Se negarían a ello los grupos separatistas, formen o no en el ala izquierda de su «ente» (¡hay que ver qué lenguaje se gastan!) si mantienen la certeza de que ese Gobierno facilitaría aún más sus pretensiones autonomistas?

Difícil jornada la del próximo lunes en el Palacio de la Carrera de San Jerónimo: en el mejor de los casos, la situación será mala, porque la anunciada victoria por mayoría simple de Calvo Sotelo será una victoria pírrica, cercada de hipotecas y cesiones; y su derrota, posible, conformaría el paso inmediato a un Gabinete de concentración, con discreta mayoría socialista —a nivel gubernamental— y un independiente frío, al estilo de López de Letona, de Cabeza del Ejecutivo... O un general con pedigree liberal o democrático de toda la vida o de parte de ella. En pocas palabras: el lunes habrá un perdedor inequívoco: el Estado Español; o, si queréis, España. Pero el Estado vive presto al federalismo y de España casi nadie se acuerda ya, salvo Juan Pablo II, que tuvo la inoportuna humorada —¡Dios se lo pague!— de evocar la epopeya civilizadora de nuestro pueblo en Asia: en Filipinas, donde no se rindieron los últimos soldados que defendían los flecos del Imperio: en Baler. ¡Quién recuerda ya aquellas fantásticas historias!

Antonio IZQUIERDO

SIN NOTICIAS DE LOS CONSULES SECUESTRADOS

(Pág. 7)

Mais les journalistes de l'extrême droite ne sont pas les seuls à conspirer contre Suárez – et contre la démocratie ; conspirent aussi contre lui – ou Suárez sent qu'ils conspirent contre lui – les journalistes démocrates. C'est là le sentiment d'un homme traqué, mais ce n'est peut-être pas un sentiment inexact. Les derniers temps du franquisme et les premiers de la Transition avaient favorisé une symbiose singulière entre les hommes politiques et les journalistes, laquelle avait permis à ces derniers de se considérer comme des protagonistes de premier plan dans le passage de la dictature à la démocratie. Au long de l'année 1980, pourtant, cette complicité est brisée, ou du moins la complicité entre Suárez et la presse qui se considère comme dédaignée par le pouvoir et qui juge ce dédain responsable, ou du moins partiellement responsable, de la mauvaise passe que connaît le pays. La crise d'orgueil traversée à ce moment-là par la presse

directs de Milans del Bosch, ou, plus probablement encore, par Juan García Carrés, ancien chef des syndicats verticaux franquistes qui, dans les mois précédant le coup d'Etat, faisait le lien entre Milans del Bosch et Tejero : Milans del Bosch aussi bien que García Carrés entretenaient des rapports avec *El Alcázar*. Il est probable que José Antonio Girón a été lui aussi informé du coup d'Etat, en tant que leader d'un mouvement d'extrême droite, président de la Confédération des combattants et ami intime de García Carrés ; que l'ont aussi été des généraux de réserve liés à Cabeza Calahorra et à Fernando de Santiago et d'anciens ministres franquistes liés à Girón Velasco, mais que le seul parlementaire de l'extrême droite occupant un siège dans le Congrès : Blas Piñar, leader de Force nouvelle, n'était au courant de rien. Sans doute quelques autres personnes le savaient-elles, mais guère plus. En tout cas, cela est un terrain particulièrement propice à l'imagination ou, tout simplement, à l'élucubration : le 5 février, Manuel Fraga, leader du parti de droite, écrit dans son journal : "Des rumeurs partout [...] une voyante parle d'un coup d'Etat prévu pour le 24" ; le 13, la police reçoit le rapport d'une taupe qui est sur le point d'être renvoyée par manque de crédibilité, dans lequel elle annonce un coup d'Etat pour le 23 ; le 18 est mis en vente *Spic*, un mensuel d'aviation de loisir et de tourisme, dont l'un des articles, signé de la main de son rédacteur en chef, révèle : "Il n'est pas vrai que je prétende faire un coup d'Etat le lundi 23 février... *además no sé*, je n'en sais pas davantage[22]." (Encore une élucubration : six lettres composent l'adverbe *además* ; deux, le mot *no* ; deux autres, le mot *sé* ; ce qui donne : 6.22, l'heure presque exacte où le lieutenant-colonel Tejero fait irruption dans le Congrès.) Il est important de dire que ni le 5, ni le 13, ni même le 18 février, la date et l'heure du coup d'Etat n'avaient encore été fixées.

fait écho à celle que Suárez lui-même est en train de traverser (et aussi à la crise d'orgueil que traverse le pays tout entier) et, dans la mesure où certains éminents journalistes s'attribuent la mission de dicter la politique du gouvernement et considèrent Suárez comme un quasi-imposteur, pour le moins comme un homme politique exécrable, de nombreux médias lui adressent des critiques d'une rudesse cinglante et contribuent à créer une atmosphère de coup d'Etat, en alimentant le fantasme d'une situation d'urgence et en accueillant sur leurs pages des rumeurs constantes d'opérations politiques et de coups d'Etat durs ou mous en marche, qui, plutôt que de les prévenir, leur préparent le terrain. D'autre part, quatre ans et demi de pouvoir – et surtout aussi intenses – suffirent largement à Suárez pour se créer beaucoup d'ennemis : il y a les journalistes pleins de dépit qui passent en peu de temps de l'adulation au dédain ; il y a les journalistes critiques qui deviennent journalistes kamikazes ; il y a les groupes éditoriaux – tel le Groupe 16, propriétaire de *Diario 16* et *Cambio 16*, l'hebdomadaire politique le plus important du moment – qui, à l'été 1980, commencent une campagne féroce contre Suárez à l'instigation des leaders de son propre parti ; il y a des cas comme celui d'Emilio Romero, sans doute le journaliste le plus influent du franquisme tardif, qui, après avoir été démis par Suárez de son poste privilégié dans la presse du Mouvement, le parti unique de Franco, conçut une haine éternelle contre le président, et qui, quelques jours seulement avant le coup d'Etat, proposait dans son article paru dans *ABC*[23] le général Armada comme candidat à la présidence du gouvernement après le coup de bistouri ou de gouvernail destiné à évincer Suárez. Le cas de Luis María Anson, un éminent journaliste de la démocratie, est différent et plus complexe.

Anson était de longue date un défenseur de la cause monarchiste ; Suárez l'avait aidé dans les années 1960, quand il avait cru qu'il allait être jugé pour offenses à Franco à la suite d'un de ses articles publiés dans *ABC* ; plus tard, vers le milieu des années 1970, Anson avait aidé Suárez : encouragé par le futur roi, le journaliste avait favorisé la carrière politique de Suárez au moment où il dirigeait la revue *Blanco y Negro*, avait soutenu sa candidature à la présidence du gouvernement et salué sa nomination dans *Gaceta ilustrada* avec un enthousiasme inattendu pour une presse réformiste ; finalement,

Suárez avait une nouvelle fois aidé Anson : à peine deux mois après son arrivée à la présidence, il l'avait nommé directeur de l'EFE, l'agence de presse de l'Etat. Bien qu'Anson soit resté à la tête de l'agence jusqu'en 1982, ce renvoi d'ascenseur tourna mal quelques mois plus tard, quand le journaliste commença à sentir que Suárez était un politique faible et complexé par son passé phalangiste et qu'il était en train de remettre le pouvoir de la nouvelle démocratie à la gauche. Il devint alors un détracteur implacable de la politique du président ; implacable et ce publiquement : Anson réunissait périodiquement à l'occasion de déjeuners à l'agence EFE des hommes politiques, journalistes, financiers, ecclésiastiques et militaires, et lors de ces rencontres il afficha très vite son mécontentement vis-à-vis de son ancien protecteur ; depuis l'automne 1977, il y discutait aussi, d'après Francisco Medina, un plan de refonte de la démocratie – en réalité, un coup d'Etat qui ne disait pas son nom – inspiré par les événements qui, en juin 1958, avaient permis au général de Gaulle de reprendre le pouvoir et de fonder la Ve République française : il fallait que l'armée fasse discrètement pression sur le roi pour obtenir la démission de Suárez et l'obliger à constituer un gouvernement d'unité ou de salut national capable de mettre temporairement entre parenthèses la légalité constitutionnelle afin de rétablir l'ordre, de stopper l'hémorragie terroriste et de traverser la crise économique ; ce fut précisément le plan que tentèrent d'exécuter les putschistes dans la soirée du 23 février mais avec un militaire à la tête du gouvernement et une bonne dose d'improvisation et d'imprudence, rompant frontalement avec l'ordre constitutionnel. Les rapports d'Anson avec le général Armada – qui le considère dans ses Mémoires comme "un bon ami" avec lequel il a été en contact pendant "de nombreuses années" –, les fortes convictions monarchistes qui les unissaient, le fait que d'après certains témoignages Anson figurait, selon les plans d'Armada, comme ministre dans le gouvernement issu du coup d'Etat, la réticence de l'agence EFE à annoncer après le 23 février le rôle prépondérant du général dans la rébellion, pour finir l'agressivité d'Anson vis-à-vis de la politique de Suárez et son prestige d'éternel conspirateur, tout cela multiplia avec le temps les doutes qui planaient sur le journaliste. Pourtant, les rapports d'Anson avec Armada n'étaient pas aussi étroits que le général le prétend et, même s'il est vrai que le journaliste figurait sur la prétendue liste de gouvernement d'Armada à côté de nombreux politiciens démocrates qui ignoraient tout du rôle que souhaitait leur assigner le général en tant que cautions du coup d'Etat, la réticence de l'agence EFE à admettre que l'ancien secrétaire du roi avait dirigé l'opération militaire exprimait un scepticisme assez généralisé dans les quelques jours qui suivirent le 23 février ; pour ce qui est de l'idée du coup d'Etat, ce fut vraisemblablement le général lui-même – qui était arrivé à Paris comme étudiant de l'Ecole militaire peu après l'accession du général de Gaulle au pouvoir et en avait vécu de près les conséquences – qui l'avait conçue et l'avait diffusée avec un tel succès que, depuis l'été 1980, elle circulait abondamment dans le petit Madrid du pouvoir et rares étaient les partis politiques qui n'avaient pas considéré l'hypothèse de voir un militaire à la tête d'un gouvernement de coalition ou de concentration ou d'unité comme l'un des moyens d'expulser Suárez du pouvoir. Somme toute, il n'existe aucun indice permettant de conclure qu'Anson ait été le promoteur direct de la candidature d'Armada à la présidence d'un gouvernement unitaire – encore moins qu'il ait été lié au coup d'Etat –, mais il ne faut pas écarter la possibilité qu'à l'automne ou à l'hiver 1980, il estimât raisonnable cette solution d'urgence, parce qu'il est incontestable que le journaliste encourageait tout effort visant à remplacer au plus vite un chef de gouvernement qui, à son avis comme à celui de presque toute la classe dirigeante, conduisait la couronne et le pays au désastre[24].

4

Conspirent aussi contre Suárez (ou Suárez sent qu'ils conspirent contre lui) les financiers et les patrons et un parti de droite soutenu par ces derniers : l'Alliance populaire. Cela n'a pas toujours été le cas : patrons et financiers n'ont pas toujours soutenu ce parti de droite, ou ils ne l'ont pas toujours fait avec le même enthousiasme. Même s'il est probable que dans leur for intérieur ils méprisèrent Suárez dès son arrivée au pouvoir (et ce non seulement parce qu'ils le considéraient comme un ignorant quant aux questions économiques), au début de son mandat, ils avaient néanmoins soutenu sans réserve le nouveau président du gouvernement car ils avaient compris que cela revenait à soutenir la monarchie. La monarchie les avait persuadés que ce sympathique foutriquet, ayant commencé comme garçon de courses dans le bâtiment du Mouvement qu'il connaissait sur le bout des doigts pour en avoir balayé le moindre recoin, était le contremaître idéal pour diriger les travaux de démolition d'une architecture obsolète, laquelle leur avait été pendant quarante ans d'une extrême utilité, mais à présent ne faisait qu'entraver leurs affaires et leur inspirer de la honte face à leurs collègues européens. Suárez remplit son devoir : il avait accompli sa tâche avec succès. Mais une fois celle-ci accomplie, il devait partir : c'était l'opinion de la majorité des financiers et des patrons. Or Suárez ne partit pas, au contraire : le garçon de courses promu contremaître s'était pris pour un architecte et s'était mis à ériger l'édifice flambant neuf de la démocratie sur le terrain arasé de la dictature. Ce fut la source du problème : après des années passées à chercher leur consentement, enhardi par l'approbation des urnes, Suárez commença à se détacher d'eux, à rejeter leurs conseils et leurs tapes dans le dos, à les esquiver ou à les ignorer ou à les mépriser ou à faire des gestes qu'ils interprétaient comme méprisants, et il finit par ne plus les recevoir au palais de la Moncloa ni répondre au téléphone quand ils l'appelaient ni même accuser réception des avertissements et des correctifs par lesquels ils tentèrent de le remettre sur le droit chemin. C'est ainsi qu'ils découvrirent à leurs dépens ce dont ils s'étaient peut-être doutés depuis toujours, à savoir que l'ancien garçon de courses si prévenant cachait en lui l'un de ces chefaillons de province qui nourrissent non sans rancœur le rêve d'affronter le caïd de la capitale. C'est ainsi qu'ils découvrirent aussi, à mesure que, préoccupés, ils se rendaient compte que les affaires marchaient de mal en pis, la vocation social-démocrate tardive ou improvisée de Suárez ; ils attribuèrent indistinctement cette dernière à son incapacité à se défaire de son éducation de jeune phalangiste prêt à faire la révolution, à son désir de rivaliser avec Felipe González, le jeune et brillant leader socialiste, et à son obsession d'obtenir les lettres de créance du journal *El País* accréditant sa pureté démocratique. C'est ainsi, en définitive, qu'au long de l'année 1980 ils décidèrent que la politique de Suárez ne faisait qu'aggraver la crise économique et dépecer l'Etat ; ils décidèrent également que ce plébéien exerçait la présidence frauduleusement, étant donné que son pouvoir lui venait de la droite qui l'avait élu et soutenu pendant quatre ans, alors qu'à présent, il gouvernait pour la gauche. La conclusion ne se fit pas attendre : il fallait mettre fin à la présidence irrecevable de ce parvenu ignare et insolent. Ainsi, à l'automne et à l'hiver précédant le coup d'Etat, financiers et patrons générèrent une ambiance de cauchemar dans un pays qui courait à la catastrophe, ils soutinrent toutes les opérations politiques contre le gouvernement de Suárez provenant de la droite et injectèrent quotidiennement du mécontentement au mécontentement déjà existant dans les mouvements les plus conservateurs du parti favorable au gouvernement, afin de provoquer son éclatement, de rassembler les fugitifs autour de l'Alliance populaire encore minoritaire et de former avec elle un nouveau gouvernement présidé par un homme politique ou par un technocrate indépendant ou par un militaire de prestige, un gouvernement de coalition ou de concentration ou d'unité nationale, pourvu qu'il soit un gouvernement fort, consolidé par une nouvelle majorité parlementaire. Comme elle devait rétablir l'ordre naturel des choses perturbé par Suárez, cette majorité fut appelée majorité naturelle ; comme le leader naturel de cette majorité naturelle ne pouvait provenir que de l'Alliance populaire, patrons et financiers s'attachèrent à faire de Manuel Fraga son leader.

Il était presque inéluctable qu'à l'automne et à l'hiver 1980 Fraga conspire contre Suárez (ou que Suárez sente que Fraga conspirait contre lui) et la logique n'en est pas que politique : en fin de compte, presque personne n'avait d'aussi puissantes raisons que Fraga de voir en Suárez un usurpateur. Fraga avait été l'enfant prodige de la dictature, présent pendant des années dans les Conseils des ministres de Franco ; au début des années 1970, couvert d'une patine libérale, il semblait être l'homme choisi par l'Histoire pour guider le postfranquisme, c'est-à-dire un franquisme réformé qui, selon Fraga, élargirait les limites du franquisme sans le détruire. Jamais personne ne lui nia la capacité intellectuelle de réaliser ce travail. L'anecdote est très célèbre : dans sa tentative de flatter le leader de l'Alliance populaire et d'humilier le président du gouvernement, pendant le débat de la motion de censure présentée contre Suárez au mois de mai 1980, Felipe González déclara à la tribune du Congrès que Fraga était capable de faire entrer dans sa tête l'Etat tout entier ; l'image est juste, mais incomplète : s'il est vrai que Fraga était capable de faire entrer dans sa tête l'Etat tout entier, il est tout aussi vrai qu'absolument rien d'autre n'y entrait. Dans ce sens, comme dans presque tous les autres, Fraga semblait l'antithèse de Suárez : c'était un étudiant brillant, un opposant compulsif, un écrivain prolifique et, pendant les années de changement de régime, Fraga était un homme politique qui donnait l'impression de tout savoir et de ne rien comprendre, ou du moins de ne pas comprendre ce qu'il fallait comprendre, que les limites du franquisme ne pouvaient être élargies sans que le régime soit détruit, parce que le franquisme était irréformable, ou qu'il n'était réformable que si la réforme consistait précisément à le détruire. Cette dramatique faiblesse intellectuelle – ajoutée à son autoritarisme génétique, à son manque de ruse, à la méfiance sans fondement qu'il inspira depuis la fin des années 1960 dans les groupes les plus puissants du franquisme et à sa médiocre entente personnelle avec le monarque – explique

que le président choisi par le roi pour diriger le changement de régime n'ait pas été Fraga, comme on aurait pu l'imaginer, mais, contre toute attente, Suárez. De plus, dans les années qui suivirent, la propension de Fraga à user de l'intimidation, sa grossièreté politique ainsi que l'intelligence stratégique de Suárez (qui à ce moment-là donnait l'impression de tout comprendre ou du moins de comprendre ce qu'il fallait comprendre, même s'il ne savait rien) réduisirent son champ de manœuvre au point que ce libéral théorique du début des années 1970 se vit relégué parmi les réactionnaires et condamné à assouvir ses ambitions frustrées en tirant une cordée de mammouths franquistes à travers un champ de pierres désolé. Pourtant, dans les mois qui précédèrent le coup d'Etat, la donne a changé : alors que Suárez s'effondre sans rien comprendre, Fraga semble exulter, comme s'il savait et comprenait tout ; bien que son pouvoir au sein du Congrès reste faible – la coalition péniblement modérée avec laquelle il s'était présenté aux élections précédentes compte à peine une poignée de parlementaires –, son image publique n'est plus celle d'un incurable nostalgique du franquisme : on le regrette au Palais royal où pendant des années il avait eu un allié fidèle en la personne du général Alfonso Armada ; ses rapports avec l'armée et l'Eglise sont au beau fixe ; il est flatté par les patrons et les financiers, ceux-là mêmes qui auparavant l'avaient délaissé, des figures éminentes du parti de Suárez qui le soutiennent l'ont déjà choisi comme leur véritable leader et imaginent avec lui la meilleure façon de renverser le gouvernement pour lui substituer un gouvernement de coalition ou de concentration ou de gestion ou d'unité nationale, tout convient pour peu qu'on empêche Suárez de rester au pouvoir et de conduire le pays à sa perte. Ce tout inclut un gouvernement de coalition ou de concentration ou de gestion ou d'unité présidé par un militaire ; si ce militaire est Alfonso Armada, ami de Fraga, tant mieux. Comme beaucoup à cette époque et peut-être plus que quiconque, conscient de son statut de référence politique pour de nombreux militaires favorables à un coup d'Etat, Fraga en considère sérieusement la possibilité. Son journal personnel[25] abonde en notes sur des dîners avec des hommes politiques et des militaires lors desquels il en est question ; maintes personnalités de l'Alliance populaire, comme Juan de Arespacochaga, ex-maire de Madrid, l'approuvent sans détour ; d'après Arespacochaga[26], de nombreux membres de l'exécutif du parti l'approuvent eux aussi. Tandis qu'il se réunit presque tous les jours avec les dirigeants du parti de Suárez, y compris avec le porte-parole parlementaire de ce dernier, Fraga a des doutes, mais ce dont il ne doute pas, c'est qu'il faut à tout prix en finir avec ce subalterne qui, quatre ans plus tôt, par une erreur ou une frivolité du roi, l'avait écarté de son destin de président. Avant l'été, il avait inquiété le pays par un avertissement : "Si on ne prend pas de mesures, le coup d'Etat sera inévitable." Le 19 février, quatre jours avant le coup d'Etat, il avertit le Congrès : "Si l'on veut donner le coup de gouvernail, procéder au changement de cap que nous savons tous nécessaire, on nous trouvera prêts à collaborer. Et si non, tant pis [...]. Il faut passer le bateau en cale sèche et entièrement réviser sa coque et sa machinerie[27]." Suárez a mal assuré la transition politique, le moment est arrivé de la ralentir ou de la rectifier : ce fut exactement l'objectif du 23 février. Coup de gouvernail, coup de bistouri, changement de cap : ce fut exactement la terminologie du placenta du coup d'Etat. Par ailleurs, durant la soirée et la nuit du 23 février, patrons et financiers gardèrent le silence, sans rejeter ni approuver le coup d'Etat, comme presque tout le monde, et ce n'est que vers 2 heures du matin, quand l'échec de la tentative putschiste semblait déjà certain et une fois que le roi se fut prononcé contre lui à la télévision, que le président de la Confédération espagnole des organisations patronales (CEOE), pressé par le chef du gouvernement provisoire, se résolut enfin à dénoncer publiquement la séquestration des membres du Congrès et à proclamer sa fidélité à la Constitution. Les partis politiques, dont l'Alliance populaire, ne le firent qu'à 7 heures.

5

L'Eglise conspire-t-elle aussi contre Suárez ? Suárez sent-il que l'Eglise conspire aussi contre lui ? De même qu'il s'est depuis peu brouillé avec les journalistes, les financiers, les patrons et avec toute, ou presque toute, la classe politique du pays, peu avant le coup d'Etat Suárez se brouille avec l'Eglise ; cette dernière, à défaut de faire tout ce qui est en son pouvoir pour le renverser, l'abandonne à son sort. Suárez est un homme de foi, un chrétien qui va à la messe toutes les semaines et qui a été éduqué dans les séminaires et les associations de l'Action catholique. Aussi, pour lui qui est pleinement conscient de l'énorme pouvoir que l'Eglise garde encore en Espagne et qui sait qu'elle représente l'un de ses rares soutiens dans l'irréversible débandade des derniers mois, la désillusion est brutale. L'Eglise – du moins les chefs de l'Eglise ou bon nombre d'entre eux – avait encouragé, à la veille de la mort de Franco, le passage de la dictature à la démocratie et, dès l'arrivée de Suárez au pouvoir, le cardinal Tarancón, président de la Conférence épiscopale espagnole depuis 1971, avait établi avec lui une complicité jamais démentie au fil des années, en dépit de la volonté farouche de l'Eglise de maintenir son éternel statut privilégié malgré les transformations politiques en cours. A l'automne 1980, pourtant, la relation entre Suárez et Tarancón tourne court ; la rupture est provoquée par une loi portant sur le divorce, une révolution inacceptable pour la grande majorité de l'Eglise et de la droite espagnoles. A cette époque-là, la loi en question est déjà en discussion depuis presque deux ans, mais toujours sous le contrôle des ministres démocrates-chrétiens et toujours soumise à une tutelle qui en restreint sévèrement la portée en vertu d'un pacte personnel passé entre Suárez et Tarancón. Pourtant, au mois de septembre de la même année, comme conséquence d'une des crises cycliques qui ébranlent le gouvernement, la loi passe aux mains du leader du mouvement social-démocrate du parti du président. Il accélère la procédure et réussit à faire en sorte que la commission de Justice du Congrès approuve à la mi-décembre un projet de loi sur le divorce beaucoup plus permissif que celui convenu entre Suárez et Tarancón. La réponse de ce dernier ne se fait pas attendre : furieux, se sentant trahi, il coupe tous les liens avec Suárez et, à partir de ce moment-là, déstabilisé par la manœuvre du président – ou par sa faiblesse qui l'empêche de tenir ses promesses –, Tarancón se retrouve à la merci des évêques conservateurs, partisans de Manuel Fraga, lesquels voient en outre leurs positions renforcées avec l'arrivée à Madrid de Mgr Innocenti, un nonce extrêmement conservateur du non moins conservateur pape Wojtyła. Ainsi, sur ce flanc-là aussi Suárez se retrouve dégarni ; plus que dégarni : aussi bien la nonciature que certains membres de la Conférence épiscopale encouragèrent les opérations contre Suárez organisées par les démocrates-chrétiens de son parti, et il est fort probable que le nonce et certains évêques furent même informés dans les jours qui précédèrent le coup d'Etat de ce qu'une réduction ou une révision de la démocratie avec l'aval du roi était imminente[28]. Il est difficile d'imaginer que tout ceci n'ait eu aucune influence sur l'attitude de l'Eglise le 23 février. L'assemblée plénière de la Conférence épiscopale se trouvait ce soir-là réunie à la Casa de Ejercicios del Pinar de Chamartín, à Madrid, dans le but de choisir le remplaçant du cardinal Tarancón ; en apprenant la nouvelle de l'assaut du Congrès, l'assemblée s'est dissoute sans prononcer un seul mot en faveur de la démocratie ni faire un seul geste de condamnation ou de protestation contre cet outrage à la liberté. Pas un seul mot. Pas un seul geste. Rien. Il est vrai, comme presque tout le monde.

6

Bien entendu, conspire contre Suárez (ou Suárez sent qu'il conspire contre lui) le principal parti de l'opposition : le PSOE. Mais, contrairement à Fraga et à son parti, contrairement aux patrons et aux financiers et même aux journalistes, les dirigeants du PSOE n'ont pas la moindre expérience du pouvoir et commencent à peine à pénétrer dans les galeries du grand cloaque madrilène, aussi opèrent-ils avec une ingénue maladresse de novices, ce qui les rend facilement maniables pour les fomenteurs du coup d'Etat.

Les socialistes ont été la surprise de la démocratie : dirigé depuis 1974 par un groupe de jeunes gens impulsifs au pedigree démocratique irréprochable (bien qu'ayant joué un rôle négligeable voire nul dans la lutte antifranquiste), le PSOE est depuis lors un parti soudé autour de son leader Felipe González, et en 1977, après les premières élections démocratiques, il devient le deuxième parti du pays et le premier de la gauche, détrônant ainsi le parti communiste de Santiago Carrillo qui, pendant tout le franquisme, a été dans la pratique le seul parti de l'opposition clandestine. La victoire électorale plonge les socialistes dans une perplexité euphorique et, pendant les deux années qui suivent, ils développent, comme le font la droite de Fraga et les communistes de Carrillo, une politique de compromis avec Suárez qui culmine avec l'adoption de la Constitution ; mais, au début de l'année 1979, à la veille des premières élections constitutionnelles, ils se rendent compte que leur heure est arrivée : comme tant de gens de droite et de gauche, ils pensent qu'une fois que l'édifice du franquisme sera démoli et que sera dressé grâce à la Constitution celui de la démocratie, Suárez aura accompli la tâche que le roi lui avait confiée ; ils ne méprisent pas Suárez (ou pas encore, du moins en public, et pas complètement) parce que c'est un garçon de courses aux dents longues désigné précipitamment contremaître et finalement promu architecte, même s'ils sont absolument certains qu'eux seuls peuvent gérer avec succès la démocratie, l'enraciner dans le pays et l'intégrer à l'Europe ; ils pensent que le pays pense comme eux et ils pensent aussi, agités comme des enfants affamés devant la vitrine d'une pâtisserie, que, s'ils ne gagnent pas ces élections-là, ils ne gagneront plus jamais ; ils pensent qu'ils vont les gagner. Mais ils ne les gagnent pas, et c'est principalement cette déception qui les conduit à prendre quatre positions dans les mois suivants : la première consiste à attribuer leur défaite à la dernière intervention télévisée de Suárez au cours de la campagne électorale, où le président réussit à effrayer l'électorat en l'alertant contre le radicalisme marxiste d'un PSOE qui, selon ses statuts, demeurait un parti marxiste, mais qui, dans les faits et dans les discours, était déjà un parti social-démocrate ; la deuxième consiste à interpréter l'intervention télévisée de Suárez comme une forme de coup bas et à en conclure qu'on ne peut pas jouer franc jeu avec celui qui n'en fait pas autant ; la troisième consiste à accepter qu'ils n'accéderont au gouvernement que s'ils réussissent à détruire Suárez politiquement et personnellement, en démolissant la réputation du leader qui les a battus aux deux élections consécutives ; la quatrième est le corollaire des trois précédentes : il faut se jeter en piqué sur Suárez.

A partir de l'automne 1979 – une fois le terme "marxisme" éliminé des statuts du PSOE et le pouvoir de Felipe González renforcé à la tête du parti –, l'offensive, légitimée par l'incapacité grandissante de Suárez à freiner la dégradation du pays, est impitoyable : les socialistes peignent quotidiennement un tableau apocalyptique de la gestion du président, exhument pour le lui lancer à la figure son passé de garçon de courses phalangiste et d'arriviste du Mouvement, l'accusent d'avoir provoqué la ruine du projet démocratique, d'être prêt à vendre l'Espagne afin de rester à la Moncloa, d'être analphabète, tricheur, putschiste en puissance. En outre, ils décident de faire un coup d'éclat et, à la mi-mai 1980, ils présentent au Congrès une motion de censure contre Suárez. Si la manœuvre, destinée à faire de Felipe González le président, est un échec arithmétique parce que le leader socialiste n'obtient pas suffisamment de votes pour arracher son poste à Suárez, elle est surtout un succès de propagande : pendant le débat, les caméras de télévision montrent un González jeune, persuasif et présidentiable face à un Suárez vieilli et vaincu, incapable de répondre aux attaques de son adversaire. Pourtant, cette victoire marque une limite : avec la motion de censure, les socialistes ont épuisé les mécanismes parlementaires pour s'emparer de la présidence. C'est alors que, aiguillonnés par le désespoir et par la crainte et par l'immaturité et par l'avidité du pouvoir, ils commencent à explorer les limites de la démocratie récemment inaugurée en forçant au maximum ses règles avant même de les avoir maîtrisées ; et c'est alors qu'ils deviennent des instruments utiles aux putschistes.

Par ailleurs, depuis le printemps, ces nouveaux habitués des salons, des réunions entre amis et des restaurants du petit Madrid du pouvoir parlent et entendent parler de coups d'Etat, de gouvernements de concentration, de gouvernements de gestion, de gouvernements de salut national, d'opérations De Gaulle. Leur attitude à ce propos est ambiguë : d'un côté, les rumeurs qui circulent les inquiètent ; de l'autre, ils ne désirent pas rester en marge de la succession de Suárez, impatients qu'ils sont de montrer leur capacité à agir au gouvernement après l'avoir fait dans l'opposition. Eux aussi commencent à considérer leur éventuelle participation à un gouvernement de coalition ou de concentration ou d'unité nationale présidé par un militaire, et c'est dans cette perspective que, dans la dernière semaine du mois d'août, ils cherchent le soutien de Jordi Pujol, président du gouvernement autonome catalan. C'est sans doute avec cette idée en tête que, durant l'automne, les socialistes mènent des enquêtes sur l'état d'esprit de l'armée et sur les rumeurs d'un coup militaire ; et à la mi-octobre, après une réunion interne lors de laquelle Felipe González se demande si tous les signaux d'alerte de la démocratie ne sont pas déjà allumés et lors de laquelle se discute aussi la possibilité pour le parti d'entrer dans un gouvernement de coalition, plusieurs dirigeants du PSOE rencontrent le général Sabino Fernández Campo, secrétaire du roi, et le général Alfonso Armada, son prédécesseur à ce poste, dont le nom est évoqué avec insistance depuis des mois comme éventuel président d'un gouvernement d'unité nationale. Felipe González prend part à la conversation avec Fernández Campo ; non à celle avec Alfonso Armada. C'est Enrique Múgica qui en est chargé, le numéro trois du parti et depuis peu président de la commission de Défense du Congrès. A la lumière du 23 février, la conversation entre Múgica et Armada prend un tour important, et plus d'une fois ses protagonistes l'ont racontée en public. L'entretien, qui dure presque quatre heures, a lieu le 22 octobre lors d'un déjeuner dans la demeure du maire de Lérida, où le général exerce les fonctions de gouverneur militaire depuis le début de l'année ; y participe aussi, en plus de leur hôte, Joan Raventós, leader des socialistes catalans. Múgica et Armada semblent sympathiser sur un plan personnel ; politique aussi, du moins sur un point décisif : les deux hommes conviennent que le seul responsable de la catastrophe est Suárez et que l'évincer du pouvoir est la seule solution possible pour remédier au désordre, bien que, selon Armada, la solution ne soit complète que si un gouvernement de concentration ou d'unité nationale est formé immédiatement, avec la participation des principaux partis politiques, et présidé par un homme indépendant, si possible un militaire. Múgica ne dit pas non à cette dernière suggestion ; intervient alors Raventós qui demande à Armada si lui serait prêt à être le militaire qui prendrait la tête du gouvernement ; à cette suggestion, Armada non plus ne dit pas non. Le déjeuner s'achève sans promesses ni engagements, mais Múgica rédige un rapport sur cet entretien pour le Comité exécutif dont plusieurs membres sondent, dans les semaines qui suivent, les dirigeants des partis minoritaires sur la possibilité de former un gouvernement de coalition présidé par un militaire. Pendant l'automne et l'hiver courent à Madrid différentes rumeurs – le PSOE envisage une nouvelle motion de censure appuyée par un groupe au sein du parti de Suárez ; le PSOE envisage d'entrer dans un gouvernement de gestion ou de concentration avec le parti de Fraga et un groupe au sein du parti de Suárez – dont le dénominateur commun est un général par lequel les socialistes prétendent déloger Suárez de la Moncloa[29].

Ce fut tout. Ou c'est tout ce que nous en savons, parce qu'à l'époque, les dirigeants du PSOE discutèrent souvent du rôle que l'armée pouvait jouer dans des situations d'urgence comme celle que traversait selon eux le pays, ce qui revenait à baliser la piste d'atterrissage pour une intervention militaire[30]. En tout cas, la longue conversation autour d'un déjeuner entre Enrique Múgica et le général Armada à Lérida et les mouvements et rumeurs auxquels elle a donné lieu constituèrent un soutien aux tendances putschistes d'Armada et un bon alibi pour ce dernier : en effet, dans les mois qui précédèrent le coup d'Etat, l'ancien secrétaire du roi insinua ou déclara ici et là que les socialistes participeraient de bon gré à un gouvernement unitaire présidé par lui, voire qu'ils l'encourageaient à le former, et dans la nuit même du 23 février, arguant une nouvelle fois de l'acquiescement du PSOE, il essaya par la force d'imposer ce gouvernement. Tout cela ne veut évidemment pas dire qu'à l'automne et à l'hiver 1980, les socialistes conspirent en faveur d'un coup d'Etat militaire contre la démocratie ; cela signifie simplement qu'une forte dose de stupidité irresponsable provoquée par la démangeaison du pouvoir les poussa à harceler jusqu'à l'imprudence le président légitime du pays et que, croyant manigancer contre Adolfo Suárez, ils finirent par manœuvrer sans le savoir en faveur des ennemis de la démocratie.

7

Mais c'est surtout son propre parti, l'Union du centre démocratique, qui conspire contre Suárez (que Suárez sent surtout conspirer contre lui). Le mot "parti" est inexact ; en réalité, l'UCD n'est pas un parti, mais un cocktail péniblement élaboré de groupes idéologiques disparates – depuis les libéraux et démocrates-chrétiens jusqu'aux sociaux-démocrates, en passant par ceux qu'on appelle les bleus, originaires comme Suárez des entrailles même de l'appareil franquiste. L'UCD est un tampon électoral improvisé au printemps 1977 pour participer aux premières élections libres en quarante ans. Servant d'appeau, Adolfo Suárez devait, selon la prévision unanime, en sortir vainqueur grâce à son succès de président du gouvernement, parvenu en moins d'un an à démonter l'armature institutionnelle du franquisme et à convoquer les premières élections démocratiques. Ces pronostics se confirment. Suárez remporte la victoire et, au cours des deux années suivantes, l'UCD reste unie par le ciment du pouvoir, par l'autorité incontestée de Suárez et par l'urgence historique visant à construire un régime de libertés. Le printemps 1979 marque le zénith de la carrière de Suárez, l'apogée de son pouvoir et aussi celui de son parti : en décembre, la Constitution est approuvée ; en mars, l'UCD remporte pour la deuxième fois les élections générales ; en avril, pour la première, les municipales ; la construction du nouvel Etat semble se parachever avec les négociations des statuts d'autonomie de la Catalogne et du Pays basque ; mais c'est juste à ce moment d'accomplissement que Suárez commence à s'enfoncer dans une espèce de léthargie dont il ne sortira qu'en abandonnant la présidence, et que son parti commence à se fissurer irrémédiablement. Le phénomène est étrange, mais non inexplicable, bien qu'il n'y ait pas une seule, mais plusieurs explications. J'en avance deux. L'une est politique : Suárez, qui a accompli la tâche la plus difficile, est incapable de mener à bien la plus facile. L'autre est personnelle : Suárez, qui jusqu'alors semble être un homme politique d'acier, s'effondre psychologiquement. J'y ajoute une troisième explication, à la fois politique et personnelle : la jalousie, les rivalités et les divergences qui germent au sein de son parti.

En effet, fin mars 1980, quand la mauvaise passe que traverse le pays ne peut plus être cachée et que les enquêtes dont dispose le gouvernement révèlent un pessimisme accablant, trois défaites cuisantes dans les urnes (au Pays basque, en Catalogne et en Andalousie) mettent à nu au sein de l'UCD des ambitions inassouvies et des dissensions idéologiques jusqu'alors dissimulées par l'éclat de la victoire. Ainsi, tout sujet important (la politique économique, la politique relative aux autonomismes, la politique sur l'éducation, la loi sur le divorce, l'intégration à l'OTAN) et plus d'un autre sujet sans importance provoquent des contestations qu'on remet à plus tard afin d'éviter une implosion mais que le temps ne fait qu'attiser. Suárez, quant à lui, est de plus en plus absent, perplexe et enfermé dans le labyrinthe du palais de la Moncloa où il réside, il a perdu l'énergie de ses premières années au gouvernement et semble incapable de rétablir l'ordre dans le tohu-bohu qu'est devenu son parti. Peut-être soupçonne-t-il depuis un certain temps déjà que, du fait de leur propre lâcheté, tels des animaux qui ont flairé la peur de leur proie, les leaders des groupes ayant théoriquement fusionné au sein de l'UCD le considèrent comme ils n'avaient dans le fond jamais cessé de le faire : comme un phalangiste de province rongé par l'ambition, un foutriquet ignorant, un parfait arriviste qui avait prospéré dans le bouillon corrompu du franquisme grâce à la flatterie et aux magouilles et qui avait ensuite continué à prospérer pour avoir été chargé par le roi de démêler par des boniments et un verbiage de colporteur tout l'écheveau du Mouvement, un aigrefin qui quelques années auparavant avait peut-être été un mal nécessaire, connaissant mieux que personne les coulisses du franquisme, mais qui à présent conduisait le pays au précipice avec ses dérisoires prétentions d'homme d'Etat. Suárez commence à se douter que les leaders de son parti le perçoivent de la sorte ; ses suppositions ne manquent pas de fondement : juristes arrogants, prétentieux professionnels de bonne famille, hauts fonctionnaires de carrière, hommes cultivés et cosmopolites ou qui se croient cultivés et cosmopolites, les leaders de l'UCD, après avoir adulé Suárez, le dotant d'une suprématie de leader charismatique, dénoncent à présent de plus en plus clairement ses limites personnelles et intellectuelles, son incompétence en tant qu'homme de pouvoir, ses très mauvaises qualités de parlementaire, son ignorance des usages démocratiques – cette dernière lui faisant croire qu'il peut continuer à gouverner comme à l'époque où il était un président parachuté ne rendant des comptes qu'au roi –, ses affronts au Congrès et aux députés de son parti au sein du Congrès, sa méthode de travail chaotique, son prétendu populisme de gauche et son isolement de reclus dans la Moncloa, où il vit entouré d'un troupeau de thuriféraires incompétents et désorganisés. En avril 1980, tous les chefs de file de son parti méprisent Suárez, de même que beaucoup de leurs cadets, et ils sentent tous qu'ils pourraient le remplacer avantageusement. Telle est la réalité que Suárez, lui, ne fait que soupçonner.

Ce sentiment intime des dirigeants de l'UCD trouve un peu plus tard sa confirmation publique, et le soupçon de Suárez devient alors une certitude. Sonné par l'art oratoire dévastateur de Felipe González, pendant le débat de la motion de censure présentée au mois de mai par les socialistes, Suárez fait honte aux députés de son parti en fuyant la joute dialectique. Il laisse ses ministres défendre le gouvernement depuis la tribune, tandis que le numéro deux des socialistes, Alfonso Guerra, le foudroie avec un secret de Polichinelle : "La moitié des députés de l'UCD s'enthousiasme quand elle entend parler Felipe González, proclame Guerra au Congrès. L'autre moitié s'enthousiasme quand elle entend parler Manuel Fraga[31]." Suárez survit péniblement à la motion de censure, mais tout en sachant que la phrase de Guerra n'est pas une simple estocade rhétorique lors d'une bagarre parlementaire, que son prestige politique est au plus bas, que son parti menace de se désintégrer et que, s'il veut éviter la fin de son gouvernement et reprendre le contrôle de l'UCD, il doit immédiatement passer à l'action. C'est pourquoi il réunit dès qu'il le peut les chefs de file du parti dans une propriété du ministère des Œuvres publiques, à Manzanares el Real, non loin de Madrid. Le conclave dure trois jours et lui apporte la pire humiliation de sa vie politique ; en effet, il est facile d'imaginer qu'à peine le débat entamé, le regard des compagnons de Suárez lui renvoie la vérité, et que Suárez y lit les mots "phalangiste de pacotille", le mot "foutriquet", le mot "arriviste", le mot "flatteur", le mot "ignare", le mot "charlatan", le mot "margoulin", le mot "parvenu", le mot "populiste", le mot "incapable". Mais il n'est pas nécessaire d'imaginer quoi que ce soit, puisque, pendant ces trois jours, les chefs de file de l'UCD envoient à la figure de Suárez tout ce qu'ils se disaient depuis des mois derrière son dos et que, s'ils n'en finissent pas définitivement avec lui, c'est parce qu'ils ne disposent pas encore d'un remplaçant viable – aucun d'entre eux ne compte sur le soutien des autres, et la base et les cadres du parti sont encore du côté du président. Suárez profite de ce vide pour s'activer : après avoir tant bien que mal encaissé les critiques qu'on lui inflige, Suárez promet de corriger ses malheureuses habitudes de président et s'engage surtout à partager le pouvoir, de sorte qu'à partir de ce moment-là, il cesse d'être dans la pratique le chef du parti et du gouvernement pour devenir un *primus inter pares.* Une fois la réunion terminée, Suárez essaie de tenir immédiatement sa promesse et son engagement, et fin août il conçoit avec quelques fidèles une stratégie qui conduit au second remaniement du gouvernement en quelques mois et à la prise en charge des ministères forts par les chefs de file de l'UCD. Cet arrangement n'est pas sans effets préjudiciables sur son avenir – le pire étant peut-être le départ précipité du gouvernement du vice-président Abril Martorell, un ami de la première heure qui lui a servi dans les derniers temps à la fois de bouclier et de factotum – mais convainc Suárez qu'il a ainsi étouffé la révolte et qu'il peut prolonger sa présidence agonisante et s'affranchir des injures en montrant à ses détracteurs qu'ils se trompent. Pourtant, c'est lui qui se trompe car il ne sait pas ou ne peut comprendre que le respect perdu l'est pour toujours et qu'au sein de son parti, la rébellion est imparable[32].

Le 17 décembre, après avoir constitué un nouveau gouvernement, Suárez, qui semble momentanément se réveiller de sa léthargie, obtient aisément au Congrès un vote de confiance qui, lui permettant de gouverner sans problème dans les mois à venir, confirme pour quelques heures l'optimisme de ses prédictions. Le lendemain cependant, l'émeute éclate. Miguel

Herrero de Miñón – l'un des leaders du groupe démocrate-chrétien du parti – publie dans *El País* un article[33] qui, feignant d'être une analyse nuancée du résultat du vote de confiance, n'est en réalité qu'une attaque frontale visant la politique de son président. A peine quelques jours plus tard, les députés de l'UCD choisissent Herrero de Miñón comme porte-parole du parti au Congrès ; Herrero de Miñón s'était présenté comme un antidote aux abus et aux négligences de Suárez, son élection représente donc un coup dur pour le président qui seulement alors pressent que ses promesses et ses concessions de l'été n'ont en rien dissipé le rejet accumulé contre lui, au contraire, elles l'ont augmenté. Ses soupçons sont à présent vérifiés, mais il est trop tard : dès lors, le puissant groupe démocrate-chrétien de l'UCD conspire ouvertement pour l'évincer de la présidence ; les libéraux, les sociaux-démocrates et les bleus ont commencé à le faire eux aussi et, à mesure qu'avance l'automne et qu'approche l'hiver, même les plus loyaux envers le président renoncent subrepticement à leur loyauté et prennent leurs marques face à un avenir sans lui : sous pression, courtisés et soutenus par des journalistes, des patrons, des financiers, des militaires et des ecclésiastiques, certains aspirent à former une nouvelle majorité avec Fraga ; sous pression, courtisés et soutenus par l'élan juvénile des socialistes, par leur ambition démesurée et par leur foi absolue en eux-mêmes, les autres aspirent à former une nouvelle majorité autour de González ; tous ou presque tous – démocrates-chrétiens et libéraux et sociaux-démocrates et bleus, antisuaristes de toujours et antisuaristes de la dernière heure – discutent de la manière dont il convient de procéder pour remplacer Suárez sans en passer par les urnes et s'interrogent sur son remplaçant. Dans les premiers jours de 1981, alors que l'UCD prépare son deuxième congrès qui doit avoir lieu fin janvier à Palma de Majorque, et que la confusion au sein du parti est absolue, circule un document rédigé par les adversaires du président dans lequel on exige plus de démocratie interne ; il a déjà été signé par plus de cinq cents représentants centristes, ce qui constitue une menace très sérieuse pour le contrôle que conserve encore Suárez sur la base et les cadres du parti, son dernier bastion. Comme à l'Alliance populaire, comme au PSOE, comme dans tout le petit Madrid du pouvoir, à l'UCD aussi on évoque l'hypothèse d'un militaire ou d'un homme politique de prestige à la tête d'un gouvernement de coalition ou de concentration ou de gestion ou d'unité comme le meilleur moyen d'expulser Suárez du gouvernement et de surmonter la crise ; certains députés de poids dans le parti considèrent eux aussi cette hypothèse – surtout ceux du mouvement démocrate-chrétien étroitement liés aux militaires, et en particulier à Alfonso Armada, avec qui certains ont déjà discuté personnellement cette idée. Mi-janvier, les rumeurs qui circulaient avec une intensité variable depuis l'été redoublent, des rumeurs de coups d'Etat durs ou mous et selon lesquelles une nouvelle motion de censure se prépare contre le président, une motion probablement présentée par le PSOE, mais appuyée, si ce n'est conçue, par un mouvement de l'UCD, ce qui doit en garantir le succès et peut-être assurer la formation du gouvernement d'urgence dont tout le monde parle et auquel, tout le monde le sait à commencer par Suárez lui-même, postule le général Armada. En réalité, les rumeurs sur la motion de censure sont bien plus que des rumeurs – il ne fait aucun doute que la motion de censure a sérieusement été discutée au sein du parti – mais, quoi qu'il en soit, à un mois du 23 février, l'UCD est plus une foule grouillante de politiciens qui manigancent inlassablement contre le président que le parti politique qui soutient le gouvernement. Le coup d'Etat se prépare au sein de cette foule : si elle n'est pas le placenta du coup d'Etat, elle en est une partie essentielle[34].

8

Les événements évoqués ont lieu en Espagne où tout semble conspirer contre Adolfo Suárez (où Adolfo Suárez sent que tout conspire contre lui). En dehors de l'Espagne, la situation n'est guère plus favorable au président ; elle le fut, mais elle ne l'est plus, entre autres raisons parce que, depuis qu'il est arrivé au pouvoir, Suárez agit en contradiction avec le reste du monde : alors qu'il cherche désespérément à virer à gauche, le monde vire tranquillement à droite.

En juillet 1976, quand le roi confie à Suárez la présidence du gouvernement, l'Europe attend avec une sympathie non dénuée de scepticisme le passage pacifique de la dictature à la démocratie ; les Etats-Unis, avec une sympathie non dénuée d'appréhension : leur idéal pour l'Espagne – d'un point de vue stratégique, il s'agit d'un pays-clé en cas de guerre avec l'Union soviétique – est à l'époque une monarchie parlementaire docile et une démocratie limitée qui empêche la légalisation du parti communiste et intègre le pays à l'OTAN. En un premier temps, la nomination de Suárez, catalogué "jeune lion du franquisme", plaît beaucoup plus aux Etats-Unis qu'à l'Europe, mais les préférences s'inversent très vite : Suárez légalise le parti communiste, propulse le pays vers une démocratie pleine et entière et, malgré les pressions constantes exercées sur lui – y compris celle de ses propres coreligionnaires de l'UCD –, il reporte *sine die* la demande d'adhésion à l'Alliance atlantique. Ce n'est pas tout : convaincu qu'en demeurant en marge de la division des blocs imposée par la guerre froide, l'Espagne peut jouer un rôle international plus efficace ou plus visible qu'en se tenant à la botte du bloc nord-américain, pendant sa dernière année au gouvernement, Suárez reçoit à la Moncloa le leader palestinien Yasser Arafat et envoie un observateur officiel à la Conférence des pays non-alignés. Quatre ans plus tôt, ces manifestations d'indépendance – qui en Espagne irritent la droite et presque tous les leaders du parti du président, contrairement à une opinion publique majoritairement antiaméricaine – avaient suscité à Washington une faible inquiétude mêlée d'étonnement ; ajoutées à l'instabilité du pays, elles déclenchent à l'automne une vive alarme. En effet, pendant ces quatre ans, les choses ont changé de manière radicale, et non seulement pour les Etats-Unis : en octobre 1978, Karol Wojtyła est élu pape de l'Eglise catholique ; en mai 1979, Margaret Thatcher est élue Premier ministre du Royaume-Uni ; en novembre 1980, Ronald Reagan est élu président des Etats-Unis. Une révolution conservatrice s'étend sur l'Occident et, pour en finir avec l'Union soviétique au moyen de pressions concentriques, Reagan relance la course à l'armement et attise la guerre froide. Dans ces circonstances, Washington ne souhaite absolument pas voir de troubles au Sud de l'Europe : en septembre, la Maison-Blanche, qui a soutenu avec succès un coup d'Etat militaire en Turquie, nourrit à présent la peur que la fragilité de ce Suárez gauchisant et harcelé par la crise politique et économique et par un parti socialiste de plus en plus fort ne finisse par favoriser une révolution semblable à celle que connut le Portugal en 1974. Ainsi, quand dans les mois précédant le 23 février l'ambassade américaine à Madrid et la CIA sont informées de l'imminence d'un coup de bistouri ou de gouvernail menaçant la démocratie espagnole, leur réaction est favorable, voire enthousiaste, et en particulier celle de l'ambassadeur Terence Todman. Ce diplomate d'extrême droite, qui des années auparavant, en charge de la politique nord-américaine en Amérique latine, avait soutenu avec virulence les dictatures latino-américaines, réussit à faire en sorte que les deux seuls hommes politiques espagnols reçus par le président Reagan à la Maison-Blanche avant le coup d'Etat soient deux importants franquistes en jachère – Gonzalo Fernández de la Mora et Federico Silva Muñoz. Le 13 février, il rencontre le général Armada dans une propriété près de Logroño[35]. Nous ne connaissons pas le contenu de leur entretien, mais certains éléments prouvent sans équivoque que le gouvernement américain était informé du coup d'Etat avant que celui-ci n'ait eu lieu : le 20 février déjà, les bases militaires de Torrejón, Rota, Morón et Saragosse se trouvaient en état d'alerte et des vaisseaux de la 6e flotte furent postés à proximité du littoral méditerranéen ; dans la soirée et la nuit du 23, un avion AWACS doté d'un système de détection électronique, appartenant au 86e escadron de communication installé sur la base allemande de Rammstein, survola la Péninsule pour contrôler les liaisons radio espagnoles. On n'apprit ces détails que des jours ou des semaines plus tard, mais dans la nuit même du 23 février, quand le secrétaire d'Etat américain, le général Alexander Haig, dut se prononcer sur ce qui était en train de se passer en Espagne, il le fit sans un seul mot pour condamner l'assaut du Congrès ni pour défendre la démocratie – la tentative de coup d'Etat n'était pour lui qu'"une affaire interne". Tout le monde comprit alors la seule chose qu'il y ait eu à comprendre : les Etats-Unis approuvaient le coup d'Etat et, si celui-ci finissait par aboutir, le gouvernement américain serait le premier à s'en réjouir.

9

Ainsi, durant les derniers jours de 1980 et les premiers de 1981, la réalité tout entière semble conspirer contre Adolfo Suárez (ou Adolfo Suárez sent que la réalité tout entière conspire contre lui) : journalistes, patrons, financiers, hommes politiques de droite, du centre et de gauche, Rome et Washington. Même certains leaders communistes le font, qui se manifestent en public ou en privé en faveur d'un gouvernement de concentration présidé par un militaire. Même les leaders des principaux syndicats[36] le font, qui parlent de situations limites, de situations d'urgence, de crises non du gouvernement mais de l'Etat. Même le roi le fait qui essaie à sa manière de se libérer de Suárez et qui éperonne les uns et les autres contre lui.

Le coup d'Etat fut fabriqué à partir de tous ces matériaux : les manœuvres politiques contre Adolfo Suárez furent l'humus du coup d'Etat ; le placenta du coup d'Etat fut fabriqué à partir des mêmes matériaux. Cela dit, le mot "conspiration" semble peut-être mal approprié pour définir la campagne de harcèlement politique qui a été menée contre Adolfo Suárez ; en d'autres termes, dans les mois précédant le coup d'Etat, Suárez sentait sans doute que la réalité entière conspirait contre lui, mais ne s'agissait-il pas du simple sentiment, non encore corroboré par les faits, d'un homme politiquement fini et personnellement brisé ? Ce qui s'est alors réellement passé en Espagne n'a-t-il pas été une simple convergence de stratégies politiques, d'intérêts et d'ambitions légitimes destinés à extirper du pouvoir un président inepte ? En effet, mais une conspiration politique est exactement cela : l'alliance d'un ensemble de personnes contre le détenteur du pouvoir. Et c'est exactement ce qui se produisit en Espagne durant les derniers jours de 1980 et les premiers jours de 1981. Cette conspiration, je le répète, était légitime dans le fond, mais elle ne l'était pas dans la forme, car dans la politique espagnole d'alors, après quarante ans de dictature et après moins de quatre ans de démocratie, la forme était le fond : le fait de trop mettre en tension les formes encore fragiles de la démocratie, tout en suscitant une espèce de nuage politique opaque et en faisant appel à quelques militaires impatients de détruire le système politique pour mettre fin à la présidence de Suárez, cela revenait à livrer aux ennemis de la démocratie l'instrument par lequel ils pourraient en finir et avec Suárez et avec la démocratie. Rares étaient ceux qui refusèrent d'être impliqués dans cet imbroglio suicidaire ; ce furent, entre autres, le général Gutiérrez Mellado et Santiago Carrillo, deux hommes politiques de premier rang qui ne se joignirent pas à l'assaut présidentiel et qui évitèrent ainsi l'erreur commune d'une classe dirigeante que le désir passionné de comploter contre Adolfo Suárez entraîna de façon consciente ou inconsciente à comploter contre la démocratie. Quant à Suárez lui-même, il était en effet un pur homme politique et, en tant que tel, même s'il était politiquement fini et personnellement brisé, il continuait durant tous ces mois à se battre pour lui-même mais, en se battant pour lui-même et en se battant pour demeurer au pouvoir, il se battait aussi pour soutenir l'édifice qu'il avait construit pendant ses années à la tête du gouvernement : même si depuis le début les militaires putschistes considéraient Suárez comme l'incarnation de la démocratie – c'est pourquoi, quand ils finirent par exécuter le coup d'Etat, cette attaque fut pour eux une attaque plus contre Suárez que contre la démocratie –, Suárez n'incarna peut-être jamais véritablement la démocratie autant que pendant les jours précédant le coup d'Etat, et il ne l'avait peut-être jamais autant incarnée que pendant la soirée du 23 février, assis sur son siège de président tandis que les balles sifflaient autour de lui dans l'hémicycle du Congrès, parce que jamais comme à cet instant-là se battre pour soi-même et pour demeurer au pouvoir ne revenait aussi clairement à se battre pour la démocratie.

10

J'ai escamoté le principal conspirateur : l'armée. Le coup d'Etat du 23 février fut un coup d'Etat militaire contre Adolfo Suárez et contre la démocratie, mais qui dans l'armée conspirait à l'automne et à l'hiver 1980 ? A quelle fin ? Les services de renseignements qui faisaient alors partie de l'armée conspiraient-ils aussi ? Le CESID, l'organisme qui regroupait une grande partie des services de renseignements, conspirait-il également ? Et, s'il le faisait, conspirait-il pour expulser Adolfo Suárez du pouvoir ou en faveur du coup d'Etat ? Le CESID participa-t-il au coup d'Etat du 23 février ? Voilà l'un des points les plus controversés du coup d'Etat et celui qui, pour des raisons évidentes, a sans doute suscité le plus grand nombre de spéculations : étudier ce point permet aussi d'étudier les manœuvres putschistes qui se tramèrent dans l'armée durant les mois qui précédèrent le coup d'Etat.

Le procès qui suivit le 23 février ne mit en accusation que deux membres du CESID : le commandant José Luis Cortina, chef de l'AOME, l'unité d'opérations spéciales du Centre, et le capitaine Vicente Gómez Iglesias, subordonné de Cortina. Le commandant fut acquitté ; le capitaine fut condamné : la vérité judiciaire du 23 février suppose donc que le CESID en tant qu'institution de l'Etat n'avait pas participé au coup d'Etat, et qu'un seul de ses membres l'avait fait de sa propre initiative. La vérité judiciaire reflète-t-elle la vérité des faits ? Evidemment, les responsables des services de renseignements d'alors – leur chef, le colonel d'infanterie de marine Narciso Carreras, et son secrétaire général et bras droit, le lieutenant-colonel Javier Calderón – ont toujours nié la participation du CESID au coup d'Etat tout comme ils ont nié avoir disposé du moindre indice sur sa préparation, ce qui revenait par ailleurs à reconnaître un échec cuisant, car une des missions primordiales – sinon la mission primordiale – que le gouvernement avait assignée aux services de renseignements était justement de le prévenir d'un éventuel coup d'Etat. Carreras et Calderón disent-ils la vérité ? Le CESID échoua-t-il réellement le 23 février ? Et si, au contraire, le fait de ne pas avoir averti le gouvernement était une preuve de son implication dans la rébellion ? Deux données semblent d'emblée incontestables : tout d'abord, en supposant même que le CESID ne connaissait pas d'avance les détails exacts du coup d'Etat – qui, quand, comment et où –, il disposait de renseignements dignes de foi sur la conspiration qui se tramait contre Adolfo Suárez et sur les machinations militaires qui d'une manière ou d'une autre finiraient par produire le 23 février. La seconde donnée établit que le CESID en informa le gouvernement. C'est du moins ce qui se dégage d'un rapport habituellement attribué au CESID, daté du mois de novembre 1980 et intitulé "Panorama des opérations en cours[37]". Ce rapport, selon une version acceptée par ceux qui l'ont publié des années plus tard dans divers livres, fut envoyé au roi, à Adolfo Suárez, au général Gutiérrez Mellado et au ministre de la Défense, Agustín Rodríguez Sahagún.

Il s'agit sans aucun doute du document le plus utile dont on dispose pour la compréhension des antécédents directs du coup d'Etat, parce qu'il contient une description contemporaine, détaillée et en grande partie véridique des conspirations politiques et militaires de l'époque et une annonce assez exacte de ce qui adviendrait le 23 février. Le rapport se compose d'un prologue et de trois parties ; chacune examine un type particulier d'opération : la première, les opérations civiles ; la deuxième, les opérations militaires ; la troisième, une opération mixte, civilo-militaire. Le prologue se limite à exposer une évidence et une mise en garde : l'évidence souligne que le dénominateur commun aux opérations décrites par la suite est le désir de déloger Adolfo Suárez pour mettre fin "au climat d'anarchie et au désordre sociopolitique existants" ; la mise en garde indique que, vu l'anarchie et le désordre existants, "il y a tout lieu de penser que certaines opérations sont en cours", et qu'il est à craindre "que celles-ci puissent même être très nombreuses". La première partie du rapport décrit quatre opérations civiles, c'est-à-dire quatre opérations politiques, dont trois sont conçues au sein du parti du président et la quatrième au sein du parti socialiste : le rapport minimise la viabilité des premières, mais souligne l'intérêt de chacun de leurs organisateurs – démocrates-chrétiens, libéraux et bleus de l'UCD – pour l'opération civilo-militaire ; il accorde une importance bien plus grande à l'opération socialiste. Cette dernière devrait se mettre en branle au cours du mois de janvier ou de février 1981 et consisterait pour le PSOE à présenter une motion de censure, à la suite d'un pacte préalable avec de nombreux groupes dissidents de l'UCD. Ainsi, Suárez serait expulsé du pouvoir et un gouvernement de concentration serait formé, présidé par un militaire de tendances libérales et bien vu par la couronne, ce qui neutraliserait les tentations putschistes de l'armée et donnerait au projet "une crédibilité presque absolue", à supposer que ses promoteurs puissent compter sur le militaire idoine et sur le consentement du roi. Le profil du militaire idoine correspondait à celui du général Armada ou à celui qu'on attribuait d'habitude au général Armada qui, comme l'auteur du rapport le savait sans doute, venait de se réunir à Lérida avec des dirigeants socialistes. Ce paragraphe souligne aussi l'intérêt du PSOE pour l'opération civilo-militaire dont il serait question à la fin, et qui n'est qu'une variante de l'opération socialiste.

La deuxième partie du rapport examine trois opérations militaires : celle des lieutenants généraux, celle des colonels et celle d'un groupe qu'il nomme "les spontanés". L'information de l'auteur à ce sujet est particulièrement bien nourrie et fiable. Selon lui, les trois opérations sont autonomes, elles ne manquent pas pourtant de points de connexion et peuvent converger à tout moment ; de surcroît, elles sont toutes trois hautement viables et dangereuses. L'opération des lieutenants généraux, pour lesquels Manuel Fraga est la personne civile de référence, consisterait en un *pronunciamiento* collectif des états-majors régionaux – les centres de pouvoir de l'armée dans chacune des régions militaires sur le territoire national –, ce qui, à l'image de l'événement advenu deux mois plus tôt en Turquie, conférerait au coup d'Etat un ton ou un semblant institutionnel ; le rapport ne cite pas les noms des lieutenants généraux impliqués dans l'opération (dont le plus célèbre est Jaime Milans del Bosch, capitaine général de Valence), mais considère un coup d'Etat comme "plus que probable" si la détérioration politique se poursuit. Comme l'opération précédente, celle des colonels n'est pas encore entièrement mûrie ; contrairement à l'opération précédente, celle des colonels, qui sont "froids, rationnels et méthodiques", est soigneusement en train d'être planifiée et c'est pourquoi – et en raison de "la qualité humaine et professionnelle" de ses organisateurs –, une fois activée, elle "serait impossible à arrêter" ; là encore, contrairement à l'opération précédente, celle-ci fait fi de la couronne : les colonels possèdent une vision sociale "avancée, s'approchant d'un socialisme très nationaliste mais aucunement marxiste" et leur idéal politique n'est pas la monarchie, mais une république présidentielle. Le rapport associe une nouvelle fois le nom de Manuel Fraga à cette opération ; là encore, il n'évoque pas l'identité de ses promoteurs dont l'un est peut-être le colonel José Ignacio San Martín, chef du principal service de renseignements du franquisme tardif et à l'époque chef d'état-major de la division blindée Brunete. Quant à la troisième opération, dite "des spontanés", c'est, selon le rapport, la plus dangereuse : non seulement parce qu'elle est la plus violente et la plus imminente, mais aussi parce qu'elle n'a aucune vocation monarchiste. Les spontanés considèrent que la seule façon de galvaniser l'armée autour d'un coup d'Etat consiste à lancer une attaque dévastatrice sur un point névralgique du pays ("sans exclure des exécutions sommaires en cas de résistance ou de refus de démission") : si le rapport ne fait pas référence au Congrès des députés, il parle néanmoins du palais de la Moncloa, des ministères décisifs, des centres de communication ; suivant les prévisions des spontanés, une fois le coup de poing asséné, "le reste des forces armées s'associerait à l'opération ou du moins ne l'empêcherait pas" et, une fois la classe politique "totalement" éliminée, les chefs de l'opération "se soumettraient aux commandements militaires confirmés, lesquels donneraient sa tournure définitive au coup d'Etat militaire". Selon le rapport, le plan des spontanés connut un précédent célèbre baptisé "opération Galaxie", un coup d'Etat que deux ans plus tôt Tejero avait projeté et failli mettre à exécution ; l'auteur signale ainsi le lieutenant-colonel comme protagoniste de cette nouvelle tentative.

Voilà pour ce qui est des opérations civiles et militaires en cours ; le rapport considère ensuite l'opération mixte, civilo-militaire. Celle-ci semble être un coup d'Etat mou destiné à conjurer le risque des trois coups d'Etat durs décrits plus haut ; ses promoteurs sont un groupe de civils non affiliés à un parti mais avec une expérience politique, ainsi qu'un groupe de généraux en activité, "aux parcours brillants et d'une grande capacité de rassemblement" ; même si la mise en pratique de ce coup d'Etat est formellement constitutionnelle, "ses apparences légales seraient insuffisantes pour lui éviter la qualification de putsch" : il consisterait à forcer Suárez à démissionner sous la pression continue de diverses origines (partis politiques et milieux financiers, patronaux, ecclésiastiques, militaires et journalistiques), dont celle du roi qui, séance tenante et avec le soutien des principaux partis, proposerait comme président du gouvernement un général "approuvé par le reste de l'appareil militaire" et capable de former un gouvernement "de gestion ou de salut national" composé au moins de cinquante pour cent de civils indépendants ou proposés par l'UCD, le PSOE et l'Alliance populaire. En plus d'éradiquer le terrorisme et de redresser l'économie, ce gouvernement – dont le mandat se terminerait en principe avec la législature – réformerait la Constitution, éliminerait les gouvernements régionaux, réduirait le pouvoir des partis et déclarerait illégaux les communistes et les nationalistes. Il ne s'agit pas en principe de détruire la démocratie : il s'agit de la réduire ou de la rétrécir et de la convertir en une semi-démocratie. Toujours selon le rapport, non seulement cette opération mixte comptait sur le soutien des leaders de l'UCD et du PSOE, qu'elle aurait convaincus que c'était la seule alternative au coup d'Etat dur ; elle cherchait aussi le consentement des promoteurs des opérations militaires en leur assurant que, si l'opération mixte échouait, le champ resterait libre pour leur propre tentative ("et ils trouveraient alors un soutien équivalent à celui qu'ils auraient apporté à l'opération mixte"). Le rapport terminait ainsi : "La viabilité de cette opération est très élevée" ; il se hasardait même à annoncer une date : "On estime que son exécution pourrait intervenir avant le printemps 1981 (sauf impondérables)."

Voilà en synthèse le contenu du "Panorama des opérations en cours". Il y eut finalement des impondérables, mais sans plus : dans le fond, les informations que donnait le rapport étaient exactes ; ses prévisions l'étaient aussi : tout compte fait, le coup d'Etat du 23 février fut la tentative improvisée d'une opération civilo-militaire sous les auspices des quatre opérations civiles et avec l'aide des trois opérations militaires ; en d'autres termes : une tentative non aboutie pour donner le pouvoir au général Armada par la force, celle des conspirateurs militaires – les lieutenants généraux de Milans del Bosch, les colonels de San Martín et les spontanés de Tejero – et pour obliger les conspirateurs civils – l'UCD, l'Alliance populaire et le PSOE – à accepter cette solution d'urgence. S'il est vrai que le CESID écrivit ce rapport, il ne fait donc pas de doute que le service de renseignements – même s'il ne savait pas exactement qui, quand, comment et où – possédait en novembre 1980 des informations suffisamment solides sur les machinations putschistes pour être à même de prévoir sans trop de marge d'erreur ce qui allait se produire le 23 février. Mais il se trouve que le rapport n'est pas l'œuvre du CESID : son auteur en est Manuel Fernández-Monzón Altolaguirre, à l'époque lieutenant-colonel de l'armée et chef du cabinet de presse du ministère de la Défense. Fernández-Monzón était un ancien membre des services de renseignements qui gardait de nombreux liens avec ses anciens camarades et qui pendant des années avait vendu des rapports à une clientèle d'hommes politiques, de financiers et de patrons de Madrid, en plus d'être conseiller de Luis María Anson à l'agence de presse EFE. Son rapport – qui fut remis au ministre de la Défense et qui de fait parvint au roi, au président du gouvernement et même au vice-président, et qui sans doute circula dans le petit Madrid du pouvoir durant l'automne et l'hiver 1980 – constitue un juste résumé de l'essaim de conspirations qui bourdonnait à la veille du 23 février, surtout militaires. Bien que certaines de ces conspirations relevassent du domaine public, la plus grande partie des informations que contenait le rapport provenaient du CESID, ce qui montre que le service de renseignements connaissait le panorama général des opérations en cours, sans savoir avec exactitude, dans les jours précédant l'émeute militaire, avec qui, quand, comment et où elles allaient se dérouler. Le CESID connaissait-il vraiment ce panorama ? Echoua-t-il dans sa mission d'informer et de prévenir le gouvernement ? Ou bien n'échoua-t-il pas et ne prévint-il pas le gouvernement parce qu'il était du côté des rebelles ? La question la plus controversée sur le 23 février demeure toujours ouverte : le CESID participa-t-il au coup d'Etat ?

11

Le 23 février

C'était un lundi. Un jour ensoleillé se levait sur Madrid ; vers 13 h 30, le soleil cessa de briller et des rafales d'un vent hivernal se mirent à balayer les rues du centre-ville ; vers 18 h 30, la nuit tombait déjà. C'est justement à cette heure-ci – à 18 h 23, plus précisément – que le lieutenant-colonel Tejero entra dans le Congrès des députés à la tête d'une troupe composée de seize officiers et de cent soixante-dix sous-officiers et soldats réquisitionnés dans le parc automobile de la garde civile, situé dans la rue Príncipe de Vergara. Ce fut le début du coup d'Etat. Un coup d'Etat dont la conception ne répondait pas à celle d'un coup d'Etat dur, mais d'un coup d'Etat mou, c'est-à-dire à la conception d'un coup d'Etat sans victimes, qui devait tout juste brandir suffisamment la menace des armes pour que le roi, la classe politique et les citoyens se plient aux ambitions des putschistes : après la prise du Congrès, le capitaine général de Valence, le général Milans del Bosch, devait soulever les militaires dans sa région et prendre la ville de Valence, le colonel San Martín et certains officiers de la division blindée Brunete soulevaient leur unité pour prendre Madrid, et le général Armada se rendait à la Zarzuela afin de persuader le roi que la seule façon de résoudre le problème provoqué par les militaires rebelles était de lui permettre de se présenter en son nom au Congrès pour libérer les parlementaires séquestrés et de former en contrepartie un gouvernement de coalition ou de concentration ou d'unité sous sa présidence et avec les principaux partis politiques. Ces quatre mouvements tactiques correspondaient d'une certaine façon aux quatre opérations militaires annoncées au mois de novembre dans le rapport de Fernández-Monzón : la prise du

Congrès, le mouvement le plus complexe (et le détonateur du coup d'Etat), correspondait à l'opération des spontanés ; la prise de Valence, le mouvement le mieux préparé, correspondait à l'opération des lieutenants généraux ; la prise de Madrid, le mouvement le plus improvisé, correspondait à l'opération des colonels ; la prise de la Zarzuela enfin, le mouvement le plus simple (et le plus important), correspondait à l'opération civilo-militaire. Il y avait cependant une différence essentielle entre le coup d'Etat prévu dans le rapport de Fernández-Monzón et le coup d'Etat tel qu'il se produisit réellement : alors que dans le premier cas l'opération civilo-militaire fonctionnait comme un recours politique en vue d'empêcher les trois opérations militaires, dans le second cas, les trois opérations militaires fonctionnaient comme un recours à la force destiné à imposer l'opération civilo-militaire. Par ailleurs, même si la conception du coup d'Etat était simple, sa réalisation ou certains aspects de sa réalisation ne l'étaient pas ; pourtant, dans la matinée du 23 février, rares étaient les putschistes qui doutaient de son succès : tous ou presque pensaient que non seulement l'armée mais aussi le roi, la classe politique et une grande partie des citoyens étaient disposés à accepter le succès du coup d'Etat ; tous ou presque pensaient que le pays entier l'accueillerait avec plus de soulagement que de résignation, si ce n'est avec ferveur. J'avance une donnée : des agents du CESID prirent part à deux des quatre mouvements du coup d'Etat ; j'en avance une autre : dans au moins un de ces mouvements, leur intervention ne fut pas anecdotique.

Voici ce qui s'est passé : à 17 heures ce jour-là dans le parc automobile de la garde civile, le capitaine Gómez Iglesias, subordonné du commandant Cortina au sein du CESID, balayait les derniers doutes des officiers qui devaient accompagner le lieutenant-colonel Tejero à l'assaut du Congrès. Gómez Iglesias et le lieutenant-colonel étaient amis depuis leur rencontre des années plus tôt au quartier général de la garde civile de Saint-Sébastien. Le premier, vraisemblablement sous les ordres du commandant Cortina, surveillait Tejero depuis des mois et connaissait parfaitement les plans de son ami. Dans les derniers jours, il lui prêta main-forte pour les réaliser, et cette aide – une heure et demie avant l'assaut du Congrès, dans le bureau du colonel Miguel Manchado, chef du parc automobile – fut décisive. Quelques minutes avant l'arrivée de Gómez Iglesias dans le bureau du colonel Manchado, le lieutenant-colonel essayait à la hâte de convaincre les officiers réunis de se rendre avec lui au Congrès pour mener à bien une opération d'ordre public de grande portée nationale – c'est l'expression qu'il employa à plusieurs reprises –, une opération réalisée sur ordre du roi, sous le commandement du général Armada qui devait déjà se trouver à la Zarzuela, et du général Milans del Bosch qui allait décréter l'état d'exception à Valence. Aucun des officiers présents n'ignorait le parcours rebelle et les penchants putschistes du lieutenant-colonel et, même si la plupart d'entre eux étaient depuis des heures voire des jours au courant de son projet secret et l'approuvaient, ceux qui ne l'étaient pas se montraient hésitants – particulièrement le capitaine Abad, un officier très compétent à la tête d'un groupe de gardes civils non moins compétents et bien entraînés, indispensables pour monter un dispositif de fermeture et de contrôle une fois le Congrès pris d'assaut. L'entrée de Gómez Iglesias dans le bureau du colonel, qui à l'époque dirigeait une formation dans le parc automobile, changea complètement la donne : les réticences d'Abad et les scrupules qu'avaient pu éprouver certains des officiers disparurent dès lors que le capitaine assura avec son incontestable autorité d'agent du CESID que Tejero disait vrai ; tous les hommes réunis se mirent à la tâche sur-le-champ, remplissant de troupes les six autocars fournis par le colonel Manchado et organisant le départ vers le Congrès où, selon le plan du lieutenant-colonel, ces mêmes troupes devaient retrouver les gardes civils appartenant à l'escadron du 1er commandement mobile de Valdemoro, qui au même moment et sous les ordres du capitaine Jesús Muñecas montaient eux aussi dans un autocar à l'autre bout de Madrid. Ainsi fut amorcé le coup d'Etat, et ce furent ces hommes-là qui le dirigèrent. De nombreux chercheurs enquêtant sur le 23 février affirment cependant que, en plus du capitaine Gómez Iglesias, plusieurs agents du CESID ont collaboré avec le lieutenant-colonel putschiste à ce stade de l'opération ; selon eux, la colonne de Tejero et celle de Muñecas furent coordonnées ou reliées par des véhicules conduits par des hommes du commandant Cortina – le sergent Miguel Sales, les brigadiers Rafael Monge et José Moya – et pourvus de fausses plaques d'immatriculation, d'émetteurs à basse fréquence et de transmetteurs manuels[38]. A mon avis, cela ne peut être que partiellement vrai : il est presque impossible que les deux colonnes aient été reliées au CESID, entre autres raisons parce que les émetteurs utilisés par ses agents avaient à l'époque une portée d'à peine un kilomètre, et celle des radiotransmetteurs, de cinq cents mètres seulement (de plus, si les colonnes avaient été reliées entre elles, elles seraient arrivées au Congrès en même temps, comme sans doute elles avaient l'intention de le faire, et non l'une bien après l'autre, comme cela se produisit réellement) ; il est en revanche possible que certains des véhicules du CESID aient escorté les colonnes, non pas dans l'intention de les guider jusqu'au Congrès (cela aurait été absurde : aucun Madrilène n'a besoin qu'on l'y conduise), mais dans celle de leur ouvrir la voie pour prévenir tout obstacle qui pourrait surgir sur leur passage*. Que cette dernière donnée soit vraie ou non – et il faudrait y revenir –, une chose est certaine : il y eut au moins un agent du CESID subordonné au commandant Cortina qui porta une aide décisive au lieutenant-colonel Tejero pour assurer le succès de l'assaut du Congrès.

Le deuxième mouvement du coup d'Etat, l'occupation de Valence, ne fut pas moins une réussite. A 17 h 30 cet après-midi-là, après une matinée anormalement agitée dans le bâtiment de l'état-major général, Milans del Bosch avait réuni dans son bureau les généraux sous ses ordres pour les informer de ce qui allait se produire une heure plus tard : il parla de l'assaut du Congrès, de la prise de Madrid par la division blindée Brunete, de la publication d'un arrêté par lequel il déclarait l'état d'exception dans la région de Valence et ajouta que tous ces mouvements avaient l'aval du roi qui serait à la

* Il y a également des indices indiquant que des agents du Service d'information de la garde civile (SIGC), à l'époque sous les ordres du colonel Andrés Cassinello, ont participé à la prise du Congrès aux côtés des agents du CESID. D'après le rapport d'un membre de ce service publié dans la presse en 1991, le 23 février à 17 heures, plusieurs officiers et vingt gardes civils du groupe opérationnel du SIGC sous les ordres d'un lieutenant commencèrent à se déployer dans le Congrès et dans ses environs, et à 17 h 30 ils avaient déjà ratissé la zone pour qu'au moment venu, les agents de police chargés de la sécurité du bâtiment ne s'opposent pas à l'entrée du lieutenant-colonel Tejero et de ses gardes civils. Cette information n'a jamais été démentie[39].

Zarzuela en compagnie du général Armada, le plus haut responsable de l'opération et futur président d'un gouvernement qui le nommerait à la tête de l'état-major de la Junte, l'organisme le plus important de l'armée espagnole. Aidé de son deuxième chef d'état-major, le colonel Ibáñez Inglés, et de son assistant, le lieutenant-colonel Mas Oliver, le général Milans – l'un des militaires les plus prestigieux de l'armée, l'un des franquistes les plus fervents, l'un des monarchistes les plus déclarés – avait été l'âme ou l'une des âmes de la conjuration : le coup d'Etat avait couvé à Valence, c'est là que l'on avait donné des ailes à l'élan putschiste de Tejero, c'est de là que Milans avait accordé ses plans avec ceux d'Armada, c'est de là qu'il avait obtenu pour le coup d'Etat le soutien ou la neutralité bienveillante de cinq des onze états-majors régionaux constituant la géographie militaire espagnole (le II, avec son siège à Séville ; le V, à Saragosse ; le VII, à Valladolid ; le VIII, à La Corogne ; le X, aux Baléares), c'est de là que, la veille, il avait activé le soulèvement de la division blindée Brunete à Madrid, c'est de là qu'il s'était érigé en leader militaire des rebelles. A la veille du coup d'Etat, Milans soigna tous les détails : plusieurs jours avant, il avait expédié à l'Etat-Major, depuis la délégation valencienne du CESID, deux notes confidentielles – l'une, sur un risque d'attentat terroriste de l'ETA ; l'autre, sur d'éventuels actes violents de la part de militants syndicalistes de gauche –, lesquelles, bien qu'accompagnées du plus faible indice de fiabilité et basées sur de fausses informations, devaient lui servir d'alibi supplémentaire pour consigner les unités et appliquer l'état d'exception prévu par l'arrêté rédigé sur sa demande par le colonel Ibáñez Inglés le matin même du 23 février ; il veilla également sur les détails le jour même du coup d'Etat : les deux notes du CESID[40] avaient certes été élaborées par un membre du service de renseignements, pourtant Milans considérait cet organisme non comme un allié mais comme un ennemi potentiel du coup d'Etat, et l'une des premières mesures qu'il adopta après avoir déclaré l'état d'exception fut de retenir le chef du CESID à Valence et d'empêcher toute intervention du CESID en envoyant à ses bureaux en ville un détachement composé d'un commandant et de plusieurs soldats. Au moins sur son territoire, Milans avait ou croyait avoir sous son contrôle tous les éléments nécessaires à la réalisation du coup d'Etat : ce matin-là, il avait envoyé aux chefs militaires de la région des ordres cachetés qu'ils ne devaient ouvrir qu'après avoir reçu par télétype un mot-clé ("Miguelete"), et quand à 18 heures il mit fin à la réunion des généraux convoqués à l'état-major en les envoyant à leurs postes de commandement afin d'initier les opérations, rien ne semblait à Valence laisser prévoir l'échec du coup d'Etat.

Rien ne le laissait non plus prévoir au Pardo, à quelques kilomètres seulement de Madrid, où se trouvait le quartier général de la division blindée Brunete, la plus puissante, la plus moderne et la plus aguerrie des unités de l'armée, et aussi la plus proche de la capitale. Rien ne le présageait en tout cas vers 17 heures : presque au moment où le lieutenant-colonel Tejero surmontait avec l'aide du capitaine Gómez Iglesias la méfiance des officiers qui devaient l'accompagner au Congrès et où le général Milans informait ses subordonnés de l'imminence du coup d'Etat, une réunion exceptionnelle avait lieu au bureau du chef de la division, le général José Juste. La réunion était exceptionnelle pour plusieurs raisons et la principale en était qu'elle avait été convoquée à la hâte par un simple commandant, Ricardo Pardo Zancada, qui la veille avait été chargé par le général Milans de soulever la division Brunete pour prendre Madrid. Pardo Zancada était à l'époque un chef d'état-major prestigieux qui avait participé à des mouvements contre le gouvernement et il était proche des colonels conspirateurs ou entretenait d'étroites relations avec certains d'entre eux, en particulier avec le colonel San Martín, son supérieur immédiat et chef d'état-major de la division ; d'un point de vue idéologique et personnel, il était étroitement lié à Milans depuis que, dans les années 1970, le général était arrivé à la tête de la Brunete. Ce dernier fait explique pourquoi ce dimanche matin là Milans appela d'urgence Pardo Zancada et pourquoi celui-ci, sans demander d'explication ni hésiter un seul instant, informa le colonel San Martín de cet appel intempestif, puis prit sa voiture pour rejoindre Valence. Après quatre heures de route, le commandant arrive dans la ville et Milans lui expose le plan prévu pour le lendemain tel qu'il l'exposera le lendemain à ses généraux, et il lui confie la mission de soulever son unité avec l'aide de San Martín et celle de Luis Torres Rojas, un général qui avait pris part aux réunions préparatoires du coup d'Etat et qui avait été chargé du commandement de la Brunete avant d'être destitué pour menace de rébellion et envoyé au gouvernement militaire de La Corogne ; Milans croyait que l'auréole de guerrier invaincu qui entourait Pardo Zancada suffirait à soulever la division, l'atmosphère d'insurrection qu'on respirait là comme dans toutes les autres unités de l'armée y aidait, mais il fit néanmoins en sorte que Pardo Zancada écoutât sa conversation téléphonique avec le général Armada, destinée à lui faire accroire que le roi était au courant du coup d'Etat. Par la suite, Pardo Zancada apporta tous ses efforts à l'opération et, malgré l'incertitude dans laquelle le plongèrent les propos de Milans et la conversation entre Milans et Armada à laquelle il assista – le plan lui parut pauvre, décousu et inabouti –, il accepta avec enthousiasme la mission ; quand à minuit, de retour à Madrid, il en informa San Martín, ses doutes persistaient, mais son enthousiasme ne décrut pas : les deux hommes attendaient ce moment depuis des années, et tous deux reconnurent que la maladresse et l'improvisation avec lesquelles le coup d'Etat semblait avoir été préparé ne les autorisaient pas pour autant à faire marche arrière et à en empêcher la réussite qui selon eux était absolument acquise.

La matinée du lendemain fut la plus frénétique de la vie du commandant Pardo Zancada : presque tout seul, sans l'aide de Torres Rojas – qu'il appelait en vain à son bureau du gouvernement militaire de La Corogne –, sans l'aide de San Martín – parti de bonne heure en compagnie du général Juste superviser des exercices tactiques sur un champ de manœuvre près de Saragosse –, Pardo Zancada prépara la Brunete pour une mission que la division ignorait encore et il ébaucha le programme des opérations attribuées à chacune de ses unités : la prise des émetteurs de radio et de télévision, le positionnement aux endroits stratégiques de Madrid – Campo del Moro, le parc du Retiro, la Casa de Campo et le parc de l'Ouest –, son déploiement ultérieur dans la ville. A la mi-matinée, il réussit finalement à parler par téléphone à Torres Rojas qui se hâta de prendre un vol régulier jusqu'à Madrid, revêtu de son uniforme de combat et coiffé de sa casquette de tankiste, prêt à soulever, en usant de son prestige de chef dur et loyal à ses officiers, l'unité dont il avait encore récemment le commandement. Pardo Zancada vint chercher Torres Rojas à l'aéroport de Barajas à 14 heures passées, et peu après il déjeuna avec lui dans la salle à manger du quartier général en compagnie d'autres chefs et officiers surpris par la visite inattendue de l'ancien général en chef ; au même moment, le colonel San Martín, qui déjeunait au relais de Santa María de la Huerta avec le général Juste en route pour Saragosse, recevait un message codé de Pardo Zancada lui annonçant que tout était prêt dans la division pour le coup d'Etat. A ce moment-là, San Martín dut hésiter : retourner avec Juste au quartier général supposait le risque que le chef de la Brunete fasse échouer le complot ; ne pas y retourner signifiait peut-être renoncer à la gloire et aux avantages qu'elle lui apporterait. Désireux d'accéder à cette gloire, mû par sa superbe de chef tout-puissant des services de renseignements franquistes et conscient de la difficulté qu'il y a à mettre en branle une division sans en être le chef naturel, San Martín se persuada qu'il pourrait maîtriser Juste et que celui-ci devait retourner à son poste de commandement du Pardo, ce qui deviendrait *in fine* l'une des causes de l'échec du coup d'Etat. A 16 h 30 donc, Juste et San Martín réapparaissent de manière inattendue au quartier général, et c'est quelques minutes avant 17 heures, après avoir donné l'ordre de consigner les troupes, que le commandant Pardo Zancada prend enfin la parole devant les chefs et les officiers de tous grades qu'il a lui-même convoqués à une réunion exceptionnelle et qui se bousculent à présent dans le bureau de Juste. Le discours de Pardo Zancada est court : le commandant annonce que dans quelques minutes seulement un événement de grande importance se produira à Madrid ; il explique que cet événement sera suivi de la prise de Valence par le général Milans ; il explique aussi que Milans compte sur la Brunete pour occuper la capitale ; il explique enfin que l'opération est dirigée depuis la Zarzuela par le général Armada avec l'aval du roi. Les propos de Pardo Zancada suscitent chez la plupart des militaires présents une réaction oscillant entre une joie contenue et une gravité prudente mais non désapprobatrice ; les chefs et les officiers attendent le verdict de Juste que Torres Rojas et San Martín essaient de gagner à la cause du coup d'Etat, usant de phrases apaisantes et d'allusions au roi, à Armada et à Milans, et que San Martín convainc de ne pas appeler son supérieur immédiat, le général Quintana Lacaci, capitaine général de Madrid, qui n'est au courant de rien. Au bout de quelques minutes angoissantes pendant lesquelles Juste hésite en pensant au soulèvement de 1936 et au risque qu'il encourt de se voir retirer le commandement de la division et d'être exécuté sur-le-champ s'il s'oppose au coup d'Etat, à 17 h 10, le chef de la division blindée Brunete fait un geste anodin – quelques-uns parmi les hommes présents l'interprètent comme une tentative inaboutie d'ajuster ses lunettes en écaille ou de lisser sa fine moustache grisonnante, d'autres comme un geste de consentement ou de résignation –, approche son fauteuil du bureau et prononce ces mots qui semblent annoncer, comme un avant-dernier signal, le succès du coup d'Etat : "Bon, eh bien, allez-y[41]."

A la même heure, à cinq cents mètres à peine du Congrès, au siège du Quartier général de l'armée dans le palais de Buenavista, tout est prêt pour que le dernier signal soit donné. Là, dans son bureau récemment inauguré de deuxième chef d'état-major de l'armée, le général Alfonso Armada vient d'arriver d'Alcalá de Henares, où il a participé au cours de la matinée aux festivités commémoratives de la fondation de la Brigade parachutiste ; il a ôté son uniforme de cérémonie pour en revêtir un plus ordinaire, et il attend patiemment, sans même écouter à la radio le débat d'investiture du nouveau président du gouvernement, qu'un de ses subordonnés fasse irruption pour lui annoncer la prise d'assaut du Congrès. Mais ce qu'Armada – probablement le militaire le plus monarchiste de l'armée espagnole, ancien secrétaire du roi quatre ans auparavant, et depuis plusieurs mois candidat de la majorité du petit Madrid du pouvoir à la présidence d'un gouvernement de coalition ou de concentration ou d'unité nationale – attend surtout, c'est l'appel du roi lui demandant de se rendre à la Zarzuela afin de lui expliquer ce qui se passe au Congrès. Armada a de bonnes raisons d'attendre cet appel : après avoir été pendant presque quinze ans son homme de confiance et avoir excellé dans cette tâche, il est certain que le roi compte sur lui plus ou presque plus que sur quiconque ; de surcroît, après son douloureux départ de la Zarzuela, tous deux se sont réconciliés et, à plusieurs reprises, Armada a averti le monarque du risque d'un coup d'Etat en insinuant qu'il en connaissait bien les dessous et que, s'il avait vraiment lieu, il pourrait le maîtriser. Ensuite, une fois à la Zarzuela, Armada se chargera du problème, comme il en avait l'habitude au bon vieux temps : soutenu par le roi, soutenu par l'armée du roi, il se rendra au Congrès et, sans besoin de trop s'efforcer pour convaincre les partis politiques d'accepter une solution que de toute façon la majorité considérait déjà comme la plus sensée bien avant que les militaires ne descendent dans la rue, il libérera les députés, formera un gouvernement de coalition ou de concentration ou d'unité nationale et rendra leur quiétude à l'armée et au pays. Voilà ce qu'Armada souhaite qu'il advienne et voilà ce qui, selon les prévisions des putschistes, doit inévitablement advenir.

Ainsi, à 18 heures le 23 février, les éléments essentiels du coup d'Etat étaient mis en place sur les lieux prévus par les putschistes : six autocars de gardes civils sous les ordres du lieutenant-colonel Tejero étaient sur le point de quitter le parc automobile pour se diriger vers le Congrès (un autre autocar, sous les ordres du capitaine Muñecas, se disposait à en faire autant depuis Valdemoro) ; les dirigeants militaires de la région de Valence avaient ouvert les enveloppes cachetées contenant les instructions de Milans et, une fois que les unités furent ravitaillées en essence et en munitions, les casernes étaient prêtes à ouvrir leurs portes ; les chefs de brigade et de régiment de la Brunete venaient de sortir du quartier général pour rejoindre leurs postes de commandement respectifs avec des ordres d'opération rédigés par Pardo Zancada et approuvés par Juste, qui contenaient des indications concrètes sur les objectifs prioritaires, les zones de déploiement et les missions d'occupation et de surveillance ; bien que n'étant pas dans son bureau mais dans celui du général Gabeiras – son supérieur immédiat et chef d'état-major de l'armée, qui venait de l'appeler pour discuter une affaire de routine –, le général Armada attendait dans le Quartier général de l'armée le coup de fil de la Zarzuela. Une demi-heure plus tard, le lieutenant-colonel Tejero fit irruption dans le Congrès et le coup d'Etat fut ainsi déclenché. La prise d'assaut du Congrès fut un succès probablement plus facile que prévu : ni les agents de police qui surveillaient le bâtiment ni les gardes du corps des députés n'opposèrent aucune résistance aux assaillants, et quelques minutes seulement après son entrée dans l'hémicycle, quand l'intérieur comme l'extérieur du Congrès se trouvaient sous son contrôle et que le moral de ses hommes était euphorique, le lieutenant-colonel Tejero téléphonait à Valence pour donner avec enthousiame des nouvelles au général Milans ;

ce fut un franc succès, mais non un succès complet. Dans la mesure où il devait ouvrir la voie à un coup d'Etat mou, Tejero avait pour ordre d'occuper le Congrès sans heurts ni victimes : il s'agissait simplement de suspendre la séance d'investiture du nouveau président du gouvernement, de retenir les parlementaires, de maintenir l'ordre et d'attendre que l'armée déjà soulevée prenne la relève et que le général Armada trouve une solution politique à la séquestration ; par miracle, Tejero réussit à faire en sorte que l'occupation se déroule sans victimes, mais non sans heurts. Ce fut là le premier faux pas des putschistes : la fusillade dans l'hémicycle du Congrès retransmise en direct par la radio dans le pays entier dotait d'une mise en scène de coup d'Etat dur ce qui se voulait être un coup d'Etat mou ou qui voulait en garder l'apparence et rendait ainsi difficile au roi, à la classe politique et aux citoyens de transiger de bon gré. Cela aurait pu être bien pire, évidemment ; si, comme cela sembla tout d'abord inévitable à ceux qui entendirent la fusillade à la radio (sans parler de ceux qui la vécurent dans l'hémicycle), l'opération avait été sanglante, alors tout aurait été différent : parce qu'on ne ressuscite pas les morts, le coup d'Etat mou serait devenu un coup d'Etat dur, et un bain de sang aurait alors été inéluctable. Pourtant, malgré la violence de la mise en scène de l'opération, au bout de dix minutes, aucun obstacle majeur n'entravait plus les putschistes : après tout, une mise en scène n'est qu'une mise en scène et, même si la fusillade de l'hémicycle obligeait à réaliser certains ajustements dans le plan prévu, le Congrès était bel et bien séquestré, le général Milans avait bel et bien proclamé l'état d'exception dans sa région et lancé sur Valence quarante chars de combat et mille huit cents soldats de la division motorisée Maestrazgo n° 3, la division blindée Brunete était bel et bien soulevée et ses chars de combat AMX-30 prêts à sortir des casernes, et à la Zarzuela le roi était bel et bien sur le point d'appeler le Quartier général de l'armée pour s'entretenir avec le général Armada. S'il est vrai que le sort d'un coup d'Etat se décide dans les premières minutes de son exécution, il est aussi vrai que, dix minutes après son déclenchement, le coup d'Etat du 23 février était un triomphe.

Deuxième partie

UN PUTSCHISTE FACE AU COUP D'ÉTAT

L'image, figée, montre l'hémicycle désert du Congrès des députés. Ou presque désert : au centre de l'image, légèrement incliné à droite, seul, statuaire et spectral dans une désolation de sièges vides, Adolfo Suárez demeure assis sur son siège bleu de président. A sa gauche, le général Gutiérrez Mellado se trouve debout au centre de l'hémicycle, les bras le long du corps, dos à la caméra et fixant sans mot dire les six gardes civils faisant usage de leurs armes, comme s'il voulait les empêcher d'entrer dans l'hémicycle ou comme s'il tentait de protéger de son corps celui du président. Derrière le vieux général, plus près du spectateur, deux autres gardes criblent l'hémicycle de leurs mitraillettes alors que, pistolet à la main, depuis l'escalier de la tribune, le lieutenant-colonel Tejero ordonne à ses hommes par des gestes pressants et des cris couverts par le bruit ambiant de mettre fin à cette fusillade qui va à l'encontre des instructions qu'il a reçues. Au-dessus du président Suárez, quelques rares mains de députés cachés apparaissent sur le rouge continu des sièges ; en face du président, en contrebas et au pied d'une table occupée par des livres ouverts et une lampe allumée, se blottissent les sténographes et un huissier, dispersés sur le tapis historié au centre de l'hémicycle ; plus près, dans la partie inférieure de l'image, presque fondus sur le bleu des sièges du gouvernement, on distingue les dos prostrés de certains ministres telle une rangée de carapaces de crustacés. Toute la scène baigne dans une faible lumière aqueuse, irréelle, comme si elle se déroulait dans un étang ou comme si le seul éclairage de l'hémicycle provenait de la grappe baroque de globes lumineux suspendue à un mur, dans le coin supérieur droit de l'image ; c'est probablement à cause de cela que toute la scène suggère également une danse funèbre ou un portrait de famille de même nature et qu'elle suscite un besoin impérieux de comprendre que ne rassasient ni les éléments qui la composent ni l'illusion d'éternité que sa quiétude illusoire leur prête.

Mais si l'image se met en mouvement, la quiétude disparaît et la réalité retrouve son cours. Lentement, tandis que les tirs s'espacent, le général Gutiérrez Mellado se retourne, les mains à la ceinture et, tournant le dos aux gardes civils et au lieutenant-colonel Tejero, observe l'hémicycle dépeuplé, tel un officier pointilleux faisant un inventaire des dégâts alors que la bataille n'est pas encore finie ; pendant ce temps, le président Suárez se redresse un peu sur son siège, le lieutenant-colonel réussit enfin à se faire obéir des gardes civils et un silence amplifié par le vacarme récent s'empare de l'hémicycle, aussi épais que celui qui fait suite à un tremblement de terre ou à une catastrophe aérienne. A ce moment-là, le plan change ; l'image montre à présent le lieutenant-colonel de face, le pistolet brandi, sur l'escalier de la tribune ; à sa gauche, le secrétaire du Congrès, Víctor Carrascal – tenant la liste des députés qu'il ânonnait encore quelques secondes plus tôt lors du vote d'investiture –, saisi de panique, couché par terre ; deux gardes civils braquant leurs armes sur le général Gutiérrez Mellado qui les observe en retour, les mains à la ceinture. Alors, s'apercevant soudain que le vieux général demeure là, debout et provocant, le lieutenant-colonel descend l'escalier en toute hâte, se rue sur lui par-derrière, lui saisit le cou et tente de le faire tomber sous le regard des deux gardes civils et de Víctor Carrascal qui à ce moment précis se cache le visage dans ses bras, comme s'il manquait de courage pour regarder ce qui va se passer ou comme s'il ressentait la honte insondable de ne pas être capable de l'empêcher.

Le plan change de nouveau. C'est encore un plan frontal de l'hémicycle, mais plus large : les députés gisent recroquevillés sous les sièges et les têtes de certains d'entre eux pointent avec prudence pour voir ce qui se passe au centre de l'hémicycle, face à la tribune des orateurs, où le lieutenant-colonel n'a pas réussi à faire tomber le général Gutiérrez Mellado qui s'est maintenu debout en s'agrippant de toutes ses forces à l'accoudoir de son siège. Il est à présent entouré du lieutenant-colonel et de trois gardes civils qui braquent leurs armes sur lui, et le président Suárez, à un mètre à peine du général, se lève de son siège, s'approche de lui en s'agrippant aussi à son accoudoir et un instant les gardes civils semblent sur le point de tirer ; un instant, posées sur l'accoudoir, la main du jeune président et la main du vieux général semblent se chercher, comme si les deux hommes voulaient affronter ensemble leur destin. Mais le destin se fait attendre, les coups de feu aussi, du moins pour le moment, même si les militaires se resserrent autour du général – ils ne sont plus quatre, mais huit – et, tandis que l'un d'eux l'injurie et exige en criant qu'il obéisse et se mette sur le tapis central, le lieutenant-colonel s'approche de lui par-derrière et lui fait un croc-en-jambe et réussit presque à le faire tomber cette fois-ci, mais le général résiste en s'accrochant de nouveau à l'accoudoir. Ce n'est qu'alors que le lieutenant-colonel renonce et que lui et ses gardes civils s'éloignent du général, tandis que le président Suárez cherche de nouveau sa main, la saisit un instant avant que le général ne l'écarte rageusement, sans cesser d'observer ses agresseurs ; le président, pourtant, insiste, essaie de calmer sa rage en lui parlant, le prie de reprendre son siège et parvient à le raisonner : en le prenant par la main comme s'il était un enfant, il l'attire vers lui, se lève pour le laisser passer, et le vieux général – après avoir déboutonné sa veste d'un geste qui découvre entièrement sa chemise blanche, son gilet gris et sa cravate sombre – reprend finalement sa place.

1

Voilà un deuxième geste limpide qui contient peut-être, comme le premier, de nombreux autres gestes. Au même titre que celui d'Adolfo Suárez qui demeure assis sur son siège alors que les balles sifflent autour de lui dans l'hémicycle, le geste du général Gutiérrez Mellado affrontant avec fureur les militaires putschistes est un geste de courage, un geste de grâce, un geste de révolte, un geste souverain de liberté. Peut-être est-il aussi un geste pour ainsi dire posthume, le geste d'un homme qui sait qu'il va mourir ou qui est déjà mort car, à l'exception d'Adolfo Suárez, depuis le début de la démocratie, personne n'a attiré sur lui autant de haine de la part des militaires que le général Gutiérrez Mellado qui, à peine la fusillade déclenchée, a senti comme tous les autres dans l'hémicycle que celle-ci ne pouvait se solder que par un massacre et que, à supposer qu'il survive, les putschistes ne tarderaient pas à l'éliminer. Je ne crois pas, en revanche, qu'il s'agisse d'un geste de comédien : bien qu'il exerçât des responsabilités politiques depuis cinq ans, le général Gutiérrez Mellado ne fut jamais fondamentalement un homme politique ; il resta toujours un militaire et c'est pourquoi son geste ce soir-là fut avant tout un geste militaire et c'est pourquoi il fut aussi d'une certaine façon un geste logique, obligé, presque fatal : Gutiérrez Mellado était le seul militaire présent dans l'hémicycle et, comme tout militaire, il portait dans ses gènes l'impératif de la discipline et ne pouvait tolérer que quelques militaires se rebellent contre lui. Je ne relève pas cela pour rabaisser les mérites du général ; je le fais uniquement pour essayer de cerner le sens de son geste. Un sens qui d'autre part n'arrive peut-être pas à se préciser complètement si nous n'imaginons pas qu'au moment où il tenait tête aux putschistes en refusant de leur obéir ou au moment où il exigeait en criant qu'ils sortissent du Congrès, le général pouvait se reconnaître dans les gardes civils qui défiaient son autorité en tirant dans l'hémicycle puisque, quarante-cinq ans plus tôt, c'est lui qui avait désobéi à l'impératif génétique de la discipline et qui s'était rebellé contre le pouvoir civil représenté par un gouvernement démocratique ; autrement dit, peut-être que la fureur du général Gutiérrez Mellado n'était pas faite uniquement d'une fureur évidente contre quelques gardes civils rebelles, mais aussi d'une fureur secrète contre lui-même, et peut-être n'est-il pas complètement illégitime d'interpréter son geste d'affrontement des putschistes comme le geste extrême de contrition d'un ancien putschiste.

Le général n'aurait pas accepté cette interprétation, ou il ne l'aurait pas acceptée publiquement : il n'aurait pas accepté qu'on le considère comme un officier rebelle qui fut, quarante-cinq ans plus tôt, favorable au coup d'Etat militaire contre un système politique fondamentalement identique à celui qu'il représentait dans le gouvernement de Suárez. Mais personne ne se libère de sa biographie, et la biographie du général en est la preuve : le 18 juillet 1936, à peine âgé de vingt-quatre ans et lieutenant fraîchement émoulu de l'Académie d'artillerie, affilié à la Phalange et destiné à incorporer un régiment cantonné à quelques kilomètres à peine de Madrid, Gutiérrez Mellado contribua à soulever son unité contre le gouvernement légitime de la République, et le 19 juillet, jusqu'à l'écrasement de l'insurrection militaire à Madrid, il passa la matinée posté sur le toit de sa caserne à tirer avec une mitrailleuse conventionnelle sur les Breguet-XIX en provenance de l'aéroport de Getafe qui bombardaient les rebelles depuis l'aube. Le général ne nia jamais ces faits, mais il aurait nié la comparaison entre la démocratie de 1936 et celle de 1981, et entre les putschistes du 18 juillet et ceux du 23 février : il ne s'est jamais publiquement repenti de s'être soulevé en 1936, il n'aurait jamais admis que le régime politique contre lequel il s'était rebellé dans sa jeunesse fût fondamentalement identique à celui qu'il avait contribué à construire dans sa vieillesse et qu'il représentait alors, et il prétendit toujours que le coup d'Etat du général Franco avait été nécessaire parce que la démocratie de 1936, qui avait provoqué en seulement quelques mois trois cents morts violentes dans des incidents politiques, était d'une insoutenable et scandaleuse insuffisance et qu'elle avait abandonné le pouvoir à la rue, c'est pourquoi l'armée n'avait fait que le reprendre. Tel était l'argument du général ou du moins s'en approchait-il (un argument partagé par une large portion de la droite espagnole qui n'avait pas encore coupé ses liens historiques avec le franquisme)[1] ; son incohérence est manifeste : les putschistes de 1981 n'invoquaient-ils pas des raisons qui rappelaient celles de 1936 ? Ne disaient-ils pas que la démocratie de 1981 était scandaleusement imparfaite ? Ne disaient-ils pas que le pouvoir s'était retrouvé dans la rue, prêt à être ramassé par n'importe qui ? N'avaient-ils pas autant ou presque autant de raisons de l'affirmer que les putschistes de 1936 ? Combien de morts faut-il mettre sur la table pour qu'un régime démocratique cesse de l'être ou qu'il se montre insoutenable et rende nécessaire une intervention militaire ? Deux cents ? Deux cent cinquante ? Trois cents ? Quatre cents ? Pourquoi pas moins ? Dans la semaine du 23 au 30 janvier 1977, alors que le général Gutiérrez Mellado était déjà depuis quatre mois à la tête de la vice-présidence du premier gouvernement d'Adolfo Suárez, dix personnes furent assassinées en Espagne pour des raisons politiques, il y eut quinze blessés graves et deux enlèvements de personnalités du régime très haut placées (Antonio María de Oriol y Urquijo, président du Conseil d'Etat, et le général Emilio Villaescusa, président du Conseil supérieur de justice militaire) ; dans la seule année 1980, il y eut plus de quatre cent cinquante attentats terroristes, plus de quatre cent trente blessés, plus de cent trente morts, ce qui équivaut à plus d'un attentat et à plus d'un blessé par jour, et presque un mort tous les trois jours. Etait-ce une situation tenable ? La démocratie qui permettait cette situation était-elle une démocratie réelle ? Une intervention militaire était-elle nécessaire en 1977 ou en 1981 ? La réponse à cette dernière question s'impose : si, d'après ce qu'affirma le général Gutiérrez Mellado jusqu'à la fin de ses jours, en 1936 la république était un régime insoutenable, en 1981 la monarchie constitutionnelle ne l'était pas moins, et ce n'était pas le général qui avait raison, mais les gardes civils qui prirent d'assaut le Congrès dans l'après-midi du 23 février.

Il y a aussi une autre réponse, moins logique mais plus exacte, et aussi plus complexe : la théorie est une chose et la pratique en est une autre. Dans la théorie, le général ne renia jamais le soulèvement du 18 juillet ni même peut-être, comme tout autre militaire de sa génération, Francisco Franco ; dans la pratique, en revanche, et du moins depuis le moment où Adolfo Suárez l'avait introduit en politique et chargé des affaires militaires de son gouvernement, le général n'avait rien fait d'autre que renier Francisco Franco et le soulèvement du 18 juillet.

Je m'explique. Un stéréotype historiographique prétend que le passage de la dictature à la démocratie en Espagne fut possible grâce à un pacte d'oubli[2]. C'est faux ; ou, ce qui revient au même, c'est une vérité fragmentaire que seul le cliché opposé peut compléter : le passage de la dictature à la démocratie en Espagne fut possible grâce à un pacte de mémoire. D'un point de vue général, la Transition – cette période historique que nous connaissons sous ce mot trompeur laissant entendre que la démocratie fut une conséquence inéluctable du franquisme et non le fruit d'un enchaînement volontariste et improvisé de hasards, rendu possible par la décrépitude de la dictature – consista en un pacte par lequel les vaincus de la guerre civile renonçaient à demander des comptes pour ce qui s'était passé pendant les quarante-trois années de guerre et de dictature ; en contrepartie, les vainqueurs acceptaient, après avoir réglé leurs comptes aux vaincus pendant quarante-trois ans, la création d'un système politique capable d'accueillir les uns comme les autres, et dans le fond identique au système défait à l'issue de la guerre civile. Ce pacte ne supposait pas d'oublier le passé, mais de le suspendre, de le contourner, de l'ignorer ; il supposait de renoncer à l'exploiter politiquement, mais non de l'oublier. Du point de vue de la justice, ce pacte entraînait une erreur puisqu'il supposait de suspendre, de contourner et d'ignorer le fait que les principaux responsables de la guerre civile furent les vainqueurs qui l'avaient provoquée par un coup d'Etat contre un régime démocratique, et parce qu'il supposait aussi de renoncer pleinement à dédommager les victimes et à juger les responsables d'un ignominieux règlement de comptes comprenant un plan d'extermination des vaincus ; mais, d'un point de vue politique – même du point de vue de l'éthique politique –, le pacte fut une bonne idée parce qu'il aboutit à une victoire politique des vaincus qui restaurèrent un système pour l'essentiel identique à celui qu'ils avaient défendu pendant la guerre civile (même si l'un s'appelait république et l'autre monarchie, tous deux étaient des démocraties parlementaires), et parce que l'erreur morale aurait peut-être été d'essayer de régler leurs comptes à ceux qui avaient commis l'erreur de régler les leurs, en ajoutant un opprobre à celui qui existait déjà : c'est du moins ce que croyaient les hommes politiques qui firent la Transition, comme si tous avaient lu Max Weber et pensé comme lui que, d'un point de vue éthique, il n'y a rien d'aussi abject que d'exercer une éthique fallacieuse qui ne cherche qu'à avoir raison, une éthique qui, "au lieu de s'occuper du devoir réel de l'homme politique, à savoir l'avenir et sa responsabilité face à cet avenir, se perdrait en questions insolubles puisque politiquement stériles sur les fautes du passé" et qui, en tombant dans cette indignité condamnable, "passerait de plus sous silence l'inévitable falsification de tout le problème[3]", une falsification résultant de la rapacité des vainqueurs et des vaincus visant à obtenir des avantages moraux et matériels dès lors que l'autre reconnaît sa faute. En tout cas, si les hommes politiques de la Transition purent respecter le pacte que celle-ci impliquait, c'est-à-dire renoncer à exploiter le passé dans leur combat politique, ce ne fut pas parce qu'ils l'avaient oublié, mais parce qu'ils ne se le rappelaient que trop bien : parce qu'ils se le rappelaient et parce qu'ils avaient jugé indigne et abject de régler ses comptes au passé au risque de mutiler l'avenir et peut-être de replonger le pays dans une nouvelle guerre civile. Pendant la Transition, peu de gens en Espagne oublièrent quoi que ce fût, et le souvenir de la guerre fut plus que présent dans la mémoire de la classe politique et des citoyens ; c'est l'une des raisons pour lesquelles personne ou presque personne ne s'opposa au coup d'Etat du 23 février : à cette époque-là, tout le monde souhaitait éviter à tout prix le risque de revivre la sauvage orgie de sang advenue quarante ans auparavant, et tous transmirent ce souhait à une classe politique qui n'était que leur reflet. Ce n'était pas un souhait héroïque, assoiffé de justice (ou d'apocalypse) ; ce n'était qu'un courageux et raisonnable souhait bourgeois que la classe politique respecta avec courage et raison : bien que, durant l'automne et l'hiver 1980, la classe politique se conduisît avec une irresponsabilité qui faillit replonger le pays dans la barbarie, entre 1976 et 1980 son comportement fut de loin plus sage que celui que laissaient augurer ses deux derniers siècles d'Histoire. Tout cela vaut particulièrement pour la génération qui avait fait la guerre et qui s'était engagée pour que rien de semblable n'eût plus lieu. Tout cela est surtout vrai pour le général Gutiérrez Mellado qui, quoi qu'il pût en dire publiquement, avait toujours agi ou du moins depuis son arrivée au gouvernement comme quelqu'un qui avait renoncé d'avance à avoir raison ou à avoir eu raison, c'est-à-dire qu'il avait toujours agi comme s'il connaissait la vérité : la démocratie qu'il contribuait à construire était dans le fond identique à celle que quarante ans auparavant il avait contribué à détruire, et il était à sa manière responsable de la catastrophe de la guerre civile. Ainsi, tout l'engagement politique du général, comme s'il était lui aussi un héros de la retraite – un professionnel du renoncement et de la démolition qui abandonne ses positions en se sapant lui-même –, semblait le pousser non pas à discuter ou à reconnaître ses fautes, mais à les réparer en œuvrant pour empêcher un nouveau 18 juillet et en démontant l'armée qui l'avait provoqué : sa propre armée, l'armée de la Victoire, l'armée de Francisco Franco. Ainsi, son geste d'affrontement des gardes civils rebelles dans l'hémicycle du Congrès – outre qu'il est un geste de courage et de grâce et de révolte, outre qu'il est un geste souverain de liberté et un geste posthume et un geste militaire – peut se comprendre non seulement comme un acte de rachat définitif de ses fautes de jeunesse, mais aussi comme un résumé ou un symbole des deux principaux engagements pris par lui au moment où, cinq ans plus tôt, Adolfo Suárez l'avait nommé vice-président et chargé de la politique de défense du gouvernement : soumettre le pouvoir militaire au pouvoir civil et protéger le président des colères de ses compagnons d'armes.

2

Début septembre 1976, quand il occupait le poste de chef d'état-major de l'armée et quelques jours seulement avant qu'Adolfo Suárez ne le fît entrer en politique en le nommant vice-président de son premier gouvernement, le général Gutiérrez Mellado était l'un des militaires les plus respectés par ses camarades d'armes ; à peine quelques mois plus tard, il était le plus haï. D'aucuns attribuent ce changement fulminant aux erreurs de la politique militaire de Gutiérrez Mellado ; il est fort probable que des erreurs furent commises, mais il ne fait pas de doute que, n'eussent-elles pas existé, le résultat aurait été le même : pour l'armée – pour la majorité de l'armée, figée durablement dans la mentalité du franquisme –, l'erreur de Gutiérrez Mellado fut son soutien inconditionnel aux réformes démocratiques d'Adolfo Suárez et son rôle d'aval et de paratonnerre militaires du président. Il le paya cher : Gutiérrez Mellado vécut les dernières années de sa vie entouré du mépris de ses compagnons d'armes, essayant en vain de digérer leur défection collective, devenu l'ombre du militaire fier qu'il avait été, admiré par des gens dont l'admiration le flattait mais ne lui importait pas outre mesure et récusé par d'autres dont il n'avait jamais cessé de chercher l'affection. Il aimait passionnément l'armée, et la haine qu'il sentit s'abattre sur lui le plongeait dans le désarroi ; cela provoqua également la métamorphose dramatique qu'il expérimenta au cours de sa brève carrière politique : au début des années 1970, quand il était destiné au Haut Etat-Major sous les ordres du général Manuel Díez Alegría – un militaire cultivé au penchant libéral, dont il se considérait comme le disciple –, Gutiérrez Mellado était un homme sérieux, cordial, calme et prêt au dialogue ; moins d'une décennie plus tard, quand il abandonna le gouvernement après le 23 février, il était devenu un homme bourru, nerveux, méfiant et irascible, incapable de supporter calmement une objection ou une critique. La politique l'avait laminé : bien que dans les années 1970 il ait développé une forte vocation politique – due en partie à ses contacts avec des chefs militaires des pays démocratiques qui l'avaient persuadé de l'inefficacité de l'armée espagnole, de l'anachronisme du rôle tutélaire qu'elle jouait dans le pays et de sa capacité personnelle à mener à bien une réforme impossible à ajourner –, il n'était pas préparé pour la politique ; la réforme militaire qu'il initia supposait la modernisation d'une armée vieillie, indigente, archaïque, surdimensionnée et peu opérationnelle, mais la réforme politique et l'intransigeance de ses compagnons, ainsi que ses propres erreurs, finirent par ruiner ses initiatives ; son objectif principal était de séparer l'armée de la politique ("Ou bien on fait de la politique et on n'est plus militaire, ou bien on est militaire et on abandonne la politique[4]", disait-il), mais il ne réussit pas à convaincre ses compagnons d'armes d'accepter ce divorce qu'il fut le premier à appliquer en demandant à devenir général de réserve ; il ne réussit pas à éviter les critiques qui l'accusaient d'agir en militaire alors qu'il faisait de la politique ; il avait passé sa vie parmi les militaires, mais il ne semblait pas connaître la mentalité de ceux de son temps, ou peut-être se refusait-il à la connaître ou à reconnaître qu'il la connaissait : il ne se rendit jamais à l'évidence de ce que la majorité de l'armée n'acceptait pas la démocratie ou qu'elle l'acceptait uniquement en rechignant ; il ne se rendit jamais à l'évidence de ce que la majorité de l'armée refusait de se soumettre au pouvoir civil incarné par le gouvernement et qu'elle aspirait à profiter d'une forte marge d'autonomie qui lui permettrait, sous le commandement direct du roi, de se gérer elle-même selon ses propres critères et d'orienter ou de surveiller la marche du pays ; peut-être parce qu'il avait peu exercé le commandement direct, il n'avait pas compris ou avait oublié que, dans la relation avec ses supérieurs, un militaire ne veut ni raisonnements, ni suggestions, ni échanges d'opinions, mais des ordres, et que dans l'armée tout ce qui n'est pas un ordre risque d'être interprété comme un symptôme de faiblesse. Cette contradiction et d'autres encore qu'il ne sut éviter ou surmonter – peut-être parce qu'à l'époque il était impossible de le faire – donnèrent prise aux critiques de ceux qui, depuis le début de la Transition, s'étaient opposés à la perte du pouvoir de l'armée comme garante de la continuité du franquisme, et ces critiques finirent par le dépasser. Quand enfin il s'en rendit compte, la calomnie s'était déjà répandue parmi ses compagnons qui l'accusaient d'avoir trahi l'armée et la patrie par vile ambition politique et désir d'occuper le devant de la scène publique, et il manquait déjà du prestige et du pouvoir nécessaires pour l'enrayer.

Le calvaire commença l'après-midi du 21 septembre 1976, quand le général Gutiérrez Mellado assuma la vice-présidence du premier gouvernement d'Adolfo Suárez en remplaçant le général Fernando de Santiago. Dans la matinée, Santiago avait menacé le président de démissionner si, comme l'avait annoncé le ministre des Relations syndicales, les syndicats de gauche étaient légalisés ; Suárez, qui avait hérité de Fernando de Santiago déjà en place dans le gouvernement de son prédécesseur et qui savait que son franquisme sans faille représenterait un obstacle pour ses plans de réforme, saisit au vol cette occasion et accepta sa démission (ou la lui imposa), et à peine Santiago eut-il quitté son bureau, il appela Gutiérrez Mellado et le convoqua à la présidence pour lui offrir le poste vacant. Suárez ne lui avait parlé qu'à quelques occasions, mais il avait la certitude absolue que c'était son homme : tout le monde connaissait son habileté technique, son caractère tolérant, ses idées et son vocabulaire de militaire moderne, et maintes personnes capables d'influencer Suárez – à commencer par le roi et jusqu'à Díez Alegría – le lui avaient recommandé comme le général dont il avait besoin pour réformer l'armée. De plus, ce n'était pas la première fois que Suárez lui offrait un ministère : quand il avait formé son premier gouvernement au mois de juillet de la même année, le président lui avait proposé de prendre le portefeuille du Gouvernement, mais Gutiérrez Mellado avait refusé en prétextant qu'il ne possédait pas les connaissances requises pour ce poste (cela dément sa supposée passion du pouvoir que ses ennemis lui ont toujours reprochée) ; cette fois-ci, il n'hésita pas et accepta : la vice-présidence conférait de vastes pouvoirs dans les affaires de défense, et le général considérait que dans ce domaine il savait ce qu'il fallait faire et qu'il y était préparé. Le gouvernement dont il allait devenir vice-président avait un projet politique, mais ce n'était un secret pour personne que Gutiérrez Mellado était un homme de peu d'idées sur le sujet et d'un conservatisme élémentaire, ainsi devait-il penser alors, comme presque tout le monde, comme peut-être Suárez lui-même, que la tâche du gouvernement se limiterait à adapter les vieilles structures franquistes à la nouvelle réalité du pays ; pour la même raison, il est probable, à mesure que la réalité imposait sa discipline et que Suárez se soumettait à la discipline de la réalité, que Gutiérrez Mellado a fini par comprendre – peut-être avec une certaine perplexité, mais trop tard pour faire marche arrière, parce qu'il s'était fortement engagé auprès de Suárez et dans ce que Suárez représentait – que le système politique qu'il contribuait à construire n'était pas, dans le fond, différent de celui qu'un demi-siècle auparavant il avait contribué à détruire, et que le construire signifiait construire une armée démocratique après celle de Franco.

La nomination de Gutiérrez Mellado comme vice-président du gouvernement fut pour Suárez une manœuvre réussie : le prestige encore intact du général tranquillisait les militaires et les membres de l'extrême droite, et sa présence saillante dans le gouvernement leur garantissait le contrôle de l'armée sur les réformes ; il tranquillisait aussi ceux qu'on appelait les "partisans de l'ouverture" du régime, ainsi que l'opposition démocratique encore illégale, parce que sa réputation de militaire ouvert aux changements leur garantissait la poursuite sérieuse des réformes ; et il tranquillisait une immense majorité du pays encore traumatisée par le souvenir de la guerre civile, en lui garantissant le déroulement ordonné et non-violent des réformes. En revanche, accepter l'offre de Suárez provoqua pour Gutiérrez Mellado une brèche dans son prestige militaire, et à peine occupa-t-il son poste que le général comprit que ceux qui l'avaient jusqu'alors admiré ou apprécié profiteraient désormais de la moindre opportunité pour s'en prendre à lui. Un faux pas du gouvernement leur en offrit la première occasion. Quelques jours seulement après la nomination de Gutiérrez Mellado, le général de Santiago remit à ses compagnons d'armes un écrit par lequel il justifiait sa démission en tant que vice-président : il considérait incompatible avec son honneur de soldat sa présence dans un gouvernement qui cautionnait le retour à la légalité des syndicats de gauche proscrits par le franquisme ; cette déclaration fut saluée et suivie d'un article du général Carlos Iniesta Cano publié dans *El Alcázar*[5], qui jugeait déshonorant pour un militaire d'accepter le poste que Santiago avait abandonné, et qui accusait le nouveau vice-président de parjure. Décidé à réprimer toute lueur de désobéissance militaire, Suárez sanctionna les deux militaires en les affectant immédiatement dans l'armée de réserve ; la mesure était juste et courageuse, mais elle était aussi illégale et, quand le gouvernement se rendit compte de son erreur, il n'eut d'autre solution que de se rétracter, ce qui n'empêcha pas la première campagne de presse contre le général dans les médias d'extrême droite, qui répandirent alors leur venin dans les casernes en dénonçant la complicité de Gutiérrez Mellado avec un gouvernement prêt à bafouer les lois pour humilier l'armée.

Ce fut la première fois qu'on l'appela traître. La fois suivante eut lieu sept mois plus tard, quand son gouvernement légalisa le parti communiste, mais ce n'est pas seulement une minorité de l'armée qui eut alors recours à l'insulte. Pour les historiens, l'épisode est central dans le passage de la dictature à la démocratie ; pour les chercheurs qui travaillent sur le 23 février, il s'agit d'une des origines lointaines du coup d'Etat ; pour le général Gutiérrez Mellado, ce fut autre chose encore : un point de non-retour dans sa vie personnelle et politique. Le parti communiste avait été pendant quarante ans la bête noire du franquisme ; aussi celle des militaires qui considéraient que, quarante ans auparavant, ils l'avaient vaincu sur le champ de bataille et qu'à présent ils n'étaient aucunement disposés à permettre son retour à la vie politique. Il se peut qu'au moment où il arriva au pouvoir en juillet 1976, Suárez n'ait pas eu l'intention de légaliser les communistes, mais on l'imagine difficilement ignorer que cette légalisation pouvait constituer la pierre de touche de sa réforme : les communistes ayant été la principale et presque unique opposition au franquisme, une démocratie sans communistes serait une démocratie réduite, peut-être acceptable à l'échelle internationale, mais insuffisante à l'échelle nationale. Suárez le comprit peu à peu dans les premiers mois de son gouvernement et, après bien des hésitations, la décision de légaliser le parti communiste lui parut nécessaire malgré l'opposition des militaires. Cela se produisit le 9 avril 1977 et ce fut une secousse historique. Dans les jours qui suivirent, alors que le pays émergeait tout juste de l'incrédulité, l'armée se retrouva au bord du coup d'Etat : à l'exception de Gutiérrez Mellado, les autres ministres militaires du gouvernement affirmèrent avoir appris la nouvelle par voie de presse ; le ministre de la Marine, l'amiral Pita de Veiga, démissionna, et le ministre de l'Armée, le général Alvarez Arenas, convoqua une réunion du Conseil supérieur de l'armée au cours de laquelle on insulta le gouvernement et on menaça de faire descendre les troupes dans la rue, et il en résulta un communiqué violent qui exprimait le rejet de la décision gouvernementale ; toute la colère des militaires se concentra sur le personne du président (et, au-delà, sur celle de son vice-président) : les accusations de parjure et de trahison furent répétées et amplifiées ; on accusa aussi le général d'avoir trompé ses compagnons d'armes. Aucune de ces accusations ne manquait de fondement : il ne fait pas de doute qu'en légalisant le parti communiste, Suárez violait les principes du Mouvement qu'il avait juré de défendre ; dans un certain sens, il est aussi vrai qu'il trompa l'armée.

Huit mois plus tôt, le 8 septembre 1976, Suárez avait convoqué une réunion du haut commandement militaire au siège de la présidence du gouvernement pour lui expliquer personnellement la nature et la portée des changements politiques qu'il s'apprêtait à entreprendre. Assistèrent à cette réunion les membres des Conseils supérieurs des trois armées – plus de trente généraux et amiraux au total, parmi lesquels Gutiérrez Mellado – et, au long de trois heures de discours ininterrompu, Suárez déploya toute son habileté dialectique et tout son art de la séduction pour convaincre son public qu'il n'avait rien à craindre des réformes qui, comme il l'avait dit des mois plus tôt devant les Cortès franquistes, allaient se limiter à "élever à la catégorie politique du «normal» ce qui dans la rue [était] déjà considéré comme tout simplement normal" et qui, d'après ce qu'entendirent ceux qui l'écoutaient (et Suárez fit tout pour qu'ils l'entendissent), équivalaient en définitive à une redéfinition sophistiquée du franquisme, ou à son prolongement masqué. Ce fut la substance du discours de Suárez ; le moment crucial de la réunion (ou celui que l'Histoire a fini par qualifier de la sorte) se produisit non pas pendant le discours de Suárez, mais tandis qu'il prodiguait des blagues, des accolades et des sourires aux petits groupes qui s'étaient ensuite formés.

Dans l'un d'eux, quelqu'un lui demanda ce qui se passerait avec le parti communiste ; la réponse du président fut prudente mais catégorique : tant qu'il avait ses statuts actuels, il ne serait pas légalisé[6]. Peu après, la réunion s'acheva sous les vivats des généraux enthousiasmés ("Monsieur le président, que Dieu vous protège !" cria le général Mateo Prada Canillas), qui sortirent du siège de la présidence convaincus que le parti communiste ne serait pas légalisé en Espagne et qu'Adolfo Suárez était une bénédiction pour le pays. Huit mois plus tard, la réalité leur démontra qu'ils s'étaient leurrés. On ne peut pas dire cependant que ce matin-là Suárez ait menti aux militaires : d'un côté, la réserve que contenait sa réponse à la question-clé ("tant qu'il avait ses statuts actuels") était une façon de se protéger contre l'avenir, et il est vrai qu'avant de légaliser le parti communiste, Suárez eut la prudence et l'astuce d'imposer aux communistes de modifier certains aspects de leurs statuts ; d'autre part, Suárez ne savait pas encore en septembre 1976 s'il allait légaliser les communistes : il ne le savait ni en septembre, ni en octobre, ni en novembre, ni en décembre, pas même en janvier, parce que la Transition ne fut pas un projet conçu d'avance, mais une continuelle improvisation qui entraîna Suárez sur des territoires que, quelques mois plus tôt, il ne s'imaginait pas même fouler un jour. On peut certes affirmer que Suárez leurra les militaires en les laissant croire jusqu'au dernier moment qu'il ne légaliserait pas les communistes, mais seulement si on ajoute aussitôt qu'il leurra également bon nombre de gens, à commencer par les communistes eux-mêmes, et qu'il se leurra aussi probablement lui-même. Certains militaires et certains hommes politiques démocrates ont souvent reproché à Suárez cette manière de procéder : pour eux, si le président avait averti les militaires à temps, ils auraient respecté sa décision sans crier au scandale ni proférer des menaces de révolte[7] (et ils n'auraient donc pas initié une conspiration permanente qui culmina le 23 février 1981) ; l'argument me paraît faible, voire fallacieux : la preuve en est que convaincre une armée solidement anticommuniste de la légitimité du parti communiste supposait un travail de plusieurs années, incompatible en tout cas avec la rapidité que Suárez imprima à ses réformes et qui fut en définitive une des raisons fondamentales de son succès. Quoi qu'il en soit, qu'il soit ou non nécessaire de leurrer l'armée et avec elle bon nombre de gens, le fait est que, dès qu'ils apprirent que Suárez avait légalisé leur ennemi de toujours en ignorant ou en oubliant ce qu'il avait promis ou ce qu'ils croyaient qu'il leur avait promis, les généraux passèrent de l'enthousiasme et des vivats avec lesquels ils l'avaient acclamé des mois plus tôt à l'indignation vertueuse de ceux qui se sentent victimes du mauvais tour d'un renégat.

Ils ne se fièrent plus jamais à Suárez. Ni à Suárez ni au général Gutiérrez Mellado. Celui-ci non seulement respecta la décision de son président mais, une fois les communistes légalisés et les premières élections démocratiques organisées en juin 1977, il demeura le seul militaire dans le gouvernement de Suárez, et à partir de ce moment-là il devint la cible préférée des attaques qui, dans le fond, n'étaient pas dirigées contre lui, mais contre Suárez. Ce fut une campagne de plusieurs années, féroce et inflexible, qui supposa des attaques quotidiennes dans la presse, des insultes personnelles, des calomnies rétrospectives et des émeutes périodiques, et qui n'exempta pas non plus de son exceptionnelle virulence ceux qui, de près ou de loin, travaillèrent avec lui. Gutiérrez Mellado survécut tant bien que mal, mais ses collaborateurs n'eurent pas tous la même chance ou la même force intérieure : incapable de supporter les insultes de "traître de merde" et de "fossoyeur de l'armée", le général Marcelo Aramendi mit fin à sa vie d'une balle de pistolet peu après le coup d'Etat dans son bureau du Quartier général de l'armée. Les agressions que dut supporter Gutiérrez Mellado ne furent pas moins cruelles que celles qui eurent raison du général Aramendi, mais incomparablement plus assidues et plus publiques. Il fut accusé de lâcheté et de duplicité parce qu'il n'avait pas fait la guerre sur le front et parce qu'il avait passé une grande partie de sa carrière dans les services de renseignements, une double accusation sans doute prévisible dans une armée comme celle du franquisme où le courage, plus qu'une vertu, relevait d'une rhétorique de bistrot et où la très mauvaise réputation des services de renseignements avait été scellée par une phrase attribuée à Franco, phrase à laquelle, et Gutiérrez Mellado l'apprit de première main, le franquisme restait attaché : "Les espions, on les paie, on ne les décore pas." En plus d'être prévisible et stupide, l'accusation était fausse : bien qu'il soit vrai que, presque depuis le début de sa carrière militaire, Gutiérrez

Mellado avait été lié à l'espionnage, non seulement il avait combattu mitrailleuse à la main pendant la rébellion du 18 juillet, mais, devenu par la suite l'un des chefs de la cinquième colonne de Madrid et infiltré trois ans durant dans l'arrière-garde républicaine, il avait risqué sa vie, et ce bien plus que la majorité des fanfarons qui lui reprochaient d'avoir passé la guerre sans tirer un seul coup de feu. On l'accusa de diriger l'UMD – une petite association militaire clandestine qui, au crépuscule du franquisme, essaya de promouvoir la création d'un régime démocratique – alors que, même s'il était personnellement et idéologiquement proche de certains des officiers qui la composaient, il n'hésita pas à la combattre car, selon lui, elle fissurait la discipline des forces armées et mettait en danger son unité. Une fois que ses membres furent jugés et expulsés de l'armée, il s'opposa à ce qu'ils retrouvent leurs fonctions, ce qui ne l'empêcha pas d'intercéder souvent en leur faveur pour faire cesser la persécution que ses compagnons d'armes avaient organisée contre eux (ce qu'il ne fit pas pour les membres des autres associations également clandestines, comme par exemple l'Union militaire patriotique, qui plaidaient pour la continuité du franquisme et qui, à l'époque, s'étaient confortablement installées dans l'armée). Il fut accusé de vouloir démilitariser la garde civile – ce qui fut à l'origine d'une campagne d'articles dans la presse, de pétitions et de manifestations publiques auxquelles le lieutenant-colonel Tejero participa énergiquement –, alors qu'il ne prétendait pas lui ôter son caractère militaire, mais améliorer son efficacité en la rattachant au ministère de l'Intérieur dans ses fonctions relatives à l'ordre et à la sécurité publics. Il fut accusé de vouloir pervertir, corrompre ou briser l'éthique de l'armée avec sa réforme des Ordonnances royales de Carlos III – le code qui régissait la morale militaire depuis sa promulgation en 1787 par le comte d'Aranda –, alors qu'il souhaitait tout juste adapter l'éthique ultraconservatrice de l'institution à celle du XXe siècle en l'imprégnant des valeurs laïques et libérales de la société démocratique. Il fut accusé de toutes les infamies possibles, et on fouilla au microscope sa biographie en cherchant comment salir sa réputation : on déterra un épisode advenu quarante ans auparavant, pendant la chasse aux sorcières contre la franc-maçonnerie déclenchée par les autorités franquistes juste après la guerre civile, pour l'accuser d'avoir été complice ou auteur ou instigateur d'un assassinat, celui du commandant Isaac Gabaldón, criblé de balles une nuit de juillet 1939 alors que, d'après certains témoignages, il portait une pochette contenant des preuves d'appartenance à la franc-maçonnerie de certains de ses camarades du SIMP, le service de renseignements de Franco ; Gutiérrez Mellado était l'un des membres du SIMP et, bien que le juge d'instruction ait estimé que le commandant avait été assassiné par les partisans républicains et qu'il ait dégagé Gutiérrez Mellado et les autres membres du SIMP de toutes les charges portées contre eux, l'incident assombrit le début de sa carrière politique et fut utilisé pour semer de nouveaux doutes sur sa loyauté envers l'armée et son honnêteté personnelle.

L'honnêteté personnelle et la loyauté envers l'armée de Gutiérrez Mellado, d'après ce que nous en savons, furent incontestables ; d'après ce que nous en savons, le général fut un homme intègre, profondément incapable de ruse et de tromperie, et vraisemblablement peu armé pour la politique, ou du moins pour l'exercer en période de troubles. Cela ne signifie certainement pas qu'on puisse qualifier de fausses et d'injustes toutes les accusations dont il fut objet. Tout ne fut pas couronné de réussite dans la politique militaire du général ; mais, vu les circonstances exceptionnelles contre lesquelles il dut lutter, bon nombre de ses erreurs étaient difficiles sinon impossibles à éviter. Ce fut par exemple le cas de la politique d'avancement, le meilleur instrument dont disposait le gouvernement pour dégager les forces armées de leur lourde entrave franquiste. Dans l'armée, le tableau d'avancement était intouchable, et dans cette affaire comme dans quasiment toutes les autres, Gutiérrez Mellado se trouvait presque toujours pris entre deux feux : ou bien il respectait ce tableau en permettant à la vieille garde radicale d'accaparer les premiers échelons de commandement et de constituer une menace pour la démocratie, ou bien il ignorait le tableau en promouvant des militaires sûrs, mais ce faisant il exaspérait les militaires relégués et fournissait des arguments aux partisans du putsch. Gutiérrez Mellado affronta ce dilemme en de nombreuses occasions : le plus connu, le plus éclairant aussi, se présenta en mai 1979, avec la nomination du nouveau chef d'état-major après l'affectation dans l'armée de réserve du général de Liniers. Les candidats à sa succession étaient le général Milans del Bosch, alors capitaine général de Valence, et le général González del Yerro, alors capitaine général des îles Canaries ; Gutiérrez Mellado ne se fiait ni à l'un ni à l'autre et finit par nommer le général Gabeiras – un militaire qui n'avait pas la confiance de ses compagnons, mais qui bénéficiait de celle, absolue, du vice-président –, ce qui l'obligea non seulement à le promouvoir de manière artificieuse et précipitée, mais aussi à promouvoir avec lui les généraux qui le précédaient dans le tableau d'avancement afin d'éviter toute accusation de favoritisme. Le stratagème fut inutile et le scandale dans les casernes monumental, sans parler de l'indignation de Milans del Bosch et de González del Yerro. Y aurait-il eu un moyen de gérer autrement ce changement dans les rangs des dirigeants militaires ? Peut-être, mais il n'est pas facile d'imaginer lequel. Il est néanmoins facile d'imaginer ce qui se serait passé si, le 23 février, Milans avait été à Madrid au commandement de l'Etat-Major de l'armée au lieu de se trouver à Valence à la tête d'une région militaire de second ordre (cela vaut aussi ou presque pour González del Yerro, qui le 23 février adopta une attitude dangereusement équivoque) : il aurait été assurément bien plus difficile de faire échouer le coup d'Etat. En revanche, le 23 février, Gabeiras apparut comme un militaire loyal, à défaut d'être le chef incontestable dont une armée démocratique aurait eu besoin pour affronter le coup d'Etat ; sa nomination ne fut en tout cas qu'un des nombreux épisodes qui envenimèrent la relation entre le gouvernement et les forces armées, permettant à l'extrême droite de tenir les casernes sur un permanent pied de guerre contre le gouvernement et d'affirmer que la politique militaire de Gutiérrez Mellado était une somme de procédés arbitraires de cacique par lesquels la démocratie essayait de punir l'armée en la démoralisant et en éliminant toute trace de son prestigieux passé.

Mais le mécontentement militaire qui crucifia Gutiérrez Mellado et qui finit par déboucher sur le 23 février ne s'alimentait pas que de torts professionnels, d'avanies imaginaires et d'intransigeance politique ; les militaires putschistes n'avaient pas raison, mais ils avaient des raisons dont certaines étaient fort puissantes. Je ne pense pas à l'inquiétude avec laquelle ils assistaient vers 1980 à la dégradation de la situation politique, sociale et économique, ni à la contrariété non dissimulée que produisaient chez eux – qui avaient été chargés par la Constitution de 1978 de la défense de l'unité nationale et qui se sentaient liés à cette mission par un impératif inscrit dans leur ADN – la prolifération de drapeaux et de revendications nationalistes et la décentralisation stimulée par l'Etat des autonomies, une association de mots qui pour l'immense majorité des militaires était à peine un euphémisme qui cachait ou anticipait l'éclatement contrôlé de la patrie ; je pense à une affaire bien plus blessante, en définitive une des causes directes du coup d'Etat : le terrorisme, et en particulier celui de l'ETA qui, à l'époque, s'acharnait sur l'armée et la garde civile avec l'indulgence d'une gauche qui n'avait pas encore ôté aux membres de l'ETA leur auréole de combattants du franquisme. Il est facile de comprendre cette attitude de la gauche : il suffit de rappeler le rôle funeste de soutien à la dictature que jouèrent pendant quarante ans l'armée, la garde civile et la police, sans mentionner la longue liste de leurs atrocités ; il est impossible de la justifier : si les forces armées devaient protéger par tous leurs moyens la société démocratique face à ses ennemis, la société démocratique devait protéger par tous ses moyens les forces armées de la tuerie à laquelle elles s'étaient trouvées exposées, ou du moins devait-elle se porter solidaire de leurs membres. Elle ne le fit pas, et cette erreur eut pour conséquence que les forces armées se sentirent abandonnées par une partie considérable de la société démocratique et que mettre fin à cette tuerie devint, aux yeux d'une partie considérable des forces armées, un argument irrésistible pour mettre fin à la société démocratique.

Peu de gens étaient aussi conscients de cet état de fait que le général Gutiérrez Mellado, peu de gens firent autant d'efforts pour le corriger et peu de gens le ressentirent autant dans leur propre chair, parce que les militaires indignés, éperonnés par l'extrême droite, lui reprochèrent depuis le début d'avoir permis les assassinats de leurs compagnons d'armes et la condescendance avec laquelle une partie du pays les accueillait. Cette indignation provoqua contre le général des actes répétés d'indiscipline et de mutineries publiques qui, à leur manière, étaient des annonces ou des préfigurations du 23 février ; le terrorisme n'en fut pas toujours la cause ou le prétexte – ces actes n'eurent pas seulement lieu dans la tension des funérailles de militaires, de gardes civils ou d'agents de police assassinés : ils se produisaient aussi lors des réunions d'information du haut commandement, lors des visites de routine dans les casernes, même pendant les cérémonies protocolaires ou les réceptions officielles –, mais ce fut toujours une cause ou un prétexte suffisant aux actes les plus nombreux et les plus violents. Peut-être le plus grave d'entre eux survint-il l'après-midi du 4 janvier 1979, dans le Quartier général de l'armée, durant l'hommage funèbre rendu au gouverneur militaire de Madrid, Constantino Ortín, mort la veille dans un attentat de l'ETA. Il faut dire que, comme la plupart des mouvements militaires de ces années-là, cet acte ne fut pas commis spontanément sous le coup de l'émotion, mais il fut préparé par une alliance préalable d'officiers partisans du coup d'Etat et de groupes d'extrême droite. La scène, qui a été décrite en de nombreuses occasions par des témoins, se déroula vraisemblablement ainsi[8] :

Gutiérrez Mellado, ami personnel du général Ortín et seul membre du gouvernement présent à la cérémonie, préside les obsèques. La place d'armes du Quartier général est bondée de militaires. Sous un ciel gris d'hiver, la cérémonie se déroule dans une atmosphère de deuil, mais aussi de crispation entretenue. A un moment donné, juste après la marche funèbre et l'hymne de l'infanterie joués par l'orchestre, alors que les employés des pompes funèbres lèvent le cercueil et que les rangs de chefs, d'officiers et de sous-officiers face à la tribune réservée aux hauts gradés se rompent, commencent à s'élever çà et là des cris contre le gouvernement et des injures à l'encontre de son vice-président, alors abordé par plusieurs officiers qui le secouent violemment, l'acculent contre la porte sud de la place d'armes, l'insultent et le frappent. A quelques mètres de là seulement, un autre groupe d'officiers arrache le cercueil aux employés des pompes funèbres et, après avoir menacé la garde civile de tirer si elle n'ouvre pas les portes de l'enceinte, les officiers, le cercueil sur leurs épaules, réussissent à sortir dans la rue Alcalá où une foule exaltée criant "L'armée au pouvoir !" salue plusieurs centaines de chefs et d'officiers insurgés, se joint à eux et les accompagne sur trois kilomètres par le centre de Madrid jusqu'au cimetière de la Almudena, alors que dans un bureau du Quartier général Gutiérrez Mellado, effondré, ayant perdu ses lunettes et étranger à la tentative d'émeute militaire qui submerge les rues de la capitale, tâche de se remettre de l'humiliation subie, entouré d'une poignée de compagnons d'armes qui viennent d'empêcher son lynchage.

Voici la scène : pour protéger son amour-propre malmené et celui de son armée, Gutiérrez Mellado nia toujours avoir été victime de cet affront ; deux ans plus tard, il lui fut impossible de nier les faits car l'outrage qu'il subit dans la soirée du 23 février et dont il avait déjà souvent connu des variantes plus ou moins atténuées dans l'intimité des casernes fut enregistré par les caméras de télévision. En ce sens, son geste d'affrontement des putschistes dans l'hémicycle du Congrès fut un résumé ou un symbole de sa carrière politique ; pour la même raison, ce fut la dernière bataille d'une guerre impitoyable contre les siens qui le laissa épuisé, tout juste bon pour la casse : comme Adolfo Suárez, Gutiérrez Mellado était le 23 février un homme politiquement fini et personnellement brisé, le moral anéanti et les nerfs détruits par cinq ans d'escarmouches quotidiennes. Cependant, il est possible que le 23 février le général ait été en même temps un homme heureux : ce soir-là, Adolfo Suárez abandonnait le pouvoir et, avec sa chute, Gutiérrez Mellado s'était promis d'abandonner une carrière politique que, sans Suárez, il n'aurait probablement jamais entreprise.

Il tint sa promesse : ni Leopoldo Calvo Sotelo, qui, après avoir remplacé Suárez à la présidence, lui proposa de rester au sein du gouvernement, ni Suárez, qui essaya de le convaincre de rejoindre le parti qu'il créerait après le 23 février, ne l'en éloignèrent, et Gutiérrez Mellado se prépara à passer le reste de ses jours comme retraité, sans autre occupation que de présider des fondations caritatives, de jouer longuement aux cartes avec sa femme et de passer de longs étés à Cadaqués en compagnie de ses amis catalans. Pendant les cinq années de son activité politique, beaucoup de ses compagnons d'armes l'avaient détesté pour avoir essayé de mettre fin à l'armée de Franco et pour avoir posé avec succès les bases de l'armée de la démocratie ; sa retraite n'atténua pas ce sentiment : la première pétition des hauts gradés de l'armée au ministre de la Défense après sa sortie du gouvernement fut pour interdire au général d'approcher leurs unités et, quelque temps après que Gutiérrez Mellado eut abandonné le poste de vice-président, une action de soutien au général et de refus d'une nouvelle campagne de presse contre lui dut être annulé de peur que cette initiative ne divise les forces armées. Il ne remit plus jamais les pieds dans une caserne, sauf le jour où l'Académie qui l'avait formé lui rendit un hommage de dernière minute. Le général put alors éprouver – du moins pendant qu'il écoutait sans verser une seule larme les cinq minutes d'ovation que firent debout en son honneur les cadets, nombreux ce jour-là dans la salle des actes – la certitude illusoire et sentimentale que tous les tourments de ses années passées au gouvernement n'avaient pas été vains. Il mourut le 15 décembre 1995, peu après cette journée trompeuse, quand l'Opel Omega dans laquelle il voyageait pour donner une conférence à Barcelone glissa sur le verglas dans un virage et quitta la chaussée. Avec lui disparut l'homme politique le plus fidèle qu'Adolfo Suárez ait eu à ses côtés, le dernier militaire espagnol à occuper un siège au Congrès, le dernier haut dignitaire de l'histoire d'Espagne. Ceux qui le fréquentèrent dans ses dernières années se souviennent d'un homme humble, diminué, silencieux et un peu absent, qui ne faisait jamais de déclarations à la presse, qui ne parlait jamais politique, qui ne faisait jamais allusion au 23 février. Il n'aimait pas se souvenir de cette soirée-là, sans doute parce qu'il ne considérait pas son geste d'affrontement des gardes civils putschistes comme un geste de courage ou de grâce ou de rébellion, pas même comme un geste souverain de liberté ou comme un geste extrême de contrition ou comme le geste emblématique de sa carrière, mais simplement comme le plus grand échec de sa vie ; pourtant, chaque fois que quelqu'un parvenait à le faire parler de lui-même, il y coupait court avec les mêmes mots : "Je n'ai fait que ce qu'on m'avait appris à l'Académie[9]." J'ignore s'il a jamais ajouté que celui qui la dirigeait alors était le général Francisco Franco.

3

Je reviens à l'image de l'enregistrement : debout, les bras le long du corps et défiant les six gardes civils qui criblent de balles l'hémicycle du Congrès, le général Gutiérrez Mellado semble vouloir empêcher l'entrée des rebelles dans l'enceinte ou bien soumettre le pouvoir militaire au pouvoir civil, mais il semble aussi vouloir protéger de son corps le corps d'Adolfo Suárez assis derrière lui dans la solitude de son siège présidentiel. Cette image est un autre résumé ou un autre symbole : le symbole ou le résumé des rapports entre les deux hommes.

La fidélité de Gutiérrez Mellado à Adolfo Suárez fut une fidélité inconditionnelle du début à la fin de sa carrière politique. Il faut en partie attribuer ce fait au sentiment de gratitude et à la discipline innée de Gutiérrez Mellado, dont Suárez avait fait le premier militaire de l'armée après le roi et le deuxième homme le plus puissant du gouvernement ; il faut aussi certainement attribuer ce fait à la confiance absolue que Gutiérrez Mellado déposa dans la sagacité politique de Suárez et dans son courage, sa jeunesse et son instinct. Pourtant, Suárez et Gutiérrez Mellado étaient, malgré la tâche politique qui les avait unis, des hommes opposés en tout, ou presque : tous deux partageaient une foi catholique granitique, tous deux cultivaient un certain dandysme, tous deux étaient maigres, frugaux et hyperactifs, tous deux aimaient le football et le cinéma, tous deux étaient de bons joueurs de cartes. Mais leurs affinités s'arrêtent là peu ou prou : le premier était un expert en bluff au mus, le second en limpidité aristocratique au bridge ; l'un était un provincial de famille républicaine, l'autre un Madrilène de pure souche et de bonne famille monarchiste ; le premier fut un étudiant calamiteux, le second brillant ; l'un fut toujours un professionnel du pouvoir, l'autre de l'armée ; l'un possédait une intelligence politique, un charme personnel, de l'entregent et une effronterie de chef de bande de quartier, avec lesquels il pratiquait habilement l'art de la séduction, alors que l'intelligence technique et le caractère sobre de l'autre tendaient à confiner sa vie sociale au cercle de sa famille et de quelques rares amis. De surcroît, une différence plus évidente et plus importante encore les séparait : Suárez avait exactement vingt ans de moins que Gutiérrez Mellado ; ils auraient pu être père et fils, et il est presque impossible de ne pas interpréter la relation qui les unissait comme une relation de cette nature, étrange et déséquilibrée, où le père exerçait son rôle de père en protégeant son fils, mais où il exerçait aussi un rôle de fils parce qu'il ne discutait pas ses ordres ni ne mettait en doute la validité de ses jugements.

La dévotion politique de Gutiérrez Mellado pour Adolfo Suárez commença le jour où ils se parlèrent pour la première fois, ou du moins c'est ainsi que le général aimait à s'en souvenir. Il est probable qu'ils se sont croisés à la fin des années 1960, alors que Suárez dirigeait la Télévision espagnole et amadouait les militaires avec des émissions sur l'armée émises aux heures de grande audience et avec des bouquets de roses qu'il envoyait à leurs épouses, accompagnés de mots de remerciement par lesquels il s'excusait d'avoir accaparé leurs maris en dehors de leurs heures de service, mais ils ne se retrouvèrent en tête-à-tête qu'à l'hiver 1975. A cette époque, après le récent décès de Franco, Suárez, secrétaire général du Mouvement, venait d'être nommé ministre dans le premier gouvernement du roi ; de son côté, Gutiérrez Mellado était depuis plusieurs mois commandant général et délégué du gouvernement à Ceuta, et, lors d'un de ses voyages dans la capitale, il sollicita une audience auprès du nouveau ministre afin de lui parler d'une salle polyvalente de sa ville, dont la construction était en discussion. Suárez le reçut et ce premier rendez-vous supposé être formel se prolongea plusieurs heures, au terme desquelles le général sortit du bureau au numéro 44 de la rue Alcalá, ébloui par l'irrésistible sympathie que lui inspirait le jeune ministre, son absence de langue de bois et la clarté de ses idées. Ainsi, quand début juillet, à la surprise de la majorité du pays accablée par la nouvelle, Suárez fut chargé de former un gouvernement, Gutiérrez Mellado fut surpris mais non accablé, car il était déjà convaincu de la valeur exceptionnelle du nouveau président. Celui-ci l'appela seulement trois mois plus tard pour faire de lui à la fois son garde du corps et son bras droit, et ils ne se séparèrent plus : Gutiérrez Mellado fut le premier vice-président et le seul ministre constant des six gouvernements que forma Suárez. Pourtant, l'amitié qui le lia à Suárez ne fut pas que politique. Peu après son entrée au gouvernement, Gutiérrez Mellado déménagea avec sa famille dans l'un des bâtiments du complexe de la Moncloa où celle de Suárez était déjà installée ; dès lors, ils se virent quotidiennement : ils travaillèrent côte à côte et, à mesure que le temps passait, ils commencèrent à partager non seulement leurs heures de travail mais aussi de loisir, unis par une intimité respectueuse qui n'excluait ni les confidences ni de longs silences de compréhension mutuelle et qui, au cours des mois précédant le coup d'Etat, ne fit que s'affermir – alors qu'au milieu des décombres de son pouvoir et de son prestige, Suárez perdait quotidiennement des alliés politiques, de proches collaborateurs et des amitiés de longue date. Dans ces derniers moments de la présidence de Suárez et de sa propre carrière politique, Gutiérrez Mellado était, en plus d'être un homme politiquement fini et personnellement brisé, un homme perplexe : il ne comprenait pas l'ingratitude du pays vis-à-vis du président qui avait mis fin à la dictature et avait construit la démocratie ; il comprenait encore moins la frivolité irresponsable de la classe politique – particulièrement des membres du parti du président, des membres du gouvernement du président –, empêtrée dans une lutte ridicule pour le pouvoir alors que la démocratie s'effondrait autour d'elle. On comprend ainsi ses vaines tentatives pour apaiser les rébellions internes au sein de l'UCD, comme par exemple quand il profita de l'absence de Suárez lors d'un Conseil des ministres pour élever la voix et exiger d'eux la loyauté envers celui qui les avait nommés. De cette époque-là nous viennent deux anecdotes qui parlent d'elles-mêmes[10]. La première eut lieu à 17 heures le 29 janvier 1981 à la Moncloa, quand, après que Suárez eut annoncé à ses ministres sa démission lors d'un conseil extraordinaire, Gutiérrez Mellado se leva de son siège et improvisa un très bref discours qu'il termina par ces mots : "Je demande à Dieu qu'il reconnaisse les services que vous, monsieur le président, avez rendus à l'Espagne" ; la phrase n'était pas éloquente, mais elle était sincère : ce qui semble éloquent, c'est le fait que la réunion se termina immédiatement après sans qu'aucun autre ministre eût prononcé publiquement un seul mot de réconfort ou de solidarité pour le président démissionnaire. La seconde anecdote ne peut être datée ni située avec précision, mais elle a probablement eu lieu à la Moncloa, peut-être dans les deux semaines qui suivirent la première ; si tel est le cas, elle dut se dérouler dans une pièce encore inachevée que Suárez faisait restaurer alors à l'arrière du palais, un vaste salon délabré avec de grandes fenêtres provisoires laissant entrer l'air hivernal et de nombreux câbles pendant aux murs, tout à l'image de la détresse de ses derniers mois au gouvernement. Cela aurait pu avoir lieu à cet endroit-ci et à ce moment-là, ou peut-être pas : après tout, la réalité de la situation semble ne pas être propice à quelque décor que ce soit. En tout cas, l'anecdote mériterait d'avoir eu lieu à cet endroit-ci et à ce moment-là : comme Suárez lui-même s'en souvint publiquement à la mort du général, celui-ci lui demanda après un dialogue de fin de partie ou un inventaire des revers et des désertions subis : "Dites-moi la vérité, monsieur le président : à part le roi, vous et moi, y a-t-il quelqu'un d'autre à nos côtés ?"

4

Non. La réponse est non : il n'y a personne d'autre à leurs côtés. Ou telle est du moins la réponse empreinte d'autocompassion qu'à cette occasion Adolfo Suárez se donna sans doute à lui-même et la réponse vindicative qu'il continuait à se donner des années plus tard, lorsqu'il racontait l'anecdote concernant son ami mort (et c'est peut-être pourquoi il la racontait). Mais, même empreinte d'autocompassion et vindicative, la réponse n'en est pas moins fausse.

L'image d'Adolfo Suárez assis tout seul dans l'hémicycle du Congrès pendant la soirée du 23 février est aussi le symbole d'autre chose : un symbole de sa solitude presque absolue dans les mois précédant le coup d'Etat. Curieusement, un an et demi avant cette date, une photographie capta au même endroit une image semblable : assis sur son siège de président, Suárez est habillé de la même façon que le 23 février – veste et cravate sombres, chemise blanche – et, même si sa posture diffère un peu de celle qu'il adopta pendant la fusillade du 23 février, à sa droite s'étend la même désolation de sièges vides. Comme sur l'image du 23 février, Suárez pose ; comme sur l'image du 23 février, Suárez ne semble pas poser (Suárez posait toujours en public : c'était sa force ; il posait souvent en privé : c'était sa faiblesse). L'image date du 25 septembre 1979, mais, à quelques nuances de couleur et de cadrage près, on pourrait la confondre avec celle du 23 février 1981, comme si, plus qu'une photo de Suárez, la photographe avait photographié l'avenir.

Bien que le secret n'ait été révélé qu'un an plus tard, en septembre 1979, alors qu'il était au sommet de son pouvoir et de sa gloire, Suárez était déjà intimement un homme politique

fini. J'ai avancé une raison à son soudain effondrement : Suárez, qui avait su faire le plus difficile – démonter le franquisme et construire une démocratie –, était incapable de faire le plus facile – administrer la démocratie qu'il avait construite. J'apporte ici une nuance : pour Suárez, le plus difficile était le plus facile et le plus facile, le plus difficile. Ce n'est pas qu'un jeu de mots : il n'avait certes pas créé le franquisme, mais Suárez avait grandi sous ce régime, il en connaissait parfaitement les règles et il les maniait avec brio (c'est pourquoi il réussit à mettre un terme au franquisme en faisant semblant de ne faire qu'en changer les règles) ; en revanche, bien qu'il eût créé la démocratie et en eût établi les règles, Suárez y évoluait avec peine car ses habitudes, son talent et son tempérament n'étaient pas faits pour ce qu'il avait construit, mais pour ce qu'il avait détruit. Ce fut à la fois sa tragédie et sa grandeur : celle d'un homme qui agit consciemment ou inconsciemment non pour consolider ses positions, mais, une nouvelle fois en référence à Enzensberger, pour les saper. Comme il ne savait pas utiliser les règles de la démocratie et comme il ne savait exercer le pouvoir qu'ainsi qu'on l'exerce dans une dictature, il ignorait le Parlement, il ignorait ses ministres, il ignorait son parti. Dans le nouveau jeu qu'il avait créé, ses qualités se transformèrent rapidement en défauts – son impertinence devint ignorance, son audace témérité, son aplomb froideur – et c'est pourquoi, en très peu de temps, Suárez ne fut plus le politicien brillant et déterminé qu'il avait été pendant ses premières années de gouvernement – quand tout dans son esprit semblait en lien avec tout, comme s'il gardait en lui un aimant capable d'attirer et d'ordonner les fragments les plus insignifiants de la réalité afin d'agir sur elle sans crainte, puisqu'il avait à tout moment la certitude de connaître le résultat le plus insignifiant de chaque action et la cause la plus intime de chaque effet – mais un politicien maladroit, opaque et hésitant, égaré dans une réalité qu'il ne comprenait pas et incapable de gérer une crise que son mauvais gouvernement ne faisait que creuser. Ajoutées à la jalousie, aux ressentiments et à l'avidité de pouvoir de la classe dirigeante, ces carences déchaînèrent dès l'été 1980 une conspiration généralisée contre lui et finirent par favoriser le coup d'Etat ; ajoutées à son épuisement au terme de quatre dures années à la présidence du gouvernement et à un caractère plus complexe et plus fragile que celui que lui attribuaient ceux qui ne le connaissaient que superficiellement, ces carences contribuèrent aussi à son effondrement personnel.

A partir de l'été 1980, Suárez vécut pratiquement cloîtré à la Moncloa, protégé par sa famille et par une maigre poignée de collaborateurs. Il semblait affecté par une paralysie étrange, ou par une forme diffuse de peur, ou peut-être était-ce le vertige, comme si, à un moment de lucidité masochiste, il avait compris qu'il n'était qu'un imposteur et préférait éviter coûte que coûte tout contact social par crainte d'être démasqué, et à la fois comme s'il craignait qu'un obscur désir d'immolation ne le poussât à en finir lui-même avec cette farce. Il passait des heures et des heures enfermé dans son bureau à lire des rapports sur le terrorisme, sur l'armée, sur la politique économique et internationale, mais il se montrait ensuite incapable de prendre des décisions sur ces questions ou de simplement se réunir avec les ministres qui devaient s'en charger. Il ne se rendait pas au Parlement, ne donnait pas d'interviews, il se laissait à peine voir en public et plus d'une fois il ne voulut ou ne put présider de bout en bout des réunions au Conseil des ministres ; il ne trouva même pas le courage d'assister aux funérailles de trois membres basques de son parti assassinés par l'ETA, ni à celles de quarante-huit enfants et trois adultes qui périrent dans une explosion accidentelle de propane dans un collège du Pays basque à la fin du mois d'octobre. Sa santé physique n'était pas mauvaise[11], contrairement à sa santé psychique. Il ne fait pas de doute qu'autour de lui il ne voyait qu'un magma d'ingratitudes, de trahisons et de mépris, et qu'il interprétait toute attaque contre son travail comme une attaque contre sa personne, ce qui est encore probablement imputable à ses difficultés d'adaptation à la démocratie. Il ne parvint jamais à comprendre que, dans la politique d'une démocratie, il n'y a rien de personnel, puisque dans la démocratie la politique est un théâtre et que personne ne peut jouer dans un théâtre sans feindre de sentir ce qu'il ne sent pas ; bien entendu, il était un pur homme politique et donc un acteur accompli, mais il simulait avec tant de conviction qu'il finissait par sentir ce qu'il simulait, ce qui l'amenait à confondre la réalité avec sa représentation et les critiques visant sa politique avec celles qui visaient sa personne. Il est vrai que, dans la chasse effrénée menée contre lui tout au long de l'année 1980, bien des critiques qu'il recevait étaient personnelles plus que politiques. Il n'en est pas moins vrai que, dès son arrivée au gouvernement, il avait été l'objet de critiques personnelles, mais à ce moment-là le président semblait encore blindé par les privilèges d'un système autoritaire et par son enthousiasme de néophyte, aussi ces critiques ne faisaient qu'éperonner sa volonté, et sa force mentale les neutralisait en les attribuant aux faiblesses de leurs auteurs – à leurs erreurs de jugement, à leurs ambitions frustrées, à leur vanité inassouvie, à leur amertume ; en revanche, désarçonné à présent par la liberté, soumis à des exigences pressantes et voyant ses propres défenses usées par presque cinq ans de mandat dans des conditions souvent extrêmes, il vivait de telles critiques comme des instruments quotidiens de torture, sans doute parce qu'il se les répétait à lui-même et parce que contre soi-même on ne peut pas se protéger. Comme tout pur homme politique, Suárez sentait aussi une nécessité impérieuse d'être admiré et aimé et, comme tout le monde dans le petit Madrid du pouvoir franquiste, il avait en grande partie forgé sa carrière politique sur l'adulation qu'on lui vouait, ensorcelant ses interlocuteurs avec sa sympathie, son insatiable désir de plaire et son répertoire inépuisable d'anecdotes, parvenant ainsi à les convaincre non seulement qu'il était un être extraordinaire, mais qu'eux l'étaient bien plus encore, et que par conséquent il allait déposer en eux toute sa confiance, toute son attention et toute son affection. Pour un tel homme, pure extériorité, dont l'estime de soi dépendait presque entièrement de l'approbation des autres, cela dut être une expérience dévastatrice de noter que ses tours de passe-passe ne faisaient plus effet, que la classe dirigeante du pays avait désormais pris sa véritable mesure et que l'éclat de sa séduction s'était éteint, que personne ne riait plus à ses blagues ni ne se laissait éblouir par ses jugements, que personne ne sentait plus le sortilège de ses histoires ni le privilège de sa compagnie, que personne ne croyait plus en ses promesses ni n'acceptait ses déclarations d'amitié éternelle, que ceux qui l'avaient admiré et flatté le méprisaient, que ceux qui lui devaient leur carrière politique et lui avaient juré loyauté le trahissaient, que le meilleur sentiment qu'il pouvait encore susciter parmi ses semblables était un mélange de lassitude et de méfiance ; comme se chargeaient de le lui prouver quotidiennement les sondages depuis l'été 1980, le pays entier en avait assez de lui.

Politiquement seul et épuisé, personnellement perdu dans un labyrinthe d'autocompassion, de lassitude et de déception, vers le mois de novembre 1980 Suárez commença à caresser l'idée de présenter sa démission. S'il ne le faisait pas immédiatement, c'était parce que l'inertie ou l'instinct du pouvoir l'emportait et parce qu'il était un pur homme politique, et un pur homme politique n'abandonne pas le pouvoir : on le met dehors ; aussi peut-être parce que, dans les moments d'euphorie qui perçaient sous son abattement, un résidu de courage et de fierté le persuadait que, si rien de ce qu'il entreprenait désormais n'arriverait à dépasser ce qu'il avait déjà accompli, lui seul pouvait réparer ce qu'il avait lui-même gâché. Pendant cette période, il cherchait le soulagement et la stimulation dans les voyages à l'étranger, où son prestige de créateur de la démocratie espagnole demeurait encore intact ; au cours de l'un de ces voyages, après avoir assisté à la passation des pouvoirs du Premier ministre péruvien Belaúnde Terry à Lima, Suárez accorda à la journaliste Josefina Martínez l'une de ses dernières interviews comme président, et le résultat de cet échange fut un texte si noir, si désabusé et si sincère – déplorant amèrement l'ingratitude, l'incompréhension, les offenses et les insultes personnelles dont il se sentait l'objet – que ses conseillers empêchèrent qu'il fût publié. “Je dis d'habitude que je me suis engagé dans un combat de boxe où je ne veux pas asséner un seul coup, dit Suárez à la journaliste ce jour-là. Je veux gagner le combat en quinze rounds par épuisement de l'adversaire… J'en conclus que je dois avoir une grande capacité à encaisser[12] !” Il est faux qu'il n'ait pas donné un seul coup (il en donna, mais il n'avait plus la force de continuer à en donner), mais il est vrai qu'il avait une grande capacité à encaisser, et il est surtout vrai que c'est souvent ainsi qu'il se vit durant l'automne et l'hiver 1980 : au milieu du ring, titubant et aveuglé par le sang et la sueur, les paupières enflées, les bras inertes pendant le long du corps, essoufflé sous les cris du public et la chaleur des projecteurs, souhaitant secrètement le coup définitif.

5

C'est le roi qui lui asséna le coup définitif. Il était peut-être le seul à être en mesure de le faire : le roi avait donné le pouvoir à Suárez et seul peut-être le roi pouvait le lui retirer ; et c'est ce qu'il fit : il lui retira le pouvoir, ou pour le moins il ne ménagea pas ses efforts pour que Suárez l'abandonne. Cela signifie que, comme une grande partie de la classe politique espagnole, à l'automne et à l'hiver 1980, le roi aussi conspirait à sa manière contre le président du gouvernement ; cela signifie que Gutiérrez Mellado se trompait : le roi non plus n'était pas à leurs côtés.

Le roi avait rencontré Suárez en janvier 1969, lors d'un voyage d'agrément à Ségovie qu'il effectuait accompagné de sa suite et notamment de son secrétaire personnel et futur leader du 23 février : le général Armada. A l'époque, Suárez était le gouverneur civil de la province et le roi un prince de condition précaire qui, quelques mois plus tard, prêterait serment devant les Cortès franquistes comme successeur de Franco, mais dont l'avenir royal n'était en rien certain, même pour Franco, car il tenait à un fil fragile qui pouvait se rompre après la mort de celui-ci. Les deux hommes sympathisèrent tout de suite ; tout de suite, ils pressentirent qu'ils avaient besoin l'un de l'autre : Suárez n'était pas monarchiste, mais il le devint immédiatement, sans doute parce qu'il savait que, malgré les équilibres précaires et les incertitudes, l'avenir le plus vraisemblable pour l'Espagne était la monarchie, et il ne voulait pour rien au monde rater ce train-là ; quant au roi, harcelé et dédaigné par des groupes très influents du franquisme – à commencer par la famille même de Franco –, il avait d'urgence besoin d'alliés, et ce jeune homme de six ans à peine son aîné, discret, prometteur, diligent, serviable et drôle, dut à première vue lui paraître un bon allié. Le premier jour, Suárez se limita à manger avec la famille royale dans un restaurant de la ville, mais pendant les mois suivants le roi revint plusieurs fois dans une propriété située dans les montagnes de Guadarrama, et c'est là que se noua, à la faveur des week-ends, une complicité entre les deux hommes qui finit sans doute par convaincre le futur monarque que, si Suárez mettait à profit son envie de plaire, son ambition et son intelligence rapide et pratique, il pouvait devenir pour lui bien plus qu'une distrayante compagnie. Il est peu probable qu'ils aient au début beaucoup parlé politique, même s'il est presque certain que le roi comprit très vite que Suárez n'avait pas un cerveau fossilisé par le franquisme, qu'il savait gouverner et qu'il manquait d'idées politiques élaborées ; de même, il est peu probable qu'il ne se soit pas dit que la principale idée politique de Suárez consistait à prospérer politiquement, et que son attachement à la monarchie dépendait donc exclusivement de la capacité de la couronne à satisfaire ses aspirations.

A partir de ce moment-là, le roi fit tout ce qui était en son pouvoir afin de promouvoir la carrière politique de Suárez. Au mois de novembre de la même année, il intercéda auprès de l'amiral Carrero Blanco pour que Suárez fût nommé directeur de la Télévision espagnole, et Suárez mit plus de temps à s'installer dans son nouveau poste qu'à montrer au monarque qu'il ne s'était pas trompé en misant sur lui. Pendant les quatre années qu'il passa à la tête de l'unique télévision du pays, Suárez orchestra une campagne d'image qui introduisit dans tous les foyers espagnols la figure du prince jusqu'alors fugace et floue : Suárez ne manqua pas de rendre compte d'absolument tous ses voyages, tous ses actes officiels, toutes ses apparitions publiques ; sa vocation monarchiste récemment inaugurée (ou son zèle de converti) le conduisit à s'opposer en plusieurs occasions à son ministre de tutelle, tout particulièrement le jour où il refusa de diffuser en direct et sur la première chaîne le mariage de la petite-fille de Franco avec Alfonso de Borbón, cousin du prince et candidat au trône, dont le mariage alimentait dans le cercle le plus intime du général le rêve de voir la famille Franco se maintenir au pouvoir. A cette époque-là, au début des années 1970, Suárez avait déjà commencé à postuler comme ministre, mais il n'obtint de poste qu'à la mort de

Franco, quand le premier gouvernement de la monarchie fut formé et que le roi, pas assez puissant pour imposer un président à son goût, se vit tout d'abord contraint d'hériter d'Arias Navarro – une momie indécise et incapable de solder ses dettes franquistes. Ce dernier assigna à Suárez la charge de secrétaire général du Mouvement sur l'insistance de Torcuato Fernández Miranda, alors principal conseiller politique du roi et président des Cortès et du Conseil du royaume, deux des principaux bastions du pouvoir de la dictature. A peine six mois plus tard, le roi réussit à se débarrasser d'Arias Navarro et, après une série de manigances de Fernández Miranda au Conseil du royaume – l'organisme chargé de présenter au monarque trois candidats à la présidence –, à faire choisir Adolfo Suárez comme chef du gouvernement.

Ce choix n'était pas le seul possible. Il y avait des candidats bien plus évidents, disposant de plus de lettres de créance monarchistes, de préparation intellectuelle et d'expérience politique que Suárez ; mais le roi (ou le roi conseillé par Fernández Miranda) estima qu'à cette période, de telles qualités étaient plutôt des défauts : un gouvernement, disons, de José María de Areilza – un homme cultivé, cosmopolite et fidèle depuis toujours à la couronne, entretenant de bonnes relations avec l'opposition clandestine et favori de bon nombre de réformistes du régime – ou un gouvernement de Manuel Fraga – l'ancien ministre de Franco et plus tard leader de la droite – aurait été un gouvernement d'Areilza ou de Fraga, parce qu'aussi bien Fraga qu'Areilza possédaient des personnalités très marquées et des projets politiques propres ; un gouvernement de Suárez, en revanche, ne serait pas un gouvernement de Suárez, mais un gouvernement du roi, parce que Suárez (ou c'était du moins l'idée du roi et celle de Fernández Miranda) n'embrassait aucun projet politique et était prêt à réaliser celui que le roi lui confierait et de la manière qui lui serait imposée. Le projet du roi était la démocratie ; plus exactement : le projet du roi était une certaine forme de démocratie capable d'assurer l'enracinement de la monarchie ; plus exactement encore : le projet du roi était une certaine forme de démocratie non parce que le franquisme lui répugnait ou parce qu'il avait hâte de renoncer aux pouvoirs qu'il avait hérités de Franco, ou parce qu'il croyait à la démocratie en tant que panacée, mais parce qu'il croyait à la monarchie et parce qu'il pensait qu'une démocratie était alors la seule manière d'enraciner la monarchie en Espagne. Or, changer une dictature en démocratie sans enfreindre la légalité était une opération fort complexe, peut-être inédite, et le roi trouvait urgent de la contrôler de près. Ainsi avait-il besoin qu'elle soit conduite par quelqu'un que sa passion pour le pouvoir rendrait absolument fidèle et absolument docile, un homme de son âge qui n'ait pas la tentation de le prendre sous sa tutelle ou de s'imposer à lui et avec qui il puisse avoir une relation fluide. Suárez répondait d'emblée à ces conditions ; à d'autres aussi. Il connaissait par cœur la classe politique du franquisme et les coins et les recoins du système qu'il fallait démonter, il était jeune, dégourdi, rapide, frais, réaliste, flexible, efficace et suffisamment charmant et roué pour persuader l'opposition que tout allait changer, en même temps qu'il persuadait les franquistes que rien n'allait changer même si tout changeait. Enfin, outre l'audace que lui donnait son ignorance, et la hardiesse de ceux qui n'ont rien à perdre, Suárez possédait une confiance démesurée en lui-même et une trempe coriace de gagnant qui devait lui permettre de réaliser la tâche qu'on allait lui confier tout en supportant les assauts furieux des uns et des autres sans céder ni se consumer entièrement avant l'heure.

Pourtant, il finit bel et bien par se consumer. Mais cela arriva à l'époque où Suárez avait déjà accompli la tâche dont le roi l'avait chargé : afin d'enraciner la monarchie, il avait construit une démocratie, peut-être une démocratie plus complète et plus profonde que le roi et lui-même ne l'avaient imaginée au début. Il avait bien fait son travail. Toutefois, en 1980, il semblait vouloir le gâcher. En effet, selon le roi comme selon presque toute la classe dirigeante espagnole, le problème était le suivant : après avoir construit la démocratie, Suárez s'était imaginé capable de la gérer, alors que sa permanence dans le gouvernement ne faisait qu'aggraver une crise dont lui-même était la cause. Un autre problème apparut dès lors que le roi se proposa de résoudre ce problème en épaulant les manigances destinées à remplacer Suárez et qui constituèrent le placenta du 23 février. Il s'y crut probablement contraint. Comme toute la classe politique, comme Suárez lui-même, le roi ne faisait qu'inaugurer les règles de la démocratie, et il n'avait pas encore assimilé (ou il n'avait pas voulu le faire) son nouveau rôle de figure institutionnelle et symbolique sans pouvoir politique effectif ; comme s'il conservait encore la faculté de nommer ou de destituer les présidents, héritée de Franco et à laquelle il avait pourtant renoncé en cautionnant la Constitution de 1978, il voulut prendre une part active dans la politique du pays au-delà des limites imposées par les nouvelles règles de la monarchie parlementaire. Son erreur ne fut pas seulement le fruit de son inexpérience ; elle fut aussi celui de l'habitude et de la peur. Pendant leur idylle de ses premières années au gouvernement, Suárez avait habitué le roi à être consulté au moindre de ses pas et à voir ses désirs transformés en ordres ; à présent, grandi par ses propres succès et devenu président non plus par la volonté du monarque mais par celle des urnes, Suárez avait abandonné ses manières soumises et son comportement de factotum, il commença à être en désaccord avec le roi et à prendre des décisions non seulement en marge de son opinion, mais aussi contre celle-ci (pressé par les Etats-Unis, le roi considérait comme urgent pour l'Espagne d'entrer dans l'OTAN, Suárez non ; pressé par les militaires, le roi considérait comme urgent d'éloigner Gutiérrez Mellado du gouvernement, Suárez non ; dans les mois précédant le 23 février, ils eurent de vives discussions sur des affaires qui s'avéreraient déterminantes pour le 23 février, en particulier sur la nomination du général Armada comme deuxième chef d'état-major de l'armée, que le roi considérait comme nécessaire et Suárez comme dangereuse) ; le roi supporta mal l'insubordination ou le désir d'indépendance de Suárez, auxquels il attribua sans doute en partie la mauvaise marche du pays, et cela finit par envenimer les relations entre les deux hommes : quatre ans auparavant, trois ans auparavant, deux ans auparavant, Suárez se rendait à la Zarzuela sans prévenir et le roi apparaissait par surprise à la Moncloa, ne serait-ce que pour prendre un whisky avec son ami, ils improvisaient des réunions ou des discussions de travail, des dîners et des séances de cinéma en famille ; une fois évaporé, cet esprit de camaraderie fut remplacé par des chassés-croisés de plus en plus irritants qui se traduisaient, outre les divergences d'opinions entre les deux hommes, par des coups de fil du roi à la Moncloa demeurant sans réponse ou suivis de réponses tardives qui frisaient l'insolence, ou encore par des attentes vexatoires subies par Suárez à la Zarzuela. Il est possible que soit aussi intervenue dans l'affaire la jalousie entre deux hommes qui se disputaient, en Espagne et hors de ses frontières, la prestigieuse paternité de la nouvelle démocratie. La peur sans doute eut aussi son rôle à jouer. Le roi était né en exil et il avait repris le trône pour lui et sa famille à force d'intelligence, de chance, d'habileté et de sacrifice ; à présent, il éprouvait un certain effroi à l'idée de le perdre et, comme le répétèrent si souvent aussi bien les leaders politiques que les courtisans de la Zarzuela – et notamment son père en personne, opposé au président du gouvernement depuis un bon moment déjà –, le discrédit de Suárez contaminait non seulement la démocratie, mais aussi la monarchie, si tant est que les deux pussent à l'époque être prises séparément : bien que Suárez ne fût pas le président du roi, comme il l'avait été quand celui-ci l'avait nommé en 1976, mais un président choisi à deux reprises par les citoyens, la majorité de ceux-ci identifiaient encore le roi avec Suárez, de sorte que l'effondrement de Suárez pouvait entraîner celui de la monarchie. Cet argument alarmant, fallacieux et souvent répété dut certainement contribuer à ce que, forçant la neutralité à laquelle la loi l'obligeait, le roi s'imposât le devoir et s'arrogeât le droit de contribuer à la chute de Suárez. "Si seulement vous pouviez me débarrasser de celui-là, l'entendirent déclarer de nombreux visiteurs de la Zarzuela à l'automne et à l'hiver 1980. Parce qu'avec lui, on va droit dans le mur[13]." Le roi ne se contenta pas d'attiser le harcèlement que subissait Suárez, et ce de tout le poids que lui conférait son autorité ; il discuta aussi avec les uns et les autres sur la manière de le remplacer, et il est fort probable qu'au vu de la situation inquiétante que traversait le pays, il partageait l'avis d'une grande partie de la classe dirigeante estimant que la démocratie s'était construite de manière précipitée, qu'il convenait peut-être de donner un coup de bistouri pour en crever les abcès et suturer les plaies, et que la situation était telle qu'un simple changement de gouvernement ne suffisait peut-être plus pour la redresser. Il est surtout fort probable qu'à un moment donné, il vit d'un bon œil, ou du moins qu'il considéra sérieusement ou qu'il permit aux autres de le croire, la proposition d'un gouvernement de coalition ou de concentration ou d'unité nationale présidé par un militaire monarchiste – et il n'y avait pas militaire plus monarchiste que son ancien secrétaire Alfonso Armada, avec qui il aborda sans doute la question dans les semaines précédant le coup d'Etat –, à condition que la proposition puisse recueillir l'aval des partis politiques et qu'elle soit destinée à redresser le cap à l'aide d'un coup de gouvernail en évitant que la démocratie, qui cinq ans plus tôt avait été l'instrument de survie de la couronne, ne finisse par devenir celui de sa perdition.

Suárez le savait. Il savait que le roi n'était plus à ses côtés. Plus exactement : il le savait mais il ne voulait pas admettre qu'il le savait, ou du moins il ne le voulut pas avant d'y être forcé. A l'automne 1980, Suárez savait que le roi le voyait comme le principal responsable de la crise et qu'il nourrissait de sérieux doutes sur sa capacité à la résoudre, mais il ne savait pas (ou ne voulait pas admettre qu'il le savait) que le roi pestait contre lui chaque fois qu'il parlait avec un homme politique, un militaire ou un patron ; Suárez savait aussi que sa relation avec le roi s'était envenimée, mais il ne savait pas (ou il ne voulait pas admettre qu'il le savait) que le roi avait perdu sa confiance en lui et qu'il exhortait ses adversaires à l'évincer du pouvoir. Finalement, le 24 décembre, Suárez n'eut d'autre option que d'admettre qu'il savait ce qu'il savait en réalité depuis plusieurs mois. Cette nuit-là, la télévision diffusa le discours de Noël du roi ; presque toujours formel, à cette occasion-là son discours ne le fut pas (et, comme s'il voulait souligner qu'il ne l'était pas, le monarque parut devant les caméras seul et non pas en compagnie de sa famille comme il l'avait fait jusqu'alors). La politique, dit notamment le roi, doit être considérée "comme un moyen pour arriver à une fin et non comme une fin en soi". "Efforçons-nous de protéger et de consolider l'essentiel, dit-il, si nous ne voulons pas nous retrouver sans base et privés de l'occasion de cultiver l'accessoire." "En réfléchissant aujourd'hui à notre comportement, dit-il, nous devons nous demander si nous avons vraiment fait le nécessaire pour nous sentir fiers." "Il est urgent, dit-il, que nous examinions notre comportement dans le cadre de la responsabilité qui est propre à tout un chacun, sans cette fuite qui nous dicte toujours de chercher les fautes chez autrui." "Je veux inviter à réfléchir ceux qui ont entre leurs mains le gouvernement du pays, souligna-t-il. Ils doivent mettre la défense de la démocratie et du bien commun au-dessus de leurs propres limites et de leurs intérêts transitoires, qu'ils soient de groupe ou de parti[14]." Voilà quelques-unes des phrases que le roi prononça dans son discours, et il est impossible que Suárez ne se soit pas senti directement concerné ; il est également impossible de ne pas les interpréter pour ce qu'elles étaient probablement : une accusation de s'agripper au pouvoir comme une fin en soi, de protéger l'accessoire, à savoir son poste de président, par-delà l'essentiel, la monarchie ; une accusation de s'être comporté de façon irresponsable en cherchant des coupables à ses propres fautes et en mettant son intérêt transitoire et limité au-dessus du bien commun ; enfin, une manière à la fois publique et confidentielle de demander à Suárez de démissionner.

J'ignore quelle fut la réaction immédiate de Suárez au discours du roi. Mais je sais que Suárez ne pouvait ignorer deux choses : l'une, que même si le roi n'avait pas légalement le droit de lui demander de démissionner, il gardait sur lui un droit moral pour l'avoir promu président quatre ans auparavant ; l'autre, qu'après avoir perdu le soutien de la rue, du Parlement, de son parti, de Rome et de Washington, aveugle et titubant et essoufflé au milieu du ring sous les hurlements du public et la chaleur des projecteurs, perdre complètement le soutien du roi revenait pour lui à perdre son dernier soutien et à recevoir le coup définitif. Ce même jour, Suárez dut comprendre que sa seule alternative était de démissionner. Cela n'est pas contradictoire avec le fait que, d'après certaines sources, lors d'une réunion tenue le 4 janvier dans son refuge de montagne de La Pleta, dans la province de Lérida, le roi lui ait insinué qu'il devait démissionner, et que Suárez se soit refusé à le faire[15]. C'est possible : une agonie est une agonie, et certains morts se refusent à mourir, bien qu'ils sachent qu'ils sont déjà morts. Il est néanmoins certain que, trois semaines seulement après l'admonition de Noël sans équivoque de la part du monarque, Suárez dit à ses proches qu'il abandonnait la présidence du gouvernement. Le 27, il le dit au roi dans son bureau de la Zarzuela. Le roi ne fit pas semblant : il ne lui demanda pas de lui expliquer les raisons de sa démission, il ne fit pas le geste protocolaire de la rejeter ni de lui demander s'il avait mûrement réfléchi ; il n'eut pas non plus un mot de gratitude pour le président qui l'avait aidé à garder la couronne ; il se limita à appeler son secrétaire, le général Sabino Fernández Campo et, alors que celui-ci n'était même pas encore entré dans la pièce, il le regarda tout en montrant Suárez d'un doigt impitoyable et lui dit : Celui-là s'en va.

6

Le 29 janvier 1981, vingt-cinq jours avant le coup d'Etat, Adolfo Suárez annonça dans un discours télévisé sa démission en tant que président du gouvernement. Une question s'impose : comment est-il possible que celui qui avait déclaré qu'il ne partirait de la Moncloa que s'il perdait les élections ou que si on l'en sortait les pieds devant s'en aille de plein gré ? Suárez n'était-il pas un pur homme politique, et un pur homme politique n'est-il pas celui qui n'abandonne jamais le pouvoir, à moins qu'on ne l'en expulse ? La réponse en est que Suárez ne quitta pas le pouvoir de plein gré, mais qu'on l'en expulsa : la rue l'en expulsa, le Parlement l'en expulsa, Rome et Washington l'en expulsèrent, son propre parti et son propre effondrement personnel, et pour finir le roi. Il y a une autre réponse, qui est au fond la même : étant absolument un pur homme politique, Suárez s'en alla avant que la somme de ces adversaires ne l'expulse, et pour se légitimer devant le pays, tout en déjouant ainsi l'alliance qui s'était formée contre lui et en préparant son retour au pouvoir.

A l'exception du coup d'Etat du 23 février – dont il constitue en réalité un ingrédient de base –, aucun autre événement de l'histoire espagnole récente n'a suscité autant de spéculations que la démission d'Adolfo Suárez ; néanmoins, de toutes les énigmes relatives au 23 février, la moins mystérieuse semble précisément la démission d'Adolfo Suárez. Bien qu'il semble impossible d'épuiser tous les motifs qui l'ont déclenchée, il est possible d'en écarter les plus terribles et les plus souvent évoqués. Suárez ne démissionna pas parce que les militaires l'obligèrent à le faire, il ne démissionna pas non plus pour enrayer le coup d'Etat militaire : en tant que président du gouvernement, il souffrait de nombreux défauts, mais assurément pas de lâcheté, et il ne fait aucun doute que, aussi abattu qu'il fût, si les militaires lui avaient mis un pistolet sur la poitrine, Suárez leur aurait ordonné de se mettre immédiatement au garde-à-vous ; il ne fait aucun doute non plus que, s'il avait su qu'ils tramaient un coup d'Etat, Suárez se serait dépêché de le contrecarrer. La phrase la plus connue de son discours de démission semble démentir cette dernière assertion : "Comme cela arrive souvent dans l'Histoire, dit Suárez, la continuité d'une œuvre exige un changement de personnes et je ne veux pas que le système démocratique dans lequel nous vivons soit, une fois de plus, une parenthèse dans l'histoire d'Espagne[16]." Cette déclaration sacrificielle, qui suggérait que son auteur s'immolait pour sauver la démocratie et qui sembla rétrospectivement gagner tout son sens le 23 février, ne figurait pas dans le brouillon du discours que Suárez avait envoyé au Palais royal la veille de son apparition télévisée ; il la rajouta au dernier moment et, bien qu'ayant été rayée du discours initial par une des personnes chargées d'écrire et de corriger ses interventions, Suárez la reprit. Il s'agissait peut-être d'un effet dramatique propre à son personnage et d'un élément dans sa stratégie particulière de démission, mais non d'une imposture. Tout en sachant que dans le pays grandissait le placenta d'un coup d'Etat, Suárez n'ignorait pas que les intrigues qui le visaient étaient aussi dangereuses pour la démocratie, parce qu'elles prétendaient l'expulser du pouvoir sans en passer par les élections et forcer au maximum les engrenages d'un jeu récemment inauguré ; il n'ignorait pas (ou du moins il s'en doutait) qu'une motion de censure destinée à le renverser se préparait ; il n'ignorait pas (ou du moins il s'en doutait) que cette motion pourrait compter sur le soutien d'une fraction de son parti, et que par conséquent elle pourrait réussir ; il n'ignorait pas que pour beaucoup la motion devait amener à la présidence un général à la tête d'un gouvernement de coalition ou de concentration ou d'unité nationale ; il n'ignorait pas que le roi voyait d'un bon œil ou considérait sérieusement cette manœuvre, ou que du moins il permettait à certains de croire qu'il la voyait d'un bon œil ou la considérait sérieusement ; il n'ignorait pas que le militaire le plus en vue pour la mener à bien était Alfonso Armada et, bien que Suárez s'y opposât, le roi faisait le nécessaire pour ramener son ancien secrétaire à Madrid comme deuxième chef d'état-major de l'armée. Tout cela lui parut sans doute dangereux pour son avenir, mais dangereux aussi pour l'avenir de la démocratie – car cela supposait de mettre à l'épreuve les engrenages flambant neufs du jeu démocratique en engageant l'armée dans une opération qui ouvrait les portes de la politique à des militaires peu enclins à communier avec un système garant des libertés individuelles, voire même impatients de le détruire. Suárez connaissait les règles de la démocratie mais ne les maîtrisait pas bien, même si c'est lui qui avait inventé le jeu ou qu'il considérait qu'il l'avait inventé ; il n'était pas prêt à permettre qu'on le gâche pour la bonne et simple raison qu'il en était l'inventeur. Pour éviter ce risque, il démissionna.

Mais, bien que politiquement fini et personnellement brisé, il démissionna aussi pour une raison qu'aurait faite sienne tout pur homme politique : pour pouvoir continuer à jouer ; c'est-à-dire pour ne pas être expulsé de force de la table de jeu et ne pas se voir obligé de sortir du casino par la petite porte, sans possibilité de retour. De fait, en présentant sa démission, il se peut que Suárez ait voulu imiter la manœuvre victorieuse de Felipe González : en mai 1979, ce dernier, étant en désaccord avec son parti qui continuait à se définir comme marxiste, avait abandonné la direction du PSOE, et à peine quatre mois plus tard, après que le PSOE, incapable de le remplacer, eut effacé le terme "marxiste" de ses statuts, il était revenu à son poste encensé par tous*. Il est probable que Suárez tenta de provoquer une réaction semblable au sein de son parti ; si tel était le cas, il fut à deux doigts d'y parvenir. Le 29 janvier, le jour même où Suárez annonça à la télévision qu'il renonçait à la présidence, devait s'ouvrir le deuxième congrès de l'UCD

* Suárez contribua à sa manière au succès de González, et sa contribution montre, là aussi, qu'il tenait plus à la démocratie qu'au pouvoir : après la démission de González, le président du gouvernement eut l'occasion de faciliter l'arrivée à la direction du PSOE d'un groupe de marxistes – Enrique Tierno Galván, Luis Gómez Llorente, Francisco Bustelo – qu'il aurait probablement battus aux élections sans difficulté ; il n'en fit rien : il facilita le retour de González parce que, même s'il savait qu'il s'agissait d'un adversaire électoral de bien plus grande envergure, il pensait qu'un jeune socialiste comme González lui était plus utile pour la stabilité de la démocratie que ses adversaires. Voilà une preuve de plus que Suárez voulait par-dessus tout que le jeu qu'il avait inventé continue à marcher[17].

à Palma de Majorque ; la stratégie de Suárez consistait peut-être à annoncer par surprise sa démission lors de la journée inaugurale du congrès pour attendre que le bouleversement ainsi déclenché provoque une réaction de la base contre les chefs de file du parti, qui lui permettrait ainsi de reprendre tout de suite ou dans un délai de quelques mois tout au plus les rênes du parti et du gouvernement. La malchance (combinée peut-être à la ruse de certains de ses adversaires dans le gouvernement) déjoua ses plans : une grève des aiguilleurs du ciel obligea à reporter le congrès de quelques jours au moment où Suárez avait déjà communiqué son intention de démissionner à plusieurs ministres et à plusieurs chefs de file de son parti, et ce contretemps le contraignit à annoncer sa démission plus tôt que prévu, convaincu qu'il était que cette nouvelle ne pourrait être tenue secrète plus longtemps ; quand le congrès eut finalement lieu dans la première semaine de février, le temps écoulé depuis l'annonce de son retrait avait amorti l'impact de la nouvelle. Même s'il était désormais trop tard pour retrouver le pouvoir perdu, il put néanmoins reprendre le contrôle de la direction de l'UCD, puisque c'est lui qui obtint le plus de voix parmi ses compagnons et qu'il fut le seul à être acclamé debout pendant le congrès.

Il y a peut-être une autre raison pour laquelle Suárez a démissionné, une raison probablement plus décisive que les précédentes, car elle en constitue le soubassement et leur confère un sens plus profond : Suárez démissionna comme président du gouvernement pour se légitimer en tant que président du gouvernement. C'est un paradoxe, mais Suárez est un personnage paradoxal, et d'une certaine manière les cinq ans où il demeura au pouvoir furent pour lui précisément cela : une bataille permanente, harassante et en définitive inutile pour se légitimer en tant que président du gouvernement. En juillet 1976, quand le roi le chargea d'entreprendre la réforme politique, Suárez se savait président d'un gouvernement légal, mais il n'ignorait pas – comme il le dit lui-même à un journaliste qui l'aborda peu après sa nomination – qu'il n'était pas un président légitime parce qu'il n'avait pas eu le soutien des urnes pour mener à bien la réforme[18] ; en décembre 1976, quand il gagna avec une majorité écrasante le référendum sur la Loi pour la réforme politique – l'instrument légal permettant de mener à bien cette dernière –, Suárez savait que cette victoire le légitimait pour réaliser le passage de la dictature à la démocratie ou à une certaine forme de démocratie, mais il n'ignorait pas qu'il n'était pas légitimé comme président parce qu'il avait été choisi par le roi, et un président de gouvernement n'est légitime qu'après avoir été choisi par les citoyens dans des élections libres ; en juin 1977, quand il gagna les premières élections libres, Suárez savait qu'il était un président démocratique car il tirait sa légitimité du vote des citoyens, mais il n'ignorait pas qu'il manquait de légitimité légale, car il gouvernait encore selon les lois du franquisme, et non selon celles de la démocratie ; en mars 1979, quand il remporta les premières élections tenues après l'adoption de la Constitution, Suárez savait qu'il disposait de toute la légitimité des urnes et des lois, mais ce fut alors qu'il apprit qu'il n'avait pas de légitimité morale parce que la classe dirigeante tout entière s'empressa de lui rappeler – et il se le répéta peut-être à lui-même et, contre soi-même, on ne peut pas se protéger – qu'il n'avait jamais cessé d'être le garçon de courses du roi, un simple phalangiste de province, un arriviste du franquisme, un foutriquet dévoré par l'ambition et un aigrefin intellectuellement incapable de présider le gouvernement, qui n'avait jamais conçu la politique que comme un instrument d'enrichissement personnel, et que sa soif insensée de pouvoir tenait attaché à la présidence alors qu'autour de lui tout le pays tombait en lambeaux. A partir du printemps 1979, Suárez savait par conséquent qu'il disposait de toute la légitimité politique pour gouverner, mais à peine un an plus tard il découvrit qu'il manquait de légitimité morale (ou qu'il en avait été dépouillé) : la seule façon qu'il trouva pour l'obtenir fut de démissionner.

C'est en réalité le sens de son discours d'adieu à la télévision, un discours contenant une réponse individuelle aux reproches faits à Noël par le roi et un reproche collectif à la classe dirigeante qui lui avait refusé cette légitimité tant briguée, un discours qui contient surtout une défense de son intégrité politique, ce qui, chez un homme politique comme Suárez, refusant de distinguer le personnel du politique, signifie aussi une défense de son intégrité personnelle. Avec fierté et, en fin de compte, dans un souci de vérité (même si ce n'est qu'en fin de compte), Suárez commence par informer le pays qu'il part de son plein gré, "sans que personne me l'ait demandé", et qu'il le fait pour montrer par les gestes ("parce que les mots ne semblent pas suffisants et parce qu'il est important de montrer dans les faits ce que nous sommes et ce que nous voulons") que l'image qu'on a imposée de lui, selon laquelle il est "une personne agrippée à son poste", est fausse. Suárez rappelle ensuite son rôle dans le passsage de la dictature à la démocratie et dit qu'il n'abandonne pas la présidence parce que ses adversaires auraient pu le battre ou parce qu'il se serait trouvé sans force pour continuer à se battre (ce qui n'est sans doute pas vrai ou pas entièrement vrai), mais parce qu'il est arrivé à la conclusion que son départ du pouvoir peut être plus profitable au pays que sa permanence au pouvoir (ce qui est sans doute vrai) : il veut que son renoncement soit "un révulsif moral" capable de chasser définitivement de la pratique politique de la démocratie "l'impulsivité", "la constante dévalorisation des personnes", "les attaques gratuites et systématiques" et "l'inutile disqualification globale" : toutes les agressions, en somme, dont il s'est senti la victime pendant de nombreux mois. "Quelque chose de très important doit changer dans nos attitudes et dans nos comportements, dit-il. Et je veux contribuer par mon renoncement à ce que ce changement soit réellement immédiat." Par ailleurs, s'il dit qu'il se retire de la présidence de son parti, Suárez ne dit pas qu'il se retire de la politique, au contraire : après avoir déclaré son optimisme quant à l'avenir du pays et à la capacité de l'UCD de le guider, il dit que la politique "va continuer à être la raison fondamentale de [sa] vie". "Je vous remercie de vos sacrifices, de votre collaboration et des preuves réitérées de confiance que vous m'avez donnés, conclut-il. J'ai voulu y répondre avec un dévouement absolu à mon travail et avec engagement, abnégation et générosité. Je vous promets que, où que je sois, je resterai fidèle à vos aspirations. Que je resterai toujours à vos côtés et que je tâcherai, dans la mesure de mes forces, de maintenir la même ligne de conduite et le même esprit de travail. Merci à tous et merci pour tout."

Je le répète : le discours – outre les bonnes intentions et une rhétorique sentimentale – se veut une déclaration morale en plus de politique. Rien n'autorise à douter de sa sincérité : en abandonnant la présidence, Suárez essaie de préserver la dignité de la démocratie (et, dans un certain sens, de la protéger) ; cependant, aux raisons d'éthique politique s'ajoutent des raisons de stratégie personnelle : pour Suárez, démissionner est aussi une manière de se protéger et de préserver sa propre dignité, de reconquérir son amour-propre et le meilleur de lui-même afin de préparer son retour au pouvoir. Voilà pourquoi j'ai dit plus haut que sa démission comme président fut sa dernière tentative de se légitimer comme président. Je me corrige à présent. Ce ne fut pas sa dernière tentative : ce fut l'avant-dernière. Il fit sa dernière tentative dans la soirée du 23 février, quand, assis sur son siège alors que les balles sifflaient autour de lui dans l'hémicycle du Congrès et que les mots ne suffisaient plus, qu'il fallait montrer par des actes qui il était et ce qu'il voulait, il dit à la classe politique et à tout le pays que, malgré un pedigree démocratique parmi les moins irréprochables du grand cloaque madrilène et le fait qu'il avait été un phalangiste de province et un arriviste du franquisme et un foutriquet sans formation, lui, contrairement aux autres, était prêt à risquer sa vie pour la démocratie.

7

J'ai laissé une question sans réponse, et j'y reviens : les services de renseignements conspiraient-ils contre le système démocratique à l'automne et à l'hiver 1980 ? Le CESID participa-t-il au coup d'Etat ? L'hypothèse n'est pas seulement séduisante d'un point de vue littéraire, elle est historiquement vraisemblable, et cela explique en partie que ce point demeure l'un des plus controversés du 23 février. L'hypothèse est vraisemblable parce que souvent, dans les périodes de changement de régime politique, les services de renseignements – libérés de leurs anciens patrons sans encore être entièrement contrôlés par les nouveaux, ou reprochant à leurs anciens patrons d'avoir promu la disparition d'un régime devenu caduc – tendent à opérer de manière autonome et à constituer des foyers de résistance au changement, à organiser ou à soutenir des manœuvres destinées à le faire échouer. C'est ce qui se produisit, par exemple, en 1991 dans l'Union soviétique de Mikhaïl Gorbatchev. Est-ce ce qui s'est produit dix ans plus tôt dans l'Espagne d'Adolfo Suárez ? En 1981, le CESID était-il un foyer de résistance au changement ? Le CESID organisa-t-il le coup d'Etat du 23 février ? Y prit-il part ?

Le général Gutiérrez Mellado avait une conscience plus claire qu'aucun autre homme politique espagnol du danger que certains services de renseignements réfractaires pouvaient représenter pour la démocratie ; il y avait effectué une grande partie de sa carrière et il connaissait de première main leur intimité ; à l'inverse, rares étaient les hommes politiques espagnols à avoir une conscience plus claire que Gutiérrez Mellado de l'utilité que pouvaient revêtir pour la démocratie des services de renseignements loyaux envers les nouveaux gouvernants. Ainsi, en juin 1977, dès qu'Adolfo Suárez forma le premier gouvernement démocratique après les premières élections libres, Gutiérrez Mellado essaya immédiatement de doter l'Etat de services de renseignements modernes, efficaces et fiables. Pour ce faire, il voulut tout d'abord fusionner les nombreux organismes de renseignements de la dictature en un seul, le CESID, mais la résistance ferme à laquelle se heurta son projet ne lui permit d'unir que les deux principaux : le SECED et la 3e section du Haut Etat-Major de l'armée. Ces services étaient très différents l'un de l'autre : tous deux étaient composés de militaires, mais la 3e section du Haut Etat-Major s'orientait vers l'espionnage extérieur et avait un caractère plus technique que politique, alors que le SECED se tournait vers l'espionnage intérieur et avait un caractère bien plus politique que technique parce qu'il avait été conçu au milieu des années 1970 par le commandant San Martín – le colonel putschiste de la division blindée Brunete lors du 23 février – comme une espèce de police politique chargée de veiller sur l'orthodoxie franquiste. L'échec de Gutiérrez Mellado dans sa tentative d'unir tous les organismes de renseignements se reproduisit quand il essaya de les moderniser : en 1981, le CESID était encore un service de renseignements insuffisant et primitif, presque artisanal ; son personnel était déficient et sa structure rudimentaire : il était composé d'à peine sept cents personnes, d'un peu plus de quinze délégations réparties dans tout le pays et organisé en quatre divisions (Intérieur, Extérieur, Contre-Espionnage, Chiffrage et Communications) ; chacune de ces divisions était dotée d'un directeur et d'un secrétaire général. En marge de ces deux organismes, il y avait une unité d'élite supervisée uniquement par un secrétaire général : l'AOME, l'unité d'opérations spéciales dirigée par le commandant Cortina. Un fait insolite rend parfaitement compte des difficultés qu'affronta le service de renseignements de Gutiérrez Mellado : bien que le contrôle des manœuvres putschistes fût l'une des principales missions que le général assigna au CESID, confié à un service spécifique de la division de l'Intérieur (le service de renseignements), les membres du Centre n'étaient pas officiellement autorisés à entrer dans les casernes ni à transmettre des informations sur ce qui s'y passait ou s'y planifiait (cette tâche était réservée au service d'information de la division de renseignements de l'armée, portant le nom de Seconde bis, qui dans la pratique bloquait les informations et fomentait une atmosphère de putsch), ainsi tout ce que le CESID savait sur l'armée, il le savait de manière officieuse. Cela n'empêcha pourtant pas le Centre de démonter en novembre 1978, grâce à la délation, la première tentative de coup d'Etat du lieutenant-colonel Tejero, baptisée "opération Galaxie". Un fait non moins insolite donne une idée du désordre qui régnait dans le service de renseignements : le 23 février, après un peu plus de trois ans d'existence, le CESID avait eu trois directeurs dont aucun n'était expert en espionnage. Ils avaient tous trois quasiment été obligés d'accepter leur poste et considéraient comme quasiment indigne le fait d'enquêter sur leurs compagnons d'armes. Cela signifie que, en plus d'être insuffisant et primitif, le CESID était en 1981 un service de renseignements chaotique et négligent. Cela signifie-t-il qu'il n'était pas fiable ?

Après la fusion des deux principaux services d'espionnage de la dictature au sein du CESID, l'héritage qui y prévalait fut celui du SECED – la police politique du régime : la branche des services de renseignements la plus fidèle au franquisme –, mais Gutiérrez Mellado réussit à placer régulièrement à son commandement des hommes provenant de la 3e section du Haut Etat-Major, qui bénéficiaient de son absolue confiance. Celui qui occupait la direction effective du CESID le 23 février n'était pas le colonel Narciso Carreras, son directeur, mais le lieutenant-colonel Javier Calderón, son secrétaire général. La trajectoire de Calderón est singulière parce qu'elle est propre à une minorité très réduite de militaires qui, à l'image de Gutiérrez Mellado, tentèrent de se libérer de la férule idéologique du franquisme et de favoriser le changement politique : formé à la fin des années 1950 à l'académie Forja – une école de préparation militaire qui encourageait un phalangisme teinté de préoccupations sociales, de laquelle sortirent plusieurs membres de la future Union militaire démocratique (l'UMD), réduite en nombre et illégale –, Calderón commença à travailler au début des années 1970 dans le service de contre-espionnage de la 3e section du Haut Etat-Major ; peu de temps après, il exerça la fonction d'avocat du capitaine Restituto Valero, l'un des responsables de l'UMD, et fit partie du GODSA, un cabinet d'études ou ébauche de parti qui prétendait promouvoir dans le franquisme tardif un élargissement du régime et qui misa sur Manuel Fraga comme leader de la réforme jusqu'à ce que, délogé et dépassé par Suárez, celui-là adoptât le franquisme écrémé de l'Alliance populaire ; en 1977, après la création du CESID, Calderón rejoignit la division de Contre-Espionnage, et en 1979 Gutiérrez Mellado fit de lui l'homme fort du Centre. Le 23 février, Calderón eut une conduite impeccable : le CESID fut sous son commandement l'un des rares organismes militaires qui se placèrent dès le début et ouvertement du côté de la légalité, contribuant de manière notoire à empêcher la sortie de la division blindée Brunete à Madrid (ce qui s'avéra déterminant dans la défaite des putschistes) ; sa conduite après le 23 février suscite plus de réserves : le CESID avait essuyé un échec cuisant en raison de son incapacité à anticiper le coup d'Etat. Pour éviter au Centre un total discrédit, Calderón essaya dans les jours qui suivirent le 23 février de faire taire les rumeurs sur la participation de certains de ses hommes au soulèvement, mais il fut finalement obligé de diligenter une enquête et d'expulser ceux de ses hommes éclaboussés par des soupçons de connivence avec les putschistes, y compris le commandant Cortina. L'attitude de Calderón après le coup d'Etat, quoique discutable, révèle pourtant une évidence : autour de 1981, l'homme fort du CESID était l'un des rares militaires démocrates de l'armée espagnole et son travail fit de ce service de renseignements l'antithèse d'un foyer de résistance au changement politique. C'est pourquoi les militaires d'extrême droite avaient pris le CESID pour cible de leurs critiques ; c'est pourquoi le nom de Calderón figurait sur toutes les listes de compagnons d'armes indésirables qu'ils publiaient périodiquement ; c'est pourquoi il était un homme parfaitement sûr pour Gutiérrez Mellado avec qui il était lié déjà avant le 23 février par une solide amitié qui s'étaya ensuite et qui explique qu'en 1987, après la mort par overdose d'un des fils de Calderón, le général créa une Fondation d'aide à la toxicomanie dans laquelle il fit entrer son ami. Non, Gutiérrez Mellado ne réussit pas à former des services de renseignements puissants, unifiés, modernes et efficaces, et c'est à cet échec qu'il faudrait attribuer celui du CESID, incapable d'anticiper le 23 février ; mais le général réussit quand même à former des services de renseignements fiables : le CESID comme organisme contribua à l'échec du coup d'Etat, et il n'y a en revanche aucune preuve de sa participation aux préparatifs ou à l'exécution du 23 février[19].

Aucune sauf la participation au coup d'Etat de certains de ses membres. Parce que nous savons aujourd'hui que plusieurs agents du CESID – sans doute le capitaine Gómez Iglesias, probablement le sergent Miguel Sales et les brigadiers Rafael Monge et José Moya – ont collaboré avec le lieutenant-colonel Tejero dans la soirée du coup d'Etat : le premier, en persuadant certains officiers indécis du parc automobile de la garde civile de seconder le lieutenant-colonel dans l'assaut du Congrès ; les trois autres, en escortant jusqu'à leur destination les autocars de Tejero dans les rues de Madrid. Ces quatre agents appartenaient à l'AOME, l'unité d'élite du commandant Cortina. Avaient-ils agi de leur propre chef ? Avaient-ils agi sur ordre de Cortina ? Etant donné que ni Calderón ni le CESID n'avaient appuyé ni organisé le coup d'Etat du 23 février, était-ce l'AOME qui l'avait appuyé ou organisé ? Cortina l'avait-il appuyé ou organisé ? C'est cette question qu'il nous reste à résoudre.

8

Le 23 février

J'ignore si ce sont les premières minutes d'un coup d'Etat qui déterminent son échec ou son succès ; je sais qu'à 18 h 35, dix minutes après son déclenchement, le coup d'Etat était un succès : le lieutenant-colonel Tejero avait pris d'assaut le Congrès, les chars de combat du général Milans del Bosch patrouillaient dans les rues de Valence, les chars de la division Brunete s'apprêtaient à sortir de leurs casernes, le général Armada attendait le coup de fil du roi dans son bureau du Quartier général de l'armée. A 18 h 35, tout se déroulait selon le plan prévu par les putschistes, mais à 18 h 40 leurs plans étaient compromis et l'échec du coup d'Etat commençait à se profiler. Le destin de ces cinq minutes cruciales se joua dans le palais de la Zarzuela. Et le joueur principal en fut le roi.

Le jour même du coup d'Etat, on commença à accuser le roi de l'avoir organisé, d'y être d'une façon ou d'une autre impliqué, d'avoir d'une façon ou d'une autre souhaité sa réussite. C'est une accusation absurde : si le roi avait organisé le coup d'Etat, s'il y avait été impliqué ou s'il avait souhaité sa réussite, le coup d'Etat aurait sans aucun doute abouti. C'est l'évidence qui impose la vérité : le roi n'organisa pas le coup d'Etat, il l'arrêta, pour la bonne et simple raison qu'il était la seule personne à pouvoir le faire. Affirmer cela ne veut pourtant pas dire que le comportement du roi concernant le 23 février ait été irréprochable ; il ne le fut pas, pas plus que celui de la majorité de la classe politique. On peut accorder à cette dernière plusieurs circonstances atténuantes, il en est de même pour le roi – la jeunesse, l'immaturité, l'inexpérience, la peur – mais, à dire vrai, dans les mois qui précédèrent le 23 février, il fit des choses qu'il n'aurait pas dû faire. Il n'aurait pas dû abandonner la stricte neutralité de son rôle constitutionnel d'arbitre entre les institutions. Il n'aurait pas dû encourager le remplacement de Suárez. Il n'aurait pas dû encourager ou prendre en considération des solutions alternatives à Suárez. Il n'aurait dû parler avec personne ni permettre à personne de lui parler de la possibilité de remplacer le gouvernement de Suárez par un gouvernement de coalition ou de concentration ou d'unité nationale, présidé par un militaire. Il n'aurait pas dû faire pression pour que le gouvernement accepte le général Armada comme deuxième chef d'état-major de l'armée et ainsi autoriser celui-ci à s'imaginer, puis à en répandre l'idée, que le roi le faisait revenir à Madrid pour faire de lui le président d'un gouvernement de coalition ou de concentration ou d'unité nationale. Il n'aurait pas dû se montrer ambigu mais catégorique : il n'aurait dû permettre à aucun homme politique, à aucun patron, à aucun journaliste, à aucun militaire – surtout à aucun militaire – ne serait-ce que de s'imaginer qu'il pouvait soutenir des manœuvres en marge de la Constitution qui forçaient les toutes nouvelles charnières de la démocratie en ouvrant ses portes à une armée désireuse d'en finir avec elle. Comme presque toute la classe politique, dans les mois précédant le 23 février, le roi se comporta de manière pour le moins imprudente et – parce que pour les militaires il n'était pas uniquement le chef de l'Etat, mais aussi le chef des armées et l'héritier de Franco – son imprudence, bien plus que celle de la classe politique, donna des ailes aux partisans du coup d'Etat. Mais le 23 février, c'est le roi qui les coupa.

Il n'est pas facile de reconstituer ce qui se passa à la Zarzuela pendant les premières minutes du coup d'Etat ; ce furent des moments d'une énorme agitation : non seulement les témoignages des protagonistes sont rares ou contradictoires, mais les protagonistes se contredisent parfois eux-mêmes. J'utilise délibérément le pluriel : le rôle de protagoniste ne revint pas uniquement au roi mais aussi – de manière accessoire mais considérable – à son secrétaire, Sabino Fernández Campo, en théorie la troisième autorité du Palais royal, mais en pratique la première[20]. Fernández Campo était un général fort d'une grande expérience politique, doté de connaissances juridiques et de nombreuses relations militaires, qui n'appartenait pas à l'aristocratie monarchiste et qui quatre ans plus tôt avait remplacé à son poste le général Armada. Au début, ils entretenaient d'excellentes relations qui s'étaient détériorées dans les mois précédant le coup d'Etat, peut-être parce qu'après plusieurs années d'éloignement du palais, Armada avait réussi à se rapprocher du roi et que son ombre avait recommencé à planer sur la Zarzuela. C'est Fernández Campo qui dans la soirée du 23 février, après avoir entendu à la radio la fusillade du Congrès, prévint le roi qui faisait alors une partie de squash avec un ami et qui, de même que son secrétaire, comprit immédiatement qu'il s'agissait d'un coup d'Etat. Ce qui se passe ensuite à la Zarzuela – ce qui se passe tout au long de cette nuit-là à la Zarzuela – se déroule dans quelques mètres carrés seulement, dans le bureau du roi et dans celui de Fernández Campo, l'antichambre de l'antichambre du roi. Celui-ci apprend presque simultanément que le Congrès a été pris d'assaut et que Milans del Bosch vient de diffuser un arrêté par lequel il déclare l'état d'exception à Valence et, étant donné que Milans est un militaire fermement monarchiste qui affiche soigneusement sa fidélité à la couronne, le roi l'appelle par téléphone ; Milans le tranquillise ou tente de le tranquilliser : il ne faut pas s'inquiéter, il est comme toujours à ses ordres, s'il a assumé tous les pouvoirs dans la région, c'est pour sauvegarder l'ordre jusqu'à ce que soit trouvée une solution à la séquestration du Congrès. Pendant que le roi parle avec Milans, Fernández Campo réussit à se mettre en contact avec Tejero grâce à un membre de la garde royale qui assistait en civil à la séance d'investiture du nouveau président du gouvernement et qui, depuis une cabine, l'informe de ce qui s'est passé et lui fournit un numéro de téléphone : Fernández Campo parle avec Tejero, lui interdit d'évoquer le nom du roi, comme il l'a fait apparemment lors de son irruption dans le Congrès, et lui ordonne de quitter immédiatement les lieux ; avant même qu'il ne finisse de parler, Tejero lui raccroche au nez. C'est alors que Fernández Campo appelle le général Juste, chef de la division blindée Brunete. Il le fait parce qu'il sait que la division Brunete – l'unité la plus puissante, la plus moderne et la plus aguerrie de l'armée, et aussi la plus proche de la capitale – est déterminante pour la réussite ou pour l'échec d'un coup d'Etat ; il le fait aussi parce qu'une amitié de longue date le lie à Juste. Après la fusillade imprévue dans le Congrès, qui a doté le coup d'Etat qui se voulait mou d'une scénographie de coup d'Etat dur, la conversation entre Juste et Fernández Campo constitue un deuxième revers pour les putschistes et le premier mouvement de démontage du coup d'Etat. Au début de leur échange, aucun des deux généraux ne parle ouvertement, en partie parce que chacun ignore de quel côté se place son interlocuteur, mais surtout parce que Juste se trouve dans son bureau en compagnie du général Torres Rojas et du colonel San Martín, lesquels, avec le commandant Pardo Zancada, sont à la tête du soulèvement à la Brunete. Ils ont convaincu Juste de lancer ses troupes sur Madrid en arguant du fait que l'opération avait été ordonnée par Milans, qu'elle avait le soutien du roi et qu'elle était pilotée par Armada depuis la Zarzuela ; Torres Rojas et San Martín surveillent ce que Juste dit à Fernández Campo au téléphone et leur conversation coule avec difficulté, sinueuse et remplie de sous-entendus, jusqu'à ce que le chef de la Brunete fasse allusion au nom d'Armada et, soudain, tout lui semble faire sens : Juste demande à Fernández Campo si Armada se trouve à la Zarzuela et Fernández Campo répond que non ; Juste lui demande ensuite si l'on attend Armada à la Zarzuela et Fernández Campo répond de nouveau que non ; puis Juste dit : Ah. Cela change tout.

C'est ainsi que commence le contre-coup d'Etat. La conversation entre Juste et Fernández Campo se prolonge encore quelques minutes, au terme desquelles le chef de la Brunete a compris que Torres Rojas, San Martín et Pardo Zancada l'ont trompé et que le roi ne cautionne pas l'opération ; Juste raccroche son téléphone, le redécroche et appelle son supérieur hiérarchique immédiat et la plus haute autorité militaire de la région de Madrid, le général Guillermo Quintana Lacaci. Entre-temps, Quintana Lacaci a brièvement parlé avec le roi ; comme tous les capitaines généraux, Quintana Lacaci est un franquiste convaincu[21] mais, contrairement à ce que feront presque tous les capitaines généraux au cours des heures suivantes, il s'est mis sans hésiter aux ordres du roi, ce dernier lui eût-il demandé d'arrêter le coup d'Etat ou de sortir les chars dans la rue ; le roi le remercie de sa loyauté et lui ordonne de ne pas bouger ses troupes ; ainsi, quand Quintana Lacaci reçoit le coup de fil de Juste lui annonçant que la Brunete se dispose à occuper Madrid sur ordre de Milans, le capitaine général se met en colère : son subordonné n'a pas respecté la chaîne de commandement et a donné un ordre d'une énorme gravité sans consulter son supérieur ; il lui ordonne de le révoquer : il doit consigner la division et obliger les unités qui sont déjà sorties dans la rue ou qui s'y préparent à rejoindre la caserne. Juste observe l'ordre et à partir de ce moment-là fait marche arrière, ou tente de le faire ; il tente de le faire sans trop de conviction, sans trop d'énergie, effrayé par l'élan de rébellion qui s'est emparé du quartier général de la Brunete et par la proximité intimidante de Torres Rojas et San Martín – lesquels, paralysés quant à eux par le vertige ou par la peur, ne trouvent pas non plus suffisamment d'énergie ou de confiance pour lui prendre le commandement de l'unité ni pour l'empêcher de freiner le coup d'Etat. C'est surtout Quintana Lacaci qui a un violent échange téléphonique, hérissé de cris, de menaces, d'injures et d'appels à la discipline, avec les chefs de régiment de la Brunete, qui quelques minutes plus tôt avaient euphoriquement obéi à l'ordre de prendre Madrid et qui refusent à présent d'obéir au contrordre ou en reportent au maximum l'exécution à coups d'excuses, d'échappatoires et de pinaillages soldatesques, dans l'espoir que la crue militaire déborde des casernes et inonde la capitale et par la suite le pays tout entier. Pourtant, cela ne va pas se passer ainsi, même si cela semble imminent pendant toute la soirée et la nuit du 23 février. Cela ne se passe pas ainsi non seulement parce que, quinze minutes après l'assaut du Congrès, Quintana Lacaci (ou Juste et Quintana Lacaci, ou Juste et Quintana Lacaci sur ordre du roi) a mis en branle la machine du contre-coup d'Etat à Madrid, mais aussi parce qu'au même moment a eu lieu un événement encore plus important qui chambarde tous les plans des putschistes : le roi (ou Fernández Campo, ou le roi et Fernández Campo) a refusé au général Armada la permission de se rendre à la Zarzuela.

Le roi et Armada se sont parlé par téléphone juste après la conversation du roi avec Milans et avec Quintana Lacaci, mais ce n'est pas Armada qui a appelé le roi mais le roi qui, comme l'avaient prévu les putschistes (ou comme l'avait prévu Armada), a appelé Armada. Qu'il ait appelé Armada, comme il venait de le faire avec Milans et Quintana Lacaci, semble logique : Armada se trouve au Quartier général de l'armée, au palais de Buenavista, et le roi l'y appelle parce qu'il veut garder la mainmise sur les dirigeants de l'armée et savoir de quelles informations ils disposent ; mais peut-être n'appelle-t-il pas uniquement pour cela, peut-être ne cherche-t-il pas uniquement à conserver le pouvoir et à être informé : comme il a peur, puisqu'il sait que cela est un coup d'Etat mais qu'il ignore s'il est en sa faveur ou en sa défaveur, et parce qu'il est avant tout soucieux de garder la couronne qui lui a coûté des années d'efforts, dans ces instants de panique et de désarroi, le roi cherche probablement aussi (ou surtout) une protection. Armada peut la lui fournir. Ou du moins il semble logique que le roi pense qu'Armada puisse la lui fournir : il est son vieux précepteur, son secrétaire de toujours, l'homme qui pendant des années l'a sorti de tant d'embarras et qui a été à ses côtés au moment difficile de la restauration de la monarchie, l'homme que le roi avait, cédant aux pressions d'Adolfo Suárez, renvoyé presque cinq ans auparavant de son éternel poste au Palais royal et qu'il écoute de nouveau depuis qu'il veut se défaire d'Adolfo Suárez, l'homme qui tant de fois l'a averti durant ces derniers mois du danger d'un coup d'Etat dont il connaît les coulisses ou dont il a l'intuition et qui peut peut-être le stopper, et qui lui a recommandé tant de fois et avec tant de véhémence un coup de gouvernail pour conjurer ce danger, l'homme qu'il a, contre la volonté d'Adolfo Suárez, fait venir à Madrid comme deuxième chef d'état-major de l'armée pour l'avoir près de lui, disponible, et peut-être – ou cela est du moins ce que souhaite ou imagine Armada, comme le souhaitent ou l'imaginent tant d'autres – pour qu'il dirige le coup de gouvernail en tant que président d'un gouvernement d'unité nationale, en tout cas pour qu'il l'informe et le conseille et qu'il contrôle les forces armées et apaise leur malaise, et pour qu'il l'aide éventuellement dans une situation comme celle-ci. Ainsi, moins de quinze minutes après le déclenchement du coup d'Etat, le roi appelle au Quartier général de l'armée et, après avoir parlé avec le chef d'état-major, le général Gabeiras, il demande qu'on lui passe le général Armada qui est assis à ses côtés. La discussion entre le roi et Armada est brève. Comme l'a fait Milans quelques minutes plus tôt, Armada essaie de tranquilliser le roi : la situation est grave, lui dit-il, mais non désespérée ; et il peut la lui expliquer : Je monte à mon bureau, je prends quelques papiers et j'arrive à la Zarzuela, sire. Le roi n'a pas encore fini d'entendre ces mots (ou il vient de les entendre et, désireux qu'Armada lui raconte ce qu'il sait, il est sur le point de lui dire : Oui, Alfonso, viens) que Fernández Campo entre dans le bureau et interroge le roi du regard. C'est Armada, lui répond le roi en mettant la main sur le combiné. Il veut venir. A ce moment-là, Fernández Campo, qui vient de parler avec Juste et accourt dans le bureau du roi pour lui rapporter sa conversation, doit penser deux choses à la fois : la première est que, si on lui permet d'entrer à la Zarzuela, Armada peut se rendre maître du palais parce que, dans une situation d'urgence comme celle-ci, le roi préférera peut-être se confier à son secrétaire de toujours, en reléguant au second plan Fernández Campo qui occupe tout juste son poste depuis quatre ans ; la seconde est que, si les rebelles prétendent, comme Juste vient de le lui dire, qu'Armada dirige l'opération depuis la Zarzuela avec l'aval du roi, cela signifie que l'ancien secrétaire est d'une façon ou d'une autre impliqué dans le coup d'Etat ou a l'intention d'en tirer profit. Les deux idées convainquent Fernández Campo qu'il faut empêcher Armada d'entrer dans la Zarzuela. Il parle donc au roi, lui demande le combiné et se met au téléphone. C'est Sabino, Alfonso, dit-il à Armada. Fernández Campo ne demande pas à Armada pour quelle raison Juste a évoqué son nom, pourquoi les putschistes de la Brunete se réclament de lui, mais Armada lui répète ce qu'il a déjà dit au roi : Je monte à mon bureau, je prends quelques papiers et j'arrive à la Zarzuela, Sabino. Et c'est alors que Fernández Campo prononce la phrase décisive : Non, Alfonso. Reste où tu es. Si on a besoin de toi, on t'appelle.

Ce fut tout : malgré l'insistance d'Armada pour reparler personnellement au roi, le refus réitéré de Fernández Campo l'obligea à rester au Quartier général, ce qui veut dire que l'ancien secrétaire ne put s'approcher du monarque et que la pièce fondamentale du coup d'Etat ne put être assemblée aux autres. Or, que serait-il advenu si le contraire avait eu lieu ? Que serait-il advenu si cette pièce aussi avait pu être assemblée aux autres ? Imaginons un instant qu'elle ait pu l'être. Imaginons un instant la suite des événements si tout s'était passé comme prévu par les putschistes, ou comme l'avait projeté Armada ou comme Armada et certains putschistes pouvaient imaginer que cela se passerait. Imaginons un instant que, pour une quelconque raison, Juste n'ait pas mentionné le nom d'Armada dans sa conversation avec Fernández Campo ; ou que, même s'il l'avait mentionné, Fernández Campo ne se soit pas méfié d'Armada, ni n'ait craint d'être remplacé par lui à son poste privilégié aux côtés du roi, ni n'ait pensé qu'Armada était impliqué dans le coup d'Etat ou qu'il voulait en tirer profit ; ou que, bien que Juste ait mentionné le nom d'Armada et que Fernández Campo se soit méfié de celui-ci, le roi ait décidé de faire plus confiance à son secrétaire de toujours qu'à son nouveau secrétaire, ou qu'il ait décidé qu'il avait au moins besoin d'apprendre ce que son ancien secrétaire savait du coup d'Etat et ce qu'il proposait pour le déjouer. Alors le roi aurait dit à Armada par téléphone : Oui, Alfonso, viens, et Armada se serait rendu à la Zarzuela, et il aurait alors sans doute expliqué au roi que ce qui s'était produit était exactement ce qu'il avait pressenti et craint et lui avait annoncé depuis des mois, il lui aurait expliqué que, malgré la fusillade dans le Congrès, il avait la certitude que le dessein des rebelles était recevable et monarchiste, ainsi que la conviction de pouvoir encore canaliser ce débordement militaire – "normaliser" est le verbe qu'il aurait probablement employé – au profit du pays et de la couronne. Ensuite, il se serait probablement produit à la Zarzuela un petit et silencieux et presque invisible putsch de palais, et l'autorité et l'influence de Fernández Campo auraient été remplacées par celles d'Armada, et ensuite le roi (ou le roi conseillé par Armada) aurait peut-être ordonné à la Junte des chefs d'état-major, en attendant une solution à l'occupation du Congrès et à la libération des parlementaires, d'assumer tous les pouvoirs du gouvernement, et il aurait peut-être ordonné aux capitaines généraux, afin de garder le calme dans les rues et de protéger la démocratie, d'imiter l'exemple de Milans del Bosch et de prendre le contrôle de leur région militaire respective, et la Junte des chefs d'état-major et les capitaines généraux auraient obéi sans hésiter un seul instant, non seulement parce que c'était l'ordre du chef des forces armées et de l'Etat et de l'héritier de Franco, mais aussi parce que l'héritier de Franco et le chef de l'Etat et des forces armées leur ordonnait de faire ce que presque tous souhaitaient faire depuis bien longtemps. Ensuite, une fois le contrôle des institutions et l'ordre dans les villes garantis, ou en même temps qu'on les garantissait, une unité de la division Brunete aurait peut-être relevé les gardes civils du lieutenant-colonel Tejero et aurait sans trop de bruit encerclé le Congrès occupé, puis elle aurait dégagé les environs et aurait retenu le gouvernement et les députés de la manière le moins spectaculaire et le moins humiliante possible tandis que ceux-ci auraient attendu l'arrivée de l'émissaire du roi. Armada serait ensuite apparu au Congrès comme émissaire du roi et, soutenu par l'armée entière, il se serait réuni avec les principaux leaders politiques, il se serait entendu avec eux sur le fait que cette situation imposée par la force était absolument inacceptable et il les aurait persuadés que la seule façon de la résoudre et de sauver la démocratie menacée consistait à former un gouvernement de coalition ou de concentration ou d'unité nationale présidé par lui-même, recours qu'en définitive tout le monde avait sérieusement considéré ces derniers mois afin d'éloigner le pays du précipice au bord duquel tout le monde savait qu'il vacillait. Puis, une fois que le gouvernement et les députés auraient été persuadés que c'était la meilleure ou la seule solution possible face à l'urgence de la situation (une solution qui avait l'aval du roi ou que le roi ne refuserait pas si le Congrès l'approuvait), tout le monde aurait été libéré, et ce même soir ou cette même nuit ou le lendemain, tandis que les militaires seraient rentrés dans leurs casernes ou encore dans les rues, la séance d'investiture interrompue par le lieutenant-colonel Tejero aurait repris, sauf que le président choisi n'aurait plus été Leopoldo Calvo Sotelo, mais Alfonso Armada qui, séance tenante, aurait formé un gouvernement, un gouvernement de coalition ou de concentration ou d'unité nationale, un gouvernement fort, stable et composé de tous ceux qui affronteraient efficacement les grands problèmes de l'Espagne – le terrorisme, la désintégration de l'Etat, la crise économique, la perte des valeurs – et qui aurait tranquillisé non seulement les militaires et la classe politique, les patrons et les financiers, Rome et Washington, mais aussi l'ensemble des citoyens qui seraient très vite sortis dans toutes les grandes villes pour fêter l'issue heureuse du coup d'Etat et la continuité de la démocratie, qui auraient applaudi l'attitude avisée du roi comme promoteur d'une nouvelle ère politique et qui auraient réaffirmé leur confiance en la monarchie comme l'institution indispensable pour faire sortir le pays de l'impasse où les erreurs et l'irresponsabilité téméraire de certains politiques l'avaient plongé.

C'est peu ou prou ce qui se serait produit si Armada était entré à la Zarzuela, s'il avait gagné le roi à sa cause et si la dernière pièce du coup d'Etat avait ainsi pu être assemblée aux autres. Je veux dire par là que c'est plus ou moins la succession des événements telle qu'Armada pouvait se l'imaginer, si son projet de coup d'Etat mou l'emportait ; les autres putschistes, la majorité des putschistes, imaginaient un coup d'Etat dur – les élections proscrites, les partis politiques proscrits, les gouvernements autonomes proscrits, la démocratie proscrite –, mais ce qu'imaginait ou pouvait imaginer le meneur politique du coup d'Etat correspondait plus ou moins à ce qui est décrit plus haut. Peut-être tout cela relève-t-il d'une imagination insensée. Peut-être était-ce un plan insensé. Il est facile de se le dire aujourd'hui puisque nous savons qu'il a échoué ; tout compte fait, il s'agissait d'un plan imprévisible – entre autres raisons parce qu'une règle universelle veut qu'une fois qu'on a fait sortir les militaires des casernes, il n'est pas facile de les y faire rentrer, et parce que le plus probable est que, eût-il réussi, le coup d'Etat mou aurait seulement été une antichambre du coup d'Etat dur –, mais je ne suis pas si sûr que cela ait été un plan insensé : de toute façon, cela n'aurait pas été la première fois qu'un Parlement démocratique aurait cédé au chantage des armes, et le plan d'Armada avait en plus l'avantage de faire passer pour une issue négociée la séquestration du Congrès et pour une opération de sauvetage de la démocratie ce qui en réalité était bel et bien une attaque de la démocratie. Le plan a surtout échoué parce que dans les premières minutes du coup d'Etat, quand se jouait sa réussite ou son échec, il se passa deux événements imprévus : le premier est que la séquestration du Congrès n'a pas été menée avec la discrétion voulue et qu'elle a dégénéré en une fusillade, conférant une esthétique de coup d'Etat dur à ce qui se voulait un coup d'Etat mou ; le consentement du roi semblait alors difficile à obtenir (comment attendre de lui qu'il transige avec une manœuvre politique dont la carte de visite était aussi excessive ?) ; le second est que le nom d'Armada apparut dans la bouche des putschistes avant que le général ait eu l'opportunité d'expliquer au roi la nature du coup d'Etat et de lui faire sa proposition d'arrangement ; en outre, la méfiance que la mention d'Armada suscita chez le roi et chez Fernández Campo, la rivalité entre Fernández Campo et Armada aidant, fit que tous deux décidèrent de tenir l'ancien secrétaire éloigné de la Zarzuela. C'est ainsi que, quinze minutes après avoir débuté, le coup d'Etat échoua.

Troisième partie

UN RÉVOLUTIONNAIRE FACE AU COUP D'ÉTAT

L'image, figée, montre l'hémicycle désert du Congrès des députés. Non, l'image est certes figée, mais l'hémicycle (ou plutôt l'aile droite de l'hémicycle, celle que montre l'image, en réalité) n'est pas désert : Adolfo Suárez demeure assis sur son siège bleu de président, toujours statuaire et spectral. Mais il n'est plus tout seul : deux minutes se sont écoulées depuis l'entrée du lieutenant-colonel Tejero dans le Congrès et à côté du président, à sa droite, est assis le général Gutiérrez Mellado ; plus à sa droite encore, trois ministres viennent de reprendre leurs sièges, bleus eux aussi, suivant l'exemple de Suárez et de Gutiérrez Mellado ; à leur gauche, dans le hall d'entrée et au centre de l'hémicycle, un groupe de gardes civils menacent les députés de leurs armes. Aqueuse et irréelle, une faible lumière enveloppe la scène, comme si celle-ci se déroulait dans un étang ou en plein cauchemar, ou comme si elle n'était illuminée que par une grappe baroque de globes lumineux suspendue à un mur, dans le coin supérieur droit de l'image.

Celle-ci s'anime tout d'un coup : je l'anime. A présent, dans le silence vibrant et épouvanté de l'hémicycle, les gardes civils déambulent à travers le hall d'entrée, au centre de l'hémicycle et sur les quatre escaliers donnant accès aux sièges, en cherchant encore leur place dans le dispositif de la séquestration ; au-dessus d'Adolfo Suárez et de la rangée de ministres assis à côté de lui, dans cette désolation de sièges vides, pointent timidement une, deux, trois, quatre têtes de députés qui hésitent entre la curiosité et la peur. Puis le plan change et, pour la première fois, nous avons une image de l'aile gauche de l'hémicycle où, à part quelques ministres, sont habituellement assis les députés du parti socialiste et du parti communiste.

Ce que nous voyons maintenant est curieusement semblable à ce que nous avons vu jusqu'à présent et en est aussi curieusement distinct, presque comme si ce qui se passe dans l'aile gauche de l'hémicycle était un reflet inversé de ce qui se passe dans l'aile droite. Ici, dans l'aile gauche, tous les sièges bleus du gouvernement sont vides ; tous les sièges rouges des députés le sont aussi, ou tous sauf un : à l'extrémité supérieure de l'image, sur le premier siège du septième rang, juste à côté de la tribune au pied de laquelle s'entassent les journalistes parlementaires, un député est assis, et fume. Ce député a soixante-seize ans, ses gestes et son regard derrière ses lunettes à monture métallique sont rudes, son front est si large qu'il semble presque chauve ; il porte un costume sombre, une cravate sombre, une chemise blanche. C'est Santiago Carrillo, secrétaire général du parti communiste : à l'instar de Suárez, à l'instar de Gutiérrez Mellado, Carrillo a désobéi à l'ordre de se mettre à terre et est resté assis tandis que les balles criblaient l'hémicycle et que ses compagnons trouvaient refuge sous les sièges. Il a désobéi à l'ordre et à présent, deux minutes après la fusillade, il va désobéir une nouvelle fois : un garde civil est passé à côté de lui sans lui adresser la parole, sans même le regarder, puis un assaillant que nous ne pouvons pas voir lui ordonne d'imiter ses compagnons et de se mettre à terre ; Carrillo fait semblant d'obéir, mais il n'obéit pas : il se remue un peu sur son siège, il donne l'impression de vouloir se mettre à terre ou à genoux, mais finalement il se cale sur un côté de son siège, le bras qui tient la cigarette appuyé sur l'accoudoir, dans une attitude étrange et forcée, qui lui permet de faire croire à l'assaillant qu'il a obéi à son ordre.

Le plan change de nouveau : l'image embrasse l'aile droite de l'hémicycle, où se trouvent Suárez, Gutiérrez Mellado, quelques ministres du gouvernement et les députés du parti qui le soutient. Rien d'important n'a changé, sinon qu'il y a de plus en plus de têtes de députés qui pointent dans le désert de sièges vides : alors que le plan de l'aile droite alterne avec un plan frontal de la présidence du Congrès (sur l'escalier de laquelle s'est réfugié le secrétaire Víctor Carrascal, resté couché là car l'assaut l'a surpris au moment où, depuis la tribune, il faisait lecture de la liste des députés lors du vote d'investiture), Suárez et les ministres alignés à côté de lui sont toujours assis sur leurs sièges, les gardes civils montent et descendent les marches à travers l'hémicycle, on entend de temps en temps leurs ordres et leurs commentaires inintelligibles. C'est précisément après l'un d'eux qu'apparaît dans la partie inférieure gauche de l'image, finissant de descendre l'un des escaliers d'accès aux sièges, une femme qu'un garde civil tient par le bras ; tous deux traversent l'hémicycle en franchissant les corps prostrés à terre des huissiers et des sténographes, et disparaissent dans le coin inférieur droit de l'image, vers la sortie de l'hémicycle. Cette femme est Anna Balletbò, députée socialiste de Barcelone, enceinte de plusieurs mois, que les assaillants libèrent. A peine la députée est-elle sortie qu'on entend dans l'hémicycle un vacarme de verre brisé ; le bruit alarme les gardes civils qui pointent alors leurs mitraillettes sur la partie supérieure de l'hémicycle, les députés eux aussi se tournent à l'unisson dans cette même direction, mais aussitôt – parce qu'il s'agissait d'un incident banal : sans doute une conséquence tardive de la fusillade du début – tout redevient comme avant, le silence se réinstalle, le plan change et l'image montre de nouveau Santiago Carrillo au milieu d'une désolation de sièges vides, vieux, désobéissant et en train de fumer, assis tout seul dans l'aile gauche de l'hémicycle. Immédiatement après, sur ordre d'un garde, certains ministres se lèvent et reprennent leurs sièges au premier rang, les visages décomposés, les mains posées en évidence sur leurs accoudoirs dans une position humiliante : nous reconnaissons Rodolfo Martín Villa, ministre de l'Administration territoriale ; José Luis Alvarez, ministre des Transports ; Iñigo Cavero, ministre de la Culture ; Alberto Olairt, ministre de la Santé ; Luis González Seara, ministre de la Recherche et de l'Enseignement supérieur. Quand le plan change encore et que la caméra montre une fois de plus l'aile droite de l'hémicycle, on découvre quelque chose qui jusqu'alors était passé inaperçu : juste derrière Adolfo Suárez, sur l'escalier latéral d'accès aux sièges, un député est resté couché sur le ventre depuis le début des tirs ; on l'aperçoit car le député bouge à présent et, livide et décoiffé, il se tourne à quatre pattes alors qu'Adolfo Suárez se retourne lui aussi brièvement et découvre – en même temps que le député se découvre à la vue – qu'il s'agit de Miguel Herrero de Miñón, porte-parole de son groupe parlementaire et l'un de ses détracteurs les plus durs au sein de l'UCD. Quelques secondes après, martial, décidé, le pistolet à la main, un officier de la garde civile fait son apparition dans le hall d'entrée de l'hémicycle : c'est le lieutenant Manuel Boza, de la sous-division du Transport routier. Au lieu de pénétrer plus avant dans l'hémicycle, l'officier reste là, à quelques mètres seulement de Suárez, observe l'hémicycle et observe Suárez ; il fait un pas en avant, puis un autre et, quand il est tout près du président, il s'adresse à lui en un geste âpre plein de violence silencieuse, puis il dit quelque chose comme s'il le mettait en garde ou lui crachait dessus, il l'insulte probablement ; au début, Suárez ne l'entend pas ou feint de ne pas l'entendre, puis il se tourne vers lui et pendant un moment les deux hommes se regardent droit dans les yeux, en silence, immobiles, et l'instant d'après ils cessent de se fixer et le lieutenant monte l'escalier latéral et disparaît dans la partie supérieure de l'hémicycle. Un peu plus tard, on entend nettement des ordres (mais inintelligibles), puis une rumeur sourde de houle commence à se lever alors que les images montrent tantôt l'aile droite, tantôt l'aile gauche de l'hémicycle, comme si elles voulaient offrir une vue panoramique de ce qui se passe ; c'est que, obéissant à l'ordre d'un des assaillants, la plupart des deux cents personnes qui jusqu'alors étaient couchées à terre commencent à se lever et à reprendre leurs sièges : sur l'aile gauche, ce sont d'abord les journalistes dans la tribune de presse, puis les membres du groupe communiste et finalement ceux du groupe socialiste, ainsi, en quelques secondes seulement, tous les députés sont de nouveau visibles sur leurs sièges. Tous, y compris Santiago Carrillo qui, contrairement aux autres, n'a pas eu besoin de se lever puisqu'il ne s'était pas couché. Et qui continue à fumer au moment où l'image se fige.

1

C'est le troisième homme, le troisième geste ; un geste limpide, comme les deux précédents, mais aussi un geste double, réitéré : quand les putschistes interrompent la séance d'investiture, Carrillo désobéit à l'ordre général de se mettre à terre et reste sur son siège alors que les gardes civils tirent dans l'hémicycle et, deux minutes plus tard, il désobéit à l'ordre concret d'un des assaillants et reste sur son siège tout en faisant mine de se mettre à terre. Comme celui de Suárez et celui de Gutiérrez Mellado, le geste de Carrillo n'est pas un geste aléatoire ou irréfléchi : avec une parfaite détermination, Carrillo refuse d'obéir aux putschistes ; comme celui de Suárez et celui de Gutiérrez Mellado, le geste de Carrillo est un geste qui contient plusieurs gestes. C'est un geste de courage, un geste de grâce, un geste de révolte, un geste souverain de liberté. C'est aussi, à l'image de celui de Suárez et de celui de Gutiérrez Mellado, un geste pour ainsi dire posthume, le geste d'un homme qui sait qu'il va mourir ou qu'il est déjà mort ; comme beaucoup de députés, dès qu'il voit le lieutenant-colonel Tejero, Carrillo comprend que l'entrée de cet homme dans l'hémicycle signifie le déclenchement d'un coup d'Etat et, dès les premiers tirs, il comprend que, s'il survit à la fusillade, les putschistes le passeront par les armes : il n'ignore pas qu'à l'exception de Suárez et de Gutiérrez Mellado, les militaires d'extrême droite ne haïssent personne autant que lui, qu'ils le considèrent comme la quintessence de l'ennemi communiste. Comme celui de Suárez, le geste de Carrillo est aussi un geste de comédien : Carrillo est un pur homme politique, de même que Suárez, et par conséquent un acteur chevronné qui choisit de mourir debout dans un geste élégant, photogénique. Il a toujours dit que, s'il ne s'était pas mis à terre sous son siège le soir du 23 février, c'était parce qu'il était le secrétaire général du parti communiste et que le secrétaire général du parti communiste ne pouvait pas se mettre à terre, invoquant ainsi une raison théâtrale, représentative et insuffisante, semblable à celle que Suárez a toujours avancée[1]. Comme celui de Gutiérrez Mellado, le geste de Carrillo est un geste militaire, parce que Carrillo était entré cinquante ans plus tôt au parti communiste comme on entre dans un ordre militaire ; toute sa biographie l'avait préparé à un moment comme celui-ci : il avait grandi dans une famille de révolutionnaires professionnels et, depuis qu'il avait atteint l'âge de raison, il en était devenu un lui-même ; dans sa jeunesse, il avait été emprisonné plusieurs fois, il avait affronté des pistoleros politiques, il avait survécu à une condamnation à mort, il avait connu le fracas du combat, la brutalité de trois ans de guerre civile et le déracinement de quarante ans d'exil et de clandestinité. Il y a peut-être davantage : peut-être y a-t-il une autre similitude entre le geste de Carrillo et celui de Gutiérrez Mellado, une similitude moins apparente mais plus profonde.

Comme Gutiérrez Mellado, Carrillo appartient à la génération qui a fait la guerre ; comme Gutiérrez Mellado, Carrillo n'a cru en la démocratie que très tard dans sa vie, bien qu'il eût défendu une république démocratique pendant la guerre ; comme Gutiérrez Mellado, Carrillo avait participé dans sa jeunesse au soulèvement armé contre le gouvernement de la République, à la révolte des Asturies, en tant que membre du Comité révolutionnaire, alors tout juste âgé de dix-neuf ans ; comme Gutiérrez Mellado, Carrillo ne s'est jamais repenti publiquement de s'être rebellé contre la légalité démocratique mais, comme Gutiérrez Mellado, il n'a jamais cessé, du moins à partir de la seconde moitié des années 1970, de se repentir dans la pratique d'avoir pris part à cette rébellion. Je ne prétends pas mettre en balance la révolte désespérée de prolétaires, soutenue en octobre 1934 par Carrillo, avec le coup d'Etat militaire de potentats soutenu par Gutiérrez Mellado en juillet 1936 ; j'avance seulement qu'aussi compréhensible qu'elle soit – et les raisons qui la justifient ne manquent pas –, cette révolte fut une erreur et que, surtout à partir du moment où la Transition fut initiée et où les communistes commencèrent à y prendre une part active, Carrillo agit comme si, en effet, elle en avait été une, en désactivant les mécanismes idéologiques et politiques qui auraient pu conduire à la répétition de cette erreur, un peu de la même manière qu'après son arrivée au gouvernement, Gutiérrez Mellado s'appliqua à désactiver les mécanismes idéologiques et politiques de l'armée qui avaient provoqué la guerre civile quarante ans plus tôt. Et ce n'est pas tout : Carrillo – et avec lui toute la vieille garde du parti communiste – renonça également à régler ses comptes avec le passé ignominieux de la guerre, de la répression et de l'exil, comme s'il voyait dans la tentative de régler leurs comptes à ceux qui avaient commis l'erreur de régler les leurs durant quarante ans une manière d'ajouter de l'ignominie à l'ignominie, ou comme s'il avait lu Max Weber[2] et avait senti comme lui qu'il n'y a rien d'aussi abject que de pratiquer une éthique qui ne fait que chercher à toujours avoir raison et qui, au lieu de se consacrer à la construction d'un avenir juste et libre, oblige à ressasser les erreurs d'un passé inique et opprimé pour, dès lors que l'autre reconnaît sa faute, en tirer des avantages moraux et matériels. A la tête de la vieille garde communiste et afin de rendre la démocratie possible, Carrillo signa avec les vainqueurs de la guerre et les administrateurs de la dictature un pacte qui supposait de renoncer pendant la Transition à l'usage politique du passé, mais il ne le fit pas parce qu'il avait oublié la guerre et la dictature, mais parce qu'il ne s'en souvenait que trop et qu'il était prêt à n'importe quoi du moment qu'elles ne se reproduisaient pas et que les vainqueurs et les administrateurs de la dictature acceptaient d'y mettre fin pour la remplacer par un système politique capable d'accueillir vainqueurs et vaincus, identique dans le fond à celui que les vaincus avaient défendu pendant la guerre. Carrillo était prêt à n'importe quoi ou presque : à renoncer au mythe de la révolution, à l'idéal égalitaire du communisme, à la nostalgie de la République vaincue, à l'idée même de justice historique... En effet, à la mort de Franco, cette justice imposait le retour de la légitimité républicaine piétinée quarante ans plus tôt par un coup d'Etat et par la guerre civile qui s'était ensuivie, un procès contre les responsables du franquisme et la réparation complète de ses victimes ; Carrillo avait pourtant renoncé à obtenir tout cela non seulement parce qu'il manquait de force pour le faire, mais aussi parce qu'il comprenait que les idéaux les plus nobles sont souvent incompatibles entre eux et qu'à ce moment-là, essayer d'imposer en Espagne le triomphe absolu de la justice signifiait prendre le risque de provoquer l'échec absolu de la liberté, transformant la justice absolue en la pire des injustices. De nombreux militants de gauche, partisans du *Fiat iustitia et pereat mundus*, lui reprochèrent amèrement ces renoncements qu'ils considéraient comme une forme de trahison ; ils ne les lui pardonnèrent pas, de même que de nombreux militants de droite ne les pardonnèrent pas à Suárez et à Gutiérrez Mellado : comme la vieille garde communiste, Carrillo renonça aux idéaux de toute une vie pour construire la démocratie, et il choisit l'entente et la liberté face à la justice et à la révolution, devenant ainsi un professionnel de la démolition et du démontage qui atteignit son apogée en se minant lui-même, à l'instar d'un héros de la retraite. Comme les détracteurs de Suárez et ceux de Gutiérrez Mellado, les détracteurs de Carrillo prétendent qu'il y eut dans cette affaire plus d'intérêt personnel et de pure soif de survie politique que de véritable conviction ; je l'ignore : je sais pourtant que ce procès d'intention est politiquement insignifiant, parce qu'il oublie que, aussi ignobles soient-ils, les motifs personnels n'affectent en rien l'erreur ou la lucidité d'une décision. Ce qui importe, ce qui importe du point de vue politique, étant donné que les décisions adoptées par Carrillo permirent la création d'un système politique plus juste et plus libre que tous ceux que l'Espagne avait connus tout au long de son histoire, un système identique dans le fond à celui qui avait été vaincu dans la guerre (même si l'un était une république et l'autre une monarchie, ces deux systèmes étaient des démocraties parlementaires), c'est que, sur ce point du moins, l'Histoire a donné raison à Carrillo dont le geste de courage et de grâce et de liberté et de révolte face aux putschistes pendant la soirée du 23 février prend ainsi un sens différent : à l'instar de celui de Gutiérrez Mellado, c'est le geste d'un homme qui, après avoir combattu à mort la démocratie, la construit comme celui qui expie une erreur de jeunesse, la construit en détruisant ses propres idées, la construit en désavouant les siens et en se désavouant lui-même, qui mise tout sur elle, qui est finalement prêt à risquer sa vie pour elle.

Le dernier geste que je reconnais dans celui de Carrillo n'est pas un geste réel ; c'est un geste imaginé ou du moins un geste que j'imagine moi, peut-être de manière fantaisiste.

Mais, en supposant que mon imagination soit véridique, le geste de Carrillo contiendrait alors un geste de complicité ou d'émulation, et son histoire serait la suivante : Carrillo est assis sur le premier siège du septième rang de l'aile gauche de l'hémicycle ; juste en face et au-dessous de lui, sur le premier siège du premier rang de l'aile droite, est assis Adolfo Suárez. Quand les tirs commencent, le premier élan de Carrillo est celui que lui dicte le sens commun : à l'instar de ses camarades de la vieille garde communiste assis à côté de lui (qui, comme lui, sont entrés dans le parti comme on entre dans une vie militante faite d'abnégation et de danger, qui ont connu la guerre, la prison et l'exil et qui sentent peut-être aussi que, même s'ils survivent à la fusillade, ils seront passés par les armes), Carrillo se prépare instinctivement à oublier pour un moment le courage, la grâce, la liberté, la révolte et même son instinct d'acteur afin d'obéir aux ordres des gardes civils et de se protéger des balles sous son siège ; pourtant, juste avant de le faire, il aperçoit que face à lui, au-dessous de lui, Adolfo Suárez reste assis dans son siège de président, seul, statuaire et spectral dans un désert de sièges vides. Alors, de façon délibérée, réfléchie – comme si en une seconde il comprenait tout le sens du geste de Suárez –, il décide de ne pas se mettre à terre.

2

C'est une élucubration, peut-être le fruit de l'imagination, mais le fait est que les deux hommes étaient bien plus que complices : le fait est qu'en février 1981, Santiago Carrillo et Adolfo Suárez étaient liés depuis quatre ans par une alliance politique mais aussi plus que politique, que seules la maladie et la déchéance de Suárez finiraient par briser.

L'Histoire produit des figures étranges, se résigne souvent au sentimentalisme et ne dédaigne pas les symétries de la fiction, comme si elle voulait se doter d'un sens qu'elle ne possède pas par elle-même. Qui aurait pu imaginer que le passage de la dictature à la démocratie en Espagne ne serait pas préparé par les partis démocratiques, mais par les phalangistes et les communistes, ennemis irréconciliables de la démocratie et ennemis irréconciliables entre eux pendant les trois ans de guerre et les quarante ans qui suivirent ? Qui aurait pu prédire que le secrétaire général du parti communiste en exil deviendrait le plus fidèle allié politique du dernier secrétaire général du Mouvement, le parti unique fasciste ? Qui aurait pu imaginer que Santiago Carrillo finirait par devenir le protecteur inconditionnel d'Adolfo Suárez et l'un de ses derniers amis et confidents ? Personne, pourtant il n'était peut-être pas impossible de le faire : d'abord, parce que seuls les ennemis irréconciliables pouvaient réconcilier l'Espagne irréconciliable de Franco ; ensuite, parce que, contrairement à Gutiérrez Mellado et à Adolfo Suárez, profondément différents malgré leurs ressemblances superficielles, Santiago Carrillo et Adolfo Suárez étaient profondément semblables malgré leurs différences superficielles. Tous deux étaient de purs hommes politiques, deux professionnels du pouvoir plus que deux professionnels de la politique parce que ni l'un ni l'autre ne concevait la politique sans le pouvoir ou parce que tous deux agissaient comme si la politique était au pouvoir ce que la gravitation est à la Terre ; les deux hommes étaient des bureaucrates qui avaient prospéré au sein de l'inflexible hiérarchie d'organisations politiques régies par des méthodes totalitaires et inspirées par des idéologies totalitaires ; tous deux étaient des démocrates convertis sur le tard et un peu par la force des choses ; tous deux étaient habitués depuis toujours à diriger : Suárez avait occupé son premier poste politique en 1955, à vingt-trois ans, et par la suite il avait gravi tous les échelons du Mouvement jusqu'à parvenir à son sommet et devenir président du gouvernement. Carrillo dominait le parti communiste depuis plus de trois décennies avec l'autorité du prêtre suprême d'une religion clandestine, mais déjà avant ses vingt ans il avait dirigé la Jeunesse socialiste ; à vingt et un ans à peine, il avait été chargé de l'ordre public au sein de la Junte de défense de Madrid dans un des moments les plus critiques de la guerre civile ; à vingt-deux ans, il était entré au Bureau politique du PCE et dès lors il n'a plus jamais cessé d'accaparer des postes de responsabilité au sein du parti et de l'Internationale communiste. Les parallélismes ne s'arrêtent pas là : tous deux cultivaient une vision égotiste de la politique, épique et esthétique à la fois, comme si la politique, plutôt qu'un travail lent, collectif et laborieux pour vaincre la résistance du réel, était une aventure solitaire ponctuée d'épisodes dramatiques et de décisions intrépides ; tous deux avaient fait leur éducation dans la rue, tous deux étaient dépourvus de formation universitaire et se méfiaient des intellectuels ; tous deux étaient coriaces au point de se sentir presque toujours invulnérables face aux rigueurs de leur métier, ils possédaient une ambition sans complexe, une confiance illimitée en eux-mêmes et manifestaient une versatilité dans leur absence de scrupules et un talent reconnu pour le jeu de mains politique ainsi que pour la transformation de leurs défaites en victoires. En résumé : ils semblaient être, au fond, deux jumeaux politiques. Vers 1983, après le coup d'Etat, quand ni Carrillo ni Suárez n'étaient plus ce qu'ils avaient été, quand ils tentaient de reprendre tant bien que mal leur carrière politique, Fernando Claudín – l'un des amis et plus proches collaborateurs de Carrillo pendant presque trente ans de militantisme communiste – écrivit sur l'éternel secrétaire général les lignes suivantes : "Il n'avait pas la moindre connaissance en droit politique et constitutionnel, et il n'a fait aucun effort pour en acquérir. Son point fort n'était pas non plus l'économie, la sociologie ou toutes autres disciplines qui auraient pu lui permettre de donner son avis en connaissance de cause lors de la plupart des débats parlementaires [...]. Ses seules spécialités étaient «la politique en général», ce qui veut dire parler un peu de tout sans rien approfondir, et les rouages du parti, domaine où, en effet, sa compétence ne pouvait être mise en question. Pendant toute sa vie, il a été incapable de trouver du temps pour étudier, absorbé sans cesse par des réunions de parti, des entretiens, des conciliabules, des cérémonies et d'autres activités du même acabit. La volonté de fer qu'il manifestait par ailleurs, surtout pour conserver le pouvoir au sein du parti et pour se frayer un passage vers le pouvoir de l'Etat, lui faisait malheureusement défaut pour acquérir des connaissances capables de lui donner plus de solidité dans l'exercice de ces fonctions[3]." Jumeaux politiques : si l'on admet que Claudín a raison et que la citation ci-dessus définit certaines des faiblesses de Santiago Carrillo, alors il suffit de remplacer le mot "parti" par celui de "Mouvement" pour qu'il définisse tout aussi bien certaines faiblesses d'Adolfo Suárez.

Il est possible que ces similitudes leur aient paru évidentes dès leur première rencontre fin février 1977, mais il est sûr qu'aucun des deux n'aurait scellé avec l'autre le pacte qu'il a scellé si tous deux n'avaient pas d'abord compris qu'ils avaient besoin l'un de l'autre s'ils voulaient avancer en politique. A cette époque-là, Suárez disposait du pouvoir du franquisme, mais Carrillo incarnait la légitimité de l'antifranquisme, et Suárez avait autant besoin de légitimité que Carrillo du pouvoir ; une autre chose est sûre : étant tous deux de purs hommes politiques, ils n'auraient pas non plus scellé leur pacte sans la certitude que le pays, qui pouvait se passer de leur alliance personnelle, ne pouvait se passer d'une alliance collective entre les deux Espagnes irréconciliables qu'ils représentaient chacun, et que l'une avait besoin de l'autre. On peut néanmoins supposer que Suárez, élevé dans la claustrophobie manichéenne de la dictature, fut surpris de reconnaître sa parenté intime avec la bête noire de la dictature ; on peut également supposer que Carrillo le fut plus encore quand il se rendit compte qu'un jeune phalangiste de province faisait avantageusement concurrence à sa propre habileté d'homme politique expérimenté – dont la légende de guerre et d'exil, le prestige international et le pouvoir absolu au sein du parti tendaient à créer une image de demi-dieu – en l'obligeant à liquider en quelques mois seulement la stratégie qu'il avait conçue et maintenue pendant des années face au postfranquisme pour suivre le chemin qu'il avait tracé.

L'histoire de cette liquidation et de ses conséquences est en partie l'histoire du passage de la dictature à la démocratie et, sans elle, on ne peut comprendre le lien indéfectible qui unit Santiago Carrillo et Adolfo Suárez pendant des années ; pas plus que le 23 février ; pas plus peut-être que le geste jumeau de ces hommes jumeaux dans la soirée du 23 février, tandis que les balles sifflaient autour d'eux dans l'hémicycle du Congrès. Cette histoire commence en 1976. Disons qu'elle commence le 3 juillet 1976, le jour même où le roi nomme Adolfo Suárez président du gouvernement à la stupeur générale. A ce moment-là, après trente-sept ans d'exil, Santiago Carrillo vivait clandestinement depuis six mois dans une villa du quartier madrilène d'El Viso, convaincu qu'il devait changer la réalité du pays tout en contrôlant de l'intérieur l'organisation de son parti pour que, dans le postfranquisme naissant, les communistes se valorisent en tant que force politique majoritaire, la plus active et la mieux organisée de l'opposition. Cela faisait alors exactement un an que Carrillo avait commencé le démontage ou la destruction ou la déconstruction idéologique du PCE dans l'objectif de le présenter à la société espagnole comme un parti moderne et libéré du vieux dogmatisme stalinien : avec Enrico Berlinguer et Georges Marchais – leaders communistes italien et français – il avait fondé en juillet 1975 l'eurocommunisme, une version ambiguë et hétérodoxe du communisme qui proclamait son indépendance vis-à-vis de l'Union soviétique, son rejet de la dictature du prolétariat et son acceptation de la démocratie parlementaire. A ce moment-là, cela faisait trois décennies exactement que le PCE avait élaboré sa politique dite "de réconciliation nationale", ce qui voulait dire en pratique que le parti renonçait à renverser le régime par les armes et misait sur une grève nationale pacifique capable de paralyser le pays et de remettre le pouvoir aux mains d'un gouvernement provisoire composé de tous les partis de l'opposition démocratique et dont le premier objectif consisterait à organiser des élections libres. A ce moment-là, pourtant, Carrillo avait pris conscience que, même si cette politique demeurait la politique officielle du parti, les organisations antifranquistes manquaient de force pour venir à bout du franquisme à présent incarné par la monarchie ; il n'était pas moins conscient que, si l'objectif consistait à instaurer en Espagne une démocratie sans verser de sang, les partis politiques de l'opposition seraient tôt ou tard obligés de négocier avec les représentants du régime enclins à la réforme – afin de rompre avec le franquisme pour imposer la démocratie, il fallait de toute évidence négocier cette rupture avec les franquistes suffisamment lucides ou suffisamment résignés pour accepter que le seul avenir du franquisme fût la démocratie – un changement de stratégie qui ne commença à se profiler comme doctrine officielle du PCE qu'au moment où le secrétaire général introduisit, au début de l'année 1976, une nuance terminologique dans son discours et cessa de parler de "rupture démocratique" pour parler de "rupture négociée[4]".

Carrillo reçut donc la nouvelle inattendue de la désignation de Suárez dans un moment d'incertitude absolue alors qu'il éprouvait un certain découragement, sachant que, malgré sa force apparente, son parti était encore faible, et que, malgré sa faiblesse apparente, le franquisme était toujours fort. Sa réponse à cette nouvelle fut aussi inattendue que la nouvelle elle-même, ou du moins elle le fut pour les cadres et les militants de son parti qui comme l'opposition démocratique, les réformistes du régime et la majorité de l'opinion publique, estimèrent que le choix du dernier secrétaire du Mouvement signifiait la fin de leurs espoirs de liberté et la victoire des réactionnaires du régime. Le 7 juillet, quatre jours après la nomination de Suárez et à peine quelques heures après que celui-ci eut annoncé à la télévision que l'objectif de son gouvernement consistait en la normalisation démocratique ("Que les gouvernements de l'avenir soient le résultat de la volonté libre des Espagnols", avait-il dit), Carrillo publia dans l'hebdomadaire *Mundo obrero*, organe clandestin du PCE, un article teinté de scepticisme bienveillant à l'égard du nouveau président : il ne croyait pas Suárez capable de tenir ses promesses, il n'était même pas sûr que celles-ci fussent sincères, mais il reconnaissait que le langage et le ton de Suárez n'étaient pas ceux d'un dirigeant phalangiste ordinaire et que ses bonnes intentions méritaient le bénéfice du doute. Il terminait son article en disant que "le gouvernement Suárez pourrait servir à organiser la négociation qui conduirait à une rupture négociée".

La prédiction de Carrillo fut exacte. Ou presque exacte : non seulement Suárez organisa la négociation qui conduisit à la rupture, mais il la formula dans des termes auxquels personne ne s'attendait : pour Carrillo, pour l'opposition démocratique, pour les réformistes du régime, l'alternative politique du postfranquisme consistait à choisir entre la réforme du franquisme, en en changeant la forme mais non le fond, et la rupture avec le franquisme, en en changeant la forme afin d'en changer le fond ; il ne fallut que quelques mois à Suárez pour décider que cette alternative était fausse : il comprit qu'en politique, la forme est le fond et qu'il était possible par conséquent de réaliser une réforme du franquisme qui fût dans la pratique une rupture avec le franquisme. Il le comprit progressivement, à mesure qu'il comprenait la nécessité de rompre avec le franquisme, mais dès qu'il prit possession de son poste et après un discours-programme dans lequel il annonçait des élections libres avant le 30 juin de l'année suivante, Suárez entreprit une prudente série d'entretiens avec les leaders de l'opposition illégale pour sonder leurs intentions et leur expliquer son projet. Carrillo resta en marge ; à ce moment-là, Suárez s'empressait d'agir sur tous les fronts sauf sur celui qui concernait Carrillo et, même s'il pressentait que sans les communistes sa réforme politique manquerait de crédibilité, il n'envisageait pas pour l'instant de légaliser leur parti, peut-être surtout parce qu'il était sûr que cette mesure était inacceptable pour la mentalité franquiste de l'armée et pour les milieux sociaux qu'il devait conduire vers la démocratie ou vers une certaine forme de démocratie. Celui qui était pressé, en revanche, de parler avec lui était Carrillo : dans son premier discours présidentiel, Suárez avait promis de se réunir avec toutes les forces politiques, mais la promesse n'avait pas été tenue et, même s'il ne savait pas encore si Suárez prétendait rompre véritablement avec le franquisme ou simplement le réformer, Carrillo ne voulait pas risquer de voir le pays aller vers une certaine forme de démocratie sans la présence des communistes, parce qu'il pensait que cela prolongerait indéfiniment la clandestinité du parti et le condamnerait à l'ostracisme et peut-être à la disparition. Ainsi, à la mi-août, Carrillo prend l'initiative d'entrer en contact avec Suárez et il y parvient très vite par l'intermédiaire de José Mario Armero, chef de l'agence Europa Press. La première rencontre entre Carrillo et Armero a lieu à Cannes à la fin du même mois ; la seconde, à Paris, début septembre. Aucune des deux rencontres n'apporte de résultats concrets (Armero dit que Suárez se dirige vers la démocratie et qu'en conséquence, il demande à Carrillo de patienter : il n'est pas encore en situation de pouvoir légaliser le PCE ; Carrillo offre son aide dans la construction du nouveau système, n'exige pas la légalisation immédiate de son parti et dit qu'il ne rejette pas la monarchie si elle garantit une véritable démocratie) ; aucune des deux rencontres n'est pourtant un échec. Au contraire : à partir du mois de septembre, à l'automne et à l'hiver 1976, Carrillo et Suárez maintiennent leur contact par l'intermédiaire d'Armero et de Jaime Ballesteros, l'homme de confiance de Carrillo dans la direction du PCE. C'est alors que commence à se nouer entre eux une complicité étrange par le truchement de personnes interposées : comme deux aveugles qui touchent mutuellement leurs visages respectifs pour en saisir les traits, pendant des mois Carrillo et Suárez mettent à l'épreuve leurs objectifs, leur loyauté, leur intelligence et leur ruse, imaginent leurs intérêts communs, se découvrent des affinités secrètes, admettent qu'ils doivent se comprendre ; tous deux se rendent compte qu'ils ont besoin de la démocratie pour survivre et qu'ils ont besoin l'un de l'autre parce que ni l'un ni l'autre n'a la clé de la démocratie, alors que chacun des deux en possède une partie – Suárez le pouvoir, Carrillo la légitimité – qui complète celle de l'autre : tandis qu'il insiste inlassablement pour voir Suárez, Carrillo se rend compte de plus en plus clairement de toutes les difficultés qu'affronte celui-ci, dont la plus grande provient d'une partie puissante du pays qui refuse la légalisation du PCE ; tandis que la pression sociale en faveur d'un régime démocratique le pousse jour après jour à reconnaître que le franquisme n'est réformable que si la réforme conduit à une rupture, Suárez se met à démonter le squelette du régime et dialogue avec les leaders des autres forces d'opposition – qui ne trouvent absolument pas la légalisation du PCE urgente : en général, ils ne croient pas nécessaire de courir ce risque-là ni de le faire avant les élections promises – et il se rend compte de plus en plus clairement qu'il n'y aura pas de démocratie crédible sans les communistes, que Carrillo tient le parti sous son contrôle, qu'il a mis au placard ses idéaux révolutionnaires et qu'il est prêt à faire toutes les concessions nécessaires pour obtenir l'entrée du PCE dans le nouveau système politique. A distance, la précaution et la méfiance initiales des deux hommes commencent à se dissiper ; en effet, il est possible que, vers la fin du mois d'octobre ou au début du mois de novembre, Suárez et Carrillo soient en train d'ébaucher une stratégie pour légaliser le parti, une stratégie implicite, faite non pas de mots clairs mais de sous-entendus, qui finira par devenir un succès absolu pour Suárez et un succès seulement relatif pour Carrillo. Carrillo accepte cette stratégie car il n'a pas le choix : à ce moment-là, il a déjà reconnu la validité du changement politique tel que le propose Suárez et il nourrit l'espoir que son succès sera lui aussi absolu.

La stratégie consiste en deux points. D'un côté, Suárez fera tout son possible pour légaliser le PCE avant les élections ; de l'autre, Carrillo devra en échange persuader les communistes qu'ils doivent oublier leur objectif de rupture frontale avec le franquisme et que leur légalisation sera uniquement obtenue si la démocratie est construite selon une réforme des institutions franquistes en train d'être amorcée par le gouvernement et qui dans la pratique revient à une rupture. Carrillo exécute immédiatement sa part du marché : dans une réunion clandestine du Comité exécutif du PCE tenue le 21 novembre, le secrétaire général se débarrasse du programme tactique du parti hérité de la période franquiste et convainc les siens que ni la rupture démocratique ni la rupture négociée ne servent plus à rien, contrairement à la réforme avec rupture que propose Suárez. La seconde partie de la stratégie est plus complexe et plus périlleuse, et de ce fait plus au goût de Carrillo et de Suárez, étant donné leur propension intime à voir la politique comme une aventure. Afin de légaliser le PCE, Suárez a besoin que le parti de Carrillo force le gouvernement à augmenter sa marge de tolérance vis-à-vis des communistes : le gouvernement doit leur garantir de plus en plus de visibilité, leur accorder leur naturalisation dans le pays afin que la majorité des citoyens comprenne non seulement qu'ils sont inoffensifs pour la démocratie future, mais que la démocratie future ne peut se construire sans eux. Cette légalisation progressive *de facto*, qui devait faciliter la légalisation *de jure*, prit la forme d'un duel entre le gouvernement et les communistes, dans lequel les communistes ne voulaient pas plus en finir avec le gouvernement que le gouvernement ne voulait en finir avec les communistes, et où les deux hommes savaient à l'avance (ou du moins ils s'en doutaient ou en avaient l'intuition) quand et où l'adversaire allait frapper : les coups de ce faux duel furent par conséquent des coups de propagande. Il y eut notamment une grève générale qui, à défaut de paralyser le pays, réussit néanmoins à mettre le gouvernement dans l'embarras ; des ventes massives de *Mundo obrero* dans les rues de Madrid et une distribution, massive elle aussi, de cartes du parti parmi les sympathisants ; plusieurs reportages des télévisions française et suédoise montrant Carrillo circulant en voiture dans le centre de la capitale ; une retentissante conférence de presse clandestine durant laquelle le secrétaire général du PCE – aux côtés de Dolores Ibárruri, le mythe par excellence de la résistance à l'antifranquisme, diabolisée autant qu'idéalisée par une grande partie du pays – annonçait entre deux propos conciliateurs qu'il se trouvait depuis des mois à Madrid et qu'il ne pensait pas en partir ; et, finalement, la détention policière de Carrillo lui-même que le gouvernement ne pouvait ni expulser du pays sans enfreindre la loi ni retenir en prison au milieu du scandale national et international provoqué par sa capture, ainsi, au bout de quelques jours seulement, Carrillo fut remis en liberté et devint citoyen espagnol de plein droit.

Ce fut un pas irréversible dans la légalisation du PCE : une fois le secrétaire général légalisé par la force des choses, la légalisation du parti n'était plus qu'une question de temps. Carrillo le savait, Suárez aussi ; mais Suárez avait le temps, contrairement à Carrillo ; la légalisation des autres partis avait commencé au mois de janvier, mais Carrillo n'était toujours pas sûr que Suárez respecte sa part du marché ou qu'il n'en repousse pas l'exécution pour après les élections voire indéfiniment. A la mi-janvier, Carrillo voulut d'urgence dissiper ses doutes sur Suárez, mais c'est la réalité qui s'en chargea pour lui : un mélange mortifère de peur et de violence s'empara alors de Madrid, et le faux duel entretenu par les deux hommes faillit tourner court car le pays entier faillit sauter en l'air. Le lundi 24 janvier à 22 h 45, alors que cela ne faisait pas même un mois que Carrillo résidait légalement en Espagne, cinq avocats communistes furent abattus par des membres de l'extrême droite dans leur cabinet situé au numéro 55 de la rue Atocha. Ce fut l'apothéose macabre de deux jours d'hécatombe. La veille au matin, un autre membre de l'extrême droite avait assassiné d'un coup de pistolet un étudiant lors d'une manifestation en faveur de l'amnistie. Dans l'après-midi du lendemain, un étudiant décéda à la suite de l'impact d'une grenade fumigène lancée par les forces de l'ordre sur un groupe manifestant contre le meurtre advenu la veille, alors que quelques heures plus tôt le GRAPO – une bande terroriste d'extrême gauche détenant déjà en otage depuis le 11 décembre Antonio María de Orio y Urquijo, l'un des représentants les plus puissants, les plus fortunés et les plus influents du franquisme orthodoxe – séquestrait le général Emilio Villaescusa, président du Conseil suprême de justice militaire. Quatre jours plus tard, le GRAPO assassina encore deux policiers et un garde civil. Mais dans la nuit du 24 janvier, Madrid vit quasiment un climat de pré-guerre civile : on entend des explosions et des tirs dans différents points de la capitale, et des groupes d'extrême droite sèment la terreur dans les rues. Ajouté aux autres épisodes de ces journées sanglantes, l'assassinat de ses militants d'Atocha représente pour le PCE une provocation brutale destinée à susciter une réponse violente dans ses rangs. Celle-ci, qui susciterait à son tour une réponse violente de l'armée, est destinée à faire avorter les réformes démocratiques naissantes ; mais les communistes ne ripostent pas : le Comité exécutif ordonne d'éviter toute manifestation ou tout affrontement dans les rues et de faire montre d'autant de sérénité que possible, et la consigne est respectée à la lettre. Après d'âpres négociations avec le gouvernement – qui craint que la moindre étincelle ne provoque l'incendie recherché par l'extrême droite –, le parti obtint la permission de dresser une chapelle ardente dans le Palais de justice, sur la Plaza de las Salesas, et de faire porter les cercueils des avocats par leurs camarades jusqu'à la Plaza de Colón. Cela se déroule peu après 16 heures le mercredi suivant ; la scène, que captent les caméras de télévision, tient en haleine le centre de Madrid ; les images sont retransmises plusieurs fois ; au milieu d'une marée de roses rouges, les poings serrés, dans un silence et un ordre imposés par la direction du parti et respectés par des militants habitués à une discipline apprise dans la clandestinité, des dizaines de milliers de personnes remplissent la Plaza de las Salesas et les rues adjacentes pour rendre un ultime hommage aux camarades assassinés ; certaines photos montrent Santiago Carrillo marchant dans la foule, protégé par une muraille de militants. La cérémonie s'achève sans un seul incident et dans le même grand silence, telle une proclamation de concorde qui dissipe alors tous les doutes du gouvernement quant à la capacité du PCE à refuser la violence. Une vague de solidarité avec les membres du parti déferle sur tout le pays.

D'après ses collaborateurs les plus proches de l'époque[5], il est fort possible que ce jour-là Suárez ait pris en secret la décision de légaliser les communistes ; dans ce cas, il est fort possible que Suárez ait alors décidé qu'il était préalablement nécessaire de connaître personnellement leur leader. Et en effet, à peine un mois plus tard, le 27 février, les deux hommes eurent un entretien dans la maison de leur médiateur José Mario Armero, dans la banlieue madrilène. La rencontre fut organisée dans la plus grande discrétion : Carrillo ne courait certes aucun danger, mais Suárez si, et c'est pourquoi deux des trois personnes qu'il avait consultées – Alfonso Osorio, son vice-président, et Torcuato Fernández Miranda, président des Cortès et du Conseil du royaume ainsi que son mentor politique des dernières années – lui avaient vivement déconseillé de le faire, en arguant du fait que, si jamais sa rencontre avec le leader communiste clandestin venait à se savoir, cela provoquerait un énorme tremblement de terre politique ; mais le soutien que Suárez obtint du roi, sa confiance en la discrétion de Carrillo, sa foi en sa bonne étoile et en son talent de séducteur le firent décider d'en courir le risque. Il ne se trompa pas. Des années plus tard, Suárez et Carrillo décriraient tous deux leur entretien comme un coup de cœur : même s'il ne le fut peut-être pas, il est certain que la nécessité les avait unis bien avant leur rencontre ; même s'il ne le fut peut-être pas, il est certain que pendant les sept heures que dura leur tête-à-tête, fumant comme des pompiers en présence d'Armero et dans le silence d'une maison de campagne inhabitée, Carrillo et Suárez se comportèrent comme deux aveugles qui recouvrent brusquement la vue et se reconnaissent jumeaux, ou comme deux duellistes qui, passant d'un faux à un vrai duel, mettent tout en œuvre pour charmer leur adversaire. Le vainqueur en fut Suárez qui, à peine la poignée de main et les blagues de présentation achevées, désarma Carrillo en parlant de son grand-père républicain, de son père républicain, des morts républicains de sa famille de vaincus de la guerre civile, puis il l'acheva par des manifestations de modestie et par des éloges sur son expérience politique et ses qualités d'homme d'Etat ; vaincu, Carrillo se montra compréhensif, réaliste et prudent, prodiguant des mots destinés une fois encore à convaincre son interlocuteur que ni lui ni son parti ne représentaient aucun danger pour son projet démocratique, et qu'avec le temps, ils deviendraient même ses premiers garants de succès. Ils consacrèrent le reste de l'entretien à parler de tout et à ne s'engager sur rien, si ce n'est sur le fait de continuer à s'épauler mutuellement et à se consulter sur les décisions d'importance. Quand les deux hommes se séparèrent au lever du jour, ni l'un ni l'autre n'avait plus le moindre doute : chacun pouvait avoir confiance en la fidélité de son interlocuteur ; ils étaient tous deux les seuls vrais hommes politiques du pays ; une fois le PCE légalisé, les élections tenues et la démocratie instaurée, ils finiraient tous deux par tenir les rênes de l'avenir[6].

Les faits ne tarderaient pas à éroder cette triple certitude qui continua pourtant à dicter le comportement de Suárez et de Carrillo pendant les quatre ans qui suivirent et durant lesquels Suárez demeura au gouvernement ; rien n'attesta autant cette certitude que le processus de légalisation du parti communiste. Elle se produisit le samedi 9 avril, un peu plus d'un mois après l'entrevue entre les deux leaders, en pleine effervescence pascale ; alors que Suárez savait que l'opinion publique se montrait subitement favorable à la mesure qu'il s'apprêtait à adopter, il cherchait encore à se protéger de la colère prévisible des militaires et de l'extrême droite à l'aide d'un rapport juridique de la magistrature qui se portait garante de la légalisation ; Carrillo le protégeait aussi ou fit tout son possible pour le protéger. Sur le conseil de Suárez, le secrétaire général était parti en vacances à Cannes d'où il apprit par José Mario Armero dans la matinée de ce même samedi que la légalisation était imminente et que Suárez lui demandait deux choses : d'abord que son parti, pour ne pas irriter davantage l'armée et l'extrême droite, célèbre l'événement sans trop de bruit ; puis, afin d'éviter que l'armée et l'extrême droite ne puissent accuser Suárez de complicité avec les communistes et une fois que la nouvelle serait annoncée, que Carrillo fasse une déclaration publique pour critiquer Suárez ou du moins pour manifester sa distance vis-à-vis de lui. Carrillo fit ce qui lui fut demandé : les communistes célébrèrent la nouvelle discrètement et leur secrétaire général se présenta le jour même devant la presse pour prononcer quelques mots négociés avec le président du gouvernement. "Je ne crois pas que le président Suárez soit un ami des communistes, proclama Carrillo. Je le considère plutôt comme un anticommuniste, mais un anticommuniste intelligent qui a compris qu'on ne combat pas les idées par la répression ni par l'exclusion. Et qui est prêt à mesurer ses idées avec les nôtres." Cela ne suffit pas. Au cours des journées qui suivirent la légalisation, le coup d'Etat semblait imminent. Le 14 avril à midi, alors que, dans un local de la rue Capitán Haya Santiago, le Comité central du PCE célèbre sa première réunion légale en Espagne depuis la guerre civile, José Mario Armero convoque Jaime Ballesteros, son contact avec les communistes, au bar d'un hôtel tout proche. En ce moment, la tête de Suárez ne tient qu'à un fil, dit Armero à Ballesteros. Les militaires sont sur le point de se soulever. Soit vous nous aidez, soit on se retrouve tous dans la merde. Ballesteros parle ensuite avec Carrillo et le lendemain, pendant la deuxième journée de réunion du Comité central, le secrétaire général interrompt la séance pour faire une déclaration dramatique. "Nous participons à la réunion la plus difficile que nous ayons tenue depuis la guerre, dit Carrillo au milieu d'un silence glacial. A l'heure qu'il est, et c'est bien une question d'heures et non de jours, se décide si l'on va vers la démocratie ou si on plonge dans une régression gravissime qui affecterait non seulement notre parti et toutes les forces démocratiques d'opposition, mais aussi les réformistes et les défenseurs des institutions… Je crois que je ne dramatise pas, je ne fais que dire ce qui se passe en ce moment même[7]." Immédiatement après et sans que personne ait le temps de réagir, comme s'il l'avait écrit lui-même, Carrillo lit un papier peut-être rédigé par le président du gouvernement et qu'Armero avait transmis à Ballesteros ; il contient le renoncement solennel et inconditionnel à certains symboles qui ont représenté le parti communiste depuis ses origines et l'acceptation de ceux que l'armée juge menacés par la légalisation du PCE : le drapeau rouge et or, l'unité de la patrie et la monarchie. Perplexes et effrayés, habitués à obéir à leur premier représentant sans rechigner, les membres du Comité central adoptent la révolution imposée par Carrillo et le parti se dépêche d'annoncer la bonne nouvelle dans une conférence de presse lors de laquelle son équipe dirigeante apparaît avec en toile de fond un surprenant drapeau monarchique, énorme et improvisé.

Le coup d'Etat ne se produisit pas à ce moment-là, même si celui du 23 février commence déjà à se tramer – en effet, incapables de pardonner à Suárez la légalisation des communistes, les militaires ne cessèrent par la suite de conspirer contre le président traître. Le PCE eut beaucoup de mal à digérer tant de pragmatisme et tant de concessions arrachées sous la menace d'un coup d'Etat. Selon les prévisions de Carrillo, son esprit de conciliation de l'année écoulée et un demi-siècle de monopole antifranquiste lui assuraient la victoire électorale et des millions de votes propulseraient son parti à la seconde place derrière celui du Suárez, faisant de lui et de Suárez les deux grands protagonistes de la démocratie ; ce ne fut pas le cas : comme une momie qui se désagrège après son exhumation, le PCE dépassa à peine 9 % des suffrages aux élections du 15 juin 1977, moins de la moitié escomptée et moins du tiers obtenu par le PSOE qui suscita la surprise en devenant le premier parti des forces de gauche après avoir su absorber la prudence et le désenchantement de nombreux sympathisants communistes ; le PSOE offrait également une image de jeunesse et de modernité par rapport aux candidats vieillis du PCE venus de l'exil, la vieille garde communiste qui, à commencer par Carrillo lui-même, évoquait chez les électeurs le passé effrayant de la guerre civile et empêchait les jeunes communistes de rénover le parti de l'intérieur. Bien que Carrillo ne se soit jamais senti vaincu, une nouvelle fois Suárez avait gagné : pour le président du gouvernement, la légalisation du PCE fut un succès éclatant parce qu'il rendit la démocratie crédible en y intégrant les communistes, qu'il neutralisa par les urnes celui qu'il considérait comme son rival le plus dangereux et qu'il obtint un allié durable ; pour le secrétaire général des communistes, ce ne fut pas un échec, sans être pour autant le succès qu'il attendait : même si la légalisation du PCE fit de la réforme de Suárez une véritable rupture avec le franquisme, donnant ainsi naissance à une véritable démocratie, les concessions arrachées de la sorte, l'abandon des symboles et l'anéantissement des postulats traditionnels de l'organisation compromirent le rêve du parti communiste de devenir le parti hégémonique de la gauche. La réponse du PCE à ce fiasco électoral ne fut pas surprenante si l'on prend en compte l'histoire de cette organisation marquée par un acquiescement constant aux diktats de son secrétaire général et remplie de son immuable mission dictée par une idéologie en pleine déliquescence : au lieu d'admettre ses erreurs à la lumière de la réalité afin de les corriger, le PCE attribua à la réalité ses propres erreurs. Le parti se persuada (ou plus exactement le secrétaire général persuada son parti) que ce n'était pas lui, mais les électeurs qui s'étaient trompés : deux mois de légalité avaient été trop peu pour compenser quarante ans de propagande anticommuniste et, quant au PSOE, il ne tarderait pas à montrer son immaturité et son inconsistance. Et puisque l'Espagne n'avait pas de partis sérieux à l'exception du PCE et de l'UCD, ni de leaders politiques dignes de ce nom à l'exception de Santiago Carrillo et d'Adolfo Suárez, les élections suivantes redonneraient aux communistes le rôle de premier parti de l'opposition usurpé par les socialistes.

De manière inattendue, après les premières élections, les pronostics de Carrillo semblèrent se confirmer et il put pour un temps impressionner ses camarades avec l'illusion que la défaite avait en réalité été une victoire ou la meilleure préparation possible à la victoire. “De tous les leaders politiques espagnols, écrivait *Le Monde* en octobre 1977, Santiago Carrillo est sans doute celui qui durant ces dernières années s'est imposé le plus rapidement et avec la plus grande autorité[8].” C'était vrai : en très peu de temps, Carrillo obtint dans tout le pays une ferme réputation d'homme politique responsable, qui avait contribué à ce que le PCE apparaisse comme un parti solide et capable de gouverner et à ce qu'il acquière une importance bien supérieure à celle que lui conféraient ses piètres résultats électoraux. Son entente avec Suárez était parfaite, et toute sa stratégie politique de ces années-là tournait autour d'une proposition visant à l'institutionnaliser et à renforcer la démocratie qu'ils devaient construire tous deux ou que Carrillo pensait qu'ils devaient construire tous deux : un gouvernement de concentration. La formule ne s'apparentait qu'en apparence à celle qui était discutée ou soutenue par une grande partie de la classe dirigeante dans les mois précédant le 23 février (et préparant le terrain au coup d'Etat) : il ne s'agissait pas d'un gouvernement présidé par un militaire, mais d'un gouvernement présidé par Suárez et structuré par l'UCD et le PCE, avec le concours d'autres partis politiques ; selon Carrillo, seule la solidité d'un gouvernement ainsi constitué pourrait assurer au pays une stabilité suffisante pendant l'élaboration de la Constitution, fortifier la démocratie et conjurer le danger d'un coup d'Etat, et les pactes de la Moncloa – un ensemble important de mesures sociales et économiques destinées à surmonter la crise mondiale du pétrole, négocié par Carrillo et Suárez puis signé par les principaux partis politiques et ratifié par le Congrès en octobre 1977 – constituèrent pour le secrétaire général du PCE le prélude à ce gouvernement unitaire. Carrillo réitéra à plusieurs reprises sa proposition et, bien qu'à un moment donné certains indices aient laissé penser que Suárez y était favorable, le gouvernement de concentration ne fut jamais formé : il est bien possible que Suárez eût gouverné aisément en compagnie de Carrillo, mais il est plus probable encore qu'il n'a jamais envisagé cette hypothèse sérieusement, peut-être parce qu'il craignait la réaction des militaires et celle d'une bonne partie de la société. Néanmoins, Carrillo continua de soutenir Suárez avec la certitude que cela revenait à soutenir la démocratie. Il devint ainsi un soutien indispensable du système et, même s'il ne bénéficia pas des avantages du pouvoir, cela lui conféra un respect national et international : après la signature des pactes de la Moncloa, les députés de l'UCD se levèrent pour ovationner Carrillo au Congrès, et il fut même invité à débattre dans les forums les plus conservateurs du pays ; à cette même époque, il voyagea au Royaume-Uni et en France et devint le premier secrétaire général d'un parti communiste à être autorisé à entrer aux Etats-Unis, où il fut salué par la revue *Time* comme "l'apôtre de l'eurocommunisme[9]". A court terme, son alliance avec Suárez fit de Carrillo la personnification d'une espèce d'oxymore, le communisme démocratique ; à long terme, cette alliance signa sa perte.

A l'instar de Suárez, le début du déclin de la carrière politique de Carrillo se produisit au moment exact de son apogée. En novembre 1977, pendant son voyage triomphal aux Etats-Unis,

Carrillo annonça sans consulter le parti que le PCE abandonnerait le léninisme lors de son prochain congrès. Il s'agissait au fond de la conséquence logique du démontage ou de la destruction des principes communistes entrepris quelques années plus tôt – la conséquence logique de sa tentative pour réaliser l'oxymore "communisme démocratique" qu'il appelait eurocommunisme – mais si, quelques mois plus tôt, l'idée d'accepter la monarchie et le drapeau rouge et or avait pour beaucoup été très difficile, l'abandon brutal du vecteur idéologique du parti, invariable tout au long de son histoire, le fut encore davantage. En effet, cela supposait un virage radical tel qu'il plaçait dans la pratique le PCE à la lisière du socialisme (ou de la social-démocratie), et montrait de surcroît que la démocratisation du parti vis-à-vis de l'extérieur ne signifiait pas sa démocratisation à l'intérieur : le secrétaire général dictait encore sans restriction la politique du PCE et dirigeait le parti en vertu d'un centralisme dit "démocratique", une méthode stalinienne qui n'avait rien de démocratique et tout de centraliste, reposant sur le pouvoir universel du secrétaire général, sur la hiérarchisation extrême de l'appareil de l'organisation et sur une obéissance des militants exempte de toute critique. C'est à vue d'œil que l'unanimité du parti commença alors à se fissurer et que Carrillo se rendit compte à son grand étonnement que son autorité était de plus en plus discutée par ses camarades : les uns – les rénovateurs – rejetaient son individualisme et ses méthodes autoritaires et exigeaient plus de démocratie interne, alors que les autres – les prosoviétiques – rejetaient son révisionnisme idéologique et son antagonisme avec l'Union soviétique et exigeaient le retour à l'orthodoxie communiste ; les uns et les autres critiquaient son imperturbable soutien au gouvernement d'Alfonso Suárez et son imperturbable ambition de s'associer avec lui. Mais l'habitude des communistes d'observer avec soumission ou discipline les diktats du secrétaire général contenait encore leur audace et, puisque la promesse du pouvoir agit sur les partis comme une force de cohésion, ces divergences demeurèrent plus ou moins tues au sein du PCE jusqu'aux élections suivantes, celles du mois de mars 1979 : ainsi Carrillo réussit-il à faire en sorte qu'au mois d'avril 1978, lors du IXe congrès, le parti adoptât l'eurocommunisme et abandonnât le léninisme. Cependant, un nouvel échec électoral – lors des élections du mois de mars, le PCE connut une légère augmentation de ses électeurs, mais il atteignit à peine un tiers des votes obtenus par les socialistes, ses concurrents directs – eut pour effet que, peu de temps après, les divergences apparurent avec virulence. Carrillo n'était plus en mesure de convaincre les siens que l'échec était en réalité une victoire et qu'il fallait continuer à soutenir Suárez et à affronter les socialistes pour réduire leur espace politique et leur électorat. Les communistes plongèrent alors pendant les années suivantes dans une succession de crises internes de plus en plus profondes, aggravées par leur perte d'influence dans la politique nationale : avec la nouvelle répartition des forces issue des élections et la fin de la politique d'accords entre tous les partis après l'adoption de la Constitution, à partir de 1979, Suárez n'eut plus besoin de Carrillo pour gouverner et il chercha le soutien non des communistes mais des socialistes, réduisant ceux-ci à un parti isolé et marginal sur lequel on comptait à peine à l'heure d'affronter les grands problèmes, et dont le leader avait en outre perdu son auréole d'homme d'Etat, celle qui quelques mois plus tôt l'entourait encore. Tout comme ce fut le cas pour Suárez à l'époque, le discrédit de Carrillo dans la politique du pays reflétait son discrédit dans la politique du parti. Alors que les protestations contre la direction nationale du PCE redoublaient, annonçant des troubles en Catalogne et au Pays basque, certains membres du Comité exécutif de Madrid firent front contre le secrétaire général : en juin 1980, au moment où les cadres de l'UCD s'insurgeaient contre Adolfo Suárez lors d'une réunion tenue dans une propriété de Manzanares el Real et où ils commençaient leurs manœuvres pour l'écarter du pouvoir, plusieurs membres importants du PCE convoquèrent Carrillo chez Ramón Tamames – le leader le plus en vue du courant dit "rénovateur" – dans l'intention de lui exposer les maux du parti, de lui reprocher ses erreurs et de mettre en doute son leadership ; c'était une scène inédite dans l'histoire du communisme espagnol, mais elle se reproduisit début novembre au sein du Comité central quand Tamames osa proposer de transformer le secrétariat général en un organe collectif, tout comme, lors de la réunion de Manzanares el Real tenue quelques mois plus tôt, les chefs de rang de l'UCD avaient exigé de Suárez qu'il partage avec eux la direction du parti et du gouvernement. Contrairement à Suárez, Carrillo ne céda pas, mais son organisation était à ce moment-là déjà irrémédiablement divisée entre rénovateurs, prosoviétiques et carrillistes, et en janvier 1981 cette division fut consommée avec la rupture du PSUC, le parti communiste de Catalogne, qui ne fut qu'un prélude aux luttes intestines féroces qui allaient déchirer le PCE un an et demi durant et qui se prolongeraient de manière presque ininterrompue pratiquement jusqu'à l'extinction du parti.

Ainsi, à la veille du 23 février, Santiago Carrillo ne se trouvait pas dans une situation très différente de celle d'Adolfo Suárez. Leur époque commune de prospérité avait touché à sa fin : ils étaient à présent deux hommes politiquement harcelés et personnellement diminués, discrédités face à l'opinion publique, aigris par l'ingratitude et les trahisons de leurs camarades ou par ce qu'ils ressentaient comme des trahisons et de l'ingratitude, deux hommes épuisés et désorientés et hébétés, les mains de plus en plus liées par des défauts qui quelques années plus tôt semblaient encore invisibles ou semblaient ne pas en être : leur notion égotiste du pouvoir, leur talent pour le troc politique, leurs habitudes invétérées de bureaucrates d'appareils totalitaires et leur incompatibilité avec les usages de la démocratie qu'ils avaient créés. En sapant jusqu'à la démolition les systèmes dans lesquels ils avaient grandi et qu'ils savaient gérer mieux que quiconque – l'un le communisme, l'autre le franquisme –, tous deux avaient fini par lutter pour leur survie dans les décombres de leur ancien pouvoir. Aucun des deux n'y parvint et, à la veille du 23 février, il était déjà évident qu'aucun des deux n'y parviendrait. A cette époque-là, leurs rapports personnels étaient presque inexistants parce qu'ils étaient devenus deux encaisseurs et qu'un encaisseur est tout à sa tâche d'encaisser les coups. Il est probable qu'ils se regardèrent parfois du coin de l'œil en se souvenant de l'époque pas si lointaine où ils infléchissaient ensemble le destin du pays dans une pyrotechnie rutilante de faux duels, de feintes à quatre mains, de pactes tacites, de réunions secrètes et de grands accords d'Etat, et il est certain que l'alliance de fer qu'ils avaient forgée pendant ces années-là se poursuivait, inaltérable : à l'automne et à l'hiver 1980, Carrillo fut l'un des rares hommes politiques de premier ordre à ne pas participer aux manœuvres contre Suárez qui préparèrent le terrain du 23 février, et il ne mentionna jamais de coups de bistouri ou de gouvernail si ce n'est pour dénoncer cette terminologie ténébreuse et ces badinages avec l'armée car ils offraient une munition idéale aux partisans du putsch. Il dénonçait ces positions à l'extérieur et à l'intérieur de son parti : en effet, il y avait aussi au sein du PCE d'alors des partisans de solutions politiques de choc mais, quand Ramón Tamames dit publiquement dans la presse et à deux reprises qu'il était favorable à un gouvernement unitaire présidé par un militaire, Carrillo saisit au vol cette occasion pour défendre une fois de plus Suárez en fulminant contre son principal adversaire au sein du parti. Son diagnostic fut sans appel : "Ramón délire[10]." A la veille du 23 février, Carrillo s'accrochait encore à Suárez comme un naufragé s'accroche à un autre naufragé ; il pensait encore que soutenir Suárez revenait à soutenir la démocratie, il mettait en garde contre le risque d'un coup d'Etat et jugeait que sa formule de gouvernement de concentration avec Suárez était la seule manière de l'éviter et d'empêcher l'écroulement de ce qu'ils avaient commencé à construire tous deux quatre ans plus tôt. Bien sûr, à ce moment-là, l'idée de gouverner avec Suárez était irréalisable ; même doublement irréalisable : ni Suárez ni lui ne contrôlaient plus leurs propres partis et, même si quatre ans plus tôt leur alliance personnelle représentait une alliance collective entre les deux Espagnes irréconciliables de Franco, il est fort probable que, vers le 23 février, Suárez et lui ne représentaient plus personne ou presque personne, et qu'ils ne se représentaient plus qu'eux-mêmes. Mais il est aussi possible que le soir du coup d'Etat, alors que les deux hommes demeuraient sur leurs sièges au milieu des tirs tandis que les autres députés obéissaient aux ordres des putschistes et se couchaient à terre, Carrillo ait ressenti une espèce de satisfaction vindicative, comme si cet instant-là corroborait ce qu'il avait cru depuis le début, c'est-à-dire que Suárez et lui étaient les seuls vrais hommes politiques du pays, ou du moins les deux seuls hommes politiques prêts à risquer leur vie pour la démocratie. S'il est vrai que tous deux cultivaient une conception épique et esthétique de la politique comme aventure individuelle ponctuée d'épisodes dramatiques et de décisions intrépides, je ne résiste pas à imaginer que cet instant-là résumait aussi leur conception jumelle de la politique, car aucun des deux n'avait vécu d'épisode plus dramatique

que cette fusillade dans le Congrès ni pris de décision plus intrépide que celle de demeurer sur son siège alors que les balles sifflaient autour d'eux dans l'hémicycle.

3

Est-ce qu'ils ne représentaient qu'eux-mêmes ? Est-ce qu'ils ne représentaient plus personne ou presque plus personne ?

Je ne sais quels furent les premiers mots que prononcèrent Adolfo Suárez et le général Gutiérrez Mellado quand ils virent le lieutenant-colonel Tejero faire irruption dans l'hémicycle du Congrès, et je ne crois pas qu'il soit important de le savoir ; je sais en revanche quels furent les premiers mots prononcés par Santiago Carrillo – parce que ses compagnons parlementaires et lui-même les évoquèrent à plusieurs reprises – et, à la vérité, ils ne sont pas importants. Carrillo dit : "Pavía arrive plus vite que je ne l'attendais[11]." C'était un cliché : depuis plus d'un siècle, le nom de Pavía était en Espagne une métonymie de l'expression "coup d'Etat", parce que le coup d'Etat du général Manuel Pavía – un militaire qui, d'après la légende, était entré à cheval dans le Congrès des députés le 3 janvier 1874 – était jusqu'au 23 février 1981 la violation la plus spectaculaire infligée aux institutions démocratiques ; ainsi et dès les débuts de la démocratie – surtout à partir de l'été 1980, et surtout dans le petit Madrid du pouvoir obsédé dès l'été 1980 par les rumeurs de coup d'Etat –, rares étaient les commentaires sur la question qui n'évoquaient pas le nom de Pavía*. Mais que la phrase de Carrillo soit un lieu commun et qu'elle n'ait aucune importance véritable ne veut pas dire

* On doit l'un des commentaires les plus cinglants au numéro deux du parti socialiste, Alfonso Guerra. "Si le cheval de Pavía entre dans le Congrès, dit Guerra, il sera monté par Suárez." Même si cette prévision ne fut pas tout à fait juste, elle résume assez bien l'opinion majoritaire qui circulait à ce moment-là sur le président du gouvernement[12].

qu'elle manque d'intérêt car la réalité pâtit d'une curieuse propension à agir en s'inspirant des lieux communs, ou à se laisser coloniser par eux ; parfois elle aime également – je l'ai déjà dit plus haut – produire d'étranges figures, et l'une d'elles semble indiquer que le coup d'Etat du général Pavía anticipait le 23 février, ou du moins l'ambition dont il était porteur.

L'histoire se répète. Marx[13] a remarqué que les hauts faits et les grands personnages apparaissent deux fois dans l'Histoire, la première fois dans une tragédie et la seconde, dans une farce, comme si, lors des mutations profondes, les hommes, effrayés par leur responsabilité, convoquaient les esprits du passé, adoptaient leurs noms, leurs gestes et leurs devises pour représenter, usant de ce déguisement prestigieux et de ce faux langage, une nouvelle scène historique, comme s'il s'agissait d'une conjuration des morts. Concernant le 23 février, l'intuition de Marx se vérifie, même si elle semble incomplète. La légende est partiellement fausse : le général Pavía n'avait pas fait irruption dans le Congrès à cheval mais à pied ; sous ses ordres, une unité de la garde civile délogea à coups de feu les parlementaires de la Ire République, déclenchant ainsi un coup d'Etat appelé de ses vœux depuis des mois par la presse conservatrice car elle y voyait un remède au désordre dans lequel le pays était plongé. Ce coup d'Etat, qui conduisit à la formation d'un gouvernement d'unité présidé par le général Serrano, prolongea de presque un an l'agonie du régime par une étrange dictature républicaine jusqu'à ce qu'un *pronunciamiento* du général Martínez Campos y mît fin. Ainsi, l'intuition de Marx se vérifie, même si elle est incomplète : le coup d'Etat de Pavía fut certes une tragédie, mais le coup d'Etat de Tejero ne fut pas une farce, ou du moins pas complètement, ou il en fut une seulement parce que son échec permit d'éviter la tragédie, ou nous nous imaginons aujourd'hui qu'il en fut une car tragédie plus temps égale farce ; toutefois, le coup d'Etat de Tejero fut un écho, une imitation, une conjuration des morts : Tejero aspirait à être Pavía ; Armada aspirait à être Serrano, et on pourrait imaginer que, si le coup d'Etat avait réussi, le gouvernement d'unité ou de coalition ou de concentration d'Armada n'aurait fait que prolonger comme en une agonie, par une étrange démocratie autoritaire ou une étrange dictature monarchique, la vie d'un régime blessé à mort.

Il y a aussi un autre parallélisme entre le coup d'Etat de 1874 et celui de 1981, entre le coup d'Etat de Pavía et celui de Tejero.

Les gravures de l'époque montrent les députés de la Ire République accueillant l'irruption des gardes civils rebelles dans l'hémicycle avec des gestes de protestation et faisant front aux assaillants ; il s'agit là encore d'une légende, et celle-ci n'est pas partiellement mais complètement fausse. L'attitude des députés face au coup d'Etat de 1874 fut presque identique à celle des députés de 1981 : de la même manière que les députés de 1981 se cachèrent sous leurs sièges dès que retentirent les premiers coups de feu, dès que retentirent les premiers coups de feu dans les couloirs du Congrès, les députés de 1874 sortirent épouvantés de l'hémicycle, déjà vide au moment où les gardes civils y entrèrent. Trente ans après l'émeute de Pavía, Nicolás Estévanez, l'un des députés présents dans le Congrès, écrivit : "Je ne fuis pas la part de responsabilité qui me revient dans l'incroyable déshonneur subi ce jour-là ; notre comportement à tous fut indécent[14]." Il ne s'est pas encore écoulé trente ans depuis le soulèvement de Tejero, mais à ma connaissance aucun des députés présents au Congrès le jour du 23 février n'a rien écrit de semblable. Peut-être l'un d'eux le fera-t-il un jour, mais je ne suis pas sûr que leur comportement ait été indécent ; se cacher de la fusillade sous un siège n'est certes pas un geste très glorieux, mais je ne crois pas qu'on puisse le reprocher à qui que ce soit : même si l'on admet que la majorité des parlementaires présents dans la salle ont eu honte de ne pas être restés assis à leurs places, et même s'il est certain que la démocratie leur en aurait été reconnaissante si au moins certains d'entre eux l'avaient fait, je ne considère pas comme indécent de chercher un refuge au moment où les balles sifflent de toutes parts. En outre, et du moins en 1981 – mais aussi en 1874, je crois –, l'attitude des députés fut l'exact reflet de celle de la majorité de la société car c'est à peine s'il y eut dans toute l'Espagne un geste de protestation public contre le coup d'Etat avant que le roi n'apparaisse à la télévision tard dans la nuit pour condamner la prise d'assaut du Congrès et avant que la tentative militaire ne soit considérée comme manquée : dans la soirée du 23 février, hormis Francisco Laína, chef du gouvernement provisoire nommé par le roi, et Jordi Pujol, président du gouvernement autonome catalan, tous les responsables politiques ou presque qui n'avaient pas été séquestrés par Tejero – dirigeants de parti, sénateurs, présidents et députés autonomes, gouverneurs civils, maires et conseillers – se contentèrent d'attendre l'issue des événements, et certains se cachèrent ou fuirent ou tentèrent de fuir à l'étranger ; hormis le quotidien *El País* – qui sortit une édition spéciale à 22 heures – et *Diario 16* – qui publia la sienne à minuit –, aucun média ne se prononça en faveur de la démocratie ; hormis l'Union syndicale des policiers et le PSUC, le parti communiste catalan, aucune organisation politique ou sociale ne protesta publiquement et, quand quelques syndicats discutèrent la possibilité de mobiliser leurs membres, ils en furent immédiatement dissuadés car la moindre manifestation, argumenta-t-on, pouvait provoquer de nouveaux mouvements militaires. Ce soir-là, le souvenir de la guerre civile retint les gens cloîtrés chez eux, paralysa le pays, étouffa sa voix : personne n'opposa la moindre résistance au coup d'Etat ; même si on accueillit la séquestration du Congrès et la prise de Valence par les chars avec des réactions allant de la terreur à l'euphorie en passant par l'apathie, il y eut une constante : la passivité. Telle fut la réponse populaire au coup d'Etat : l'absence de réponse. Je crains que cela ait été une réponse qui manqua non seulement d'éclat, mais aussi de décence : même si à ce moment-là la consigne de la Zarzuela et du gouvernement provisoire fut pour tous de garder le calme et d'agir comme si rien n'avait eu lieu, le fait est que quelque chose avait bel et bien eu lieu, mais qu'il n'y eut personne ou presque personne pour dire dès le début aux putschistes que la société n'approuvait pas cet affront. Personne ou presque ne le leur dit et cela nous oblige à nous demander si Armada, Milans et Tejero avaient eu tort d'imaginer que le pays était mûr pour un coup d'Etat et de supposer qu'au cas où celui-ci atteindrait son objectif, la majorité des gens l'accepterait avec plus de soulagement que de résignation. Cela nous oblige à nous demander également si les députés qui se cachèrent sous leurs sièges le 23 février n'incarnaient pas mieux la volonté populaire que ceux qui ne se cachèrent pas. Tout compte fait, il serait peut-être exagéré de dire qu'à l'hiver 1980-1981, Santiago Carrillo et Adolfo Suárez ne représentaient personne mais, à en juger par les événements de la soirée du 23 février, on ne peut pas dire qu'ils représentaient grand monde.

4

C'est vrai : l'Histoire produit d'étranges figures et ne rejette pas les symétries de la fiction, comme si par cette recherche formelle elle essayait de se doter d'un sens qu'elle ne possède pas en elle-même. L'histoire du coup d'Etat du 23 février abonde en symétries : ce sont les faits et les hommes qui les produisent, les vivants et les morts, le présent et le passé ; la figure que produisirent cette nuit-là Santiago Carrillo et le général Gutiérrez Mellado dans une des salles du Congrès n'en est peut-être pas la moins étrange.

A 19 h 45, plus d'une heure après qu'un capitaine de la garde civile eut annoncé depuis la tribune l'arrivée au Congrès de l'autorité militaire chargée de prendre le commandement du coup d'Etat, Carrillo vit de son siège plusieurs gardes civils conduire Adolfo Suárez hors de l'hémicycle. Comme tous les autres députés, le secrétaire général du PCE en déduisit que les putschistes emmenaient le président pour le tuer. S'il n'en fut alors pas surpris, il le fut une demi-heure plus tard quand ils emmenèrent le général Gutiérrez Mellado et Felipe González, mais pas lui. Peu après, son étonnement fut dissipé : un garde civil lui ordonna de se lever et, une mitraillette à la main, l'obligea à abandonner l'hémicycle ; Alfonso Guerra, le numéro deux des socialistes, et Agustín Rodríguez Sahagún, le ministre de la Défense, sortirent avec lui. Tous trois furent conduits dans une pièce du Congrès appelée "la salle des Horloges", où se trouvaient déjà Gutiérrez Mellado et Felipe González, mais non Adolfo Suárez qui avait été confiné seul dans le bureau des huissiers, à quelques mètres à peine de l'hémicycle. On indiqua à Carrillo une chaise dans un coin du salon ; il s'assit et, durant les quinze heures qui suivirent, il n'en bougea quasiment pas, fixant presque sans relâche une grande horloge à carillon, œuvre d'Albert Billeter, horloger suisse du XIXe siècle ; à sa gauche, tout près, se trouvait le général Gutiérrez Mellado ; en face, au centre de la pièce et de dos, était assis Rodríguez Sahagún et, plus loin, tournés vers le mur (ou c'est du moins ainsi qu'il s'en souvient quand il évoque cette nuit-là), González et Guerra. A chaque porte était posté un militaire rebelle armé d'une mitraillette ; peut-être l'endroit n'avait-il pas de chauffage, peut-être personne ne l'avait-il allumé, toujours est-il qu'une lucarne ouverte dans le plafond laissait entrer l'humidité de février, condamnant les cinq hommes à trembler de froid toute la nuit.

Comme ses compagnons, durant les premières heures de leur réclusion dans la salle des Horloges, Carrillo pensait qu'il allait mourir. Il pensait qu'il devait se préparer à mourir. Il pensait être préparé à mourir et, en même temps, il pensait qu'il ne l'était pas. Il craignait la douleur. Il craignait que ses assassins ne se rient de lui. Il craignait de flancher au dernier moment. "Ce ne sera rien, se dit-il, cherchant à se donner du courage. Cela ne durera qu'un instant : ils te mettront un pistolet sur la tête, ils tireront et tout sera fini[15]." Parce que ce n'est pas la mort, mais l'incertitude de la mort qui est insupportable, cette dernière pensée sembla le calmer ; deux autres choses le calmèrent aussi : l'une était la fierté de ne pas avoir obéi à l'ordre des militaires rebelles lorsqu'il était resté sur son siège alors que les balles sifflaient autour de lui dans l'hémicycle ; l'autre était l'idée que la mort allait le libérer du tourment auquel le soumettaient ses camarades du parti. "Enfin la paix, se dit-il. Quel repos de ne plus avoir à traiter avec tous ces enfoirés et tous ces irresponsables ! Quel repos de ne plus jamais devoir leur sourire !" A peine commença-t-il à penser qu'il n'allait peut-être pas mourir que le trouble revint. Il ne se souvenait plus quand exactement cela s'était produit (peut-être quand le bruit des avions qui survolaient le Congrès entra par la lucarne ; peut-être quand Alfonso Guerra revint des toilettes en lui lançant discrètement des signes d'encouragement ; sans doute à mesure que le temps passait et qu'aucune nouvelle sur l'autorité militaire annoncée par les putschistes ne parvenait), mais il se souvenait néanmoins qu'une fois qu'il eut accepté l'idée qu'il pouvait ne pas mourir, son esprit fut envahi par un tourbillon de conjectures. Il ne savait pas ce qui se passait dans l'hémicycle ni ce qui se passait à l'extérieur du Congrès, il ne savait pas si l'opération de Tejero faisait partie d'une opération plus vaste ou si elle était une opération isolée, mais il savait qu'il s'agissait d'un coup d'Etat et il était sûr que sa réussite ou son échec dépendait du roi : si le roi acceptait le coup d'Etat, il réussirait ; si le roi n'acceptait pas le coup d'Etat, il échouerait. Carrillo ne savait pas avec certitude quel serait le comportement du roi ; il ne savait pas même si celui-ci était encore en liberté ou déjà emprisonné par les putschistes. Il ne savait pas non plus quel comportement adopterait le Congrès quand l'autorité militaire apparaîtrait, à supposer qu'elle apparaisse : ce ne serait pas la première fois qu'un Parlement démocratique, contraint par les armes, remettrait le pouvoir à un militaire, pensait Carrillo. Il ne pensait pas qu'à Pavía ; il avait passé la moitié de sa vie en France et il se souvenait qu'en 1940, contrainte par l'armée allemande après la débâcle de la guerre, l'Assemblée nationale française avait remis le pouvoir au maréchal Pétain, et qu'en 1958, contrainte par sa propre armée en Algérie, elle l'avait remis au général de Gaulle. A présent, se dit Carrillo, cela ou un événement semblable pouvait se reproduire et il n'était pas sûr que les députés refusent le chantage ; il savait avec certitude quelle serait l'attitude d'Adolfo Suárez, celle de la vieille garde de son parti (non des jeunes), et la sienne ; mais il n'était sûr de personne d'autre. Sentant s'affermir au fil des heures l'espoir de voir le coup d'Etat paralysé, Carrillo se dit que, si les putschistes l'avaient isolé précisément avec ces compagnons-là, c'était pour contenir les leaders les plus représentatifs ou les plus dangereux, ou pour pouvoir négocier avec eux le moment venu. Mais il ne savait pas ce qu'il y aurait à négocier ni avec qui, pas même s'il serait véritablement possible de négocier, et le trouble continua à le ronger.

Il passa la nuit assis à côté du général Gutiérrez Mellado. Ils ne se dirent pas un seul mot, mais ils échangèrent une infinité de regards et de cigarettes. S'il est vrai qu'ils avaient presque le même âge et qu'ils avaient arpenté ensemble durant presque quatre ans les couloirs du Congrès, ils se connaissaient mal et s'étaient à peine parlé, si ce n'est de manière occasionnelle ou protocolaire, et ils étaient à peine liés par leur amitié avec Adolfo Suárez : presque tout le reste les séparait, surtout l'Histoire. Ils le savaient tous deux, mais à cette différence près que

Gutiérrez Mellado, qui croyait le savoir avec plus de précision, n'y avait jamais fait allusion (du moins pas publiquement), contrairement à Carrillo. Dans un entretien qu'il accorda à l'occasion de son quatre-vingt-dixième anniversaire, l'ancien secrétaire général du PCE se souvient que pendant ces heures de captivité, tandis qu'il entendait la toux bronchitique de Gutiérrez Mellado et le regardait défait et vieilli sur sa chaise, il avait pensé plus d'une fois à la figure étrange et ironique que le destin les obligeait à composer ensemble. "En 1936, ce général était l'un des chefs de la cinquième colonne à Madrid, se dit-il. Moi, j'étais au Conseil de l'ordre public et j'avais pour mission de lutter contre la cinquième colonne. Nous étions alors ennemis à mort, tandis que cette nuit-là nous étions côte à côte, et nous allions mourir ensemble[16]." Carrillo devina la figure, mais non sa forme exacte, parce que les données dont il disposait n'étaient pas exactes : l'eussent-elles été, il aurait découvert que la figure était encore plus ironique et plus étrange que ce qu'il imaginait.

La première partie de la figure se construit autour du point de fuite de sa biographie : à partir du 6 novembre 1936, tout au début de la guerre civile, Carrillo devint la bête noire du franquisme et le héros de l'antifranquisme. Il venait d'avoir vingt et un ans et, à l'instar de Gutiérrez Mellado mais dans le camp adverse, il était tout sauf le coryphée de l'entente qu'il deviendrait par la suite. ("L'entente ? Non, écrivait-il au début de l'année 1934 dans le journal *El Socialista*. La guerre des classes ! La haine à mort contre la bourgeoisie criminelle[17].") Il dirigeait depuis quelques mois la JSU, les jeunesses socialistes et communistes unifiées, et ce même 6 novembre, à la suite de sa lente radicalisation idéologique, mais aussi entraîné par la certitude qu'il contribuait ainsi à la défense de la République contre le coup d'Etat de Franco, il était entré au parti communiste. La République semblait au bord de la défaite. Depuis plusieurs jours, Madrid était en proie à la panique, les troupes de l'armée d'Afrique se trouvaient à ses portes et les rues étaient envahies de milliers de réfugiés en pleine débandade devant la terreur franquiste. Convaincu que la chute de la capitale était inévitable, le gouvernement de la République avait fui à Valence en confiant une capitale impossible à défendre au général Miaja, qui à 22 heures convoqua une réunion au ministère de la Guerre pour constituer la Junte de défense, le nouveau gouvernement de la ville au sein duquel devaient être représentés tous les partis qui soutenaient le gouvernement en fuite ; pendant la réunion, qui se prolongea jusque très tard, on décida de confier le Conseil de l'ordre public au leader de la JSU, Santiago Carrillo. Mais après cette réunion générale, on en improvisa une autre en comité restreint, lors de laquelle les dirigeants communistes et anarchistes optèrent pour une solution expéditive concernant un problème secondaire exposé lors de la première réunion ; le problème en question, secondaire au regard des urgences extrêmes provoquées par la défense de Madrid, concernait le sort d'une dizaine de milliers de détenus dans les prisons de la capitale – La Modelo, San Antón, Porlier et Ventas. Nombre d'entre eux étaient des fascistes ou des officiers rebelles auxquels on avait proposé de rejoindre l'armée de la République mais qui avaient rejeté l'offre ; Franco pouvait prendre la ville à tout moment – de fait, il y avait des combats à deux cents mètres de La Modelo – et, si tel était le cas, les militaires et les fascistes emprisonnés viendraient grossir les rangs de l'armée soulevée. Nous ne savons pas combien de temps dura la réunion, mais nous savons que les participants prirent la décision de diviser les prisonniers en trois catégories et d'appliquer la peine de mort aux plus dangereux d'entre eux : aux fascistes et aux militaires rebelles. Le lendemain matin, les exécutions commencèrent à Paracuellos del Jarama, à une trentaine de kilomètres de la capitale, et pendant les trois semaines qui suivirent plus de deux mille prisonniers franquistes furent exécutés sans avoir été jugés.

Ce fut le plus grand massacre commis par les républicains au cours de la guerre civile. Carrillo a-t-il pris part à cette réunion improvisée ? A-t-il pris la décision de perpétrer la tuerie, est-il intervenu dans cette décision ? La propagande franquiste, qui fit des exécutions de Paracuellos le résumé de la barbarie républicaine, y répondait toujours par l'affirmative : d'après elle, Carrillo fut personnellement responsable de la tuerie, notamment parce qu'il était impossible de faire sortir autant de prisonniers sans consulter préalablement le chef du Conseil de l'ordre public. Carrillo, quant à lui, clama toujours son innocence : il s'était limité à faire évacuer les détenus pour éviter le risque qu'ils ne s'unissent aux franquistes, mais sa juridiction se limitait à la capitale, alors que les crimes eurent lieu en dehors et qu'ils devaient être imputés aux groupes incontrôlés qui pullulaient à la faveur du désordre régnant à Madrid et dans ses environs. La propagande franquiste avait-elle raison ? Carrillo a-t-il raison ? Les historiens ont longuement discuté sur ce sujet ; selon moi, les recherches d'Ian Gibson, Jorge M. Reverte et Angel Viñas[18] sont celles qui nous rapprochent le plus de la vérité des faits. Il est certain que les assassinats furent l'œuvre des communistes et des anarchistes et non celle de groupes incontrôlés ; il est également certain que les instigateurs en ont été les communistes, que Carrillo n'avait pas donné l'ordre de commettre ces assassinats et, aussi loin que remontent les preuves, qu'il n'y a pas eu d'implication directe de sa part. D'après Viñas, l'ordre avait pu venir d'Alexandre Orlov[19], agent du NKVD soviétique en Espagne, transmis ensuite par Pedro Checa, l'homme fort du PCE, et exécuté par Segundo Serrano Poncela, communiste lui aussi et représentant au Conseil de l'ordre public. Ce qui précède ne dégage pas Carrillo de toute responsabilité dans les faits : il n'y a pas de preuve de sa participation à la réunion qui suivit celle de la Junte de défense, et lors de laquelle les exécutions furent planifiées – et non pas décidées : la décision avait déjà été prise –, mais Serrano Poncela était sous l'autorité de Carrillo et, même s'il est probable que les exécutions des premiers jours avaient été menées sans que Carrillo le sût, il est très difficile de croire que celles des jours suivants ne parvinrent pas à ses oreilles. On peut accuser Carrillo de ne pas être intervenu pour les éviter, d'avoir fermé les yeux ; on ne peut pas l'accuser de les avoir commanditées ni organisées. Ne pas intervenir pour éviter une pareille atrocité est injustifiable, mais c'est peut-être compréhensible si on fait l'effort d'imaginer un garçon récemment sorti de l'adolescence, récemment entré dans un parti militarisé dont il n'était pas en mesure de discuter ou d'infléchir les décisions, récemment arrivé à un poste dont il ne maîtrisait pas complètement les ressorts (en même temps qu'il en prenait la mesure, il mettait fin à une grande partie de la violence arbitraire qui sévissait à Madrid) et surtout débordé par le chaos et les efforts démesurés qu'imposait la défense d'une ville désespérée dans les faubourgs de laquelle les miliciens tombaient comme des mouches, et où les gens mouraient quotidiennement sous les bombes (Madrid résista de façon stupéfiante au siège de Franco encore deux ans et demi). Faire l'effort d'imaginer tout cela, j'insiste, ne signifie pas tenter de justifier la mort de plus de deux mille personnes : cela signifie uniquement ne pas renoncer complètement à comprendre la férocité réelle d'une guerre. Carrillo la comprenait et c'est pour cela – même si dans l'Espagne des années 1980 rares étaient probablement ceux qui osaient le dégager de toute responsabilité directe dans les assassinats – que jamais il ne nia sa responsabilité indirecte. "Je ne peux pas dire que je sois complètement innocent par rapport à ce qui a eu lieu à Paracuellos, puisque cela a eu lieu pendant que j'étais conseiller[20]", déclara-t-il en 1982.

Telle est la première partie de la figure ; je vais maintenant décrire la seconde. Pendant les mois où Carrillo avait dirigé le Conseil de l'ordre public de Madrid, Gutiérrez Mellado n'était pas, comme le secrétaire général du PCE se l'imagina bien des années plus tard, l'un des chefs de la cinquième colonne dans la capitale. Il le deviendrait quelque temps après, mais le matin du 6 novembre, précisément au moment où naissait le mythe opposé qui allait poursuivre Carrillo toute sa vie durant – le mythe du héros de la défense de Madrid et celui de la bête noire responsable des exécutions de Paracuellos –, Gutiérrez Mellado se trouvait enfermé depuis trois mois dans la deuxième galerie du premier étage de la prison de San Antón ; en effet, le futur général était l'un des nombreux officiers qui, emprisonnés pour avoir tenté en juillet de soulever les garnisons de Madrid contre le gouvernement légitime de la République, avaient refusé de rejoindre l'armée républicaine afin de défendre la capitale face à l'avancée franquiste ; cela signifie que Gutiérrez Mellado était aussi l'un des officiers qui le 7 novembre, après la réunion en comité restreint des dirigeants communistes et anarchistes qui suivit la première réunion de la Junte de défense de Madrid la veille au soir, durent quitter la prison avec une dizaine de leurs compagnons pour être exécutés à la tombée du jour à Paracuellos. Par miracle, à la faveur du désordre avec lequel l'opération avait été menée, Gutiérrez Mellado échappa au tri ce jour-là et aux tris qui eurent lieu les jours suivants dans la prison de San Antón jusqu'au 30 novembre, date à laquelle les exécutions cessèrent. Dans la mesure où les deux hommes passèrent ensuite des années à lutter dans le même camp, devenus tous deux coryphées de l'entente qu'ils avaient combattue dans leur jeunesse, il est impossible que pour Gutiérrez Mellado Carrillo ait encore été en 1981 la bête noire responsable de Paracuellos, mais il n'est pas impossible que dans la nuit du 23 février, alors qu'il échangeait avec lui cigarettes et regards dans le silence glacé et humiliant de la salle des Horloges, le général ait eu l'intuition claire de l'étrange ironie qui allait le conduire à la mort aux côtés de l'homme qui, croyait-il probablement (et il le croyait probablement car il comprenait lui aussi la férocité réelle de la guerre), une nuit quarante-cinq ans plus tôt, avait ordonné sa mort. S'il le croyait vraiment, peut-être lui eût-il importé de savoir qu'il se trompait.

5

Après le coup d'Etat, l'étoile politique de Santiago Carrillo pâlit rapidement. Il avait construit la démocratie et avait risqué sa vie pour elle le 23 février au soir, mais la démocratie n'avait désormais plus besoin de lui ou elle ne voulait plus entendre parler de lui ; pas plus que son propre parti. Au cours de l'année 1981, le PCE continua à sombrer dans les luttes intestines qui le déchiraient depuis que, quatre ans plus tôt, son secrétaire général avait annoncé l'abandon des valeurs léninistes du parti ; s'agrippant à son poste et à sa vieille conception autoritaire du pouvoir, Carrillo tenta de conserver l'unité des communistes sous sa direction à coups de purges, de sanctions et d'expédients disciplinaires. Le résultat de cette tentative de catharsis fut pitoyable : les expédients, les sanctions et les purges provoquèrent davantage de purges, davantage de sanctions et davantage d'expédients, ainsi, vers l'été 1982, le PCE était-il sur le point de s'effondrer, s'étant érodé de la moitié de ses militants en à peine cinq ans et déplorant une présence publique de plus en plus réduite et précaire, divisé en trois clans – les prosoviétiques, les rénovateurs et les carrillistes – et devenu méconnaissable pour ceux qui en avaient été membres durant l'antifranquisme tardif, à l'époque de son exubérance clandestine, quand le PCE était le premier parti de l'opposition, ou durant les débuts optimistes de la démocratie quand le parti semblait encore destiné à le rester. Carrillo lui-même paraissait méconnaissable : il ne restait plus rien du héros de la défense de Madrid, du mythe de la lutte antifranquiste, du leader respecté dans le monde entier, du symbole du nouveau communisme européen, du secrétaire général investi de l'autorité d'un demi-dieu et du stratège capable de transformer n'importe quelle défaite en victoire, du fondateur de la démocratie que ses propres adversaires considéraient comme un homme d'Etat solide, lucide, pragmatique et utile. A présent, il était tout juste le caïd nerveux et sur le qui-vive d'un parti marginal, empêtré dans d'absurdes débats idéologiques et dans des disputes internes où l'ambition prenait le masque d'une pureté de principes, et la rancune accumulée, celui du désir de changement – un homme politique sur le déclin avec des manières de brontosaure communiste et un langage prématurément vieilli d'apparatchik, perdu dans un labyrinthe autophage de paranoïas conspiratrices. Pendant ces mois de supplice personnel et de râles politiques, Carrillo, exaspéré, alla jusqu'à évoquer le souvenir du 23 février pour se défendre des rebelles du PCE (ou pour les attaquer) : il le fit lors de réunions pendant lesquelles ses camarades le huaient – "Si le lieutenant-colonel Tejero n'a pas réussi à me faire mettre à terre, vous pouvez toujours courir pour que je me taise ici[21]", dit-il entre les cris lors d'un meeting tenu le 12 mars 1981 à Barcelone – et lors des réunions des organes du parti, s'en prenant à ses dirigeants dont l'inaptitude et le manque de courage dans la nuit du coup d'Etat avaient empêché d'organiser une mobilisation populaire en réponse au soulèvement de l'armée ; peut-être le fit-il aussi (ou c'est du moins ainsi que le sentirent ses détracteurs) pour mettre en avant le tableau du peintre communiste José Ortega qui le représente debout dans l'hémicycle du Congrès au soir du 23 février alors que les autres députés, à l'exception d'Adolfo Suárez et de Gutiérrez Mellado – deux figures modestes sur la toile comparées à celle, panoramique, du secrétaire général –, se protègent sous leurs sièges des tirs des putschistes.

Tout fut inutile. Les élections générales du mois d'octobre 1982, les premières après le coup d'Etat, donnèrent la majorité absolue au parti socialiste et permirent la formation du premier gouvernement de gauche depuis la guerre civile, mais elles furent aussi la sentence de mort politique de Santiago Carrillo : le PCE perdit la moitié de ses électeurs et il ne resta plus à son secrétaire général qu'à présenter sa démission devant le Comité exécutif. Il renonça à son poste, non au pouvoir ; Carrillo était un pur homme politique et un pur homme politique n'abandonne pas le pouvoir : on l'en expulse. Comme celui de Suárez avant le coup d'Etat, le retrait de Carrillo après le coup d'Etat ne fut pas un retrait définitif mais tactique, conçu pour garder à distance le contrôle du parti dans l'attente du moment propice pour réapparaître : il réussit à placer comme premier secrétaire un remplaçant fidèle et malléable (ou qui semblait l'être, du moins au début), il demeura membre du Comité exécutif et du Comité central et garda le poste de porte-parole du parti au Congrès. Avec ses quatre misérables députés, il n'arriva pas même à former un groupe parlementaire et se vit obligé de s'intégrer au groupe dit "mixte", dans lequel cohabitaient des partis très faiblement représentés au Congrès ; il y rencontra de nouveau Adolfo Suárez qui tentait de ressusciter politiquement après sa démission de son poste de président du gouvernement et qui venait de fonder le CDS, un parti avec lequel il avait tout juste grappillé la moitié des misérables sièges parlementaires obtenue par Carrillo. Une nouvelle fois, ils étaient là, jumeaux et incombustibles, unis dans leur dernière aventure publique par le vice de la politique, par les votes des citoyens et par le règlement du Parlement, sacrifiés par le système politique qu'ils avaient érigé à quatre mains, comme si l'Histoire voulait produire avec eux une nouvelle figure : cinq ans auparavant, ils remplaçaient une dictature par une démocratie et à présent ils étaient deux députés qu'on ne voyait plus, sinon comme deux fâcheuses icônes d'une époque que le pays entier semblait impatient de clore.

Ni l'un ni l'autre ne se résigna à ce rôle accessoire. Pendant les trois années qui suivirent, Carrillo continua tant bien que mal à faire de la politique au Congrès et au sein du parti où il se battit jusqu'à la fin pour conserver le contrôle de l'appareil et pour garder son successeur sous sa tutelle. La brouille entre les deux hommes ne se fit pas attendre et, au mois d'avril 1985, Carrillo fut finalement démis de toutes ses charges et réduit à la condition de militant de base ; ce fut une expulsion cachée, et son orgueil ne la toléra pas : il abandonna immédiatement le parti et, accompagné d'un groupe de fidèles, il fonda le Parti des ouvriers d'Espagne, une organisation qui montra très vite sa prévisible insignifiance et qui en 1991 sollicita son admission au PSOE, son adversaire acharné pendant quatre décennies de franquisme et quinze années de démocratie. Faisant de nécessité vertu, Carrillo interpréta ce geste comme une manière de boucler une boucle personnelle, comme un geste de réconciliation avec sa propre biographie : jeune, le jour même où était né le mythe du héros de Madrid et de la bête noire responsable de Paracuellos, il avait abandonné le parti socialiste de sa famille, de son enfance et de son adolescence pour rejoindre le parti communiste ; vieux, il refaisait le chemin inverse : il abandonnait le parti communiste pour rejoindre le parti socialiste. Bien sûr, personne ne fut dupe de cette interprétation, même s'il est bien possible que son geste ait été véritablement symbolique : une reconnaissance symbolique par laquelle il avouait que, après une vie passée à vitupérer le socialisme démocratique (ou la social-démocratie), le socialisme démocratique (ou la social-démocratie) était le résultat inévitable du démontage ou du minage ou de la démolition idéologique du communisme qu'il avait entrepris des années auparavant. Peut-être fut-ce aussi un geste d'insoumission, la dernière manœuvre d'un pur homme politique : à soixante-quinze ans passés, même s'il n'aspirait plus à occuper des postes de responsabilité, il n'avait peut-être pas encore renoncé à influencer, depuis sa tour de guet de vieux leader expérimenté, les jeunes et les tout-puissants socialistes dans le gouvernement. Quoi qu'il en soit, son geste resta sans effet : le PSOE accueillit les autres membres du POE, alors que, par des mots apaisants et, qui sait, peut-être dans le dessein caché de l'humilier, on le persuada que le plus opportun pour tout le monde, vu sa trajectoire politique, était qu'il renonce à entrer dans le parti.

Ce fut l'âpre dénouement de sa carrière politique. Ce qui advint par la suite n'aida pas à le démentir. Eloigné de la politique active, rédigeant des articles pour les journaux et donnant son avis de son éternelle voix altérée, monocorde et flegmatique, dans les tables rondes lors d'émissions radiophoniques ou télévisées, collé à son indéfectible cigarette, Carrillo donnait l'impression au soir de sa vie de s'être hissé sur le vénérable piédestal des pères de la patrie. Mais ce n'était qu'une impression. Sous les hommages occasionnels et respectueux que les médias et les institutions rendaient à son personnage s'écoulait un contre-courant aussi entêté que puissant : la droite ne cessa jamais d'associer son nom aux horreurs de la guerre et d'inventer de nouvelles iniquités à son passé, et il ne put se présenter à une seule manifestation publique sans que des bandes de radicaux essaient de le boycotter en l'insultant et en l'agressant physiquement ; par ailleurs, le rejet que Carrillo suscitait au sein de la gauche était certes moins retentissant et plus subtil, mais peut-être secrètement tout aussi enflammé, surtout de la part de ses anciens camarades ou des héritiers de ses anciens camarades : ses anciens camarades lui manifestaient une éternelle aversion de vieux paroissiens soumis, et cette aversion était aussi, dans le fond (ou du moins elle l'était pour beaucoup d'entre eux), une éternelle aversion contre eux-mêmes pour avoir appartenu à une Eglise où Carrillo avait été adoré comme un grand prêtre suprême ; en faisant leur une raillerie de Felipe González, les héritiers de ses anciens camarades lui reprochaient d'avoir réussi en cinq ans de démocratie ce que Franco n'avait pas réussi en quarante ans de dictature – réduire le parti communiste à néant ; quant aux héritiers des héritiers de ses anciens camarades, ils le dénigraient en répétant sans le savoir une ancienne accusation durcie par l'ignorance et par l'impunité présomptueuse de la jeunesse : pour eux – *Fiat iustitia et pereat mundus* –, c'était l'ambition personnelle de Carrillo et sa complicité avec Adolfo Suárez qui, ajoutées à son révisionnisme idéologique, à sa politique de concessions et à ses erreurs stratégiques, avaient obligé la gauche à négocier avec la droite à son désavantage le passage de la dictature à la démocratie, empêchant ainsi le rétablissement de la légalité républicaine abolie par la victoire de Franco, le dédommagement complet des victimes du franquisme et le jugement des responsables de quarante ans de dictature. Aucun d'eux n'avait raison, mais force est de reconnaître qu'ils avaient tous partiellement raison et que – même s'il ne serait pas inutile de savoir ce que faisaient exactement les héritiers des héritiers des camarades de Carrillo le soir du 23 février, alors que lui risqua sa vie pour la démocratie –, dans un certain sens, Carrillo fut essentiellement un perdant parce que, excepté le projet de réconcilier avec une démocratie l'Espagne irréconciliable de Franco, tous les grands projets qu'il avait entrepris avaient échoué : il essaya de faire une révolution pour arriver au pouvoir par la force et il échoua ; il essaya de gagner une guerre juste et il échoua ; il essaya d'abattre un régime injuste et il échoua ; il essaya de réformer le communisme pour arriver au pouvoir par les urnes et il échoua. Il vit ses dernières années entouré du faux respect de presque tous et du respect sincère de quelques-uns.

On peut sans doute lui attribuer nombre de qualificatifs, mais il n'a jamais été idiot ni pusillanime, et il est possible qu'il ne voie autour de lui qu'un paysage calciné d'idéaux en ruine et d'espoirs vaincus.

Durant toute cette période, son amitié avec Adolfo Suárez demeura intacte. Les deux hommes avaient abandonné toute activité politique à peu près en même temps, en 1991, et pendant les dix années qui suivirent, leur relation devint plus solide et intime. Ils se retrouvaient fréquemment ; ils riaient beaucoup ; ils tentaient en vain de ne pas parler politique. A l'hiver 2001, Carrillo commença à se douter que son ami était malade. Au mois de juin de l'année suivante, à l'occasion de la célébration officielle des vingt-cinq ans de la démocratie, Suárez fit une de ses rares apparitions publiques et déclara à la presse que José María Aznar, qui à ce moment-là était depuis six ans à la Moncloa, était le meilleur président de gouvernement de la démocratie. Le dithyrambe suscita force commentaires ; celui de Carrillo fut accueilli de la part des aigris comme l'expression de son cynisme de vieux renard prêt à faire faux bond à un ami pour trouver grâce aux yeux de la société : "Adolfo ne va pas bien : je crois qu'il souffre d'une lésion cérébrale[22]." Peu après, il rendit visite à Suárez dans sa maison de La Florida, un quartier aux abords de Madrid. Il le trouva comme d'habitude, ou comme il le trouvait toujours à cette époque-là, mais à un moment donné, tandis que Suárez lui parlait de longues promenades qu'il faisait en solitaire dans le quartier, Carrillo lui coupa la parole. Tu ne devrais pas sortir tout seul, lui dit-il. Tu peux avoir une mauvaise surprise. Suárez sourit. Une surprise de la part de qui ? demanda-t-il. De l'ETA ? Il ne laissa pas Carrillo lui répondre : Qu'ils viennent me chercher, s'ils en ont le courage, dit-il. Carrillo le vit ensuite interpréter une scène de western. Il lui raconta qu'un jour, il était sorti seul de chez lui et, tandis qu'il se promenait dans un parc voisin, trois terroristes armés s'étaient rués sur lui mais, avant qu'ils n'aient pu le capturer, il s'était débattu, avait sorti son pistolet et les avait neutralisés de trois coups de feu ; puis il les avait avertis que, la prochaine fois, il viserait pour les tuer et que, s'ils ne respectaient pas la loi et la volonté démocratique des citoyens, ils passeraient le reste de leur vie derrière les barreaux, puis il les avait remis à la justice pieds et mains liés.

Carrillo ne revit plus Adolfo Suárez. Ou c'est du moins ce qu'il me dit la seule fois où je l'ai vu, un matin du printemps 2007.

Le rendez-vous avait lieu à midi, chez lui, dans un appartement modeste d'un immeuble donnant sur la Plaza de los Reyes Magos, dans le quartier de Niño Jesús, près du parc du Retiro. Carrillo était alors déjà nonagénaire, mais il était le même qu'à soixante ans ; son corps semblait à la rigueur un peu plus petit et son ossature un peu plus fragile, son crâne un peu plus chauve, sa bouche un peu plus enfoncée, son nez un peu plus mou, ses yeux un peu moins sarcastiques et plus cordiaux derrière ses lunettes à double foyer. Pendant que nous étions ensemble, il a fumé un paquet entier de cigarettes ; il parlait sans ressentiment et sans orgueil, avec une soif de précision aidée par une mémoire irréprochable. Je lui ai surtout posé des questions sur les années du changement politique, de la légalisation du PCE et du 23 février ; il me parla surtout d'Adolfo Suárez ("Puisque vous avez travaillé à l'université, vous avez dû rencontrer pas mal d'imbéciles lettrés, n'est-ce pas ? me demanda-t-il à deux reprises. Eh bien, Suárez était tout le contraire"). Pendant plus de trois heures qu'a duré notre conversation, nous sommes restés face à face dans son bureau, une pièce exiguë et couverte de haut en bas de livres ; sur sa table de travail, il y avait encore des livres, des papiers, un cendrier plein de mégots ; par une fenêtre entrouverte donnant sur la rue nous parvenait un brouhaha d'enfants en train de jouer ; derrière mon interlocuteur, posée sur une étagère, une photo du 23 février occupait la place d'honneur dans la pièce : il s'agissait de la photo de couverture du *New York Times* sur laquelle Adolfo Suárez, jeune, courageux et les traits altérés, se lève de son siège pour se diriger vers les gardes civils qui secouent le général Gutiérrez Mellado dans l'hémicycle du Congrès.

6

La question des services de renseignements demande encore à être résolue, même si à présent elle ne se pose plus dans les mêmes termes. Nous savons non seulement que le CESID dirigé par Javier Calderón n'avait ni organisé le coup d'Etat ni pris part à son exécution, et qu'il s'y était même opposé. Nous savons aussi que plusieurs membres de l'AOME, l'unité d'élite du CESID dirigée par le commandant José Luis Cortina, avaient collaboré avec le lieutenant-colonel Tejero à l'assaut du Congrès (sans doute le capitaine Gómez Iglesias qui avait au dernier moment persuadé certains officiers hésitants de seconder le lieutenant-colonel ; sans doute aussi le sergent Miguel Sales et les brigadiers José Moya et Rafael Monge, en escortant les autocars de Tejero jusqu'à leur destination) ; la question est donc la suivante : l'AOME a-t-elle organisé ou soutenu le 23 février ? Le commandant Cortina a-t-il organisé ou soutenu le 23 février ? Il est en réalité impossible de répondre à ces deux questions sans répondre à deux questions préalables : qui était le commandant Cortina ? Qu'était l'AOME ?

En surface, la biographie de José Luis Cortina présente de nombreuses similitudes avec celle de Javier Calderón, avec qui il s'était lié dans les années 1960 d'une amitié qui a perduré jusqu'à aujourd'hui ; les similitudes ne sont pourtant que superficielles, car Cortina est un personnage bien plus complexe et plus ambigu que l'ancien secrétaire général du CESID ; en effet, ceux qui le connaissent le mieux et l'admirent unanimement le décrivent comme un véritable homme d'action et aussi comme un virtuose du camouflage : un personnage dodécafrontal, comme l'écrivit Vázquez Montalbán[23] après leur entretien. A l'instar de Calderón, Cortina avait suivi sa formation dans le cadre phalangiste imprégné des préoccupations sociales de l'école de préparation militaire Forja, à cette différence près que la vocation politique de Cortina avait été depuis toujours bien plus solide que celle de Calderón, à tel point qu'elle l'avait poussé au cours des années 1960 à militer dans des groupuscules radicaux de la gauche phalangiste qui, sans sortir de l'enclos du régime et à l'image du Front social révolutionnaire, prétendaient le réformer ou le régénérer par des greffes philomarxistes et ses sympathies pour le castrisme cubain. Ce méli-mélo idéologique assez fréquent dans la jeunesse politisée de l'époque lui valut plusieurs escarmouches avec le service de renseignements de l'armée et avec la police, mais il lui procura également des contacts avec des militants de l'opposition au franquisme, particulièrement avec les communistes. Cortina n'entra dans les services de renseignements qu'en 1968 quand, à peine âgé de trente ans et après avoir obtenu son diplôme de l'Académie militaire parmi les premiers de sa promotion – la quatorzième, la même que le roi –, il fut coopté par le Haut Etat-Major pour mettre en place la première unité d'opérations spéciales des services de renseignements, la SOME, où il travailla jusqu'au milieu des années 1970. A cette époque-là, ses élans pseudo-révolutionnaires s'étaient tempérés et, comme Calderón et comme son frère Antonio avec lequel il avait toujours partagé des idées et des projets politiques, il participa au GODSA[24], le cabinet d'études ou l'ébauche du parti politique qui se rapprocha de Manuel Fraga pour chercher avec lui une réforme sans rupture avec le franquisme et qui s'en éloigna (ou c'est du moins ce que firent beaucoup de ses membres) dès qu'il était devenu clair que la monarchie pariait sur la réforme avec rupture proposée par Suárez. Comme Calderón, Cortina était à cette époque-là l'avocat d'un des militaires antifranquistes de l'Union militaire démocratique, le capitaine García Márquez. A l'automne 1977 enfin, après la création récente du CESID et à l'issue des premières élections démocratiques, son premier directeur le chargea de créer l'unité d'opérations spéciales du Centre, l'AOME, qu'il dirigea jusqu'à ce que, quelques semaines après le 23 février, il fût jugé pour sa participation présumée au coup d'Etat. Du point de vue politique, Cortina était au début des années 1980 un militaire fidèle à la monarchie ; bien qu'ayant accepté sans réticences le système démocratique quatre ans plus tôt, il pensait à présent comme une bonne partie de la classe politique (à la différence de Calderón, lié par loyauté à Gutiérrez Mellado) qu'Adolfo Suárez avait mal élaboré la démocratie ou qu'il l'avait fait échouer, que le système était plongé dans une crise profonde qui menaçait la couronne et que la meilleure façon de l'en faire sortir était de former un gouvernement de coalition ou de concentration ou d'unité nationale autour d'un militaire tel que le général Armada. Cortina le connaissait bien et était de surcroît uni à lui par son frère Antonio qui entretenait une réelle amitié avec le général et qui continuait sa carrière politique dans les rangs de l'Alliance populaire de Manuel Fraga. Du point de vue technique, du point de vue de son travail dans l'espionnage, rien ne définit mieux Cortina que la nature même de l'AOME.

Bien que partie intégrante du CESID, l'AOME ne partageait pas son organisation chaotique ni la précarité de ses moyens, bien au contraire : c'était peut-être l'un des rares services de renseignements espagnols comparables aux unités des services de renseignements occidentaux. Le mérite en revient entièrement à son fondateur : Cortina dirigea l'AOME pendant quatre ans en bénéficiant d'une autonomie presque complète ; son seul lien hiérarchique avec le CESID était Calderón qui ne supervisait pas l'unité, mais qui se limitait dans la pratique à lui demander, pour le compte des différentes divisions du Centre, des renseignements que par la suite le commandant se chargeait de lui procurer sans justifier ses sources. Comme toutes les unités semblables des services de renseignements occidentaux, l'AOME était une unité secrète au sein des services secrets proprement dits et, d'une certaine façon, pour le compte des services secrets proprement dits. Sa structure était simple. Trois groupes opérationnels étaient divisés en deux sous-groupes qui, de leur côté, se divisaient en trois équipes dont chacune était composée de sept ou huit personnes et dotée de trois ou quatre véhicules et d'un transmetteur personnel pour communiquer avec les autres membres de l'équipe et avec la centrale ; chaque équipe avait une tâche assignée et chaque agent avait sa spécialité : photographie, transmission, serrurerie, explosifs, etc. Outre ces trois groupes opérationnels, l'AOME disposait, presque depuis le début, de sa propre école où chaque année un cours de techniques de renseignement permettait d'enseigner les méthodes sophistiquées de renseignement et de choisir les élèves les plus capables pour leur confier les missions, toujours les plus risquées, du CESID : filatures, écoutes, entrées clandestines dans les maisons et les bureaux, enlèvements. La nature de telles activités explique pourquoi leurs exécuteurs menaient une vie semi-clandestine même à l'intérieur du CESID, dont les membres ne connaissaient pas l'identité des agents de l'AOME ni l'emplacement des locaux de l'unité tenus secrets, en l'occurrence quatre villas à la périphérie de Madrid connues respectivement sous les noms de Paris, Berlin, Rome et Jaca. Cette impénétrabilité ne pouvait peut-être se maintenir que grâce à un esprit quasiment sectaire ; d'après ceux qui ont été sous ses ordres durant ces années-là, Cortina réussit à insuffler cet esprit à environ deux cents hommes et à former ainsi avec eux une élite compacte qui se voyait elle-même comme un ordre de chevalerie régi par la loyauté envers son chef et par une devise commune à d'autres unités de l'armée : *Si c'est possible, c'est fait ; si c'est impossible, ça se fera.*

Voilà dans les grands traits le commandant José Luis Cortina ; voilà dans les grands traits l'AOME. Etant donné les caractéristiques personnelles du commandant et les caractéristiques organisationnelles et opérationnelles de l'unité qu'il commandait, toujours à la limite et au-delà de la légalité, opérant régulièrement de façon couverte et sans contrôle externe, il ne fait pas de doute que l'AOME de Cortina a pu appuyer le coup d'Etat du 23 février, même si le CESID de Calderón s'y opposait ; étant donné la cohésion interne que Cortina avait donnée à l'AOME, il est fort improbable que ses membres aient pu agir sans l'autorisation du commandant ou sans qu'il en soit informé. Je ne dis pas que c'est impossible (en fin de compte, la cohésion interne de l'unité ne se montra pas sans faille, car c'est précisément les membres de l'AOME qui, après le 23 février, dénoncèrent la participation de leurs camarades et de Cortina lui-même au coup d'Etat ; après tout, même si l'on suppose que Cortina avait chargé le capitaine Gómez Iglesias de surveiller Tejero, Gómez Iglesias aurait pu au dernier moment participer au coup d'Etat sans consulter Cortina, au nom de la longue amitié et de la communion d'idées qui l'unissait au lieutenant-colonel) ; je dis que cela semble fort improbable. Que s'est-il alors passé ? Le commandant Cortina a-t-il organisé, a-t-il soutenu le 23 février ? Si oui, pourquoi l'a-t-il fait ?

Pour soutenir avec une force armée le gouvernement d'Armada ? Ou bien a-t-il juste fait le nécessaire pour soutenir le coup d'Etat afin de sortir vainqueur si le coup d'Etat réussissait ou pour le combattre et sortir vainqueur si le coup d'Etat échouait ? A-t-il soutenu le coup d'Etat en tant qu'agent double, ou comme un agent provocateur, y prenant part pour le contrôler de l'intérieur et pour le faire échouer ? Toutes ces hypothèses ont été émises à un moment ou à un autre, mais il est impossible de tenter de répondre à ces cinq questions sans essayer de répondre avant cela aux cinq questions préalables : Cortina savait-il à l'avance qui prendrait part au 23 février, quand, comment et où ? Etait-il en contact avec Armada et les autres putschistes les jours précédant le 23 février ? Qu'a fait exactement Cortina la veille du 23 février ? Qu'a fait exactement Cortina le 23 février ? Que s'est-il passé exactement à l'AOME le 23 février ?

7

Le 23 février

A 18 h 40, alors que quinze minutes s'étaient écoulées depuis la prise d'assaut du Congrès et que le roi avait refusé au général Armada qu'il se présente à la Zarzuela, le coup d'Etat échoua. Cela ne signifie pas qu'à ce moment-là, avec le gouvernement et les parlementaires séquestrés, la région de Valence soulevée et la division blindée Brunete menaçant Madrid, le coup d'Etat était voué à l'échec ; cela signifie seulement qu'en même temps que le coup d'Etat s'organisait aussi le contre-coup d'Etat et que dès lors, à 21 heures tout juste passées, les plans des putschistes restèrent en suspens, ces derniers attendant de voir de nouvelles unités de l'armée s'unir au soulèvement.

Le poste de commandement du contre-coup d'Etat se trouvait à la Zarzuela, dans le bureau du roi, où celui-ci passa toute la nuit en compagnie de son secrétaire, Sabino Fernández Campo, de la reine, de leur fils, le prince Felipe alors âgé de treize ans, et d'un aide de camp, tandis que les salons du palais se remplissaient de parents, d'amis et de membres du Palais royal qui répondaient aux coups de fil ou en passaient ou commentaient les événements entre eux. Bien que, selon la Constitution, le roi ne soit que le chef symbolique des forces armées dont le commandement se trouvait entre les mains du président du gouvernement et du ministre de la Défense, dans cette situation exceptionnelle le roi agit comme commandant en chef des armées et se mit dès le premier instant à donner à ses camarades d'armes l'ordre de respecter la légalité. En vue de remplacer le gouvernement séquestré, le roi retint tout d'abord une proposition visant à remettre tous les pouvoirs de l'exécutif entre les mains de la Junte des chefs d'état-major, l'organe le plus important dans la hiérarchie de l'armée, mais il s'empressa de revenir sur sa décision dès qu'il comprit – peut-être grâce à Fernández Campo ou à la reine – que cette mesure signifiait reléguer le pouvoir civil en faveur du pouvoir militaire et en réalité cautionner le coup d'Etat ; ce faux pas rattrapé à temps révéla à la Zarzuela le besoin de constituer un gouvernement intérimaire formé de civils, ce qui fut fait avant 20 heures en réunissant un groupe de secrétaires d'Etat et de secrétaires d'Etat adjoints sous les ordres du directeur général de la Sécurité, Francisco Laína. A cette heure-là, la principale préoccupation du roi n'était cependant pas le lieutenant-colonel Tejero, qui tenait sous son contrôle le Congrès, ni le général Milans qui avait soulevé la région de Valence, ni les conspirateurs de la division blindée Brunete qui, malgré les contrordres du chef de la division et du capitaine général de Madrid, n'avaient pas renoncé à participer au coup d'Etat, pas même le général Armada, vers qui convergeaient les soupçons à mesure que les putschistes avançaient son nom (Tejero l'évoquait, Milans l'évoquait, les conspirateurs de la Brunete l'évoquaient) ; la principale préoccupation du roi était les capitaines généraux.

Il s'agissait d'une douzaine de généraux qui exerçaient une autorité de vice-rois sur les onze régions militaires du pays. Ils étaient tous franquistes : ils avaient tous fait la guerre avec Franco, ils avaient presque tous combattu dans la Division bleue à côté des troupes d'Hitler, ils adhéraient tous idéologiquement à l'extrême droite ou avaient de bons rapports avec elle, ils avaient tous accepté la démocratie par devoir, mais à contrecœur, et bon nombre d'entre eux considéraient l'intervention de l'armée dans la politique du pays autour de l'année 1981 comme nécessaire ou opportune. Durant les jours qui précédèrent le 23 février, Milans avait obtenu, depuis la direction de la IIIe région militaire, le soutien explicite ou implicite à sa cause de cinq des capitaines généraux (Merry Gordon, chef de la IIe région ; Elícegui, de la Ve ; Campano, de la VIIe ; Fernández Posse, de la VIIIe ; Delgado, de la IXe) mais, une fois que le coup d'Etat fut déclenché et que le roi et Fernández Campo se mirent à leur téléphoner à chacun personnellement, ils furent obligés de prendre ouvertement position et aucun n'appuya clairement Milans. Ils n'approuvèrent pas non plus spontanément l'autorité du roi ; ils l'auraient fait si le roi leur avait ordonné de sortir les troupes dans la rue mais, étant donné que la Zarzuela leur intimait exactement l'ordre contraire, tous les capitaines généraux hormis deux d'entre eux (Quintana Lacaci à Madrid et Luis Polanco à Burgos) se débattirent pendant toute la soirée et toute la nuit dans un bourbier de doutes, pressés d'un côté par les harangues téléphoniques de Milans qui invoquait l'honneur militaire, l'Espagne qu'il fallait sauver, les engagements pris et, de l'autre, retenus par le respect au roi et parfois par la réticence ou la prudence des seconds échelons de commandement ; d'un côté, fascinés peut-être par le vertige de revivre dans leur vieillesse l'insurrection épique de leur jeunesse d'officiers de Franco et conscients que le soutien au coup d'Etat de n'importe lequel d'entre eux pouvait jouer en la faveur des putschistes – en encourageant l'intervention de leurs autres camarades et en obligeant ainsi le roi à suspendre ou à supprimer un régime politique qu'ils détestaient tous sans exception – mais conscients également que ce même soutien pouvait ruiner leurs états de service, anéantir leurs paisibles projets de retraite et les condamner à passer le restant de leur vie dans une prison militaire. Il est probable que ces généraux avaient une haute opinion d'eux-mêmes mais, à en juger par ce qui advint le 23 février, ils se comportèrent, à quelques exceptions près, comme une poignée de militaires lâches et sans honneur, pourris par l'indolence et les fanfaronnades : s'ils avaient été des militaires d'honneur, ils n'auraient pas hésité une seconde à se plier aux ordres du roi pour protéger la légalité qu'ils avaient juré de défendre ; s'ils n'avaient pas été des militaires d'honneur mais des militaires courageux, ils auraient fait ce que leurs idéaux et leurs tripes leur dictaient et ils auraient sorti les chars dans la rue. A quelques exceptions près, ils ne firent ni l'un ni l'autre ; à quelques exceptions près, leur comportement fluctuait, alternativement honteux et grotesque : tel fut, par exemple, le cas du général Merry Gordon, chef de la IIe région, qui avait promis de se ranger du côté de Milans et qui passa la soirée et la nuit dans son lit, terrassé par un excès de gin ; ou celui du général Delgado, chef de la IXe région, qui improvisa son quartier général dans un restaurant aux environs de Grenade, où il resta à l'abri des vicissitudes du coup d'Etat sans se prononcer ni en faveur ni contre le putsch jusqu'à ce que, à minuit passé, il eût considéré que la situation s'était éclaircie et qu'il pouvait retourner à son bureau d'état-major régional ; ou celui du général Campano, chef de la VIIe région, qui ne cessa de chercher des stratagèmes pour participer au coup d'Etat tout en se prémunissant contre une éventuelle accusation de putschiste ; ou celui du général González del Yerro, chef du commandement unifié des Canaries (l'équivalent de la XIe région militaire), qui se montra prêt à collaborer au coup d'Etat à condition qu'il fût lui-même à la tête du nouveau gouvernement et non Armada. Je pourrais continuer à énumérer les anecdotes, mais elles sont toutes du même acabit : à part Milans, aucun des capitaines généraux ne soutint le coup d'Etat ouvertement, pas plus qu'ils ne s'y opposèrent, à l'exception de Quintana Lacaci et de Polanco. Malgré cela et malgré le fait qu'au cours de la soirée et de la nuit, les nouvelles relatives aux états-majors régionaux arrivant à la Zarzuela changeaient d'une minute à l'autre et que souvent elles étaient ou semblaient être contradictoires, il est plus que possible qu'avant 21 heures, le roi ait eu la certitude légitime qu'à moins d'un imprévu capable de provoquer un retournement complet de la situation, les capitaines généraux n'oseraient pas dans l'immédiat désobéir à ses ordres.

Mais l'imprévu pouvait encore se produire, ainsi qu'un retournement de situation : le roi avait éteint une partie de la rébellion, mais il ne l'avait pas entièrement étouffée. Les points les plus brûlants entre 19 et 21 heures étaient le Congrès et la division blindée Brunete, l'unité dont dépendait la réussite du coup d'Etat. Ce qui se déroula durant ces deux heures dans la Brunete est inexplicable ; inexplicable si l'on n'imagine pas qu'un vertige de lâcheté ou d'indécision pareil à celui qui s'était emparé des capitaines généraux s'empara aussi des putschistes de la Brunete. Persuadé par ces derniers que l'opération bénéficiait de l'aval du roi, le chef de la Brunete, le général Juste, avait donné dans les minutes précédant le coup d'Etat l'ordre à toutes ses unités de se diriger vers Madrid, mais avant 19 heures, après avoir parlé à la Zarzuela et reçu les ordres catégoriques du général Quintana Lacaci – son supérieur hiérarchique immédiat –, Juste avait donné le contrordre correspondant ; plusieurs chefs de régiment se montraient cependant peu enthousiastes à l'idée d'obtempérer et quelques-uns parmi les plus ardents – le colonel Valencia Remón, le colonel Ortiz Call, le lieutenant-colonel de Meer – cherchaient des prétextes et le courage nécessaire pour sortir leurs troupes dans la rue, convaincus qu'il suffisait de placer un char de combat au centre de Madrid pour dissiper les scrupules ou les hésitations de leurs camarades d'armes et pour assurer la réussite du coup d'Etat. Ils ne trouvèrent ni prétextes ni courage, c'est-à-dire qu'aucun des instigateurs du coup d'Etat dans la division ne les trouva (ni le général Torres Rojas qui devait remplacer Juste d'après les plans des conspirateurs, ni le colonel San Martín, chef d'état-major, ni le commandant Pardo Zancada, chargé par Milans de déclencher l'opération), ni aucun des autres chefs et officiers qui s'agitaient au milieu du quartier général à la dérive : comme tant d'autres militaires pendant les années précédant le coup d'Etat, ils avaient prodigué des menaces contre le gouvernement par des bravades de corps de garde mais, quand le moment de les mettre à exécution se présenta, ils ne furent pas capables d'arracher le pouvoir à un Juste faible et hésitant et, même s'il est vrai que, pendant les premières heures du coup d'Etat, Torres Rojas et San Martín essayèrent encore de convaincre Juste d'annuler le contrordre de sortie, il est certain qu'ils le firent avec peu de conviction et que les pressions qu'ils exerçaient sur le chef de la Brunete se relâchèrent quand, peu après 20 heures, en obéissant docilement aux ordres de ses supérieurs, Torres Rojas quitta le quartier général et prit un vol régulier pour rejoindre son poste à La Corogne.

Entre-temps, une fois le frein du coup d'Etat actionné au sein de la Brunete, la formidable agitation provoquée par la séquestration des parlementaires semblait se calmer graduellement dans le Congrès et à ses abords. Là, les deux heures qui avaient suivi le début du coup d'Etat avaient été frénétiques. A mesure que la soirée avançait, Madrid devenait une ville fantôme (une ville sans cafés ni restaurants ouverts, sans taxis et avec tout juste un peu de circulation, dont les rues étaient dépeuplées, arpentées par des bandes d'extrémistes de droite qui chantaient en chœur des slogans, détruisaient des vitrines et intimidaient les quelques rares passants tandis que les gens s'enfermaient chez eux et se collaient à leurs postes qui par moments n'émettaient que de la musique militaire ou classique, la radio et la télévision ayant été prises d'assaut peu avant 20 heures par un détachement envoyé par un capitaine de la Brunete). En face du Congrès, de l'autre côté de la Carrera de San Jerónimo, les salons et les perrons de l'hôtel Palace se mirent à grouiller de militaires de tous bords, de journalistes, de photographes, de présentateurs de radio, de curieux, de gens avinés et de cinglés, et presque immédiatement fut installé dans le bureau du gérant de l'hôtel un petit cabinet de crise composé notamment du général Aramburu Topete, directeur général de la garde civile, et du général Sáenz de Santamaría, chef de la police nationale, deux militaires loyaux arrivés aux abords du Congrès peu après l'assaut et qui, à peine eurent-ils compris que la séquestration pouvait se prolonger pour une durée indéterminé, organisèrent deux cordons de sécurité – l'un de policiers, l'autre de gardes civils – afin d'isoler le bâtiment et de maîtriser l'effervescence qui l'entourait. Cela leur prit des heures, si tant est qu'ils y soient vraiment parvenus ; en effet, des groupes de partisans des putschistes vociférèrent dans la Carrera de San Jerónimo pendant toute la nuit, et de la première minute de la séquestration jusqu'à la dernière, militaires, policiers et gardes civils en uniforme ou en civil entrèrent à loisir dans le Congrès sans que personne sût avec certitude si c'était pour se joindre à Tejero et à ses hommes ou pour chercher à connaître leurs intentions, pour se solidariser avec leur cause ou pour les décourager, pour leur apporter des nouvelles de l'extérieur ou pour en prendre de l'intérieur et en informer les autorités, pour parlementer avec eux ou encore pour fouiner ; qui plus est, de nombreux témoins présents aux abords du Congrès dans les premiers moments du coup d'Etat affirment que personne dans cette confusion généralisée ne semblait savoir si les gardes civils et les policiers d'Aramburu et de Sáenz de Santamaría avaient cerné le bâtiment pour neutraliser les assaillants ou pour veiller sur leur sécurité, pour empêcher que de nouveaux contingents de militaires ou de civils ne leur viennent en renfort ou pour faciliter leur entrée, pour mater le coup d'Etat ou pour l'encourager. Cette dernière impression était fausse, elle le deviendrait de plus en plus à mesure que le coup d'Etat se préciserait, ainsi, même si Aramburu et Sáenz de Santamaría ne parvinrent peut-être jamais à parfaitement maîtriser l'encerclement du Congrès et à en étanchéifier complètement les accès, vers 20 heures ils avaient du moins réussi à cerner les rebelles, à stopper les tentatives improvisées visant à mettre fin de manière expéditive à la séquestration, et à écarter tout risque d'affrontement entre les partisans du coup d'Etat et ses opposants qui aurait pu provoquer par l'intervention massive de l'armée le trouble auquel aspiraient les putschistes*. Deux de ces tentatives eurent lieu très vite après la prise du Congrès : la première fut menée une demi-heure après l'assaut par Félix Alcalá-Galiano, le colonel de la police nationale ; la seconde se produisit à peine cinq minutes plus tard et fut menée par le général Aramburu lui-même. Plusieurs versions de ces deux événements circulent. Les plus vraisemblables sont les suivantes[25] :

Le colonel Alcalá-Galiano est l'un des premiers hauts commandants à arriver à la Carrera de San Jerónimo après le déclenchement du coup d'Etat. Il vient de parler au général Gabeiras, chef d'état-major de l'armée, qui lui ordonne d'entrer dans le Congrès et d'arrêter ou d'éliminer le lieutenant-colonel Tejero. Alcalá-Galiano obéit : il entre dans le bâtiment, localise Tejero et, tout en parlant avec lui, cherche l'occasion de le capturer ou de le tuer ; à un moment donné de la conversation, Tejero est appelé au téléphone depuis Valence par le colonel Ibáñez Inglés, deuxième chef d'état-major de Milans, qui, apprenant qu'Alcalá-Galiano se trouve dans le Congrès, ordonne à Tejero de le désarmer et de l'arrêter immédiatement, mais le lieutenant-colonel n'en a pas le temps car Alcalá-Galiano a eu la présence d'esprit d'écouter sur une autre ligne la conversation entre les deux rebelles et il réussit à obtenir, à coups de blagues forcées et de bons mots entre deux compagnons d'armes qui se connaissent depuis longtemps, qu'Ibáñez Inglés revienne sur son ordre et que Tejero lui permette de ressortir du Congrès. Quant à la tentative du général Aramburu, elle est beaucoup moins subtile ou sinueuse mais aussi bien plus périlleuse. Dès son arrivée à la Carrera de San Jerónimo, peu de temps après la tentative d'Alcalá-Galiano d'entrer au Congrès, Aramburu se dirige jusqu'à la grille d'entrée

* La peur des conséquences d'un affrontement armé dissuada aussi Francisco Laína, chef du gouvernement provisoire, de mettre à exécution un plan qu'il avait examiné jusque tard dans la nuit – prendre par la force le Congrès avec une unité d'opérations spéciales de la garde civile ; en effet, après maintes hésitations et discussions, il avait fini par l'écarter, convaincu par Aramburu et Sáenz de Santamaría que Tejero et ses hommes étaient prêts à repousser l'attaque et que cela ne pouvait se terminer que dans un bain de sang.

accompagné de deux de ses aides de camp et exige de parler avec le chef des insurgés ; au bout de quelques secondes, le lieutenant-colonel Tejero apparaît, pistolet à la main, l'œil et les gestes provocants, et sans préambule le général lui ordonne catégoriquement de quitter le bâtiment et de se rendre. Aramburu est le chef de la garde civile et il est donc la plus haute autorité du corps auquel appartient le lieutenant-colonel, mais celui-ci ne recule pas et, brandissant son arme alors qu'un groupe de gardes civils rebelles braquent les leurs sur Aramburu, il répond : "Mon général, plutôt que de me rendre, je préfère vous abattre, puis me tuer." La réponse d'Aramburu est instinctive et consiste à saisir son pistolet, mais l'un de ses aides de camp retient son bras pour l'empêcher de dégainer et réussit à faire en sorte que l'escarmouche en reste là, sans autre violence que celle de l'indiscipline ; Aramburu s'éloigne du Congrès furieux et stupéfié, convaincu que la détermination de Tejero présage un siège prolongé.

Cet épisode eut lieu vers 19 heures[26]. A ce moment-là, après les cris et la fusillade initiale des assaillants et la panique et la stupeur des parlementaires, des journalistes et des invités qui occupaient l'hémicycle, on respirait dans le Congrès un air raréfié digne d'un cauchemar, ou du moins c'est ainsi que de nombreuses personnes présentes s'en souviennent, comme si la séance d'investiture du nouveau président du gouvernement se poursuivait mais dans une autre dimension, ou comme si à peine quelques minuscules détails effrayants ou ridicules la troublaient et la rendaient subtilement irréelle. Dans le large couloir autour de l'hémicycle, les parlementaires marchaient comme à leur habitude, sauf qu'ils le faisaient à présent la tête basse et l'air humilié, la peur creusant leur visage, escortés jusqu'aux toilettes par des gardes civils, entendant les ordres et les cris de joie des putschistes résonner dans les bureaux et les couloirs ; par moments, les toilettes semblaient aussi fréquentées que lors des pauses des séances plénières, sauf que les hommes politiques et les journalistes dans les urinoirs n'échangeaient pas les insignifiants commentaires de toujours, mais des chuchotements d'incertitude, d'agonie, d'autocompassion ou d'humour noir ; comme pendant les pauses de n'importe quelle séance plénière, une foule s'était formée au bar, situé alors à l'entrée principale du vieux bâtiment, les garçons servaient et encaissaient les consommations, recevaient des pourboires, à cette différence près que les clients n'étaient pas des hommes politiques ni des journalistes mais des officiers, des sous-officiers et un bon nombre de gardes civils armés de fusils d'assaut CETME et de mitraillettes Star, qui proféraient au comptoir des mots d'encouragement, des grossièretés, des boutades et des slogans patriotiques, à cette différence près que les cafés arrosés de cognac, les whiskys, les brandys, les gin tonics et les bières dépassaient largement la consommation habituelle. Quant à l'hémicycle, après l'irruption des putschistes, un silence lugubre s'y installa, interrompu de temps en temps par les toussotements des parlementaires et par les ordres sporadiques des gardes civils ; le silence se figea quand, dix minutes plus tard, un capitaine monta à la tribune pour annoncer l'arrivée d'une autorité militaire chargée de prendre le commandement du coup d'Etat, puis se brisa quand, peu après, Adolfo Suárez se leva de son siège et exigea de parler avec le lieutenant-colonel Tejero, provoquant ainsi une agitation qui manqua de déclencher une nouvelle fusillade et cessa quand les gardes civils réussirent par des cris et des menaces à faire rasseoir le président. Quelques minutes plus tard, sans doute pour remonter le moral de ses hommes et atteindre celui des séquestrés, Tejero annonça que Milans avait décrété la mobilisation générale à Valence. Ce ne fut pas la seule annonce de ce genre que firent les rebelles depuis la tribune au cours de la nuit : à un moment donné, un officier fit lecture aux parlementaires de l'arrêté rendu par Milans à Valence ; à un autre moment, un garde civil leur fit lecture des nouvelles favorables aux putschistes transmises par les agences de presse ; à un autre moment encore, peu avant minuit, Tejero proclama que plusieurs régions militaires – la IIe, la IIIe, la IVe et la Ve – avaient accepté Milans comme nouveau président du gouvernement. Ce furent les seules nouvelles relatives aux événements qui se déroulaient à l'extérieur du Congrès qui parvinrent aux députés au cours des premières heures de leur séquestration ; ou presque les seules. D'autres nouvelles circulaient aussi de manière fragmentaire et confuse : en effet, Fernando Abril Martorell, l'ancien vice-président du gouvernement, écoutait en cachette sur un transistor[27] des informations que plus d'une fois il maquilla avant de les faire circuler pour insuffler du courage à ses compagnons. Bien sûr, la tâche n'était pas aisée, du moins pas pendant ces premières heures, quand aucun des faits advenus dans l'hémicycle ne parvenait à apaiser le trouble des députés – ni le fait que l'autorité militaire n'arrivait pas bien qu'ayant été annoncée, ni même le fait que les assaillants avaient permis à tous ceux qui n'étaient pas des parlementaires de sortir du Congrès. Pendant un bon moment, le cataclysme sembla inéluctable et la nervosité, la rage et le comportement brutal des gardes civils ne faiblirent pas ; vers 19 h 30, après que le clignotement répété de l'éclairage dans la salle eut fait craindre aux assaillants une coupure de courant volontaire pour essayer de les expulser du Congrès par la force, le lieutenant-colonel Tejero doubla le nombre de vigiles aux accès de l'hémicycle et, en criant, il exigea de ses hommes qu'en cas de coupure de courant, ils ouvrent le feu à la moindre friction ou au moindre mouvement suspect, et immédiatement après il ordonna qu'on détruise plusieurs fauteuils pour pouvoir faire un bûcher devant la tribune au cas où la lumière viendrait à manquer. L'ordre fit frissonner les députés convaincus que cela provoquerait automatiquement un incendie dans cette enceinte couverte de gros tapis et de bois précieux. Ce frisson ne fit qu'annoncer celui qui parcourut ensuite l'hémicycle à 19 h 40, au moment où plusieurs gardes civils emmenèrent Adolfo Suárez puis, successivement, le général Gutiérrez Mellado, Felipe González, Santiago Carrillo, Alfonso Guerra et Agustín Rodríguez Sahagún. Tous les six sortirent d'une salle plongée dans un mutisme épouvanté, certains d'entre eux étaient blancs comme des linges, mais tous essayaient de garder leur calme ou d'en donner l'illusion, tandis que la majorité de leurs compagnons les suivirent du regard avec le pressentiment qu'ils seraient exécutés et que c'était précisément ce destin-là que les putschistes réservaient à bon nombre d'entre eux. Ce pressentiment ne les quitta pas durant une bonne partie de la nuit car ce n'est que très lentement qu'ils purent écarter la crainte d'un bain de sang et caresser l'espoir que les putschistes n'avaient isolé leurs chefs parlementaires qu'afin de les obliger à négocier, avec une autorité militaire qu'ils ne parvinrent jamais à voir, une issue au coup d'Etat qu'ils ne parvinrent jamais à négocier.

Telle était la situation vers 20 h 30 ou 21 heures le 23 février : le Congrès séquestré, la région de Valence soulevée, la division blindée Brunete et les capitaines généraux encore en proie à l'hésitation et le pays entier plongé dans une passivité craintive, résignée et expectante ; le coup d'Etat des rebelles semblait bloqué par le contre-coup de la Zarzuela, et aussi dans l'attente de quelqu'un – soit du côté des rebelles, soit du côté de la Zarzuela – capable de le débloquer et de le faire ainsi sortir de la parenthèse dans laquelle l'avaient mis l'échec partiel des uns et le succès partiel des autres. C'est alors que furent déclenchés deux mouvements opposés et déterminants, l'un lancé depuis le Quartier général de l'armée, du palais de Buenavista, et l'autre depuis la Zarzuela, l'un en faveur du coup d'Etat et l'autre en faveur du contre-coup d'Etat. Vers 19 h 30 ou 20 heures, alors que le roi et Fernández Campo sondaient encore les capitaines généraux et exigeaient d'eux qu'ils consignent leurs troupes, une discussion avait été amorcée à la Zarzuela sur une éventuelle intervention du roi à la télévision, destinée à lever toute ambiguïté : il s'agissait de condamner l'assaut du Congrès et de confirmer l'ordre de défendre la légalité déjà envoyé par téléphone et par télécopie à Milans et aux autres capitaines généraux ; l'idée s'imposa d'emblée comme une urgence mais, avant que le Palais royal ne puisse la mettre en pratique, il fallait surmonter un problème préalable : il était pour le moment impossible d'enregistrer et d'émettre l'allocution du monarque car les studios de radio et de télévision à Prado del Rey étaient occupés par un détachement de cavalerie de la Brunete ; ainsi, la Zarzuela se mobilisa dans les minutes qui suivirent pour déloger les putschistes des studios. Enfin, après avoir appris que le détachement en question appartenait au 14e régiment de cavalerie Villaviciosa sous le commandement du colonel Valencia Remón, le marquis de Mondéjar, chef du Palais royal et général de cavalerie, put convaincre son compagnon d'armes de rappeler ses hommes. Peu après, la Zarzuela demandait à la télévision libérée d'envoyer une équipe mobile afin que le roi pût enregistrer son message.

Ce fut le point de départ du premier des deux mouvements opposés, le mouvement contre le coup d'Etat. L'autre, le mouvement en faveur du coup d'Etat, se mit sans doute à germer dans l'esprit des chefs de la rébellion peu après le refus du roi de laisser entrer Armada dans la Zarzuela ; ils se virent obligés de consolider leur projet à mesure qu'ils comprenaient qu'en principe, le roi n'allait pas soutenir le coup d'Etat, pas plus que les capitaines généraux ; au fond, ce mouvement n'était qu'une variante quasiment imposée par les circonstances du plan originel : d'après ce plan, Armada se rendait depuis la Zarzuela dans le Congrès occupé et, avec le soutien explicite du roi et de l'armée tout entière, il y formait un gouvernement de coalition ou de concentration ou d'unité nationale sous sa présidence en échange de la libération des députés et du retour de l'armée dans ses quartiers ; d'après cette nouvelle variante, Armada arrivait dans le Congrès avec le même objectif, sauf qu'il ne venait pas de la Zarzuela, mais du Quartier général de l'armée, où il avait son poste de commandement en tant que deuxième chef d'état-major, et avec tout le soutien explicite ou implicite qu'il était capable d'obtenir, à commencer par celui du roi. Pour les putschistes, ce mouvement était plus ardu et plus incertain que celui qu'ils avaient initialement envisagé, car personne ne savait de quels soutiens Armada pourrait disposer en ces circonstances. Mais, à la suite de la réaction inattendue du roi qui rejetait le coup d'Etat, ce mouvement, je le répète, s'imposait quasiment de lui-même, pour Milans comme pour Armada : Milans avait agi ouvertement en sortant ses troupes dans la rue et en refusant de les rappeler, aussi n'avait-il d'autre option que de continuer, en poussant Armada à mener jusqu'au bout le plan envisagé, même si c'était dans des conditions plus difficiles que prévu ; pour Armada, qui était resté immobile et presque embusqué dans le Quartier général de l'armée, essayant de ne faire aucun geste qui puisse trahir son implication dans le coup d'Etat, ce mouvement entraînait des risques supplémentaires, mais il pouvait aussi supposer certains avantages : si le mouvement réussissait, Armada finirait par devenir président du gouvernement, comme prévu par le plan originel, mais s'il échouait, il balaierait les soupçons accumulés contre lui depuis le début du coup d'Etat, ce qui lui permettrait d'apparaître comme l'homme sacrifié après l'échec de ses négociations pour la libération du Congrès. Il est probable que, vers 21 heures, Milans aussi bien qu'Armada en étaient arrivés à la conclusion que ce mouvement était nécessaire. Quoi qu'il en soit, une demi-heure plus tard, Milans appela le palais de Buenavista et demanda à parler avec Armada, alors la plus haute autorité du Quartier général de l'armée en l'absence du général Gabeiras, qui se trouvait au siège de la Junte des chefs d'état-major rue Vitruvio. La conversation, longue et compliquée, fut la première que les deux généraux putschistes eurent cette nuit-là, et dès lors, pour bon nombre de ceux qui en furent immédiatement informés, le coup d'Etat semblait en voie de se débloquer ; en réalité, il s'enlisait simplement dans une autre phase.

Quatrième partie

TOUS LES COUPS D'ÉTAT DU COUP D'ÉTAT

L'image, figée, montre l'aile gauche de l'hémicycle du Congrès des députés : à droite se trouvent les sièges, tous occupés par les parlementaires ; au centre, la tribune de presse remplie de journalistes ; à gauche, la table du Congrès, vue de profil, avec la tribune des orateurs au premier plan. C'est l'image habituelle d'une séance plénière du Congrès dans les premières années de la démocratie ; à deux détails près : d'abord, les mains des ministres et des députés sont absolument toutes posées sur les accoudoirs de leurs sièges ; puis on note la présence d'un garde civil dans l'hémicycle : il est posté à gauche, faisant face aux députés, le doigt sur la détente de sa mitraillette. Ces deux détails anéantissent toute illusion de normalité. Il est 18 h 32 en ce lundi 23 février et cela fait exactement neuf minutes que le lieutenant-colonel Tejero a fait irruption dans le Congrès et que le coup d'Etat a commencé.

Rien de notable ne varie dans la scène quand on met l'image en mouvement : le garde à la mitraillette surveille à gauche et à droite en faisant des petits pas amortis par le tapis au centre de l'hémicycle ; les parlementaires semblent pétrifiés sur leurs sièges ; un silence interrompu seulement par des toussotements règne dans l'hémicycle. Le plan change maintenant et l'image embrasse le centre et l'aile droite de l'hémicycle : au centre, les sténographes et un huissier se redressent après avoir passé les dernières minutes couchés sur le tapis, et le secrétaire du Congrès, Víctor Carrascal – que le coup d'Etat a surpris au moment où il présidait le vote d'investiture par appel nominal de Leopoldo Calvo Sotelo, successeur d'Adolfo Suárez à la présidence du gouvernement – reste figé, debout, en train de fumer au pied de la tribune ;

quant à l'aile droite de l'hémicycle, tous les ministres et les députés y demeurent, assis sur leurs sièges, la majorité tenant les mains en évidence sur les accoudoirs, la majorité restant immobile. Adolfo Suárez ne fait pas partie de cette majorité-là car ses mains ne se voient pas et il ne cesse de bouger sur son siège ; en réalité, il n'a pas cessé de bouger depuis que la fusillade s'est arrêtée et que le général Gutiérrez Mellado s'est rassis à côté de lui après avoir affronté les gardes civils : agité, il se tourne constamment à gauche, à droite, en arrière, il allume une cigarette après l'autre, il croise et décroise sans arrêt les jambes ; il se trouve maintenant presque dos à l'hémicycle, suivant du regard le groupe de gardes civils qui contrôlent l'entrée, comme s'il cherchait quelqu'un, peut-être le lieutenant-colonel Tejero. Mais si c'est bien lui qu'il cherche, il ne le trouve pas et, quand il regarde de nouveau devant lui, il s'aperçoit que, sur un geste d'un garde civil, Víctor Carrascal cède sa place à un huissier au pied de la table de la présidence et, une cigarette à la main et la liste des députés dans l'autre, il monte les marches, se place à la tribune des orateurs, laisse sur le pupitre ses papiers soudain inutiles, lève les yeux et regarde à droite et à gauche avec une expression mi-embarrassée, mi-suppliante, comme si tout d'un coup il lui paraissait absurde ou ridicule ou dangereux d'être monté là et comme s'il sollicitait un endroit où se cacher, ou comme s'il venait de lire dans les regards expectatifs de ses compagnons que ces derniers croyaient que les putschistes lui avaient ordonné d'y monter pour dire quelque chose ou pour reprendre le vote là où il l'avait interrompu, et qu'il tentait de dissiper ce malentendu.

Mais le malentendu se dissipe tout seul. Une minute après l'apparition de Víctor Carrascal à la tribune, un capitaine de la garde civile prend sa place pour s'adresser aux députés présents. Ce capitaine s'appelle Jesús Muñecas, il est l'officier sur lequel le lieutenant-colonel Tejero compte le plus ce soir-là et qui s'est avéré être l'un de ses soutiens les plus solides dans les journées qui ont précédé le coup d'Etat. Le lieutenant-colonel lui a demandé de rassurer les députés, et Muñecas, après avoir examiné un instant l'hémicycle depuis le hall – comme un orateur prévoyant qui étudie les conditions du lieu où il doit faire son discours afin de s'y adapter –, une mitraillette dans une main et son tricorne dans l'autre, monte à la tribune. A peine l'officier commence-t-il son allocution que quelqu'un débranche, volontairement ou non, la caméra qui nous le montre et, après avoir offert plusieurs plans nerveux et fugaces du capitaine, l'image devient progressivement noire. Il y a heureusement une autre caméra, située sur l'aile gauche de l'hémicycle, qui continue à filmer la scène et qui, avant que le capitaine ne finisse son allocution, le montre de nouveau, presque imperceptible, à peine un profil flou en uniforme à l'extrême droite de l'image. Ce qui est en revanche perceptible avec une clarté absolue, ce sont ses mots, qui résonnent dans l'hémicycle au milieu d'un silence lui aussi absolu. Les mots du capitaine sont exactement les suivants : "Bonsoir. Il ne va rien se passer, mais on va attendre que vienne l'autorité militaire compétente pour décider... de ce qu'il faut faire et qu'elle-même... nous le dise à tous. Restez donc tranquilles. Je ne sais pas si elle sera là dans un quart d'heure, vingt minutes ou une demi-heure... mais pas plus, j'imagine. Cette autorité, compétente, militaire bien entendu, va décider de ce qui va suivre. Bien sûr qu'il ne se passera rien. Restez donc tous tranquilles." Rien de plus : le capitaine a parlé de sa voix nette, habituée à commander, même s'il a eu quelques hésitations et qu'il a insisté sur deux mots limitrophes – les mots "compétente" et "militaire", prononcés à deux reprises – qui ont mis en évidence la neutralité forcée de son discours par une emphase coercitive. Rien de plus : le capitaine descend les marches de la tribune et, alors qu'il se mêle aux gardes civils qui l'ont écouté depuis le hall de l'hémicycle, l'image se fige de nouveau.

1

Qui était cette autorité compétente ? Qui était le militaire dont les parlementaires ont attendu en vain l'arrivée au cours de la soirée et de la nuit du 23 février ? Depuis le jour où le coup d'Etat a été déclenché, c'est l'une de ses énigmes officielles, ainsi que l'un des gisements de rumeurs les plus exploités. En effet, on peine à trouver un seul politicien de l'époque qui n'ait proposé son hypothèse sur l'identité du militaire en question, ou un seul livre sur le 23 février qui n'ait développé la sienne : les uns prétendent qu'il s'agissait du général Torres Rojas qui – après avoir enlevé le commandement de la division blindée Brunete au général Juste et avoir pris avec elle le contrôle de Madrid – aurait dû relayer avec ses troupes le lieutenant-colonel Tejero dans le Congrès ; d'autres affirment que c'était le général Milans qui aurait dû arriver à Madrid depuis Valence, au nom du roi et des capitaines généraux soulevés ; d'autres encore supposent que c'était le général Fernando de Santiago, prédécesseur de Gutiérrez Mellado au poste de vice-président du gouvernement et membre d'un groupe de généraux en retraite, qui conspirait depuis un certain temps en faveur d'un coup d'Etat ; d'autres encore soutiennent que c'était le roi en personne qui devait se présenter devant le Congrès pour s'adresser aux députés en sa qualité de chef d'Etat et des forces armées. Ces quatre noms n'épuisent pas la liste des candidats ; il y en a même qui aggravent la confusion, non pas en ajoutant un candidat à la liste, mais en taisant son nom : en 1988, Adolfo Suárez dit que seules deux personnes connaissaient l'identité du militaire en question et qu'il était l'une d'elles. Naturellement, ce sont les putschistes qui, plus que quiconque, avaient intérêt à alimenter le mystère. Le lieutenant-colonel Tejero semblait particulièrement investi dans cette tâche : pendant le procès qui suivit le 23 février, il déclara que, lors d'une des réunions précédant le coup d'Etat, le commandant Cortina avait désigné l'autorité militaire censée venir au Congrès par un nom de code : l'Eléphant Blanc. Il est fort possible que le témoignage de Tejero n'ait été qu'une élucubration pour ajouter de la confusion à la confusion pendant l'audience, mais certains journalistes s'en firent l'écho dans leurs chroniques, et réussirent ainsi à compenser l'absence d'un nom propre par l'énergie d'un symbole et à entretenir jusqu'à aujourd'hui la vitalité de l'énigme. C'est une énigme qui, en réalité, n'en est pas une car, une fois de plus, la vérité saute aux yeux : le militaire annoncé ne pouvait être que le général Armada. Suivant les plans des putschistes, il serait venu au Congrès depuis la Zarzuela et, avec l'autorisation du roi et le soutien de l'armée soulevée, il aurait libéré les parlementaires à la condition, bien entendu, qu'ils acceptent de former un gouvernement de coalition ou de concentration ou d'unité sous sa présidence. Cela était prévu et, s'il est vrai que l'Eléphant Blanc était le nom de code du militaire annoncé, alors Armada était cet Eléphant Blanc[1].

2

Armada était l'Eléphant Blanc, le militaire annoncé au Congrès, et le leader de l'opération, mais ce sont le général Milans et le lieutenant-colonel Tejero qui la réalisèrent. Tous trois ourdirent la trame du coup d'Etat. Y avait-il une autre trame derrière cette trame ? Le jour même du coup d'Etat, on commença à spéculer sur l'existence d'une trame civile cachée derrière la trame militaire, une trame supposée réunir un groupe d'ex-ministres de Franco, de personnages haut placés et de journalistes extrémistes qui, dans l'ombre, auraient conduit les militaires et les auraient inspirés et financés. Le fait que le tribunal en charge du procès qui suivit le 23 février ne mit en accusation qu'un seul civil finit par faire de cette trame cachée l'une des nombreuses énigmes officielles du coup d'Etat.

La spéculation ne manquait pas de fondement, mais pour l'essentiel elle était fausse. Il y a une règle presque toujours observée : quand l'armée s'apprête à monter un coup d'Etat, elle se replie sur elle-même car, à l'heure de vérité, les militaires ne font confiance qu'aux militaires ; en l'occurrence, la règle fut observée et, quant à l'énigme appelée trame civile, elle n'en est pas une : si l'on excepte l'intervention de quelques civils identifiés, tel Juan García Carrés – chef du syndicat unique franquiste, ami intime de Tejero, et seul civil à comparaître au procès pour son rôle de médiation entre le lieutenant-colonel et le général Milans pendant les mois qui précédèrent le coup d'Etat –, il n'y eut derrière les militaires rebelles aucune trame civile : ni d'ex-ministres, ni de leaders politiques, ni d'hommes influents au sein des groupes franquistes tels José Antonio Girón de Velasco ou Gonzalo Fernández de la Mora, ni de banquiers telle la famille Oriol y Urquijo, ni de journalistes tel Antonio

Izquierdo – directeur d'*El Alcázar* ; aucun des membres de l'extrême droite fréquemment évoqués ne conduisit ni n'inspira directement le coup d'Etat, tout simplement parce qu'Armada, Milans et Tejero n'avaient pas besoin d'un civil pour inspirer une opération militaire. D'ailleurs, ils ne permirent à aucun civil de s'immiscer dans leurs projets si ce n'est de manière anecdotique (ils ne permirent pas même à García Carrés de participer à la principale réunion préparatoire du coup d'Etat : il s'y rendit, mais Milans l'obligea à partir pour éviter toute interférence civile). Quant à son financement, le coup d'Etat du 23 février fut payé avec l'argent de l'Etat démocratique parce que c'est lui qui finançait l'armée*. Il est pourtant vrai que certains membres très connus de l'extrême droite – y compris certains de ceux mentionnés plus haut – avaient d'excellentes relations avec les putschistes et qu'ils savaient peut-être à l'avance qui allait faire le coup d'Etat et où, et comment, et quand ; il est aussi vrai qu'ils avaient appelé ce coup d'Etat de leurs vœux pendant des années et que, malgré les différences souvent insurmontables qui les opposaient, si sa version la plus dure l'avait emporté, ces membres auraient peut-être été sollicités par les militaires pour l'administrer, quoi qu'il en soit ils l'auraient salué avec enthousiasme. Tout cela est vrai, mais ne suffit pas à impliquer ce groupe de civils dans les préparatifs du coup d'Etat, une opération strictement militaire qui, eût-elle atteint ses objectifs, avait bon espoir de recueillir une approbation au-delà du cercle restreint de l'extrême droite, et elle l'aurait vraisemblablement recueillie, à en juger par la réponse populaire et institutionnelle qui suivit le coup d'Etat, et par la pure logique des choses. On raconte qu'au moment où le président du conseil de guerre, qui jugeait le général José Sanjurjo pour sa tentative de coup d'Etat du mois d'août 1932, lui demanda qui était derrière l'opération,

* Il faudrait ici faire une exception : il s'agit de deux millions et demi de pesetas avec lesquelles Tejero acheta six autobus d'occasion et plusieurs dizaines de gabardines et d'anoraks que ses gardes civils devaient porter pendant l'assaut du Congrès (dans la précipitation du dernier moment, ils ne les portèrent d'ailleurs pas). L'origine de cet argent n'est pas claire ; d'après la version la plus fiable, l'argent fut fourni par Juan García Carrés et il provenait de son patrimoine personnel ou d'apports de personnes proches du général de réserve Carlos Iniesta Cano[2].

le militaire lui répondit de la sorte : “Si j'avais réussi, tout le monde. Et vous le premier, monsieur le juge.” Mieux vaut ne pas se leurrer : le plus probable est que, s'il avait réussi, le coup d'Etat du 23 février aurait été approuvé par une bonne partie des citoyens, y compris les politiciens, les organisations et les groupes sociaux qui le condamnèrent après son échec ; des années après le 23 février, Leopoldo Calvo Sotelo s'exprima en ces termes : “Il est absolument indubitable que, si Tejero avait réussi et si le coup d'Etat d'Armada avait abouti, la manifestation de soutien qui aurait suivi n'aurait peut-être pas compté un million de personnes, comme cela a été le cas en faveur de la démocratie quatre jours plus tard à Madrid, mais certainement huit cent mille personnes toutes prêtes à crier : «Vive Armada !»” C'est à cela que s'attendaient les putschistes, et il ne s'agissait pas d'un espoir infondé ; qu'ils aient compté sur l'approbation de la société civile ne veut pas dire, j'insiste, qu'ils furent dirigés par des civils : même si l'extrême droite réclamait un coup d'Etat, il n'y eut pas de trame civile derrière la trame militaire le 23 février. Si elle a véritablement existé, ce ne fut pas sur la seule initiative de l'extrême droite, mais aussi sur celle de toute une classe de dirigeants immatures, irréfléchis et aveuglés, qui – au milieu de l'apathie d'une société déçue par la démocratie et par son fonctionnement, après un enthousiasme initial au terme de la dictature – créèrent les conditions propices au coup d'Etat. Mais cette trame civile n'était pas derrière la trame militaire : elle était derrière et devant et autour. Cette trame civile n'était pas la trame civile du coup d'Etat : elle en était le placenta[3].

3

Armada, Milans et Tejero. Ils furent les trois protagonistes du coup d'Etat ; ils en ourdirent la trame entre eux ; Armada en fut le chef politique ; Milans en fut le chef militaire ; Tejero fut le chef opérationnel de la prise d'assaut du Congrès, détonateur du coup d'Etat. Malgré leurs ressemblances, ils étaient trois hommes très différents qui se lancèrent dans le coup d'Etat, guidés par des motifs politiques et personnels différents ; que ceux-ci ne furent pas moins importants que ceux-là : bien que l'Histoire ne soit pas régie par des motifs personnels, il y en a toujours derrière tout événement historique. Les ressemblances entre Armada, Milans et Tejero n'expliquent pas le coup d'Etat ; leurs différences non plus. Pourtant, sans comprendre leurs ressemblances, il est impossible de comprendre pourquoi ils organisèrent le coup d'Etat et, sans comprendre leurs différences, il est impossible de comprendre pourquoi celui-ci échoua.

Armada était le personnage le plus complexe des trois, peut-être parce que, bien plus que militaire, il était courtisan ; un courtisan à l'ancienne, pourrait-on ajouter, un membre de la suite d'une monarchie médiévale, dont un dramaturge romantique aurait pu faire le portrait avec des anachronismes de rigueur : intrigant, prétentieux, fuyant, ambitieux et puritain, libéral en apparence mais profondément intégriste, expert en protocoles, simulations et trompe-l'œil de la vie de palais, il était doté des manières onctueuses d'un prélat et d'une mine de clown un peu triste. Contrairement à l'immense majorité des hauts commandants de l'époque, Armada portait la monarchie dans ses veines parce qu'il appartenait jusqu'au bout des ongles à une famille de l'aristocratie monarchiste (son père, militaire lui aussi, avait été élevé aux côtés d'Alfonso XIII et avait été le précepteur de son fils, don Juan de Borbón, père du roi) ; lui-même était le filleul de la reine María Cristina, la mère d'Alfonso XIII, et il affichait le titre de marquis de Santa Cruz de Rivadulla. De même que tous les hauts commandants de l'époque, Armada était franquiste jusqu'à la moelle : il avait fait trois ans de guerre avec Franco, il avait fait la campagne de Russie avec la Division bleue, il avait fait sa carrière militaire dans l'armée de Franco et, grâce à un accord entre Franco et don Juan de Borbón, il était devenu en 1955 le précepteur du prince Juan Carlos. Dès lors, sa relation avec le futur roi s'approfondit et s'intensifia : en 1964, il est nommé assistant du chef du Palais princier, en 1965, secrétaire du Palais princier et, en 1976, secrétaire du Palais royal. Ainsi, pendant presque quinze ans, au cours desquels Juan Carlos passa de garçon à adulte et de prince à roi, l'influence d'Armada sur lui fut énorme : en qualité de première autorité effective dans l'entourage du monarque (la première autorité théorique étant le marquis de Mondéjar, chef du Palais royal), le général contrôlait les activités de ce dernier, dessinait les stratégies, écrivait les discours, filtrait les visites, organisait les voyages, planifiait et dirigeait les campagnes et tentait de guider la vie politique et personnelle de Juan Carlos. Il y parvint, cela ne fait pas de doute. Le roi développa une dépendance et une affection considérables à son égard, et il est fort probable que le privilège de la proximité du monarque ainsi que l'autorité qu'il exerça pendant longtemps sur le palais, alliés à son arrogance innée de patricien et au succès de la proclamation de la monarchie après trois décennies d'incertitude, aient convaincu Armada que son destin était lié à celui du roi, et que la couronne n'avait d'avenir en Espagne que s'il continuait à la tenir sous sa tutelle.

Cette conviction commença à se dissiper à l'été 1977, peu après les premières élections démocratiques. Le roi fit alors savoir à Armada qu'il devait abandonner son poste. Le renvoi ne devint effectif qu'à l'automne mais, selon une opinion partagée par ceux qui le connaissaient, le général encaissa la nouvelle comme un ordre d'exil et attribua sa disgrâce à l'influence croissante d'Adolfo Suárez sur le monarque. L'attribution était juste : le roi avait nommé Suárez président du gouvernement contre l'avis d'Armada – qui défendait l'idée de garder à la présidence Arias Navarro ou de le remplacer par Manuel Fraga, dans le cadre d'une monarchie franquiste ou d'une démocratie restreinte remettant de larges pouvoirs à la couronne – et, dès la désignation du nouveau président, les affrontements entre les deux hommes furent constants : ils eurent de fortes divergences à propos de l'enlèvement du général Villaescusa et d'Antonio María de Oriol y Urquijo, que Suárez attribua au début à l'extrême droite, et Armada à l'extrême gauche ; à propos de la légalisation du PCE, qu'Armada considéra comme une trahison envers l'armée et un coup d'Etat feutré ; à propos de certaines lettres envoyées par Armada avec l'en-tête du Palais royal, dans lesquelles il appelait à voter pour le parti de Manuel Fraga lors de la campagne électorale de 1977 ; à propos d'un projet de loi sur le divorce ; à propos de presque tout. Suárez toléra difficilement les ingérences du secrétaire du roi, auquel il ne reconnaissait pas de légitimité pour discuter ses décisions et qu'il considéra bien vite comme un obstacle à la réforme politique ; c'est pourquoi, quand il sentit son autorité renforcée après sa victoire aux premières élections démocratiques, le président demanda avec insistance au roi de changer de secrétaire et, profitant de l'occasion pour s'émanciper de son vieux tuteur de jeunesse, le roi finit par céder. Armada ne le pardonna pas à Suárez. Celui-ci ne lui avait jamais inspiré le moindre respect et il n'avait jamais imaginé que Suárez devienne un jour son rival et son bourreau : il l'avait fréquenté au temps où Suárez dirigeait la Radio-Télévision espagnole et avait fait appel à ses services pour promouvoir la figure alors précaire et floue du prince, et son opinion sur le futur président ne devait pas diverger de celle de tant d'autres qui, au début des années 1960, le considéraient comme un foutriquet servile et diligent et un plébéien sans scrupules converti à la cause monarchiste par simple ambition personnelle. Le fait que ce parvenu l'ait éloigné du roi ne fit que contribuer à attiser l'hostilité qu'il éprouva dès lors contre Suárez. Armada la nia toujours, mais il suffit de feuilleter ses Mémoires[4], publiés deux ans après le coup d'Etat, pour tomber à chaque page sur des allusions vénéneuses au président du gouvernement ; d'Arias Navarro, prédécesseur de Suárez, il dit : "On ne peut pas lui reprocher les problèmes postérieurs ni la perte de valeurs que l'Histoire et la tradition nous révèlent être l'âme même de l'Espagne. Ce sont les *autres* qui ont favorisé cette situation" (c'est lui qui souligne) ; de Manuel Fraga qui, d'après ses critères, aurait dû occuper la place de Suárez, il dit : "La vie est ainsi faite, et elle sacrifie souvent les meilleurs pour laisser la place et les postes de responsabilité aux effrontés sans idées ni scrupules." Il ne faut pas de grandes aptitudes au raisonnement déductif pour deviner qui était l'effronté sans idées ni scrupules qui avait provoqué la perte de l'âme espagnole.

Armada ne se résigna pas à son exil de la Zarzuela. Après son départ du Palais, il reprit sa carrière militaire en proclamant constamment son enthousiasme, d'abord comme professeur de tactique à l'Ecole supérieure de l'armée, puis comme directeur des Services généraux au Quartier général, mais il vécut les trois ans qui suivirent rongé par son aversion pour Adolfo Suárez et par l'idée fixe de récupérer sa place auprès du roi. Le poste de secrétaire était occupé par Sabino Fernández Campo – un ami personnel qui devait faciliter son retour à la cour, peut-être comme chef du Palais royal – et, par son intermédiaire et celui d'autres amis qui demeuraient encore au palais, il fit des pieds et des mains pour rester en contact avec la Zarzuela : il faisait parvenir au roi des rapports ou des messages, il adressait personnellement des cartes de vœux aux membres de la famille royale à Noël, à leurs anniversaires et à leurs fêtes, et il cherchait à retrouver sa place pendant leurs audiences et leurs réceptions publiques, convaincu que tôt ou tard le monarque comprendrait son erreur et qu'il le rappellerait auprès de lui pour rétablir une relation que l'ancien secrétaire continuait à croire primordiale pour l'avenir de la couronne en Espagne. Au début de l'année 1980, Armada fut nommé gouverneur militaire de Lérida et chef de la division de Montaña Urgell n° 4 ; l'une de ses obligations protocolaires consistait à accueillir la famille royale lors de ses vacances de ski dans la région, et cela facilita la reprise des relations entre le général et le roi : ils se virent une fois au mois de février, ils dînèrent ensemble deux fois au printemps. Cette réconciliation, ce rétablissement de la confiance passée, se produisit au moment où le roi perdait sa confiance en Suárez et où l'effondrement de celui-ci et la crise du pays semblaient confirmer les pronostics d'Armada ; l'ambition politique et la mentalité courtisane de l'ancien secrétaire du roi interprétèrent peut-être cette coïncidence comme l'annonce de ce que l'heure de la revanche avait sonné : Suárez l'avait chassé du pouvoir et la chute de Suárez pouvait signifier son retour au pouvoir.

L'année 1980 n'aida pas à corriger cette interprétation et moins encore les mois qui précédèrent le coup d'Etat : à mesure qu'il s'éloignait de Suárez, le roi se rapprochait d'Armada – en se retrouvant souvent avec lui en privé, en discutant avec lui de la situation politique et militaire et du remplacement du président, en lui trouvant un poste de premier ordre à Madrid – presque comme si Suárez et lui étaient deux favoris en train de se disputer la faveur du roi, et que celui-ci cherchait la manière de remplacer l'un par l'autre. Ce fut probablement l'idée d'Armada à la veille du 23 février, et c'est pourquoi le coup d'Etat fut pour lui non seulement une manière de revenir à la démocratie restreinte ou à la monarchie franquiste qui avait été, dès le début, son idéal politique, mais aussi une manière d'achever Adolfo Suárez et – en retrouvant complètement la faveur du roi – de retrouver, accru, le pouvoir que Suárez lui avait enlevé.

Pour Milans, le coup d'Etat du 23 février fut fondamentalement différent, non parce qu'il était motivé par des ressorts personnels, mais parce que Milans était, dans le fond, un homme fondamentalement différent d'Armada, même si en surface cela ne semblait pas être le cas. Comme Armada, Milans était un militaire de souche aristocratique ; comme Armada, Milans professait une double fidélité au franquisme et à la monarchie. Mais, contrairement à Armada, Milans était plus franquiste que monarchiste, et il était surtout bien plus militaire. Fils, petit-fils, arrière-petit-fils d'illustres militaires putschistes – son père, son arrière-grand-père et son trisaïeul accédèrent au grade de lieutenant-colonel, son grand-père fut capitaine général de Catalogne et chef de la Chambre militaire d'Alfonso XIII –, vers 1981 Milans représentait mieux que quiconque, avec son profil rocailleux de vieux guerrier et son curriculum fourni, non seulement l'armée de Franco, mais aussi l'armée de la Victoire. En 1936, alors cadet à l'Académie d'infanterie, il entra dans le martyrologe de l'héroïsme franquiste après avoir défendu l'Alcázar de Tolède lors du siège républicain qui dura deux mois et demi : c'est là qu'il reçut sa première blessure de guerre ; durant les six ans qui suivirent, il en reçut quatre autres dont trois en se battant sous le 7e drapeau de la Légion à Madrid, dans la vallée de l'Ebre et à Teruel, et la dernière, avec la Division bleue en Russie. Il rentra en Espagne avec le grade de capitaine et la poitrine bardée de médailles, dont certaines parmi les plus convoitées de l'armée : l'ordre royal militaire de saint Ferdinand, une médaille militaire individuelle, deux médailles collectives, cinq croix de guerre, trois croix rouges du mérite militaire et une croix de fer nazie. Aucun militaire espagnol de sa génération ne pouvait se targuer d'un tel pedigree ; il était le seul à avoir obtenu les diplômes d'état-major des trois armées et, à la mort de Franco, personne n'incarnait mieux que Milans le prototype du militaire à toute épreuve et aux idées courtes, allergique aux bureaux et aux livres, direct, expéditif, instinctif et droit, que le franquisme idéalisait. Dans ce sens-là, Milans ne pouvait être plus éloigné des sinuosités auliques d'Armada ni, bien évidemment, des maladresses ou des mollesses dans l'exercice du commandement, de la mentalité technocratique, de la curiosité intellectuelle et de l'inclination à la réflexion et à la tolérance de Gutiérrez Mellado. Je n'évoque pas par hasard son nom : s'il est peut-être impossible de comprendre la conduite d'Armada le 23 février sans comprendre sa rancœur contre Adolfo Suárez, il est peut-être impossible de comprendre la conduite de Milans ce même jour sans comprendre son aversion pour Gutiérrez Mellado.

Même si Milans et Gutiérrez Mellado se connaissaient depuis longtemps, l'animosité de Milans envers celui-ci était récente ; elle débuta quand Gutiérrez Mellado accepta de participer au premier gouvernement de Suárez et elle grandit à mesure que le général devenait l'allié le plus fidèle du président et qu'il traçait et mettait en pratique un plan dont l'objectif consistait à en finir avec les privilèges que la dictature concédait à l'armée, pour transformer celle-ci en un instrument de la démocratie. Non seulement Milans se sentit relégué et humilié à titre personnel par la politique d'avancements de Gutiérrez Mellado qui fit tout ce qui était en son pouvoir pour l'éloigner des hauts postes de commandement et lui épargner ainsi toute tentation putschiste ; mais, replié sur ses idées ultraconservatrices et sur sa dévotion à Franco, Milans reçut aussi comme une injure l'ambition de Gutiérrez Mellado de démanteler l'armée de la Victoire que Milans tenait pour le seul garant légitime de l'Etat ultraconservateur légitime fondé par Franco et, par conséquent, la seule institution capable d'éviter une autre guerre civile (tout comme l'extrême droite et l'extrême gauche, Milans était allergique au mot "réconciliation", un simple euphémisme à ses yeux du mot "trahison" : plusieurs membres de sa famille avaient été assassinés pendant le conflit, et Milans sentait qu'un présent digne ne se fondait pas sur l'oubli du passé, mais sur le souvenir permanent et la prolongation de la victoire du franquisme sur la République, qui équivalait pour lui à la victoire de la civilisation sur la barbarie). Milans trouva dans ces deux offenses personnelles des arguments suffisants pour reléguer Gutiérrez Mellado à la condition d'arriviste prêt à violer le serment de loyauté envers Franco afin de satisfaire ses viles ambitions politiques ; cela explique pourquoi Milans favorisa par tous les moyens qui étaient à sa portée, y compris sa présidence du comité des fondateurs d'*El Alcázar*, une campagne de presse sauvage qui ne cessa d'explorer absolument tous les recoins de la vie personnelle, politique et militaire de Gutiérrez Mellado, en cherchant des ignominies capables de persuader ses compagnons d'armes que l'homme qui réalisait une purge traîtresse dans les forces armées manquait de la moindre once d'intégrité morale ou professionnelle. Cela explique aussi que, dès l'arrivée au gouvernement de Gutiérrez Mellado, Milans prit la tête de la résistance à ses réformes militaires et aux réformes politiques qui les permettaient : de la fin de l'année 1976 jusqu'au début de l'année 1981, il n'y eut dans l'armée pas une seule protestation contre le gouvernement, pas un seul incident disciplinaire grave ou signe avant-coureur de conspiration auxquels Milans ne fût mêlé ou pour lesquels son nom ne fût évoqué. Il se targuait de n'avoir jamais trompé personne et de ne jamais cacher ses intentions, et pendant ces années-là – d'abord comme chef de la division blindée Brunete, puis comme capitaine général de Valence – il brandit souvent la menace d'un coup d'Etat : il aimait le faire en plaisantant ("Majesté, dit-il au roi pendant qu'ils prenaient un verre après une visite du monarque à la Brunete, si je prends encore un rhum-Coca, je sors les chars dans la rue"). La première fois qu'il le fit véritablement, ce fut pendant la réunion tumultueuse du Conseil supérieur de l'armée le 12 avril 1977, trois jours après qu'Adolfo Suárez eut légalisé le PCE avec le soutien de Gutiérrez Mellado, contrairement à ce qu'il avait promis aux militaires ou contrairement à ce que les militaires croyaient qu'il leur avait promis. "Le président du gouvernement a donné sa parole d'honneur qu'il ne légaliserait pas le parti communiste, dit Milans ce jour-là devant ses compagnons d'armes. L'Espagne ne peut pas avoir un président sans honneur : nous devrions sortir les chars dans la rue[5].” Pendant presque les trois années qu’il resta au commandement de l’état-major de Valence, des expressions semblables furent monnaie courante dans sa bouche. “Ne vous inquiétez pas, madame, l’entendit-on dire plus d’une fois aux dames qui le flattaient aux réceptions en l’exhortant à devenir le sauveur de la patrie en danger. Je ne me retirerai pas avant de faire sortir les chars dans la rue.” Il s’acquitta juste à temps : le 23 février, il ne lui restait que quatre mois pour recevoir son affectation à la réserve ; il s’acquitta aussi envers ses gènes putschistes et monarchistes puisque, bien qu’étant un franquiste acharné, son coup d’Etat n’aspirait pas à être un coup d’Etat contre la monarchie, mais en sa faveur. Comme Armada, qui était persuadé de pouvoir maîtriser, le 23 février, la Zarzuela grâce à son autorité d’ancien secrétaire du roi, Milans pécha par orgueil : il considérait qu’il était le militaire le plus prestigieux de l’armée et il crut que son gabarit illusoire de général invincible suffirait pour rallier les autres capitaines généraux à une aventure incertaine, et pour soulever la Brunete sans préparation préalable. Il ne réussit ni l’un ni l’autre, mais il y a aussi une autre raison pour laquelle le coup d’Etat du 23 février ne s’acheva pas comme Milans l’avait prévu : il le voyait comme une manière de prendre sa revanche sur les humiliations que Gutiérrez Mellado lui avait infligées à lui et à son armée et aussi une manière – en reprenant, sous le commandement du roi, les fondements de l’Etat instauré par Franco – de reprendre, au nom de l’armée de la Victoire, le pouvoir que Gutiérrez Mellado lui avait enlevé.

Le dernier protagoniste du coup d’Etat fut le lieutenant-colonel Tejero. Il en est l’icône, et il est évident qu’il avait vocation à l’être, son allure de garde civil d’image d’Epinal ou de garde civil sorti d’un poème de Lorca ou de garde civil tiré d’un film de Berlanga – carrure robuste, moustache épaisse, regard ardent, voix nasillarde et accent andalou – ne faisant qu’y contribuer ; mais il est également évident qu’il n’était pas le pantin irréfléchi que présente le cliché sur le 23 février et que le pays entier s’appliqua à construire après le 23 février (comme si la mauvaise conscience collective de ne pas s’être opposé au coup d’Etat avait besoin de se convaincre elle-même que seul un dément avait pu assaillir le Congrès à coups de feu et que, par conséquent, le coup d’Etat n’avait été qu’une loufoquerie à laquelle cela n’avait pas même valu la peine de résister puisqu'elle était d'avance condamnée à l'échec). C'est faux : Tejero était tout sauf un bouffon de fête foraine ; il était quelque chose de bien plus dangereux. Il était un idéaliste prêt à transformer ses idéaux en réalité, prêt coûte que coûte à rester loyal envers ceux qu'il considérait comme les siens, prêt à imposer le bien et à éliminer le mal par la force. Si le 23 février Tejero montra qu'il était bien d'autres choses encore, c'était surtout parce qu'il était un idéaliste. Que les idéaux de Tejero nous paraissent pervers et anachroniques ne détermine pas la bonté ou la malignité de ses intentions, car le mal se construit souvent avec le bien et peut-être le bien avec le mal. Nous sommes d'autant moins autorisés à attribuer son acte à une aliénation pittoresque que, si Tejero avait été aliéné, il n'aurait pas préparé pendant des mois ni mené avec succès une opération aussi complexe et dangereuse que la prise d'assaut du Congrès ; il n'aurait pas réussi à imposer son contrôle presque absolu pendant les dix-sept heures que dura la séquestration, ni su jouer ses atouts, ni manœuvré pour arriver à ses fins avec une telle rationalité sereine ; s'il avait été aliéné, s'il avait mené sa folie jusqu'au bout, la séquestration du Congrès se serait peut-être soldée par un massacre et non par la négociation, une fois que Tejero eut la certitude que le coup d'Etat avait échoué. En réalité, Tejero était un officier techniquement compétent auquel on avait confié des postes de très haute responsabilité – à savoir le commandement de la garde civile de Saint-Sébastien – et, même si son idéalisme fougueux et émotionnel éveillait la méfiance de ses supérieurs et de ses compagnons, il suscitait également de la dévotion de la part de ses subordonnés. Faut-il ajouter qu'il était un énergumène gavé de tonnes de bouillie patriotique, un moraliste aveuglé par la vanité de la vertu et un mégalomane assoiffé de gloire ? Par son tempérament et par sa mentalité, il était très loin d'Armada, mais non de Milans. Comme Milans, Tejero se considérait lui-même comme un homme d'action, et il l'était ; mais Milans l'avait surtout été pendant sa jeunesse, au cours d'une guerre civile ouverte, alors que Tejero l'avait surtout été à l'âge mûr, au cours de la guerre souterraine qu'il menait au Pays basque. Comme Milans, Tejero rêvait d'une Espagne utopique qui serait une caserne – un endroit rayonnant d'ordre, de fraternité et d'harmonie, réglé par les marches militaires, sous l'empire rayonnant de Dieu. Mais tandis que Milans acceptait la conquête progressive de cette utopie, Tejero aspirait à réaliser une révolution immédiate. Comme Milans, Tejero était surtout un franquiste ; mais, précisément parce qu'il appartenait à une génération postérieure à celle de Milans et qu'il n'avait pas connu la guerre civile ni une autre Espagne que celle de Franco, Tejero était bien plus franquiste que Milans : il idolâtrait Franco, la triade écrite en majuscules "Dieu, Patrie et Milice" gouvernait sa vie, son ennemi mortel étant le marxisme, c'est-à-dire le communisme, c'est-à-dire l'Anti-Espagne, c'est-à-dire les ennemis de l'Espagne utopique qui serait une caserne, qui devaient être éradiqués du sol de la patrie avant qu'ils ne parviennent à le souiller. Cette dernière image faisait évidemment partie de la vulgate rhétorique de l'extrême droite dans les années 1970 mais, pour le sentimentalisme littéral de Tejero, elle représentait à la fois une description exacte de la réalité et un commandement éthique : il y avait chez Tejero une fusion achevée entre patriotisme et religion et, comme le dit Sánchez Ferlosio, "c'est quand il y a Dieu que tout est permis ; ainsi, personne n'est si férocement dangereux que le juste, que celui qui a toujours raison[6]". Comme pour toute l'extrême droite, Santiago Carrillo représentait pour Tejero ce qu'Adolfo Suárez représentait pour Armada, et Gutiérrez Mellado pour Milans : la personnification de tous les malheurs de la patrie et, à mesure que son égocentrisme hystérique lui permettait de s'imaginer personnifier la patrie, la personnification de tous ses propres malheurs ; et parce que la fusion entre patriotisme et religion déshumanise l'adversaire et le transforme en Mal, dès qu'il sentit le retour en Espagne de l'Anti-Espagne, son fanatisme eschatologique lui imposa le devoir d'en finir avec celle-ci, et dès lors son parcours de militaire devint celui d'un rebelle.

L'étincelle qui mit le feu à ce chapelet de désordres fut ce que Tejero considérait comme la manifestation à découvert de l'Anti-Espagne : le terrorisme. Pendant le procès qui suivit le 23 février, son avocat évoqua un épisode advenu après l'assassinat par l'ETA d'un des gardes civils qui se trouvaient sous ses ordres au commandement de la garde civile de Guipúzcoa ; plus qu'un fait, ce fut une image, une image terrifiante mais non truquée : l'image du lieutenant-colonel qui se penche sur le corps du garde civil détruit par une explosion, puis se redresse, les lèvres et l'uniforme tachés du sang de son subordonné.

Il est fort probable que Tejero ne sut, ou ne voulut, ou ne put vivre le terrorisme que comme une agression intime sauvage, et il n'y a pas de doute que c'est le terrorisme qui fit de lui un insoumis chronique et qui le conforta toujours davantage dans ses positions à mesure que l'Etat se montrait incapable de l'enrayer et qu'une partie de la société restait indifférente aux ravages qu'il causait parmi ses compagnons d'armes. En janvier 1977, peu après l'assassinat d'un de ses hommes, le lieutenant-colonel fut démis de ses fonctions à Guipúzcoa et incarcéré pendant un mois pour avoir envoyé un télégramme sarcastique au ministre de l'Intérieur qui venait de légaliser le drapeau basque alors que, comme Tejero le répétait chaque fois qu'il évoquait l'incident, la ville de Saint-Sébastien se remplissait de drapeaux espagnols en flammes. Au mois d'octobre de la même année, on l'écarta du commandement de la garde civile de Málaga et on le condamna une nouvelle fois à un mois de prison pour avoir interdit *manu militari* une manifestation autorisée, sous le prétexte que l'ETA venait de tuer deux gardes civils et que toute l'Espagne devait être en deuil ; au mois d'août 1978, alors que les partis politiques discutaient le projet de Constitution, il fut arrêté pendant quatorze jours pour avoir publié dans *El Imparcial*[7] une lettre ouverte au roi dans laquelle il lui demandait d'interdire, en qualité de chef de l'Etat et des forces armées, un texte qui n'incluait pas "certaines valeurs pour lesquelles nous croyons qu'il vaut la peine de risquer notre vie", de promulguer une loi à même de mettre fin aux assassinats liés au terrorisme et d'en finir "avec les apologues de cette farce sanglante, même s'ils sont parlementaires et s'assoient parmi les pères de la Patrie" ; en novembre 1978, il fut arrêté et accusé d'avoir planifié une opération annonciatrice du coup d'Etat du 23 février – l'opération Galaxie : il s'agissait de séquestrer le gouvernement dans le palais de la Moncloa puis, avec l'aide du reste de l'armée, d'obliger le roi à former un gouvernement de salut national –, mais moins d'un an plus tard et ayant bénéficié d'un sursis, il ressortait de prison ; vers le milieu de l'année 1980, le tribunal le condamna à une peine insignifiante qu'il avait d'ailleurs déjà purgée, et qui le persuada qu'il pouvait reconduire la même tentative sans courir d'autre risque que celui de passer une courte et confortable période en prison, devenu le héros inavouable de l'armée et le héros retentissant de l'extrême droite.

Relevé de transaction
Bibliothèque municipale de Gatineau
Lucien-Lalonde
http://bibliotheque.gatineau.ca

****

ate (AA-MM-JJ) : 11-03-12 14:37
onné : 00598941
****

ocuments :

000044638194 Anatomie d'un instant /
etour le (AA-MM-JJ) : 11-04-02
tal : 1

Renouvellement téléphonique
819 595-7460

C'est alors qu'il se passionna pour la notoriété ; c'est alors que l'idée obsessionnelle du coup d'Etat s'incrusta dans son cerveau ; c'est alors qu'il commença à préparer le 23 février. L'idée fut la sienne : il en accoucha, il la berça et il la fit grandir ; Milans et Armada voulurent l'adopter en la subordonnant à leurs propres desseins, mais le lieutenant-colonel s'en sentait déjà le propriétaire et, quand dans la nuit du 23 février il crut comprendre que les deux généraux visaient la victoire d'un coup d'Etat différent de celui qu'il avait conçu, Tejero préféra l'échec du coup d'Etat au triomphe d'un coup d'Etat qui n'était pas le sien, parce qu'il se dit que le triomphe du coup d'Etat de Milans et d'Armada ne garantissait pas la réalisation immédiate de l'Espagne utopique qui serait une caserne ni la liquidation de l'Anti-Espagne que personne ne représentait mieux que Santiago Carrillo, ou parce que, pour Tejero, le coup d'Etat était avant tout une manière d'en finir avec Santiago Carrillo ou avec ce que Santiago Carrillo personnifiait et – recouvrant l'ordre rayonnant de fraternité et d'harmonie, réglé par les marches militaires sous l'empire rayonnant de Dieu, cet ordre aboli avec l'instauration de la démocratie – de reprendre ce que lui avait enlevé Santiago Carrillo ou ce que personnifiait Santiago Carrillo à ses yeux.

Tejero le comprit bien : non seulement les trois protagonistes du coup d'Etat étaient différents et agissaient sous l'impulsion de motifs politiques et personnels différents, mais en réalité, tous trois poursuivaient un coup d'Etat différent. Dans la nuit du 23 février, les deux généraux tentèrent de se servir du coup d'Etat conçu par le lieutenant-colonel pour imposer le leur : Tejero était contre la démocratie et contre la monarchie, et son coup d'Etat se voulait, dans le fond, essentiellement semblable à celui qui, en 1936, avait tenté de renverser la république et qui avait provoqué la guerre civile puis le franquisme ; Milans était contre la démocratie, mais non contre la monarchie, et son coup d'Etat se voulait essentiellement semblable, dans la forme et dans le fond, au coup d'Etat qui, en 1923, avait renversé la monarchie parlementaire pour instaurer la dictature monarchique de Primo de Rivera, c'est-à-dire un *pronunciamiento* militaire destiné à rendre au roi les pouvoirs qu'il avait cédés en cautionnant la Constitution, et peut-être, après une phase intermédiaire, à déboucher sur une junte militaire soutenant la couronne ; enfin, quant à Armada, il n'était ni contre la monarchie, ni contre la démocratie (du moins pas de manière frontale ou explicite), mais uniquement contre la démocratie de 1981 ou contre la démocratie d'Adolfo Suárez, et son coup d'Etat se voulait essentiellement semblable, dans la forme, au coup d'Etat qui, en 1958, amena à la présidence de la République française le général de Gaulle, et, dans le fond, à une espèce de révolution de palais qui devait lui permettre d'exercer avec plus d'autorité que jamais son ancien rôle de bras droit du roi, un coup d'Etat à même de faire de lui le président d'un gouvernement de coalition ou de concentration ou d'unité nationale chargé de réduire la démocratie au point de la transformer en une semi-démocratie ou en un succédané de démocratie. Le coup d'Etat du 23 février fut un coup d'Etat singulier parce qu'il fut à la fois un seul coup d'Etat et trois coups d'Etat différents : avant le 23 février, Armada, Milans et Tejero crurent que leur coup d'Etat était le même, et cette croyance permit le coup d'Etat ; le 23 février, Armada, Milans et Tejero découvrirent que leur coup d'Etat était en réalité trois coups d'Etat différents, et cette découverte provoqua son échec. C'est ce qui se passa, du moins d'un point de vue politique ; d'un point de vue personnel, ce qui se passa fut encore plus singulier : Armada, Milans et Tejero exécutèrent en un seul coup d'Etat trois coups d'Etat différents contre des hommes différents ou contre ce que personnifiaient pour eux ces trois hommes différents, et ces trois hommes – Suárez, Gutiérrez Mellado et Carrillo : les trois hommes qui avaient assumé le poids de la Transition, les trois hommes qui avaient misé plus que quiconque sur la démocratie, les trois hommes qui avaient le plus à perdre si la démocratie était détruite – furent précisément les trois seuls hommes politiques présents au Congrès qui se montrèrent prêts à risquer leur vie face aux putschistes. Cette triple symétrie forme également une figure étrange, peut-être la figure la plus étrange de toutes les figures étranges du 23 février, et aussi la plus parfaite, comme si sa forme suggérait un sens que nous sommes tous incapables de saisir, mais sans lequel il est impossible de saisir le sens du 23 février.

4

Ils étaient trois traîtres ; je veux dire par là qu'aux yeux de tous ceux auxquels ils devaient la loyauté par appartenance familiale et sociale, par croyances, par idées, par vocation, par logique historique, par intérêts, par simple gratitude, Adolfo Suárez, Gutiérrez Mellado et Santiago Carrillo étaient trois traîtres. Mais ils le furent pour de nombreux autres gens, en un certain sens, ils le furent objectivement : Santiago Carrillo trahit les idéaux du communisme en sapant son idéologie révolutionnaire et en le plaçant au seuil du socialisme démocratique, et il trahit quarante ans de lutte antifranquiste en renonçant à demander justice aux responsables et aux complices de l'injustice franquiste, et en obligeant son parti à réaliser les concessions réelles, symboliques et affectives qu'imposèrent son pragmatisme et le pacte qu'il conclut à vie avec Adolfo Suárez ; Gutiérrez Mellado trahit Franco, trahit l'armée de Franco, trahit l'armée de la Victoire et son utopie rayonnante d'ordre, de fraternité et d'harmonie, réglée par les marches militaires sous l'empire rayonnant de Dieu ; Suárez fut le pire, le traître absolu, parce que sa trahison rendit possible celle des autres : il trahit le parti unique fasciste au sein duquel il avait grandi et auquel il devait tout, il trahit les principes politiques qu'il avait juré de défendre, il trahit les hiérarques et les magnats franquistes qui avaient placé leur confiance en lui pour prolonger le franquisme, et il trahit les militaires avec ses promesses trompeuses de contenir l'Anti-Espagne. A leur manière, Armada, Milans et Tejero purent s'imaginer eux-mêmes en héros classiques, en champions d'un idéal de victoire et de conquête, en paladins de la fidélité à certains principes clairs et inamovibles, qui aspiraient à atteindre la plénitude en imposant leurs positions ; Suárez, Gutiérrez Mellado et Carrillo y renoncèrent dès lors qu'ils s'adonnèrent à leur tâche de retraite et de démolition et de démontage, et qu'ils cherchèrent leur plénitude en abandonnant leurs positions, se minant eux-mêmes sans le savoir ; tous trois commirent des erreurs politiques et personnelles au long de leur vie, mais c'est ce renoncement courageux qui les définit le mieux. Dans le fond, Milans avait raison (tout comme les extrémistes de droite et les extrémistes de gauche de l'époque) : dans l'Espagne des années 1970, le mot "réconciliation" était un euphémisme du mot "trahison", parce qu'il n'y avait pas de réconciliation possible sans trahison, du moins sans que certains trahissent. Suárez, Gutiérrez Mellado et Carrillo le firent plus que n'importe qui, et c'est pourquoi on les qualifia de traîtres. Dans un certain sens, ils le furent : ils trahirent leur loyauté envers une idée fausse pour construire leur loyauté envers une idée juste, ils trahirent le passé pour ne pas trahir le présent. Parfois, on ne peut être loyal envers le présent qu'en trahissant le passé. Parfois, la trahison est plus difficile que la loyauté. Parfois, la loyauté est une forme de courage, mais parfois une forme de lâcheté. Parfois, la loyauté est une forme de trahison et la trahison, une forme de loyauté. Peut-être ne savons-nous pas exactement ce qu'est la loyauté ni ce qu'est la trahison. Nous avons une éthique de la loyauté, mais nous n'avons pas une éthique de la trahison. Nous avons besoin d'une éthique de la trahison. Le héros de la retraite est un héros de la trahison.

5

Je récapitule : le coup d'Etat du 23 février fut un coup d'Etat exclusivement militaire, dirigé par le général Armada, tramé par le général Armada lui-même, par le général Milans et par le lieutenant-colonel Tejero, encouragé par l'extrême droite franquiste et rendu possible à la suite d'une série de manœuvres politiques par lesquelles une grande partie de la classe dirigeante du pays prétendait en finir avec la présidence d'Adolfo Suárez. Certes, mais quand est-ce que tout cela commença ? Où ? Par qui ? Comment ? Tous les protagonistes et témoins du coup d'Etat, tous les chercheurs qui travaillent sur le sujet ont leur propre réponse à ces questions, mais il est rare d'en trouver deux identiques. Même si elles se contredisent, bon nombre de ces réponses sont valides, ou peuvent l'être : segmenter l'Histoire revient à effectuer un exercice arbitraire. Il est, à la rigueur, impossible de préciser l'origine exacte d'un événement historique, de même qu'il est impossible de préciser son terme exact : tout événement a son origine dans un événement antérieur, et celui-ci dans un autre, et celui-ci dans un autre encore, et ainsi de suite jusqu'à l'infini, parce que l'Histoire est comme la matière dans laquelle rien ne se perd, rien ne se crée mais où tout se transforme. Le général Gutiérrez Mellado dit plus d'une fois que le coup d'Etat du 23 février vit le jour en novembre 1975[8], au moment où, après avoir été proclamé roi devant les Cortès franquistes, le monarque déclara que son objectif consistait à être le roi de tous les Espagnols, ce qui voulait dire que son objectif consistait à mettre fin aux deux Espagnes irréconciliables, perpétuées par le franquisme. C'est une opinion généralement admise que le coup d'Etat commença le 9 avril 1977, quand l'armée sentit que Suárez l'avait trompée en légalisant le parti communiste, et qu'il avait trahi l'Espagne en accordant sa naturalisation à l'Anti-Espagne. Il y en a qui préfèrent situer le début de la trame dans le palais même de la Zarzuela, quelques mois plus tard, le jour où Armada sut qu'il devait abandonner le secrétariat du Palais royal ou, mieux encore, quelques années plus tard, quand le monarque commença à favoriser, par ses propos et ses silences, les manœuvres politiques contre Adolfo Suárez, et quand il envisagea, ou permit aux autres de croire qu'il l'envisageait, la possibilité de remplacer le gouvernement présidé par Suárez par un gouvernement de coalition ou de concentration ou d'unité nationale présidé par un militaire. Peut-être le plus simple ou le moins inexact serait-il de remonter un peu en arrière, vers la fin de l'été 1978, quand toutes les unes des journaux offrirent au lieutenant-colonel Tejero la formule du coup d'Etat qu'il ruminait depuis un certain temps : le 22 août de cette année-là, le commandant sandiniste Edén Pastora prit d'assaut le Palais national de Managua et, après avoir séquestré pendant plusieurs jours plus d'un millier d'hommes politiques favorables au dictateur Anastasio Somoza, il réussit à faire libérer un nombre considérable de prisonniers politiques du Front sandiniste de libération nationale ; l'audace du guérillero nicaraguayen éblouit le lieutenant-colonel et, associée au souvenir plus ancien des gardes civils du général Pavía en train de dissoudre *manu militari* le Parlement de la Ire République, catalysa son obsession putschiste en lui inspirant tout d'abord l'opération Galaxie, qu'à peine quelques semaines plus tard, il tenta d'exécuter sans succès, puis finalement le coup d'Etat du 23 février. A l'exception peut-être de la première des conjectures – trop vague, trop imprécise –, n'importe laquelle de celles qui sont évoquées ci-dessus pourrait convenir comme origine du coup d'Etat, ou du moins comme point de départ pour l'expliquer. J'oserais en choisir un autre, non moins arbitraire, mais probablement plus approprié pour faire ce que je me propose de faire dans les pages qui suivent : décrire la trame du coup d'Etat, un tissu presque sans couture de conversations privées, de confidences et de sous-entendus qui souvent ne se laissent reconstituer qu'à partir de témoignages indirects, en forçant les limites du possible jusqu'à atteindre le probable, et en essayant de découper la forme de la vérité à l'aide du patron du vraisemblable.

Naturellement, je ne peux assurer que tout ce que je raconte par la suite soit vrai ; mais je peux assurer que cela est pétri de vérité et, surtout, que je n'aurais pas pu m'approcher davantage de la vérité, ou l'imaginer plus fidèlement.

Madrid, juillet 1980. Au début du mois se déroulèrent dans la capitale deux événements qu'on peut supposer simultanés ou presque simultanés : le premier fut un déjeuner du lieutenant-colonel Tejero avec un émissaire du général Milans ; le second fut l'arrivée à la Zarzuela d'un rapport envoyé par le général Armada. Nous connaissons le contexte dans lequel ces deux événements eurent lieu : au cours de l'été de cette année-là, l'ETA tuait à tour de bras, le second choc pétrolier déstabilisait l'économie espagnole et, après avoir été balayé lors de plusieurs élections régionales et avoir fait l'objet d'une humiliante motion de censure appuyée par les socialistes, Adolfo Suárez semblait incapable de gouverner et perdait de plus en plus la confiance du Parlement, celle de son parti, celle du roi et celle d'un pays qui semblait perdre de plus en plus sa confiance en la démocratie et en son fonctionnement. Le déjeuner putschiste eut lieu dans un restaurant du centre de la capitale et, outre Tejero, y assistèrent le lieutenant-colonel Mas Oliver, aide de camp du général Milans, Juan García Carrés, ami personnel de Tejero qui servit d'intermédiaire entre les deux hommes, et peut-être le général réserviste Carlos Iniesta Cano. Bien qu'organisé par un intermédiaire, ce fut le premier contact entre Milans et Tejero. On parla de politique, mais surtout du projet d'assaut du Congrès conçu par Tejero, et quelques jours ou quelques semaines plus tard, lors d'un autre déjeuner semblable, toujours par l'intermédiaire de son aide de camp, Milans chargea le lieutenant-colonel d'en étudier l'idée et de l'informer de ses réflexions. En attendant que le Conseil de la justice militaire entérine le jugement prononcé contre lui au mois de mai par un conseil de guerre à la suite de son implication dans l'opération Galaxie, et bien qu'il soupçonnât qu'on le surveillait, Tejero commença néanmoins sur-le-champ les préparatifs du coup d'Etat. Pendant les mois suivants, tout en restant en contact avec Milans par l'intermédiaire de Mas Oliver, il prit des photos du bâtiment du Congrès, se renseigna sur les mesures qui en assuraient la sécurité et loua un hangar industriel dans la ville de Fuenlabrada où il garda les vêtements et les six autobus qu'il avait achetés dans l'intention de camoufler et transporter ses hommes le jour du coup d'Etat.

C'est ainsi que débuta la conjuration dirigée par Milans, une opération militaire qui demeura secrète jusqu'à son déclenchement le 23 février. L'arrivée à la Zarzuela du rapport de l'ancien secrétaire du roi marque d'autre part le début d'une série de mouvements plus ou moins publics baptisés par la suite du nom d'"opération Armada" et destinés à conduire le général à la présidence du gouvernement ; il s'agissait d'une opération politique, en principe indépendante de la précédente. Les opérations ayant toutes deux fini par converger, Armada les dirigea de pair, et l'opération militaire finit par devenir le bélier de l'opération politique, tandis que l'opération politique finit par devenir l'alibi de l'opération militaire. Le texte du rapport reçu à la Zarzuela avait été remis par Armada au secrétaire du roi, Sabino Fernández Campo, et établi par un professeur de la faculté de droit dont nous ignorons l'identité[9] ; il ne se composait que de quelques feuillets dans lesquels, après avoir décrit la détérioration que subissait le pays, son auteur proposait, pour surmonter le chaos politique, qu'Adolfo Suárez abandonne le pouvoir à la suite d'une motion de censure appuyée par le PSOE, par la droite de Manuel Fraga et par les mouvements dissidents de l'UCD ; la manœuvre devait conduire à la formation d'un gouvernement d'unité nationale présidé par une personnalité indépendante, peut-être un militaire.

Tel fut le contenu du rapport. Si nous savons que Fernández Campo l'a lu, nous n'en sommes pas sûrs pour le roi, et en un premier temps personne à la Zarzuela n'en fit de commentaire à Armada. Pourtant, dans les semaines qui suivirent, alors que la rumeur se répandait que le PSOE préparait une nouvelle motion de censure contre Adolfo Suárez, le texte circula dans les bureaux, dans les rédactions des journaux et dans les agences de presse, et en très peu de temps l'hypothèse d'un gouvernement d'unité nationale présidé par un militaire comme bouée de sauvetage face au naufrage du pays fit le tour du petit Madrid du pouvoir. "Je sais que le PSOE considère la possibilité de voir un militaire à la présidence du gouvernement", déclara Suárez à la presse au cours du mois de juillet, et il ajouta : "Cela me paraît insensé[10]." Mais nombreux étaient ceux qui ne considéraient pas cela comme insensé, tout au contraire : pendant les mois de juillet, d'août et de septembre, l'idée, qui sembla avoir pénétré la vie politique espagnole tel un murmure omniprésent, devint une option plausible. On cherchait un général : on s'accordait unanimement à dire qu'il devait s'agir d'un militaire prestigieux, libéral, doté d'une expérience politique et entretenant de bons rapports avec le roi, capable de recueillir l'approbation des partis politiques de droite, du centre et de gauche et de les réunir dans un gouvernement qui puisse répandre l'optimisme, imposer l'ordre, enrayer la crise économique et en finir avec l'ETA et le danger d'un coup d'Etat. On faisait des pronostics : vu que le portrait-robot du général rédempteur correspondait aux traits politiques et personnels d'Alfonso Armada, son nom figurait partout. Il est fort possible que les personnes de son entourage, comme Antonio Cortina – frère du chef de l'AOME et membre prestigieux de l'Alliance populaire de Manuel Fraga –, aient fait sa promotion, mais il est incontestable que personne ne fit autant dans ce sens qu'Armada lui-même. Profitant de ses fréquents voyages de Lérida à Madrid, où il conservait son domicile familial, et profitant surtout des vacances d'été, Armada se fit de plus en plus voir dans les dîners et les déjeuners d'hommes politiques, de militaires, d'entrepreneurs et de financiers ; même si, depuis son départ de la Zarzuela, ses rencontres avec le monarque n'étaient plus que sporadiques, lors de ces réunions Armada se prévalait de son ancienne autorité de secrétaire du roi pour se présenter comme l'interprète non seulement de son opinion mais aussi de ses souhaits ; ainsi, dans un va-et-vient d'ambiguïtés, d'insinuations et de mots couverts que des décennies de ruses palatiales lui avaient appris à manipuler avec habileté, tous ceux qui parlaient avec Armada finissaient par être convaincus que c'était le roi qui parlait par sa bouche, et que tout ce qu'Armada disait, le roi aussi le disait. Bien entendu, cela était faux mais, comme tout bon mensonge, il y avait aussi une part de vérité car ce qu'Armada disait (et que tout le monde croyait que le roi disait par la bouche d'Armada) était une combinaison savamment équilibrée de ce que pensait le roi et de ce qu'Armada aurait aimé que le roi pensât : Armada prétendait que le roi était très préoccupé, que la mauvaise situation dans laquelle était le pays l'inquiétait beaucoup, de même que le découragement permanent de l'armée, que ses rapports avec Suárez étaient mauvais, que Suárez ne l'écoutait plus et que sa maladresse et sa négligence et son irresponsabilité et son attachement insensé au pouvoir mettaient en danger le pays et la couronne, et qu'en définitive, celle-ci verrait d'un bon œil un changement de président (ce qui traduisait exactement ce que le roi pensait à ce moment-là) ; mais Armada disait aussi (et tout le monde croyait que le roi le disait par la bouche d'Armada) qu'il s'agissait de circonstances exceptionnelles qui exigeaient des solutions exceptionnelles, et qu'un gouvernement d'unité nationale composé des chefs des principaux partis politiques et présidé par un militaire était une bonne solution, et il laissait entendre que lui-même, Armada, était le meilleur candidat possible pour le diriger (ce qui traduisait exactement ce qu'Armada aurait aimé que le roi pensât et que, peut-être en partie influencé par Armada, celui-ci finit par penser, mais non ce qu'il pensait à ce moment-là). Vers la mi-septembre ou vers la fin du mois de septembre, alors que l'ancien secrétaire du monarque retournait à son poste de Lérida et que son absence se faisait sentir à Madrid et que la vie politique reprenait son cours après les vacances, l'opération Armada sembla s'essouffler dans les potinières de la capitale, comme si elle avait tout juste servi à meubler une morne oisiveté au cœur de la torpeur estivale ; mais ce qui eut lieu en réalité fut autre chose : même si dans les potinières de la capitale l'opération Armada se retrouva enterrée, en pleine déconfiture du gouvernement et du parti de Suárez, par une avalanche d'opérations contre le président qui commençait à modeler le placenta du coup d'Etat, elle demeurait plus que vivante dans l'esprit de son instigateur et de ceux dans son entourage qui continuaient à la considérer comme la meilleure manière de procéder au coup de gouvernail ou de bistouri qui, pour tant de gens, s'imposait au pays. Armada entretenait de bonnes relations avec les hommes politiques du gouvernement, du parti qui le soutenait et de la droite – notamment avec son leader, Manuel Fraga – et, pendant leurs rencontres de l'été, ils avaient tous accueilli ses périphrases d'autopromotion avec un intérêt suffisant pour l'autoriser à croire que, le moment venu, ils allaient tous l'accepter comme remplaçant de Suárez ; en revanche, Armada ne connaissait pas les dirigeants socialistes dont le concours était nécessaire pour mener à bien son opération et, dans les premières semaines de l'automne, il eut la possibilité de s'entretenir avec eux. S'il ne put le faire avec Felipe González (ce qui était peut-être son objectif), il parla à Enrique Múgica, numéro trois du PSOE et chargé, au sein du parti, des questions militaires ; j'ai décrit leur entretien quelques pages plus haut : il eut lieu le 22 octobre à Lérida, et ce fut un succès pour Armada qui en sortit avec la certitude que les socialistes partageaient non seulement l'idée d'un gouvernement d'unité nationale présidé par un militaire, mais aussi celle que ce militaire soit lui. Cependant, au même titre que le rapport du professeur de droit constitutionnel qu'il avait remis à la Zarzuela en juillet et que sa campagne de propagande estivale dans les salons du petit Madrid du pouvoir, son entretien avec le PSOE fut pour Armada une simple manœuvre préparatoire à la manœuvre centrale : gagner le roi à l'opération Armada.

Le 12 novembre, le roi et Armada s'entretinrent à La Pleta, un refuge de montagne situé dans le val d'Aran où, la famille royale était en vacances de sports d'hiver. La visite d'Armada comptait au nombre des obligations ou politesses protocolaires du gouverneur militaire de Lérida, mais le roi et son ancien secrétaire – qui ne s'étaient pas revus depuis un moment, probablement depuis le printemps – prolongèrent la conversation au-delà des limites du protocole. Les deux hommes parlèrent politique : comme il le faisait alors en de nombreuses occasions, il est fort possible que le roi ait médit sur le compte de Suárez et exprimé son inquiétude quant à la marche du pays ; comme il s'agissait d'une hypothèse répandue et parvenue à la Zarzuela par différentes voies, il est possible que le roi et le général aient parlé d'un gouvernement d'unité nationale présidé par un militaire : si tel est le cas, il est certain qu'Armada s'y montra favorable, même si aucun des deux hommes ne mentionna la candidature d'Armada à la présidence ; mais ce qu'ils évoquèrent sans doute fut surtout le mécontentement militaire, que le roi craignait et qu'Armada exagéra, ce qui explique peut-être que le roi ait demandé au général qu'il se renseigne à ce propos pour l'en informer. Cette demande servit à Armada d'argument ou de prétexte pour effectuer le mouvement suivant. A peine cinq jours plus tard, l'ancien secrétaire du roi se rendit à Valence pour s'entretenir avec Milans, conscient que dans l'armée il n'y avait militaire plus mécontent que Milans, et que chaque intrigue putschiste partait de lui, ou débouchait sur lui, ou bien le concernait d'une manière ou d'une autre. Les deux généraux se connaissaient depuis les années 1940, quand tous deux avaient combattu en Russie dans la Division bleue ; leur relation n'avait jamais été intime, mais leur ancienne adhésion monarchiste les distinguait de leurs compagnons d'armes et représentait un lien supplémentaire qui leur permit ce soir-là et en tête-à-tête – après un déjeuner à l'état-major en compagnie de leurs femmes respectives, du lieutenant-colonel Mas Oliver, aide de camp de Milans, et du colonel Ibáñez Inglés, deuxième chef de son état-major – de s'exposer ouvertement leurs projets, ce fut du moins Milans qui le leur permit. Tous deux étaient d'accord sur le diagnostic de la situation, calamiteuse pour le pays, un diagnostic partagé par les médias, les partis politiques et les organisations sociales (que l'on ne pouvait pourtant nullement soupçonner de sympathies envers l'extrême droite) ; ils étaient aussi d'accord sur la pertinence d'une intervention de l'armée, même si leurs opinions divergeaient sur la manière de procéder : avec sa franchise habituelle, Milans se déclara prêt à prendre la tête d'un coup d'Etat monarchiste, il parla des réunions plus lointaines des généraux à Játiva, ou peut-être à Jaeva, et des réunions récentes à Madrid et à Valence, et il est même probable que, lors de cette première rencontre, il évoqua déjà l'opération planifiée par Tejero, dont il continuait à recevoir des nouvelles par l'intermédiaire de son aide de camp. De son côté, Armada parla de sa conversation avec le roi et en inventa plusieurs autres, de même qu'une intimité avec le monarque qui n'existait plus, du moins plus comme avant – le roi était inquiet, dit-il ; le roi en avait assez de Suárez, dit-il ; le roi pensait qu'il était nécessaire d'agir, dit-il –, et il parla des sondages politiques de l'été et de l'automne, et du projet de former un gouvernement d'unité sous sa présidence qui le nommerait lui, Milans, chef de la Junte des chefs d'état-major de l'armée ; il raconta aussi que le roi approuvait cette mesure d'urgence, et argumenta sur le fait que leurs deux projets étaient complémentaires parce que son projet politique pouvait avoir besoin d'une aide militaire, que de toute façon tous deux poursuivaient des objectifs communs et que, pour le bien de l'Espagne et de la couronne, ils devaient agir de manière coordonnée et rester en contact.

Convaincu qu'Armada parlait au nom du roi, impatient de s'en convaincre, Milans accepta le marché, et c'est ainsi que l'opération Armada se dota d'un bélier militaire : par Milans, l'ancien secrétaire du roi s'assurait le soutien des militaires putschistes et pouvait brandir la menace ou faire la démonstration de sa force au moment le plus propice à ses desseins. Ce fut un changement à cent quatre-vingts degrés. Jusqu'alors, l'opération Armada était une opération seulement politique qui voulait s'imposer par des moyens seulement politiques ; à partir de ce moment-là, elle devenait une opération plus que politique, se réservant la possibilité de recourir à un coup d'Etat au cas où elle ne pourrait s'imposer par des moyens seulement politiques. La différence était évidente, même s'il est facile d'imaginer qu'Armada ne voulait pas la percevoir, du moins pas encore : le plus probable est qu'il se dit à lui-même que son entretien avec Milans lui avait permis de remplir la mission d'information que le roi lui avait confiée, tout en tempérant au passage la véhémence putschiste du capitaine général. De plus, comme si Armada cherchait à entretenir sa cécité volontaire, il vit dans les événements des mois de novembre et décembre les signes avant-coureurs d'une victoire pacifique de l'opération seulement politique : alors que le malaise de l'armée se manifestait par de nouveaux scandales – le 5 décembre, plusieurs centaines de généraux, de chefs et d'officiers boycottèrent une cérémonie à l'Ecole de l'état-major en signe de protestation contre une décision du gouvernement –, que le bruit courait à Madrid qu'un groupe de capitaines généraux avait demandé au roi la démission d'Adolfo Suárez, et qu'une nouvelle motion de censure se préparait contre le président[11], certains chefs des partis politiques se rendaient à la Zarzuela[12] pour mettre le roi en garde contre la dégradation de la situation, et pour affirmer la nécessité d'un gouvernement fort, capable de couper court à l'insupportable faiblesse du gouvernement de Suárez. Ces signes propices, ou qu'Armada voulut interpréter comme tels, semblèrent recevoir l'approbation publique de la couronne quand peu avant la fin de l'année, dans son message télévisé de Noël, le roi dit à tous ceux qui voulurent bien l'entendre – et le premier en fut Adolfo Suárez – qu'il avait cessé de soutenir le président du gouvernement.

C'était peut-être le geste qu'Armada attendait depuis qu'il avait quitté la Zarzuela : une fois son adversaire tombé en disgrâce, privé de la confiance et de la protection du monarque, son orgueil et sa mentalité courtisane dictaient à Armada que le moment était venu de reprendre sa place de favori du roi (celle que Suárez s'était efforcé de lui arracher), en devenant le chef de son gouvernement en ces temps difficiles pour la couronne. Ce pressentiment le poussa à faire le siège de la Zarzuela avec plus d'assiduité encore. Pendant les vacances de Noël, Armada rencontra le roi au moins deux fois, une fois à la Zarzuela et l'autre à La Pleta où la famille royale passa les premiers jours de janvier. Ils s'entretinrent de nouveau très longtemps et, durant ces conversations, l'ancien secrétaire du roi constata que, de toute évidence, il retrouvait une intimité avec le monarque qui lui manquait tant depuis presque cinq ans ; il ne s'agissait pas de preuves fictives : inquiet pour l'avenir de la monarchie, peu disposé à accepter le rôle d'arbitre institutionnel sans pouvoir réel que lui assignait la Constitution, le roi recherchait les moyens de contourner la crise, et il est absurde d'imaginer qu'il ait refusé ceux que pouvait lui offrir l'homme qui l'avait aidé à surmonter tant d'obstacles dans sa jeunesse ou ceux qu'il pensait que cet homme pouvait lui offrir. Bien que nous ne connaissions que le témoignage d'Armada[13] sur ce dont il a parlé avec le roi lors de ces conciliabules, nous pouvons considérer comme certains ou comme fort probables plusieurs points : il est certain ou fort probable qu'ils ont insisté tous deux sur leur opinion négative concernant Suárez et la situation politique du moment, qu'Armada a parlé des rumeurs d'une motion de censure contre Suárez et des rumeurs d'un gouvernement d'unité nationale, qu'il s'est montré partisan de cette solution et que, d'une façon plus ou moins elliptique, il s'est porté candidat à sa présidence, en soulignant que son profil monarchiste et libéral répondait au profil du président idéal créé par les médias, les organisations sociales et les partis politiques, dont la plupart (toujours selon Armada) lui avaient déjà donné leur assentiment ou y avaient fait allusion ; il est certain ou fort probable que le roi a laissé parler Armada sans le contredire et qu'il a commencé, si cela n'était pas déjà fait, à considérer sérieusement l'idée d'un gouvernement d'unité nationale présidé par un militaire, que ce dernier fût Armada ou non, à condition qu'il puisse disposer de l'aval du Congrès et d'un habillage constitutionnel qu'Armada considérait comme garanti ; il est certain qu'ils insistèrent tous deux sur leur opinion négative concernant la situation du moment dans l'armée, qu'Armada l'aggrava au maximum et parla de sa visite à Milans, se présentant lui-même comme un frein à la fougue interventionniste du capitaine général de Valence, en dosant avec ruse toute information sur ses projets ou sur les menaces existantes, cela sans entrer dans des détails potentiellement nuisibles à ses propres fins (il est improbable par exemple qu'il ait fait allusion à Tejero et à sa relation avec Milans) ; il est aussi certain que le roi demanda à Armada de continuer à le tenir au courant de ce qui se passait ou se tramait dans les casernes ; aussi lui promit-il de lui trouver un poste dans la capitale. Il y avait plusieurs raisons à cette promesse : le roi pensait sans doute que le fait qu'Armada se trouvait loin de Madrid lui rendait difficile tout accès à des informations plus abondantes et plus fiables concernant l'armée ; il croyait sans doute que placer Armada à un poste central dans la hiérarchie militaire pourrait l'aider à freiner un coup d'Etat ; il voulait sans doute le tenir près de lui afin de pouvoir faire appel à lui dans n'importe quelle circonstance, y compris peut-être celle de présider un gouvernement de coalition ou de concentration ou d'unité nationale. Il y eut peut-être d'autres raisons encore. Quoi qu'il en soit, le roi se dépêcha de tenir sa promesse et, malgré l'opposition énergique que manifesta Suárez, plus que jamais méfiant envers les machinations de l'ancien secrétaire du roi, il réussit à faire en sorte que le ministre de la Défense réservât à Armada la place de deuxième chef d'état-major de l'armée. Fort de cette nouvelle nomination, de ses nombreuses heures d'échanges avec le roi et d'une proposition concrète, dès la fin des vacances de la famille royale dans la région de Lérida, Armada se rendit une nouvelle fois à Valence avec sa femme, et il revit Milans.

Leur dernier tête-à-tête avant le coup d'Etat eut lieu le 10 janvier. Ce jour-là, Armada dit à Milans que le roi partageait leurs points de vue sur la situation politique et que son prochain retour à Madrid en tant que deuxième chef d'état-major de l'armée était la plate-forme conçue par le monarque pour faire de lui le président d'un gouvernement d'unité nationale dont la formation pouvait être une question de semaines, le temps de garantir une motion de censure victorieuse contre Adolfo Suárez ; par conséquent, conclut Armada, il s'agissait d'arrêter les opérations militaires en cours et de les subordonner à l'opération politique : il s'agissait de fédérer autour d'un seul commandement et d'un seul projet toutes les trames putschistes dispersées, afin de pouvoir les désactiver dès que l'opération politique l'emporterait ou, au cas où l'opération politique échouerait, de les réactiver pour néanmoins assurer le succès de l'opération. Cet objectif défini par Armada et accepté par Milans fut au cœur d'une réunion tenue huit jours plus tard dans le domicile madrilène de l'aide de camp du capitaine général de Valence, dans la rue General Cabrera ; convoqués par Milans lui-même, y assistèrent plusieurs généraux de réserve – dont Iniesta Cano –, plusieurs généraux en activité – dont Torres Rojas – et plusieurs lieutenants-colonels – dont Tejero ; en revanche, fidèle à une stratégie consistant à ne jamais parler du coup d'Etat devant plus d'une personne à la fois et à chercher des alibis pour tout mouvement potentiellement compromettant (c'est pourquoi il s'entretenait toujours en tête-à-tête avec Milans et se rendait toujours à Valence en compagnie de sa femme, prétextant des affaires privées), Armada envoya une excuse à la dernière minute et n'assista pas à la réunion. Etant donné que ce fut la plus importante du point de vue militaire et qu'elle réunit le plus grand nombre de participants au coup d'Etat, ce qui y fut discuté est bien connu : pendant le procès qui suivit le 23 février, plusieurs personnes qui avaient assisté à cette réunion en donnèrent des versions concordantes et, des années plus tard, ces versions seraient corroborées par d'autres personnes encore qui, à l'époque, avaient échappé au procès. C'est Milans qui mena la danse. Le capitaine général de Valence prit la tête des projets putschistes plus ou moins embryonnaires qui impliquaient tous ceux qui assistaient à la réunion et il expliqua le plan d'Armada tel qu'Armada le lui avait expliqué, en soulignant que tout se faisait sous les auspices du roi ; une fois que Tejero eut exposé les détails techniques de son opération, Milans définit le dispositif de base qu'il faudrait déployer au moment choisi : Tejero prenait le Congrès, lui-même prenait la région de Valence, Torres Rojas prenait Madrid avec la Brunete et Armada rejoignait le roi à la Zarzuela tandis que les autres capitaines généraux, dont on aurait préalablement gagné la complicité, se joindraient à eux en prenant leurs régions respectives et en concluant ainsi le coup d'Etat ; d'ailleurs – répéta Milans à plusieurs reprises – ce n'était là qu'un simple projet et sa réalisation n'allait pas être nécessaire si, ainsi qu'il l'espérait, Armada activait dans un délai raisonnable son projet seulement politique ; Milans expliqua aussi ce qu'il entendait par un délai raisonnable : trente jours.

Il ne s'était pas même écoulé quinze jours que les projets des putschistes semblèrent se pulvériser. Le 29 janvier, Adolfo Suárez annonça dans un message télévisé sa démission de la présidence du gouvernement. Bien que la classe dirigeante le lui eût demandé haut et fort depuis plusieurs mois, la nouvelle surprit tout le monde, et on peut imaginer que, dans un premier temps, Armada pensa à juste titre que Suárez avait démissionné pour faire avorter les opérations politiques dirigées contre lui, notamment l'opération Armada ; mais on peut également imaginer que, dans un second temps, le général tenta de se convaincre que, loin de lui compliquer les choses, la démission de Suárez les lui simplifiait, étant donné qu'elle lui épargnait l'étape incertaine de la motion de censure et remettait son avenir politique entre les mains du roi auquel la Constitution conférait le droit de proposer le nouveau président du gouvernement après consultation avec les chefs parlementaires. C'est à ce moment-là qu'Armada décida de présenter ouvertement sa candidature au roi et de faire pression pour qu'il l'accepte. Il le fit au cours d'un dîner en tête-à-tête avec le monarque, une semaine après la démission de Suárez. Armada sentait à ce moment-là que tout évoluait en sa faveur, ainsi que semblait le prouver la réunion qui avait eu lieu quelques jours plus tôt dans la rue General Cabrera. Sans doute sur ses conseils, Milans avait une nouvelle fois rassemblé ses gens ou une partie de ses gens pour leur confirmer que le coup d'Etat était suspendu jusqu'à nouvel ordre à la suite de la démission du président du gouvernement et de la mutation immédiate d'Armada à Madrid, et que l'opération Armada était amorcée : le lendemain matin de la démission de Suárez, les journaux se remplirent d'hypothèses sur des gouvernements de coalition ou de concentration ou d'unité nationale[14], les partis politiques se proposèrent d'y participer ou cherchèrent des soutiens à leur cause, et le nom d'Armada courut sur toutes les bouches dans le petit Madrid du pouvoir, avancé par des personnes de son entourage comme notamment le journaliste Emilio Romero qui proposa le général comme nouveau président du gouvernement dans sa chronique d'*ABC* du 31 janvier ; trois jours plus tard, le roi appela

Armada par téléphone et lui dit qu'il venait de signer le décret de sa nomination comme deuxième chef d'état-major de l'armée et qu'il devait préparer ses valises parce qu'il revenait à Madrid. C'est dans cette conjoncture, optimale pour Armada, qu'eut lieu le dîner avec le roi, au cours duquel l'ancien secrétaire répéta ses arguments avec acharnement : la nécessité d'un coup de bistouri ou de gouvernail pour éloigner le danger d'un coup d'Etat, la pertinence d'un gouvernement d'unité présidé par un militaire, le tout dans le respect de la Constitution ; il se proposa aussi pour assurer la présidence du gouvernement et affirma ou laissa comprendre qu'il disposait du soutien des principaux partis politiques. J'ignore quelle fut la réaction du roi aux propos d'Armada ; il n'est pas impossible qu'il ait hésité car, bien que l'UCD eût déjà proposé Leopoldo Calvo Sotelo comme successeur de Suárez, le roi mit néanmoins onze jours avant de présenter sa candidature au Congrès[15] : s'il est fort improbable que, pendant la ronde obligée avec les chefs des partis politiques consultés avant la présentation des candidatures, on ait évoqué le nom d'Armada, on parla sans doute d'un gouvernement de coalition ou de concentration ou d'unité nationale ; il est une autre raison qui nous invite à penser que le roi hésita : nombreux étaient ceux, et depuis longtemps déjà, qui plaidaient pour une solution exceptionnelle qui, sans violenter en théorie la Constitution, ne prétendait pas pour autant l'appliquer à la lettre. Comme le roi avait une confiance absolue en Armada, il put penser qu'un gouvernement présidé par le général et appuyé par tous les partis politiques calmerait l'armée, aiderait le pays à dépasser la crise et fortifierait la couronne. Il n'est pas impossible qu'il ait hésité, mais il est certain que, quelles qu'en soient les raisons – peut-être parce qu'il comprit à temps que mettre en tension la Constitution signifiait la mettre en danger et que mettre la Constitution en danger signifiait mettre en danger la démocratie et que mettre en danger la démocratie signifiait mettre en danger la couronne –, le roi décida d'appliquer à la lettre la Constitution, et le 10 février il présenta au Congrès la candidature de Leopoldo Calvo Sotelo.

Cela marqua la fin de l'opération Armada, la fin de l'opération seulement politique ; à partir de là, il était évident que l'ancien secrétaire du roi ne pourrait pas accéder à la présidence d'un gouvernement de coalition ou de concentration ou d'unité nationale par la voie parlementaire. A Armada ne s'offraient à présent que deux possibilités : l'une consistait à oublier l'opération militaire et à faire en sorte que Milans réussisse à convaincre Tejero et les autres conjurés d'en faire autant ; l'autre consistait à activer l'opération militaire et à l'utiliser comme un bélier, afin d'imposer par la force une formule politique qui n'avait pas pu être imposée par les seuls moyens politiques. Ni Armada ni aucun autre conjuré n'envisagèrent la première possibilité ; ni Armada ni aucun autre conjuré ne renoncèrent à aucun moment à la seconde, ainsi ce fut la variante militaire qui finit par l'emporter. Il est vrai que les circonstances du mois en cours ne rendirent pas ce choix difficile, parce que, dans les trois semaines qui avaient précédé le 23 février, les conjurés sentirent peut-être que la réalité exigeait d'eux, et de façon pressante, un coup d'Etat, en leur présentant un dernier arsenal d'arguments pour achever de les persuader que seul un soulèvement de l'armée pouvait empêcher l'extinction de la patrie : le 4 février, le jour même où fut publié un très dur document de la Conférence épiscopale contre la loi sur le divorce, un groupe de députés partisans de l'ETA interrompit par des cris et des chants patriotiques le premier discours du roi devant le Parlement basque ; le 6 février, on découvrit le cadavre d'un ingénieur de la centrale nucléaire de Lemóniz séquestré par l'ETA ; le 13 février mourut à l'hôpital pénitentiaire de Carabachel Joseba Arregui, membre de l'ETA, et dans les jours suivants la tension politique s'intensifia : durant une âpre séance parlementaire, l'opposition accusa le gouvernement de tolérer la torture, il y eut des affrontements publics entre le ministère de l'Intérieur et celui de la Justice, il y eut des destitutions de fonctionnaires et, immédiatement après, des protestations de la police, notamment la démission de toute sa direction ; le 21 février enfin, l'ETA séquestra le consul d'Uruguay à Pampelune et ceux d'Autriche et du Salvador à Bilbao. Au milieu de ces journées agitées, Armada vit le roi deux fois, l'une le 11 et l'autre le 12 février, à la Zarzuela : la première, pendant les funérailles de Frédérique de Grèce, belle-mère du roi, il put à peine parler au monarque ; la seconde, pendant son introduction officielle en tant que deuxième chef d'état-major de l'armée, il le fit pendant une heure. Au cours de leur entretien, Armada se montra nerveux et irrité : il n'osa pas reprocher au roi de ne pas l'avoir nommé président du gouvernement, mais il lui dit qu'il avait commis une grave erreur en nommant Calvo Sotelo ; d'après Armada, il lui annonça aussi un mouvement militaire imminent auquel se joindraient plusieurs capitaines généraux, dont Milans[16]. Il l'annonça aussi au général Gutiérrez Mellado qu'il vit au cours de cette même matinée après sa visite à la Zarzuela, comme le lui imposait le protocole. Cette dernière annonce me paraît pour le moins improbable : le fait est que le général Gutiérrez Mellado la nia devant le juge. Il est certain, en revanche, que trois jours plus tard Armada ouvrit les vannes du coup d'Etat : le 16 février, il s'entretint dans son nouveau bureau du Quartier général de l'armée avec le colonel Ibáñez Inglés, deuxième chef d'état-major de Milans et intermédiaire habituel entre les deux hommes, et lui dit que l'opération politique avait échoué ; il ne lui dit peut-être pas davantage, mais ce n'était pas nécessaire : cela suffisait pour faire savoir à Milans que, à moins qu'il n'accepte que tout le projet s'enlise, il fallait activer l'opération militaire.

Le coup d'Etat était déjà irrévocable. Quarante-huit heures seulement après l'entretien entre Armada et Ibáñez Inglés, le jour même où commença au Congrès le débat d'investiture qui devait faire de Calvo Sotelo le nouveau président du gouvernement, Tejero téléphona à Ibáñez Inglés : il lui dit que le délai donné par Milans pour la réalisation de l'opération Armada avait expiré, que les séances du débat d'investiture, le gouvernement et tous les députés étant réunis dans le Congrès, étaient une opportunité rare pour la réalisation de leur plan, il lui assura qu'un groupe de capitaines était prêt à le seconder, que les récents événements – l'offense faite au roi dans le Parlement basque, l'assassinat de l'ingénieur de Lemóniz commis par l'ETA, les conséquences de la mort de Joseba Arregui – les avaient incités à la rébellion et qu'il ne pouvait plus les retenir très longtemps, qu'en somme, il allait prendre le Congrès avec ou sans Milans ; l'avertissement de Tejero à Ibáñez Inglés dissipa les réserves que le capitaine général de Valence éprouvait encore : il ne pouvait pas freiner le lieutenant-colonel, l'échec politique d'Armada ne lui laissait aucun choix, il s'était trop compromis pour reculer au dernier moment. Par conséquent, Milans donna son accord à Tejero et, le 18 février, le lieutenant-colonel organisa un dîner avec plusieurs capitaines de confiance auxquels il parlait vaguement d'un coup d'Etat depuis un certain temps (il avait menti à Ibáñez Inglés : ce n'était pas qu'il ne pût plus retenir les capitaines, c'était qu'il ne pouvait plus se retenir lui-même) ; ce soir-là, il fut concret : il leur expliqua son projet, il réussit à faire en sorte qu'ils s'engagent à l'aider pour le mener à bien, il discuta avec eux la possibilité de prendre d'assaut le Congrès pendant le vote d'investiture qui devait avoir lieu deux jours plus tard, il reporta la décision de la date définitive de l'assaut au lendemain, le jeudi 19 février. Au cours de cette matinée-là, Tejero comprit que la préparation du coup d'Etat lui prendrait bien plus que vingt-quatre heures et qu'il ne pourrait donc pas l'exécuter le vendredi, mais quelqu'un – peut-être l'un de ses capitaines, peut-être l'un des aides de camp de Milans – lui fit remarquer que la majorité parlementaire dont disposait Cavo Sotelo ne suffisait pas pour qu'il soit élu au premier tour et que le président du Congrès devait en convoquer un second qui en aucun cas ne pourrait avoir lieu avant le lundi suivant, ce qui leur laissait encore au moins quatre jours pour les préparatifs ; quel que soit le jour choisi par le président du Congrès, ce serait celui des putschistes : celui du second vote d'investiture.

C'est ainsi que fut fixée la date du coup d'Etat et, à partir de là, ma narration bifurque. Jusqu'à présent, j'ai rapporté les faits tels qu'ils ont eu lieu ou tels qu'ils me semblent qu'ils ont eu lieu ; étant donné que dans ce qui suit interviennent les membres du CESID, il m'est impossible, à partir des données que j'ai exposées jusqu'à présent au sujet du service de renseignements, de choisir entre deux versions des faits qui se télescopent. Je remets le choix à plus tard pour exposer ci-dessous les deux versions en question.

La première est la version officielle ; c'est-à-dire celle de la justice ; elle est aussi la moins problématique. A partir du 19 février, Tejero et Milans – l'un à Madrid, l'autre à Valence – travaillent à la préparation du coup d'Etat, mais dès le 20 février, quand le président du Congrès fixe la date et l'heure du second vote d'investiture et, ce faisant, donne sans le savoir aux putschistes la date et l'heure du coup d'Etat – le lundi 23 février, pas avant 18 heures –, tout s'accélère. Tejero peaufine les détails de son plan, cherche des solutions pour le mener à bien, parle à plusieurs occasions au téléphone avec les aides de camp de Milans (le lieutenant-colonel Mas Oliver et le colonel Ibáñez Inglés) et s'entretient personnellement avec plusieurs officiers de la garde civile, surtout avec quatre de ses capitaines : Muñecas Aguilar, Gómez Iglesias, Sánchez Valiente et Bobis González. Les deux premiers sont de bons amis de Tejero et nous les connaissons bien : Muñecas est le capitaine qui, le soir du 23 février, s'adressa aux parlementaires séquestrés depuis la tribune du Congrès pour leur annoncer l'arrivée d'une autorité militaire ; Gómez Iglesias est le capitaine affecté à l'AOME – l'unité d'opérations spéciales du CESID –, probablement chargé par le commandant Cortina de surveiller Tejero et qui, selon cette première version des faits, agit le 23 février à l'insu de son supérieur, parce que, sans que Cortina le sût, il aida le lieutenant-colonel à vaincre les dernières réticences de certains officiers qui devaient l'accompagner le soir du coup d'Etat, et il lui fournit aussi peut-être des hommes et du matériel de l'AOME pour escorter les autobus jusqu'au Congrès. Quant à Milans, pendant ces quatre jours, il organise avec ses deux aides de camp le soulèvement de Valence, il obtient les promesses d'appui ou de neutralité des autres capitaines généraux, organise en toute hâte la rébellion dans la division Brunete par l'intermédiaire du commandant Pardo Zancada (qu'il fait venir à Valence la veille du coup d'Etat pour lui donner des instructions à ce sujet) et il parle au téléphone avec Armada au moins à trois reprises. Leur dernière conversation a lieu le 22 février : depuis le bureau du fils du colonel Ibáñez Inglés, Milans parle avec Armada en présence d'Ibañez Inglés, du lieutenant-colonel Mas Oliver et du commandant Pardo Zancada, et il le fait en répétant à haute voix les mots de son interlocuteur pour que ses subordonnés les entendent, comme s'il ne parvenait pas entièrement à faire confiance à Armada ou comme s'il avait besoin que ses subordonnés lui fassent entièrement confiance ; les deux généraux récapitulent : Tejero prendra le Congrès, Milans prendra Valence, la Brunete prendra Madrid et Armada prendra la Zarzuela ; le plus important : tout se fait sous les ordres du roi. Quand Milans repose le combiné, il est 17 h 30. C'est un peu plus de vingt-quatre heures plus tard que le coup d'Etat fut déclenché.

Telle est la première version ; la seconde ne la contredit pas et ne s'en distingue que par un détail : l'intervention du commandant Cortina. Il s'agit d'une version douteuse parce qu'elle est la version des putschistes ou, plus concrètement, la version de Tejero : en se tenant à la ligne de défense commune utilisée par les accusés pendant le procès qui suivit le 23 février, et en s'appuyant sur une prétendue complicité entre Cortina, Armada et le roi, Tejero essaie de s'innocenter en accusant Cortina (et avec Cortina, les services de renseignements), et à travers Cortina, Armada (et avec Armada, les dirigeants de l'armée), et à travers Cortina et Armada, le roi (et avec le roi, l'institution centrale de l'Etat) ; tout cela, bien sûr, n'infirme pas automatiquement le témoignage de Tejero. En effet, pendant l'audience, le lieutenant-colonel donna certains détails très précis qui étayaient sa propre version des faits ; néanmoins, le tribunal n'accorda pas foi à sa version des faits parce qu'il se trompa sur d'autres détails, et que Cortina avait un alibi impeccable pour chacune des accusations portées contre lui, ce qui obligea le tribunal à l'acquitter, même si on continua à le soupçonner (Cortina est un expert en fabrication d'alibis et, comme l'écrivit un journaliste qui couvrait les séances du procès, il n'est pas nécessaire de lire des romans policiers pour savoir qu'un innocent n'a presque jamais d'alibis, parce qu'il n'imagine même pas qu'un jour il puisse en avoir besoin[17]). Tout cela explique en partie pourquoi il est difficile de trancher, à partir des données que j'ai exposées plus haut, entre les deux versions des faits. Je détaille ci-dessous la seconde :

Dans la soirée du 18 février ou dans la matinée du 19, quand Milans et Tejero prennent la décision de se lancer dans le coup d'Etat, le capitaine Gómez Iglesias, qui surveille depuis des mois le lieutenant-colonel sur ordre de Cortina, communique la nouvelle à son chef de l'AOME. Cortina n'en informe pas ses supérieurs et ne dénonce pas les putschistes ; en revanche, il se met en contact avec Armada qui est, d'après ce que Tejero a dit à Gómez Iglesias, le leader du coup d'Etat ou l'un de ses leaders, fortement impliqué dans le coup d'Etat et agissant sur ordre du roi. Armada a une longue conversation avec Cortina et, parce qu'il veut se servir du commandant ou parce qu'il n'en a pas le choix, il lui raconte tout ce qu'il sait ; de son côté, Cortina se place sous les ordres d'Armada. Par la suite, en accord avec Armada, peut-être sur ordre d'Armada, Cortina demande à Gómez Iglesias de lui arranger un entretien avec Tejero : il cherche à connaître de première main les plans du lieutenant-colonel, à lui rappeler les objectifs du coup d'Etat et à renforcer la chaîne de commandement des conjurés. Tejero fait pleinement confiance à Gómez Iglesias et pense qu'il est bon pour lui de pouvoir disposer des hommes et du matériel de l'AOME pour prendre le Congrès, ainsi consent-il à l'entretien et, la nuit même du 19 février, les deux officiers se réunissent au domicile de Cortina, un appartement de la rue Biarritz, dans le quartier du parc de Las Avenidas, où le commandant vit avec ses parents. Cortina se présente au lieutenant-colonel comme un homme de confiance ou comme le porte-parole d'Armada ; il l'instruit : il souligne que l'opération s'effectue sur ordre du roi pour sauver la monarchie, il établit clairement que son chef politique est Armada, même si son chef militaire est Milans, il lui répète le plan général du coup d'Etat et l'issue qui doit être la sienne (il parle d'un gouvernement présidé par Armada, mais il ne dit rien sur un gouvernement de coalition ou de concentration ou d'unité nationale), il lui pose des questions techniques sur la manière dont il pense mener à bien la part du plan qui lui revient, il lui assure qu'il peut compter sur les hommes et les moyens de l'AOME et il insiste sur le fait que l'assaut ne doit pas être sanglant mais discret et que sa mission finira au moment où l'unité de l'armée le relaiera et où Armada se chargera du Congrès occupé. Tout est dit : les deux hommes se quittent vers 3 heures et, jusqu'au 23 février, ils restent en contact par l'intermédiaire de Gómez Iglesias. Mais le lendemain de l'entretien, Tejero appelle à Valence pour s'assurer que Cortina est véritablement une pièce du coup d'Etat et, après une conversation téléphonique entre Milans et Armada, on lui dit depuis Valence de se fier à Cortina et de suivre ses instructions. Entre-temps, lors de ce même vendredi ou peut-être le samedi dans la matinée, Armada décide, sur le conseil de Cortina, de rencontrer lui aussi Tejero et, une fois encore par l'intermédiaire de Gómez Iglesias, Cortina organise pour la nuit du samedi 21 février une rencontre entre les deux hommes afin que le général puisse personnellement expliquer au lieutenant-colonel la nature de l'opération et lui donner les dernières instructions. L'entretien a lieu et Armada répète à Tejero ce que Cortina lui a déjà dit deux jours plus tôt : l'opération doit être discrète et le sang ne doit pas couler, le lieutenant-colonel doit entrer dans le Congrès au nom du roi et de la démocratie et en ressortir dès qu'arrivera l'autorité militaire qui se chargera de tout (Armada ne croit pas nécessaire d'expliquer qu'il sera lui-même cette autorité militaire, mais il lui dit que celle-ci s'identifiera par un mot de passe : "Duc d'Ahumada") ; tout se fait selon les ordres du roi pour sauver la monarchie et la démocratie avec un gouvernement qu'Armada présidera, mais dont il ne spécifie pas la composition. D'après les déclarations de Tejero durant le procès, la récurrence des mots "monarchie" et "démocratie" dans le discours du général le rend méfiant (contrairement au fait qu'Armada présidera le gouvernement : Tejero le sait depuis un certain temps et considère comme acquis qu'il s'agira d'un gouvernement militaire) ; Tejero, pourtant, ne demande pas d'explications ni ne proteste : Armada est un général et lui un simple lieutenant-colonel et, même si dans son for intérieur Milans continue d'être le leader du coup d'Etat parce qu'il est le chef que Tejero admire et auquel il se sent véritablement lié, le capitaine général de Valence a imposé Armada comme leader politique et Tejero l'accepte ; de plus, même s'il n'est pas monarchiste, il se résigne à la monarchie, et il est certain que dans la bouche d'Armada le mot "démocratie" est un mot vide de sens, à peine un écran pour cacher la réalité crue du coup d'Etat. L'entretien a lieu dans un appartement clandestin de l'AOME ou dans un appartement que le chef de l'AOME utilisait occasionnellement, situé dans la rue Pintor Juan Gris où Cortina conduisit Tejero après lui avoir donné rendez-vous à l'hôtel Cuzco tout proche. Armada et Tejero se parlent en tête-à-tête pendant que Cortina attend dans le vestibule de l'appartement et, quand ils ont fini leur entretien, le commandant raccompagne le lieutenant-colonel jusqu'à l'entrée de l'hôtel Cuzco où ils se quittent. Cortina et Armada n'ont jamais admis que cet épisode ait eu lieu et, pendant le procès, Tejero n'a pas pu le prouver : l'alibi de Cortina était parfait ; en l'occurrence, celui d'Armada l'était aussi. Toujours d'après Tejero, l'entretien fut bref, trente minutes tout au plus, entre 20 h 30 et 21 heures. Moins de quarante-huit heures plus tard, le coup d'Etat fut déclenché.

6

Ce sont les deux versions des antécédents immédiats du 23 février. Imaginons à présent que la seconde version soit la vraie ; imaginons que Tejero ne mente pas et que, quatre ou cinq jours avant le coup d'Etat, Cortina ait appris par le biais de Gómez Iglesias que le coup d'Etat allait avoir lieu et qu'Armada en était l'instigateur ou l'un d'entre eux, et qu'il ait décidé de participer à l'opération en se mettant sous les ordres du général. Si tel est le cas, il n'est peut-être pas inutile de se demander quelles étaient ses raisons.

D'après une théorie[18] qui a connu un certain succès, Cortina intervint dans le coup d'Etat en tant qu'agent double : non pas dans l'intention de concourir à la réussite du coup d'Etat, mais dans celle de le faire échouer, non pas dans l'intention de détruire la démocratie, mais dans celle de la protéger. Les partisans de cette théorie prétendent que Cortina apprit que le coup d'Etat aurait lieu alors qu'il était déjà trop tard pour le désactiver ; ils prétendent qu'il comprit la nature improvisée et la mauvaise organisation de l'opération et qu'il décida de la précipiter pour ne pas donner le temps aux putschistes de la mettre au point et pour ainsi en assurer l'échec ; ils prétendent que c'est pour cela que, pendant leur entretien du 19 février, Cortina poussa Tejero à exécuter le coup d'Etat en fixant à sa place la date de l'assaut du Congrès. Cela est bien beau, mais faux. D'abord parce que Tejero n'avait besoin de personne pour le pousser à faire un coup d'Etat qu'il était déjà résolu à exécuter, ni pour lui en fixer la date puisqu'il s'en chargea lui-même ou que s'en chargèrent les avatars du débat d'investiture de Calvo Sotelo au Congrès ; ensuite, parce que, même s'il n'avait appris que quelques jours avant la date fixée qu'un coup d'Etat allait se produire, Cortina aurait pu parfaitement le désactiver : il suffisait qu'il communique ce qu'il savait à ses supérieurs et ils auraient en quelques heures seulement pu stopper les putschistes de la même manière qu'ils l'avaient fait avant le 23 février avec les putschistes de l'opération Galaxie et de la même manière qu'ils le feraient après le 23 février avec d'autres putschistes.

Ma théorie est plus évidente, plus prosaïque et plus enchevêtrée. Pour commencer, je rappellerai que la relation entre Cortina et Armada était réelle : tous deux se connaissaient depuis 1975, époque à laquelle Cortina fréquentait la Zarzuela ; un frère de Cortina, Antonio – dont Cortina était très proche –, était ami d'Armada et promoteur de sa candidature à la présidence d'un gouvernement d'unité nationale ; Cortina lui-même approuvait l'idée de ce gouvernement et peut-être celle de la candidature d'Armada. Cela dit, s'il est vrai que Cortina participa au coup d'Etat, selon ma théorie il le fit non pour qu'il échoue mais pour qu'il réussisse : tout comme Armada et Milans, il était convaincu que le pays était mûr pour un coup d'Etat et il croyait qu'il valait la peine de courir le risque d'en passer par les armes pour imposer une solution politique qui n'avait pu s'imposer sans elles ; il croyait également qu'en participant au coup d'Etat, il pourrait l'infléchir ou l'influencer et l'orienter dans la direction qui lui convenait le plus ; il croyait aussi que, retranché derrière de bons alibis, il n'encourait pas un gros risque personnel et que, s'il agissait intelligemment, il pourrait tirer bénéfice de la réussite du coup d'Etat autant que de son échec (si le coup d'Etat réussissait, il serait l'un des artisans de sa réussite ; s'il échouait, il saurait manœuvrer pour se présenter comme l'un des artisans de son échec) : même si sa relation avec le roi n'était pas aussi étroite que le prétendirent avec virulence les putschistes après le coup d'Etat – elle n'était probablement pas beaucoup plus étroite que celle que le monarque entretenait avec ses autres camarades de promotion qu'il retrouvait lors de déjeuners ou de dîners –, Cortina était un militaire fermement monarchiste. Il croyait que le coup d'Etat mou d'Armada, quelle qu'en soit l'issue, pourrait agir comme un décompresseur qui détendrait une vie politique et militaire alors tendue au maximum, renouvelant ainsi par sa secousse une atmosphère corrompue, et évacuant telle une mesure prophylactique la menace de plus en plus pressante d'un coup d'Etat dur, antimonarchiste et suffisamment bien planifié pour être imparable. En définitive, il croyait que, comme lui, la monarchie sortirait grandie du coup d'Etat, quelle qu'en soit l'issue, comme s'il avait lu Machiavel et se souvenait de ce conseil selon lequel "un prince doit, quand il le peut, entretenir adroitement quelques inimitiés pour acquérir, en les écrasant, une grandeur plus considérable[19]".

Comme n'importe lequel des conjurés, Cortina dut se dire à la veille du 23 février qu'il y avait seulement trois manières de faire échouer le coup d'Etat : la première était une réaction populaire ; la deuxième, une réaction de l'armée ; la troisième, une réaction du roi. Comme n'importe lequel des conjurés, Cortina dut se dire que la première hypothèse était peu probable (et le 23 février lui donna pleinement raison) : en 1936, le coup d'Etat de Franco avait échoué et avait provoqué une guerre civile parce qu'avec le soutien du gouvernement, les gens étaient descendus dans la rue, les armes à la main, pour défendre la République ; en 1981, une fois le gouvernement et les députés séquestrés dans le Congrès, les gens, effrayés par le souvenir de la guerre civile, déçus par la démocratie ou par son fonctionnement, amollis et sans armes, ne pouvaient qu'approuver le coup d'Etat ou s'y résigner, tout au plus offrir une faible résistance minoritaire. Comme n'importe lequel des conjurés, Cortina dut également se dire que la deuxième hypothèse était tout aussi peu probable (et le 23 février lui donna pleinement raison) : en 1936, le coup d'Etat de Franco avait échoué et avait provoqué une guerre civile parce qu'une partie de l'armée était restée sous les ordres du gouvernement et s'était jointe aux défenseurs de la République ; en 1981, en revanche, l'armée était presque uniformément franquiste et, par conséquent, les hauts commandants qui s'opposeraient au coup d'Etat seraient des exceptions, *a fortiori* ceux qui s'opposeraient à un coup d'Etat parrainé par le roi. Il restait la troisième hypothèse : le roi. C'était, en effet, la seule hypothèse plausible, ou du moins la seule hypothèse que Cortina ou n'importe lequel des conjurés pût considérer comme plausible : même si le coup d'Etat n'était pas contre le roi mais en sa faveur, même si ce n'était pas un coup d'Etat dur mais un coup d'Etat mou, même si en théorie il ne prétendait pas détruire la démocratie mais la rectifier, même si la pression qu'exerceraient sur lui les insurgés et une grande partie de l'armée serait énorme, et même si le gouvernement issu du coup d'Etat devrait recueillir l'approbation du Congrès et pourrait être présenté par Armada non comme une victoire du coup d'Etat mais comme une issue au coup d'Etat, il était possible d'imaginer que le roi décide de ne pas cautionner le coup d'Etat et d'invoquer sa condition d'héritier de Franco et de chef symbolique des forces armées pour l'arrêter, en se souvenant peut-être de l'exemple dissuasif de son grand-père Alfonso XIII et de son beau-frère Constantin de Grèce, qui avaient tous deux accepté l'aide de l'armée pour se maintenir au pouvoir et avaient fini détrônés en moins d'une décennie*. Que se passerait-il donc si le roi s'opposait au coup d'Etat ? Personne, certes, ne pouvait le prévoir car, une fois celui-ci déclenché, presque tout était possible, y compris qu'un coup d'Etat en faveur du roi, dirigé par les deux généraux les plus monarchistes de l'armée, se transforme en un coup d'Etat en sa défaveur, risquant de mettre fin à la monarchie ; mais il était aussi certain que, si le roi s'opposait au coup d'Etat, celui-ci échouerait, étant fort improbable qu'un coup d'Etat monarchiste dégénère en un coup d'Etat antimonarchiste. De la même façon, il était certain que, si le coup d'Etat échouait à la suite de l'intervention du roi, celui-ci deviendrait le sauveur de la démocratie, ce qui ne pouvait qu'entraîner le renforcement de la monarchie. J'insiste : je ne dis pas que cela pouvait être le seul résultat possible pour la monarchie si le roi s'opposait au coup d'Etat. Je dis qu'avant de participer au coup d'Etat et comme n'importe lequel des conjurés, Cortina put arriver à la conclusion suivante : les risques que le coup d'Etat entraînait pour la monarchie étaient très inférieurs aux avantages qu'elle pouvait en tirer. Par conséquent, le coup d'Etat était bénéfique parce que la couronne était gagnante dans tous les cas : le succès du coup d'Etat la fortifierait (c'est du moins

* Il est cependant possible que l'exemple d'Alfonso XIII et de Constantin de Grèce n'ait pas du tout paru dissuasif pour la couronne aux yeux des putschistes monarchistes ; leur raisonnement était peut-être l'inverse de celui qu'aurait pu faire le roi le 23 février : pour eux, ce fut précisément l'aide de l'armée qui avait permis au grand-père et au beau-frère du roi de prolonger de quelques années supplémentaires leur présence au pouvoir et qui, en eussent-ils intelligemment tiré profit, aurait pu empêcher la fin de la monarchie en Espagne et en Grèce.

ce que put penser Cortina et, avec lui, Armada et Milans) ; son échec produirait le même effet. Qu'il ait lu ou non Machiavel et qu'il se soit ou non souvenu de son conseil, tel put être le raisonnement de Cortina ; s'il en est ainsi, le 23 février lui donna aussi raison sur ce point, et plutôt deux fois qu'une.

7

Ce qui précède n'est que conjectures : la question principale – la question principale sur Cortina, la question principale sur le rôle des services de renseignements le 23 février – reste ouverte, et c'est pourquoi nous ne pouvons décider, à partir des données que j'ai exposées plus haut, laquelle des deux versions alternatives des événements advenus dans les jours précédant le coup d'Etat est la bonne. Nous sommes sûrs que le CESID de Javier Calderón ne participa pas en tant que tel au coup d'Etat, mais nous ne savons pas si l'AOME de Cortina y prit part ou non. Nous sommes certains qu'un membre de l'AOME, le capitaine Gómez Iglesias, collabora avec Tejero à la préparation et à l'exécution du coup d'Etat, mais nous ne sommes pas certains qu'il l'ait fait sur ordre de Cortina et non de sa propre initiative, par solidarité ou par amitié pour le lieutenant-colonel ; nous ne sommes pas non plus certains que les autres membres de l'AOME – le sergent Sales et les brigadiers Monge et Moya – aient participé au coup d'Etat en escortant les autobus de Tejero jusqu'à leur destination. Si tel est le cas, nous ne savons pas s'ils le firent sur ordre de Gómez Iglesias qui, malgré le contrôle rigoureux que Cortina maintenait sur ses hommes, les aurait détournés pour l'opération à l'insu du commandant, ou s'ils le firent sur ordre de Cortina qui aurait participé au coup d'Etat avec son unité ou avec une partie de son unité, le jugeant bénéfique quelle que soit son issue. Sur ce point principal, nous disposons de conjectures et de suppositions, mais non de certitudes ni même de probabilités ; nous pouvons peut-être nous en approcher en essayant de répondre à deux questions qui restent encore en suspens : qu'a fait exactement Cortina le 23 février ? Que s'est-il exactement passé à l'AOME le 23 février ?

En dépit de la nature hermétique de l'AOME, de nombreux témoignages directs existent sur ce qui s'est déroulé dans l'unité cette nuit-là[20]. Il s'agit de témoignages souvent contradictoires – parfois violemment contradictoires –, mais ils permettent d'établir certains faits. Le premier est que le comportement du chef de l'AOME fut en apparence irréprochable ; le second est que cette apparence se fissure à la lumière du comportement de certains membres de l'AOME (et à la lumière que cette lumière projette sur certains aspects du comportement du chef de l'AOME). Au moment de la prise d'assaut du Congrès, Cortina se trouvait à l'école de l'AOME, dans une villa de la rue Marqués de Aracil. Il entendit la fusillade à la radio et il se rendit immédiatement à un autre local secret de l'unité, situé sur l'avenue Cardenal Herrera Oria ; c'est là que se trouvait son poste de commandement, l'état-major, et de là-bas, aidé par le capitaine García-Almenta, deuxième chef de l'AOME, il commença à donner des ordres : étant donné qu'il savait ou qu'il supposait que la prise du Congrès était le prélude à un coup d'Etat et que cela pouvait provoquer des tensions dans son unité, Cortina ordonna à ses subordonnés de garder leurs postes, et leur interdit tout commentaire en faveur ou en défaveur du coup d'Etat ; il fit ensuite localiser toutes ses équipes qui étaient en train d'opérer en ville, organisa le déploiement de ses hommes, envoyés en missions de renseignement dans Madrid, et imposa des mesures spéciales de sécurité dans toutes ses bases. Pour finir, vers 19 h 30, il partit au siège central du CESID, au numéro 7 de la rue Castellana, où il resta jusqu'au lendemain matin, après l'échec du coup d'Etat, toujours sous les ordres de Javier Calderón, toujours en contact avec l'état-major de son unité et transmettant toujours à ses chefs les informations qu'il en recevait et qui s'avéreraient décisives pour freiner le coup d'Etat dans la capitale. Telle fut jusqu'à ce moment-là – je le répète : jusqu'au lendemain matin – la conduite de Cortina : une conduite qui semble écarter toute implication de sa part dans le coup d'Etat, mais qui ne permet absolument pas de l'exclure (en réalité, jouer le jeu du contre-coup d'Etat était, à mesure que la nuit avançait et que la réussite du coup d'Etat semblait de plus en plus compromise, la meilleure façon de se mettre à l'abri en cas d'échec, puisque c'était une façon de se mettre à l'abri de toute accusation de l'avoir soutenu) ; ce que nous savons de la conduite de certains de ses subordonnés le permet encore moins. Surtout s'agissant de l'un d'eux : le brigadier Rafael Monge. Monge était le chef de la SEA, une unité secrète à l'intérieur de l'unité secrète de Cortina, réunissant des hommes qui avaient sa plus grande confiance et dont la mission principale, quoique non exclusive, consistait à cette époque-là à former des agents destinés à infiltrer les sympathisants de l'ETA au Pays basque ; à cette unité appartenaient aussi le sergent Miguel Sales et le brigadier José Moya*. Dans la soirée du 23 février, après être arrivé vers 19 heures à l'école de l'AOME située rue Marqués de Aracil, Monge se rendit, en compagnie du capitaine Rubio Luengo, à la villa où se trouvaient les hauts dignitaires de l'armée ; perturbé et euphorique, Monge dit ceci à Rubio Luengo : il lui dit qu'il avait accompagné les autobus de Tejero jusqu'au Congrès, il lui dit l'avoir fait avec d'autres membres de l'AOME, il lui dit qu'il l'avait fait sur un ordre de García-Almenta (Rubio Luengo fit immédiatement le lien entre la triple confession de Monge et l'ordre de García-Almenta, reçu le matin même à l'école : il devait remettre à Monge, à Sales et à Moya trois véhicules avec de fausses immatriculations, des transmetteurs portables et des émetteurs à basse fréquence, indétectables même pour le reste des équipes de l'AOME). Ce ne fut pas la seule fois que Monge raconta au cours de la soirée son intervention dans le coup d'Etat ; il le refit quelques minutes plus tard, quand, après avoir parlé avec García-Almenta à l'état-major, celui-ci ordonna au sergent Rando Parra d'accompagner Monge en voiture jusqu'aux abords du Congrès, où le chef de la SEA voulait qu'il récupère une voiture de l'unité ; sur le trajet, Monge redit à Rando Parra plus ou moins ce qu'il avait déjà dit à Rubio Luengo – qu'il avait escorté Tejero avant la prise d'assaut,

* Bien que l'AOME fût une unité militaire, le grade y avait une importance très relative, ce qui constituait l'une des singularités de l'organisation : un lieutenant pouvait donner des ordres à un capitaine, un sergent à un lieutenant, un brigadier à un sergent ; le plus important au sein de l'AOME n'était pas le grade, mais les compétences de chaque agent (ou ce que Cortina jugeait comme étant ses compétences), ce qui explique qu'à la SEA, le sergent Sales était sous les ordres du brigadier Monge. Cette anomalie provoqua des jalousies, des différends et des rivalités entre les agents, ce qui contribua sans doute à la multiplication, au sein de l'unité, d'accusations mutuelles à la suite du coup d'Etat.

qu'il ne l'avait pas fait seul, qu'il avait obéi aux ordres de García-Almenta – et il ajouta qu'après avoir accompli sa mission, il avait abandonné la voiture qu'ils allaient à présent chercher dans la rue Fernanflor, à côté du Congrès.

Durant cette nuit-là, il se passa bien d'autres choses à l'AOME – il y eut des allées et venues frénétiques dans tous ses locaux, il y eut un flux constant d'informations provenant des équipes déployées dans Madrid et dans ses alentours, il y eut beaucoup d'hommes qui manifestèrent leur enthousiasme pour le coup d'Etat, quelques autres qui turent leur tristesse, et au moins deux qui entrèrent au petit matin dans le Congrès pour en ressortir avec des nouvelles fraîches, dont celle qu'Armada était le véritable leader du coup d'Etat –, mais c'est la confession réitérée de Monge à Rubio Luengo et à Rando Parra qui est décisive. Est-elle totalement fiable ? Bien entendu, après le 23 février, Monge se rétracta : il dit que tout avait été une invention de sa part, improvisée devant ses compagnons pour se targuer d'un exploit putschiste chimérique ; l'explication n'est pas irrecevable (selon ses chefs et ses collègues, Monge était un militaire aventurier et fanfaron, et il n'était pas de jour plus propice que le 23 février pour se targuer d'exploits putschistes autant qu'antiputschistes) : ce qui rend l'explication peu recevable est le fait que Monge raconte son histoire non pas une, mais au moins deux fois, non seulement à chaud au début du coup d'Etat, mais aussi à froid, après son passage par le poste de commandement de l'unité et alors qu'il avait déjà parlé avec ses supérieurs, du moins avec García-Almenta ; ce qui la rend définitivement irrecevable est le fait que Monge ait laissé à proximité du Congrès la preuve de sa participation à l'assaut*.

* Pourtant, certains responsables des services de renseignements de l'époque prétendent encore que le récit de Monge est inventé ou que la participation du brigadier au coup d'Etat fut anecdotique, fortuite et strictement individuelle ; c'est ce que soutient par exemple Cortina lui-même. D'après lui, le soir du 23 février, Monge travaillait sur l'opération Mister, un dispositif mis en place par l'AOME et exécuté par la SEA, ayant pour objectif de tenir sous surveillance Vincent Shields, deuxième chef de la CIA en Espagne, qui, d'après les informations parvenues au CESID, pouvait être en train d'espionner de son côté, depuis sa propre maison de la rue Carlos III et grâce à de puissants équipements d'enregistrement, les réceptions du roi dans le palais de l'Orient (le haut risque de l'opération – il s'agissait en fin de compte de faire suivre un membre d'une antenne d'espionnage alliée –

Or, si nous acceptons que le témoignage de terrain fourni par Monge est véridique – et je ne vois pas comment on pourrait le rejeter –, alors l'intervention de l'AOME le 23 février semble se préciser, de même que l'intervention de Cortina : les trois membres de l'unité – les trois membres de la SEA : Monge, Sales et Moya – collaborèrent en effet à l'assaut du Congrès, mais ils ne le firent pas à l'insu de Cortina ni sur ordre de Gómez Iglesias avec qui ils n'avaient aucun lien de caractère organique ; qui plus est, durant ces jours-là, Gómez Iglesias était temporairement absent de l'unité car il prenait des cours de conduite de manière tout à fait opportune dans la caserne d'où justement partirent les autobus de Tejero – mais sur ordre de García-Almenta et, s'il est concevable que Gómez Iglesias ait recruté des hommes et ait agi en faveur du coup d'Etat sans l'ordre préalable de Cortina, cela est inconcevable pour García-Almenta, qu'aucun lien personnel n'unissait à Tejero et que seul Cortina aurait pu informer du coup d'Etat. Ainsi, il est hautement probable que, le 23 février, le chef de l'AOME ordonna à plusieurs membres de son unité – du moins à Gómez Iglesias, García-Almenta et aux trois membres de la SEA – de prêter main-forte au coup d'Etat*. Cela expliquerait

aurait imposé l'usage de moyens inhabituels comme des émetteurs à basse fréquence) : Monge aurait fini vers 18 heures sa mission de surveillance et, quand il se disposait à retourner au siège de l'AOME, il croisa par hasard les autobus de Tejero sur la place Beata María Ana de Jesús, et se joignit spontanément à eux. Avec toute la bonne volonté du monde, il est fort difficile de croire à cette histoire, parce qu'il est fort difficile d'imaginer les passagers d'un autobus rempli de gardes civils raconter à un inconnu comme Monge, en plein centre de Madrid, qu'ils s'apprêtent à prendre le Congrès d'assaut et à faire un coup d'Etat ; cette scène ne peut plus être attribuée à Luis García Berlanga, mais à Paco Martínez Soria (ou aux Monty Python) car elle n'est plus insensée, elle est tout bonnement impossible. Toutefois, cela ne signifie pas que la version qui innocente Cortina ne contienne pas une part de vérité : l'opération Mister exista bel et bien et la SEA surveilla la maison de Shields pendant un certain temps, mais ce n'était pas la seule mission qu'effectuait la SEA à cette époque – ni même la principale – et ses membres n'employèrent jamais pour la réaliser les moyens exceptionnels qu'ils utilisèrent ce jour-là. En conclusion : il y a tout lieu de penser que l'opération Mister fut utilisée après le 23 février comme alibi pour masquer l'intervention de l'AOME dans le coup d'Etat[21].

* D'après l'un des membres de l'AOME qui dénonça ses compagnons putschistes après le 23 février, Cortina aurait créé la SEA plusieurs mois

que le 24 février au matin, alors que l'échec du coup d'Etat était déjà inévitable et que Cortina avait quitté le siège central du CESID pour se rendre au siège central de l'AOME, il ait eu deux longues réunions à huis clos avec Gómez Iglesias et García-Almenta, ses deux principaux complices, sans doute pour s'assurer des alibis et se parer contre tout soupçon ; cela expliquerait aussi que, le 24 février, Cortina ait organisé une cascade de réunions dans tous les locaux de l'AOME dans l'intention de faire taire les rumeurs qui couraient au sein de l'unité – presque toutes provenant des révélations de Monge –, d'établir un récit officiel et irréprochable des événements advenus la veille et d'exempter de toute responsabilité dans le coup d'Etat le général Armada dont Cortina avait fait de grands éloges devant ses hommes les jours précédents, comme s'il voulait les préparer à ce qui devait se passer. De plus, la très haute probabilité que Cortina ait été lié au coup d'Etat nous offre rétroactivement d'autres probabilités, nous oblige à nous pencher sur l'une des deux versions des faits qui ont immédiatement précédé le coup d'Etat et nous autorise à répondre à la question principale sur Cortina et sur le rôle des services de renseignements pendant le 23 février : il est fort probable qu'en apprenant par Gómez Iglesias que Tejero se lançait dans un coup d'Etat dirigé par Armada, Cortina s'est mis en contact avec le général (en supposant que les deux hommes n'ait pas déjà été en contact l'un avec l'autre ; Cortina reconnaît en tout cas avoir vu Armada un jour indéterminé de cette même semaine, d'après lui pour le féliciter de sa nomination comme deuxième chef d'état-major de l'armée) ; il est fort probable que, déjà sous les ordres d'Armada, Cortina se chargea d'expliquer à Tejero, personnellement ou par l'intermédiaire de Gómez Iglesias, la nature, les objectifs et la hiérarchie du coup d'Etat, et lui promit l'aide de ses hommes pour prendre le Congrès ; il est fort probable, indépendamment du

plus tôt précisément pour préparer le coup d'Etat. Cortina n'aurait cependant pas pu apprendre l'existence du plan plusieurs mois à l'avance, mais plusieurs jours tout au plus, et l'hypothèse n'a donc pas de sens ; il semble logique, en revanche, d'imaginer qu'après avoir décidé de participer au coup d'Etat, Cortina ait appuyé la prise d'assaut du Congrès avec la SEA, une unité spéciale, isolée ou isolable du reste de l'AOME et composée de certains des hommes les plus fidèles dont il disposait[22].

fait qu'il ait organisé ou non l'entretien entre Tejero et Armada et indépendamment du fait que cet entretien ait eu lieu ou non, que Cortina a servi d'intermédiaire à Armada pour transmettre à Tejero les dernières instructions sur l'opération ; en somme, il est fort probable qu'au cours des jours qui précédèrent le coup d'Etat, Cortina devint une espèce d'assistant d'Armada, une espèce de chef d'état-major du leader du coup d'Etat[23]. Il est fort probable que cela se déroula ainsi. J'ai la conviction, en effet, que c'est ainsi que cela se déroula.

8

Le 23 février

Vers 21 heures – alors que le Congrès était séquestré, la région de Valence, occupée, la division blindée Brunete et les capitaines généraux, en proie aux doutes, et le pays entier, plongé dans un silence passif, peureux et expectatif –, le coup d'Etat d'Armada et de Milans se trouvait bloqué par le contre-coup d'Etat du roi. L'incertitude était absolue : d'un côté, en invoquant trompeusement l'égide du roi, les rebelles en appelaient au cœur franquiste et à la fureur accumulée de l'armée ; de l'autre, le roi, qui en principe ne sentit aucune tentation de temporiser avec les rebelles – la fusillade dans le Congrès retransmise par la radio faisait du coup d'Etat mou avec lequel on pouvait négocier un coup d'Etat dur qui devait obligatoirement être rejeté –, en appelait à la discipline de l'armée et à sa loyauté envers l'héritier de Franco et chef de l'Etat et des forces armées. Le moindre mouvement de troupes, le moindre affrontement civil, le moindre incident pouvait faire pencher le coup d'Etat du côté des putschistes, mais en cette heure le roi, Armada et Milans étaient peut-être les seules personnes assez puissantes pour décider de son succès ou de son échec.

Les trois hommes agirent comme s'ils le savaient. Afin de soumettre les insurgés et de les faire rentrer dans leurs casernes, mais aussi pour annoncer clairement au pays sa condamnation de la prise d'assaut du Congrès et sa défense de l'ordre constitutionnel, peu avant 22 heures, le roi demanda aux studios de télévision, jusqu'alors pris par les putschistes, une équipe mobile pour enregistrer une allocution qu'il destinait à l'armée et aux citoyens ; afin d'assurer la réussite du coup d'Etat, même si ce n'était pas prévu par le plan initial, Milans appela Armada, plus ou moins à la même heure, au Quartier général de l'armée.

Leur conversation est importante. Elle est la première que les deux généraux ont depuis le début du coup d'Etat, mais il ne s'agit pas d'une conversation en tête-à-tête, ou du moins pas entièrement : Milans parle depuis son bureau à l'état-major de la région de Valence, entouré de ses officiers ; en l'absence du chef d'état-major de l'armée, le général Gabeiras (qui assiste alors à une réunion de la Junte des chefs d'état-major ailleurs dans Madrid), Armada parle depuis le bureau de son supérieur dans le palais de Buenavista, entouré des généraux de l'Etat-Major central. Milans propose à Armada une solution au coup d'Etat, qui, selon lui, recueille l'assentiment de plusieurs capitaines généraux ; il s'agit d'une solution peut-être incontournable pour les putschistes, qu'Armada a probablement déjà considérée en secret et qui s'impose presque comme une variante obligée au plan originel : puisque celui-ci a échoué, que le roi refuse le coup d'Etat et qu'Armada n'a pas pu entrer à la Zarzuela pour en ressortir avec l'autorisation explicite du monarque de négocier avec les parlementaires séquestrés, la seule façon d'arranger les choses consiste en ce qu'Armada – dont le comportement a déjà commencé à susciter la méfiance de certains, mais dont personne ne peut imaginer encore le lien précis avec le coup d'Etat – se rende au Congrès assiégé depuis le Quartier général de l'armée, qu'il parle avec les députés et qu'il forme avec eux le gouvernement prévu d'unité nationale sous sa présidence, et qu'en échange, Tejero les libère, que Milans révoque l'état d'exception et que l'ordre revienne dans le pays. Bien que plus difficile et plus incertain que le plan originel, le plan improvisé de Milans a pour Armada de remarquables avantages : s'il réussit et est nommé président du gouvernement, l'ancien secrétaire du roi pourra présenter le succès du coup d'Etat comme un échec du coup d'Etat, et son gouvernement, comme une prudente sortie de crise, comme une pénible issue de secours – temporaire, peut-être insatisfaisante, mais impérative – pour un retour à l'ordre constitutionnel violé par la prise d'assaut du Congrès ; d'autre part, s'il n'atteint pas son objectif, le seul tort qu'on pourrait lui imputer serait de s'être efforcé de libérer les parlementaires en négociant avec les putschistes, ce qui devrait dissiper la méfiance qui s'est accumulée à son sujet depuis le début du coup d'Etat. Armada accepte ainsi la proposition de Milans, mais, pour ne pas dévoiler sa complicité avec le général insurgé aux généraux qui l'entourent dans le Quartier général de l'armée – auxquels il répétait des phrases choisies de son interlocuteur –, il commence par la rejeter publiquement : comme si l'ambition de devenir président du gouvernement ne lui avait jamais traversé l'esprit et comme s'il n'en avait jamais parlé avec Milans, il montre sa surprise devant cette idée et la repousse, scandalisé, avec force gesticulations ; puis, lentement, de manière sinueuse, il feint de céder à la pression de Milans, feint de se laisser convaincre par ses arguments, feint de comprendre qu'il n'y a pas d'autre issue acceptable pour Milans et pour les capitaines généraux de Milans, ou que celle-ci est la meilleure ou la seule issue possible, et il finit par se déclarer prêt à réaliser, pour le roi et pour l'Espagne, le sacrifice qu'on exige de lui en cette heure cruciale pour la patrie. Quand Armada raccroche, tous les généraux qui ont assisté à la conversation (Mendívil, Lluch, Castro San Martín, Esquivias, Sáenz Larumbe, Rodríguez Ventosa, Arrazola, Pérez Íñigo, peut-être encore quelques autres) ont déjà compris ou s'imaginent avoir compris la proposition de Milans, mais Armada la leur répète. Tous les généraux l'approuvent, tous sont d'accord avec Armada pour qu'il se rende au Congrès avec l'aval du roi et, lorsque quelqu'un se demande à haute voix si cette formule peut être trouvée dans la Constitution, Armada se fait apporter un exemplaire de ladite Constitution, lit à haute voix les cinq points dont se compose l'article 99 et convainc ses subordonnés qu'au cas où il obtiendrait le soutien de la majorité simple des parlementaires, le roi pourrait confirmer sa nomination comme président du gouvernement sans porter atteinte à la Constitution.

C'est alors qu'Armada parle une nouvelle fois par téléphone avec la Zarzuela, ce qu'il n'a pas fait depuis que le roi (ou le roi par l'intermédiaire de Fernández Campo) lui a refusé d'entrer dans le palais, quinze minutes après le début du coup d'Etat. Le général parle d'abord avec le roi ; tout comme la conversation qu'il venait d'avoir avec Milans, celle-ci non plus n'a pas complètement lieu en tête-à-tête : plusieurs personnes écoutent les propos du monarque à la Zarzuela ; plusieurs personnes écoutent ceux d'Armada au Quartier général de l'armée. Armada dit au roi que la situation est plus grave qu'il ne le croit, que, chaque minute qui passe, les choses s'aggravent dans le Congrès, que Milans ne pense pas rappeler ses troupes et que plusieurs capitaines généraux se sont soulevés de fait, que l'armée court le risque de se diviser et qu'il existe un sérieux danger d'une confrontation armée, peut-être d'une guerre civile ; il lui dit ensuite que Milans et plusieurs capitaines généraux considèrent qu'il est la seule personne en mesure de résoudre le problème, et qu'ils lui ont fait une proposition qui a l'aval des autres capitaines généraux ainsi que celui des généraux qui l'entourent dans le palais de Buenavista. De quelle proposition s'agit-il ? demande le roi. A la merci du roi autant que des généraux qui l'écoutent, Armada, au lieu de répondre à la question, continue de jouer son rôle de serviteur dévoué : l'idée lui paraît extravagante, presque absurde, mais, étant donné que Milans, les capitaines généraux et le reste de l'armée affirment qu'il n'y a pas d'autre solution, il est prêt à se sacrifier pour le bien de la couronne et de l'Espagne et à assumer la responsabilité quoi qu'il lui en coûte. De quelle proposition s'agit-il ? répète le roi. Armada expose la proposition ; quand il a fini, le roi ne sait pas encore que son ancien secrétaire est le leader du coup d'Etat – il n'est même pas probable qu'il le soupçonne –, mais il sait qu'Armada tente d'obtenir avec le coup d'Etat ce qu'il n'a pas pu obtenir sans lui. Peut-être parce qu'il se méfie de l'ascendant qu'Armada conserve encore sur lui, ou parce qu'il ne veut pas qu'il lui rappelle leurs conversations lors desquelles ils ont évoqué la possibilité pour Armada d'occuper la présidence du gouvernement, ou parce qu'il pense que son secrétaire actuel saura mieux s'en sortir que lui, le roi demande à Armada d'attendre un moment et passe le combiné à Fernández Campo. Les deux amis se parlent une nouvelle fois, sauf qu'à présent, ils sont rivaux plus qu'amis, et tous deux le savent : Fernández Campo soupçonne Armada d'essayer de tirer profit du coup d'Etat ; Armada sait que Fernández Campo craint son ascendant sur le roi – c'est pourquoi il le croit responsable du refus du monarque de le laisser entrer dans la Zarzuela – et croit deviner quelle va être sa réaction quand il lui annoncera que la seule solution au coup d'Etat est un gouvernement sous sa présidence. L'intuition d'Armada se confirme ou il sent qu'elle se confirme : après avoir reparlé des risques, des sacrifices personnels et du bien de la couronne et de l'Espagne, Armada commence à exposer à Fernández Campo la proposition de Milans, et le secrétaire du roi l'interrompt. C'est absurde, dit-il. Moi aussi, je le crois, ment Armada.

Mais s'il n'y a pas d'autre solution, je suis prêt… Fernández Campo l'interrompt de nouveau, lui répète que ce qu'il dit est absurde. Comment peux-tu imaginer que les députés vont voter pour toi avec les mitraillettes braquées sur eux ? demande-t-il. Comment peux-tu imaginer que le roi va accepter un président de gouvernement élu sous la contrainte ? Il n'y a pas d'autre solution, répond Armada. De plus, personne ne va m'élire sous la contrainte. Comme Tejero obéit à Milans, dès que j'arriverai au Congrès, je lui raconterai le plan de Milans, il éloignera ses hommes et me laissera parler avec les chefs des partis et leur faire part de la proposition en question ; ils peuvent l'accepter ou non, personne ne les obligera à rien, mais je peux t'assurer, Sabino, qu'ils accepteront, y compris les socialistes : j'ai parlé avec eux. Tout est parfaitement constitutionnel ; et quand bien même, ce qui importe maintenant, c'est de faire sortir les députés de là-bas et de résoudre cette situation d'urgence ; nous aurons toujours le temps ensuite d'entrer dans les subtilités judiciaires. Ce qui n'est sûrement pas constitutionnel, c'est ce qui se passe en ce moment dans le Congrès. Fernández Campo laisse parler Armada et, quand Armada a fini, il lui dit que tout ce qu'il raconte est une folie ; Armada insiste sur le fait que ce n'est pas une folie, et Fernández Campo clôt la discussion en lui refusant la permission de se rendre au Congrès au nom du roi.

Quelques minutes plus tard, la discussion reprend. Entretemps, des nouvelles sont arrivées au Quartier général de l'armée, d'après lesquelles Tejero souhaite parler ou accepte de parler avec Armada, et dans la Zarzuela s'élèvent des voix favorables à l'intervention de l'ancien secrétaire du roi – s'il échoue, ce sera son échec personnel ; s'il réussit, le danger d'un bain de sang sera du moins écarté – mais, si Armada reparle avec la Zarzuela, c'est parce que le général Gabeiras, chef d'état-major de l'armée, est de retour au palais de Buenavista. Armada expose à son supérieur immédiat le plan de Milans ; convaincu qu'il s'agit d'un bon plan et qu'il n'y a rien à perdre si Armada essaie de l'exécuter, espérant être plus convaincant que son subordonné, Gabeiras rappelle à la Zarzuela. Il parle avec le roi, puis avec Fernández Campo, et il leur répète à tous deux les arguments d'Armada, mais tous deux les rejettent une nouvelle fois ; ensuite, Armada prend le téléphone et parle avec Fernández Campo qui lui redit que ce qu'il propose est absurde, puis il parle avec le roi qui se limite à lui demander s'il a perdu la tête. La discussion se prolonge, les appels du Quartier général à la Zarzuela se succèdent, et Armada insiste, et Gabeiras insiste, et peut-être aussi les voix de la Zarzuela, et sans doute Milans insiste-t-il aussi, de même que les capitaines généraux et les généraux qui soutiennent Armada et Gabeiras dans le palais de Buenavista, et finalement, presque au moment où arrive à la Zarzuela l'équipe mobile de télévision venue enregistrer le message du roi, celui-ci et Fernández Campo finissent par céder. C'est une folie, répète Fernández Campo à Armada pour la énième fois. Mais je ne peux pas t'interdire d'aller au Congrès ; si tu veux le faire, vas-y. Mais que ce soit bien clair, tu y vas de ton propre fait et uniquement pour libérer le gouvernement et les députés : tu ne dois pas évoquer le nom du roi, ce que tu as à proposer est ton affaire et non celle du roi, le roi n'a rien à voir avec tout ça. Est-ce clair ?

Armada ne demande que cela et, à minuit moins vingt, avec pour seule compagnie son aide de camp, le commandant Bonell, le général sort du palais de Buenavista en direction du Congrès. Plusieurs généraux, notamment Gabeiras, se sont proposé de l'accompagner, mais Armada a exigé d'y aller tout seul : son double jeu n'admet pas de témoins ; il a reçu de Gabeiras la permission d'offrir à Tejero, en échange de la liberté des députés, un avion pour quitter le pays et aller au Portugal ainsi que de l'argent pour financer un exil provisoire ; Armada a fait mine de demander à Milans qu'il demande à Tejero un mot de passe qui lui permette d'entrer au Congrès (et Milans lui a donné, de la part de Tejero, le même mot de passe que celui qu'Armada lui avait probablement donné deux jours plus tôt : "Duc d'Ahumada") ; il a fait mine de prendre congé des généraux du Quartier général en brandissant un exemplaire de la Constitution (et les généraux ont pris congé de lui avec la certitude ou l'espoir que, quand il reviendrait, ce serait comme président du gouvernement). Le Quartier général se trouve à peine à quelques centaines de mètres de la Carrera de San Jerónimo, ainsi, tout juste quelques minutes après en être sorti en voiture officielle, Armada arrive aux abords du Congrès, entre dans l'hôtel Palace et parle avec le groupe de militaires et de civils qui organisent l'encerclement de Tejero, parmi lesquels les généraux Aramburu Topete et Sáenz de Santamaría, et le gouverneur civil de Madrid, Mariano Nicolás : Armada donne des explications confuses concernant sa mission, mais il explique qu'il est venu à titre personnel, non institutionnel ; d'autre part, les nouvelles qu'il apporte sont si alarmantes – d'après lui, quatre capitaines généraux soutiennent Milans – et la confiance de ses interlocuteurs en son prestige est si grande qu'ils le pressent tous d'entrer dans le Congrès pour négocier au plus vite avec Tejero qui réclame sa présence depuis un moment déjà. C'est ce qu'il va faire et, à minuit trente, tandis que la nouvelle qu'il se dispose à négocier la fin de la séquestration avec les putschistes se répand parmi les militaires, les journalistes et les curieux qui pullulent dans l'hôtel Palace et à ses abords, Armada arrive à la grille du Congrès avec, pour seule compagnie, le commandant Bonell.

Ce qui se déroule ensuite est l'un des épisodes centraux du 23 février ; c'est aussi l'un des plus problématiques et des plus débattus. A l'entrée du Congrès, le général Armada donne le mot de passe aux gardes civils qui la surveillent : "Duc d'Ahumada". Il s'agit d'une précaution superflue, parce que, pendant toute la soirée et toute la nuit, de nombreux militaires et civils sont entrés dans le Congrès et en sont sortis avec une liberté presque absolue, mais les gardes préviennent le capitaine Abad et celui-ci prévient le lieutenant-colonel Tejero qui arrive immédiatement et se met au garde-à-vous devant le général, sans doute soulagé par l'arrivée de l'autorité militaire attendue et du leader politique du coup d'Etat. Ensuite, suivis par le capitaine Abad et par le commandant Bonell, les deux hommes se dirigent vers la porte du vieux bâtiment du Congrès, par laquelle on accède à l'hémicycle où attendent les députés. D'après Tejero, Armada s'excuse pour le retard, dit qu'il y a eu certains problèmes qu'il a heureusement résolus et que, comme il le lui avait expliqué le samedi soir précédent, sa mission se termine là : c'est lui qui va se charger à présent de discuter avec les chefs parlementaires et de faire en sorte qu'ils le proposent comme président d'un gouvernement d'unité nationale. Tejero demande alors quel ministère occupera le général Milans dans ce gouvernement, et c'est là qu'Armada commet la plus grande erreur de sa vie ; au lieu de mentir, au lieu d'esquiver la question, il se laisse porter par son arrogance innée et son instinct de commandant, et il répond : Aucun. Milans sera le président de la Junte des chefs d'état-major. A ce moment-là, sur le point de franchir le seuil du vieux bâtiment, Tejero s'arrête et saisit Armada par l'avant-bras. Un instant, mon général, dit le lieutenant-colonel. Il faut qu'on parle. Pendant les deux ou trois minutes qui suivent, Armada et Tejero restent dans la cour qui sépare le nouveau bâtiment du vieux bâtiment du Congrès, où ils se parlent, la main de Tejero toujours sur l'avant-bras d'Armada, observés à quelques mètres de distance par le commandant Bonell et le capitaine Abad qui ne comprennent pas ce qui se passe. Bonell et Abad ne comprennent pas non plus pourquoi, au bout de deux ou trois minutes, au lieu d'entrer dans le vieux bâtiment comme ils se disposaient à le faire, Armada et Tejero traversent la cour pour entrer dans le nouveau bâtiment, puis apparaître immédiatement après derrière les grandes fenêtres d'un bureau situé au premier étage. Enfermés, les deux hommes y passent presque une heure à discuter, tandis que Bonell et Abad (avec les officiers et les gardes civils qui regardent à leurs côtés la scène depuis la cour) ne peuvent qu'essayer de déduire le contenu de leur conversation à travers leurs gestes, comme s'ils regardaient un film muet : personne ne distingue clairement leurs expressions, mais tous les voient en train de se parler, d'abord avec naturel, puis avec emphase, tous les voient s'enflammer et gesticuler, tous les voient arpenter le bureau, à certains moments les uns croient voir Armada sortir des lunettes de sa vareuse et, plus tard, d'autres croient le voir décrocher un téléphone et parler pendant quelques minutes avant de passer le combiné à Tejero qui parle à son tour au téléphone avant de le repasser à Armada ; un garde civil se souvient d'avoir vu vers la fin les deux hommes immobiles, debout et en silence, à peine séparés par quelques mètres, regardant par les fenêtres comme si tout d'un coup ils s'étaient rendu compte qu'on les observait, mais leur regard semblait en réalité tourné vers l'intérieur et ne rien voir, sinon leur propre rage et leur propre perplexité, comme deux poissons ouvrant la bouche à l'intérieur d'un aquarium sans eau. Ainsi, ni le commandant Bonell, ni le capitaine Abad, ni aucun des officiers et des gardes civils qui, depuis la cour du Congrès, assistèrent à la discussion entre Armada et Tejero ne purent capter ni déduire un seul mot de ceux qu'échangèrent les deux hommes dans ce bureau, mais ils surent tous que la négociation avait échoué bien avant que les deux hommes ne réapparaissent dans la cour et ne se séparent sans se saluer, sans même se regarder, et surtout bien avant qu'ils n'entendent Armada prononcer, au moment où il passait à côté d'eux en se dirigeant vers la Carrera de San Jerónimo et l'hôtel Palace, une phrase que tous ceux qui l'entendirent ne seraient pas près d'oublier : "Cet homme est complètement fou."

Il ne l'était pas. Il est possible de reconstituer assez exactement ce qui s'est passé entre Armada et Tejero dans le nouveau bâtiment du Congrès, parce que nous disposons de deux témoignages directs et contradictoires, ceux des deux protagonistes ; nous disposons aussi de nombreux témoignages indirects. Selon ma propre reconstruction, voici ce qui s'est passé :

Dès que les deux hommes se retrouvent en tête-à-tête dans le bureau, Armada explique une nouvelle fois au lieutenant-colonel ce qu'il lui a déjà expliqué dans la cour : la mission de Tejero est finie et il doit maintenant lui permettre d'entrer pour parler avec les députés afin de leur offrir leur liberté en échange de la formation d'un gouvernement d'unité nationale sous sa présidence ; il ajoute qu'étant donné que les choses ne se sont pas passées comme prévu et que la violence et le fracas de l'assaut ont provoqué une réaction négative à la Zarzuela, le plus opportun est pour le lieutenant-colonel et ses hommes, et dès que les députés auront accepté ses conditions, de partir pour le Portugal dans un avion qui les attend déjà à l'aéroport de Getafe, avec suffisamment d'argent pour passer un certain temps à l'étranger jusqu'à ce que les choses se calment un peu et qu'ils puissent revenir en Espagne. Le lieutenant-colonel écoute attentivement ; s'il ne relève pas l'offre qu'on lui fait de partir en exil avec de l'argent, il n'en est pas de même pour l'évocation du gouvernement d'unité nationale. Lors des réunions qui ont précédé le coup d'Etat, on lui a expliqué que l'issue en serait un gouvernement d'unité nationale mais, fidèle à son utopie du pays comme une caserne, il a toujours considéré comme un fait acquis que ce gouvernement serait un gouvernement militaire. Il demande à Armada ce qu'il entend par un gouvernement d'unité nationale ; Armada le lui explique : un gouvernement composé par des personnalités indépendantes – des militaires, des entrepreneurs, des journalistes – mais surtout par des membres de tous les partis politiques. Perplexe, Tejero demande quels hommes politiques composeraient ce gouvernement ; Armada sent le danger, s'égare, tente de ne pas répondre, mais il finit par révéler que son gouvernement comprendra non seulement des hommes politiques de droite et du centre, mais aussi des socialistes et des communistes. Certains prétendent même qu'Armada a apporté avec lui une liste du futur gouvernement afin de pouvoir la négocier avec les chefs des partis politiques et qu'il a consenti, acculé par Tejero, à la lui lire*. Quoi qu'il

* L'existence de cette liste n'est pas certaine. Elle a été évoquée dix ans après le coup d'Etat par les journalistes Joaquín Prieto et José Luis Barbería. Leur source est Carmen Echave, une militante de l'UCD qui travaillait dans l'équipe d'un des vice-présidents du Congrès et qui, en sa qualité de médecin, bénéficia cette nuit-là d'une relative liberté de mouvement pour soigner les urgences parmi les députés ; ainsi, Echave entendit apparemment l'un des officiers de Tejero évoquer la liste d'Armada. Nous ne savons pas si cette liste a existé ni si Armada l'a lue à Tejero, toutefois son existence est fortement plausible : y figurent des leaders politiques et des journalistes proches d'Armada, comme Manuel Fraga et Luis María Anson, des militaires plus ou moins favorables à la démocratie, comme les généraux Manuel Saavedra Palmeiro et José Antonio Sáenz de Santamaría, des dirigeants patronaux qui avaient plaidé en public pour un gouvernement d'unité nationale, comme Carlos Ferrer Salat, et de nombreux hommes politiques de droite, du centre et de gauche qui avaient fait de même ou avec lesquels Armada avait été en contact les mois précédant le coup d'Etat ou qu'Armada considérait à tort ou à raison comme disposés à accepter une solution comme celle qu'il incarnait. Même si certains prétendent avoir été informés avant le 23 février d'un éventuel gouvernement dirigé par Armada, la majorité des personnes qui figurent sur cette liste l'ignoraient complètement avant le coup d'Etat. La liste est la suivante : président : Alfonso Armada. Vice-président en charge des affaires politiques : Felipe González (secrétaire général du PSOE). Vice-président en charge des affaires économiques : José María López de Letona (ancien gouverneur de la Banque d'Espagne). Ministre des Affaires étrangères : José María de Areilza (député de la Coalition démocratique). Ministre de la Défense : Manuel Fraga (président de l'Alliance populaire et député de la Coalition démocratique). Ministre de la Justice : Gregorio Peces Barba (député du PSOE). Ministre de l'Economie et des Finances : Pío Cabanillas (député de l'UCD). Ministre de l'Intérieur : le général Manuel Saavedra Palmeiro. Ministre des Travaux publics : José Luis Alvarez (ministre des Transports et de la Communication et député de l'UCD). Ministre de l'Education et des Sciences : Miguel Herrero de Miñón (député et porte-parole du groupe parlementaire de l'UCD). Ministre du Travail : Jordi Solé Tura (député du PCE). Ministre de l'Industrie : Agustín

en soit, le lieutenant-colonel se met alors en rage : il n'a pas pris le Congrès d'assaut pour remettre le gouvernement aux mains des socialistes et des communistes, il n'a pas fait un coup d'Etat pour que l'Espagne soit gouvernée par l'Anti-Espagne, il ne pense pas prendre d'avion pour s'en aller tel un fugitif alors qu'on organise à ses dépens ces ignominieuses tractations, il n'accepte qu'une junte militaire présidée par le général Milans. Confronté à ce signe avant-coureur de rébellion au sein de la rébellion, Armada cherche à ramener le lieutenant-colonel à la raison : une junte militaire est une chimère et une erreur, le gouvernement d'unité nationale est le meilleur dénouement pour le coup d'Etat et, de plus, le seul possible. Milans en est d'accord et n'acceptera pas une autre solution, le roi non plus, l'armée non plus, le pays non plus ; les circonstances sont ce qu'elles sont, et Tejero doit comprendre que la réussite d'un coup d'Etat mou est mille fois préférable à l'échec d'un coup d'Etat dur car, même si les formes en sont différentes, les objectifs en sont les mêmes ; il doit aussi comprendre que, ne bénéficiant d'aucun soutien, le coup d'Etat dur n'a aucune chance de réussir et que, pour lui et pour ses hommes, un petit séjour à l'étranger comme exilés de luxe est mille fois préférable à un long séjour en prison comme délinquants de la démocratie. Tejero répond qu'il ne veut entendre parler ni d'exil, ni de gouvernement d'unité nationale, ni de coup d'Etat mou. Il insiste : Je n'ai pas fait tout ça pour ça. A ce moment-là (ou un peu avant, ou un peu après : il est impossible de le préciser), Armada se met en rage lui aussi, et les deux hommes échangent cris, reproches et accusations, et Armada finit en dernier recours par faire appel à la discipline et Tejero de lui répondre : Je n'obéis qu'aux ordres du général Milans. C'est le moment où Armada appelle Milans. Depuis le téléphone du bureau, mis sur écoute depuis des heures par la police comme tous les autres téléphones du Congrès,

Rodrígez Sahagún (Ministre de la Défense et député de l'UCD). Ministre du Commerce : Carlos Ferrer Salat (président de la CEOE, organisation patronale). Ministre de l'Economie : Ramón Tamames (député du PCE). Ministre des Transports et de la Communication : Javier Solana (député du PSOE). Ministre des Régions autonomes : le général José Antonio Sáenz de Santamaría. Ministre de la Santé : Enrique Múgica Herzog (député du PSOE). Ministre de l'Information : Luis María Anson (président de l'agence de presse EFE[24]).

Armada parle avec Milans, lui explique ce qui se passe, lui demande de convaincre Tejero de la pertinence de son plan et remet le combiné au lieutenant-colonel. Milans répète à Tejero les arguments d'Armada : la seule solution pour tous est un gouvernement d'unité nationale et un exil temporaire pour le lieutenant-colonel et ses hommes ; Tejero répète à Milans ses propres arguments : l'exil est une issue indigne, un gouvernement de socialistes et de communistes n'est pas une solution, je n'accepte qu'une junte militaire dirigée par vous, mon général. Qui a parlé d'une junte militaire ? rétorque Milans. Je ne suis pas un politicien, vous non plus : il s'agit ici de mettre les éléments à la disposition du roi, pour que lui et Armada prennent les décisions : leur décision est prise, votre mission est donc accomplie : obéissez à Armada et laissez-le se charger de tout. Je vous l'ordonne. Je ne peux pas obéir à cet ordre, mon général, répond Tejero. Vous le savez bien. Ne me demandez pas de faire ce que je ne peux pas faire. La conversation entre les deux hommes se prolonge encore quelques minutes, mais la chaîne de commandement du coup d'Etat est déjà rompue, et Milans ne réussit pas à faire en sorte que Tejero lui obéisse ; après l'échec de Milans, Armada fait encore une dernière tentative, inutile elle aussi : Armada l'avertit qu'un groupe d'opérations spéciales prépare une attaque du Congrès, mais même cela ne suffit pas à vaincre l'entêtement du lieutenant-colonel qui, avant le départ du général, le menace de faire un massacre si quelqu'un essaie de mettre fin à la séquestration par la force.

C'est ainsi que finit l'entretien entre Tejero et Armada, ou c'est ainsi que j'imagine qu'il finit[25]. Le général sortit du Congrès à exactement 1 h 25 ; cinq minutes plus tôt, la télévision avait transmis le message enregistré par le roi à la Zarzuela, un message qu'avaient annoncé depuis plusieurs heures déjà différents médias et par lequel le roi avait proclamé qu'il était du côté de la Constitution et de la démocratie. Ces deux événements se sont avérés déterminants pour le dénouement du coup d'Etat, mais le second fut considéré par la majorité du pays comme le signe certain de l'échec du coup d'Etat, et ce à tort : la vérité, c'est que l'échec d'Armada au Congrès et la transmission du message télévisé du roi signifiaient seulement que le coup d'Etat avait échoué tel qu'il avait été conçu originellement : le coup d'Etat ne pouvait plus être un coup d'Etat d'Armada et de Milans, mais il pouvait encore être le coup d'Etat de Tejero (et Armada et Milans pouvaient encore se rallier à lui) ; le coup d'Etat ne pouvait plus être un coup d'Etat mou : il devait être un coup d'Etat dur ; le coup d'Etat ne pouvait plus être en faveur du roi ni évoquer le roi comme un alibi trompeur : il devait être un coup d'Etat contre le roi. Cela en faisait effectivement un coup d'Etat bien plus dangereux parce qu'il pouvait diviser l'armée en deux camps opposés, l'un loyal envers le roi et l'autre rebelle ; mais cela ne le rendait absolument pas impossible pour autant, parce qu'il n'était absolument pas impossible que, le roi n'étant pas avec eux, les militaires les plus franquistes de cœur et ayant accumulé le plus de fureur choisissent de suivre Tejero et de profiter de cette occasion, sans doute unique, pour se regrouper, à présent sans alibi, autour d'un coup d'Etat qu'ils réclamaient depuis des années. Le coup d'Etat d'Armada et de Milans était mort dans le bureau du nouveau bâtiment du Congrès, non parce que Tejero était fou, comme le pensa ou feignit de le penser Armada, mais parce que, ivre de pouvoir, d'autolâtrie, de notoriété et d'idéalisme, prêt à sortir du Congrès par la grande porte de la victoire ou de l'échec (mais seulement par la grande porte), le lieutenant-colonel rompit un maillon trop faible dans la chaîne de commandement et essaya d'imposer son coup d'Etat à Armada et à Milans : un coup d'Etat qui déboucherait non pas sur un gouvernement d'unité nationale mais sur une junte militaire, un coup d'Etat non pas en faveur de la monarchie et contre la démocratie, mais un coup d'Etat contre la monarchie et contre la démocratie ; le coup d'Etat d'Armada et de Milans échoua parce que, pendant son entretien avec Armada au Congrès, Tejero joua le tout pour le tout et préféra l'échec du coup d'Etat à la victoire d'un coup d'Etat différent du sien. Pourtant, à 1 h 30 du matin, il restait encore à savoir combien de militaires accepteraient le défi de Tejero, combien d'entre eux partageraient son idée exclusive du coup d'Etat et son utopie du pays comme une caserne, et combien d'entre eux étaient prêts à courir un risque véritable pour la voir se réaliser, et à se lancer dans un coup d'Etat dur capable d'obliger le roi à choisir entre l'acceptation de ce coup d'Etat dur ou le renoncement à la couronne.

L'apparition du roi à la télévision et l'échec d'Armada dans le Congrès ne marquèrent donc pas la fin du coup d'Etat, mais seulement le début d'une nouvelle phase du coup d'Etat : la dernière. Les deux événements se produisirent presque simultanément ; cette synchronie suscita inévitablement des conjectures. La plus tenace fut élaborée et propagée par les putschistes au cours du procès qui suivit le 23 février : elle prétend que la Zarzuela retint le message du roi jusqu'à connaître l'issue de l'entretien entre Armada et Tejero, et qu'elle n'autorisa sa transmission qu'au moment où elle apprit l'échec du général ; cette conjecture prétend aussi que, si Armada n'avait pas échoué, si Tejero avait laissé le général négocier avec les députés et si ceux-ci avaient accepté de former avec lui un gouvernement d'unité nationale pour trouver une issue au coup d'Etat, si le roi avait accepté leur accord, son message n'aurait pas été transmis et le coup d'Etat aurait réussi avec son approbation : en fin de compte, avec un gouvernement d'unité nationale présidé par Armada et appuyé par le Congrès, le roi obtenait ce qu'il cherchait au moment où il chargea Armada du coup d'Etat. Il s'agit d'une conjecture trompeuse – encore une parmi toutes celles qui furent évoquées pendant le procès qui suivit le 23 février pour essayer d'inculper le roi et d'innocenter les putschistes – parce qu'elle part d'un mensonge selon lequel le roi avait ordonné le coup d'Etat, et qu'elle mêle ce qui est vérifiable avec ce qui ne l'est pas, mais dans une certaine mesure elle n'est pas insensée[26]. On sait qu'elle est fausse car on a pu le vérifier ; il est démontré que le roi n'a pas attendu de connaître l'issue de la négociation d'Armada pour permettre à la télévision de transmettre son message : même sans prendre en compte le témoignage unanime des dirigeants et des techniciens de la télévision qui assurent avoir diffusé le message dès qu'il fut en leur possession, le fait est qu'Armada sortit du Congrès cinq minutes après la transmission du discours du roi, qu'il n'a pas pu prévenir la Zarzuela de son échec depuis l'intérieur du Congrès – il aurait dû le faire en présence de Tejero et celui-ci aurait été plus intéressé que quiconque à ébruiter ce détail pendant le procès – et qu'au moment où Armada arriva à l'hôtel Palace et apprit par ceux qui assuraient l'encerclement du Congrès que le roi venait de parler à la télévision, le général montra sa surprise et sa contrariété, en théorie parce que l'intervention du monarque pouvait diviser l'armée et provoquer un conflit armé, mais dans les faits parce qu'il ne se résignait pas à son échec (et sans doute aussi parce qu'il commençait à sentir qu'il avait mal jugé de la situation, qu'il s'était trop exposé en cherchant à négocier avec Tejero, que les soupçons qui entouraient sa personne devenaient de plus en plus aigus et que, si les putschistes étaient vaincus, il n'allait pas être aussi simple qu'il l'avait cru au début de cacher son véritable rôle dans le coup d'Etat derrière une façade de simple négociateur qui avait échoué dans sa mission de libération des parlementaires séquestrés). Tout ce qui vient d'être évoqué peut être vérifié ; suit ce qui ne peut pas l'être : que se serait-il passé si Armada avait pu négocier avec les parlementaires la création d'un gouvernement d'unité nationale ? L'auraient-ils accepté ? Le roi l'aurait-il accepté ? Le plan d'Armada peut paraître invraisemblable et peut-être l'était-il, mais l'Histoire abonde en invraisemblances et, comme se le dit cette nuit-là Santiago Carrillo alors qu'il se retrouve enfermé dans la salle des Horloges du Congrès, ce ne serait pas la première fois qu'un Parlement démocratique céderait au chantage de sa propre armée et présenterait sa défaite comme une victoire ou comme une issue négociée avec prudence – temporaire, peut-être insatisfaisante, mais impérative – dans une situation extrême : Armada avait toujours gardé présent à l'esprit que vingt ans plus tôt, peu avant qu'il ne s'installe à Paris comme étudiant à l'Ecole militaire, le général de Gaulle était arrivé d'une manière semblable à la présidence de la République française, et il pensait sans doute que, le 23 février, il pourrait adapter à l'Espagne le modèle de de Gaulle pour faire un coup d'Etat qui ne dirait pas son nom. Quant au roi, on peut se demander s'il aurait refusé de cautionner un accord adopté par les représentants du peuple souverain, ou même s'il aurait pu le faire. Quelle que soit la réponse qu'on choisisse de donner à cette question, une chose me paraît indubitable : les chefs parlementaires eussent-ils accepté les conditions d'Armada, le message du roi n'aurait représenté aucun obstacle à leur réalisation, parce qu'aucune des phrases de son discours ne refusait l'idée d'un gouvernement présidé par Armada comme expédient circonstanciel d'un retour à l'ordre constitutionnel violé par la prise d'assaut du Congrès ou parce que les propos du roi avaient une amplitude interprétative suffisante pour recouvrir, si nécessaire, la solution d'Armada. Le message reprenait un télex qui avait été envoyé à 22 h 30 depuis la Zarzuela aux capitaines généraux et qui disait très exactement ce qui suit : "En m'adressant à tous les Espagnols, de manière brève et concise, dans les circonstances extraordinaires que nous vivons en ce moment, je demande à tous la plus grande sérénité et la plus grande confiance et je les informe que j'ai envoyé aux capitaines généraux des armées de terre, de mer et de l'air, l'ordre suivant : «Face à la situation créée par les événements advenus dans le palais du Congrès des députés et afin d'éviter toute confusion possible, je confirme que j'ai ordonné aux autorités civiles et à la Junte des chefs d'état-major qu'elles prennent toutes les mesures nécessaires pour maintenir l'ordre constitutionnel dans le cadre légal en vigueur. Quelle que soit la mesure de nature militaire qui doit être prise, il est nécessaire qu'elle soit approuvée par la Junte des chefs d'état-major.» La couronne, symbole de la permanence et de l'unité de la patrie, ne peut aucunement tolérer des actions ou des attitudes de personnes qui prétendent interrompre par la force le processus démocratique que la Constitution votée par le peuple espagnol a décidé en son temps par référendum[27]." Ces mots – prononcés par un monarque paré de son uniforme de capitaine général et arborant un visage transfiguré par les heures les plus difficiles de ses quarante-trois années de vie – sont une déclaration manifeste de fidélité à la Constitution, de soutien à la démocratie et de condamnation de la prise d'assaut du Congrès, et c'est ainsi qu'ils furent interprétés quand le roi les prononça, et qu'on les interprète depuis lors. L'interprétation me semble juste, mais les mots ont leur maître, et il est évident que, si Armada avait réussi à faire accepter aux chefs politiques le gouvernement prévu par les putschistes et à présenter comme la solution au coup d'Etat ce qui, en réalité, était la réussite du coup d'Etat, ces mêmes mots auraient bien entendu continué à signifier une condamnation des assaillants du Congrès, mais ils auraient aussi pu signifier un soutien pour ceux qui, comme Armada et les chefs politiques disposés à accepter d'entrer dans son gouvernement, auraient réussi à mettre fin à la séquestration des parlementaires et à restaurer ainsi la légalité et l'ordre constitutionnel enfreints. Tout bien considéré, ce n'est pas que le discours du roi fût rédigé en prévoyant ou en désirant qu'Armada sorte vainqueur du Congrès ; c'est que ses mots constituaient une condamnation du coup d'Etat de Tejero, mais pas forcément une condamnation de celui d'Armada.

Si Armada était sorti vainqueur du Congrès, nous ne saurons jamais si le roi aurait rejeté sa victoire en refusant de cautionner un gouvernement d'unité nationale consenti par chantage, mais ce que nous savons, c'est que l'échec d'Armada réduisit l'amplitude interprétative du message du roi jusqu'à fermer aux putschistes toutes les portes de la Zarzuela et faire du monarque un adversaire public et irrévocable du coup d'Etat de Tejero, de celui de Milans, de celui d'Armada, de tous les coups d'Etat du coup d'Etat. Je répète que cela ne signifie pas qu'à 1 h 25, le coup d'Etat avait échoué ; le coup d'Etat mou d'Armada et de Milans avait certes échoué, mais non le coup d'Etat dur de Tejero : le lieutenant-colonel occupait encore le Congrès, Milans occupait encore Valence et une partie de l'armée demeurait encore aux aguets, indifférente au message du roi ou irritée ou déconcertée par lui, dans l'attente du plus infime mouvement de troupes capable de couper court aux doutes, d'attiser la fureur accumulée dans les cœurs franquistes et de donner la victoire aux partisans du coup d'Etat. Et ce fut à cet instant-là qu'apparut le prétexte tant attendu depuis le début de la soirée, le mouvement infime annonciateur de l'avalanche rebelle : à 1 h 35, dix minutes après la défaite de l'ancien secrétaire du roi, une colonne envoyée par un commandant de la division blindée Brunete et composée de quatorze véhicules légers et de plus d'une centaine de soldats essayait de rompre l'équilibre du coup d'Etat en se ralliant aux gardes civils qui séquestraient le Congrès. Le coup d'Etat commença ainsi à entrer dans sa dernière phase.

Cinquième partie

VIVE L'ITALIE !

L'image, figée, montre l'aile droite de l'hémicycle du Congrès pendant la soirée du 23 février. Presque un quart d'heure s'est écoulé depuis que les gardes civils soulevés y ont fait irruption, et le capitaine Jesús Muñecas vient d'annoncer, depuis la tribune des orateurs, l'arrivée du militaire chargé de prendre le commandement du coup d'Etat. A ce moment précis, la caméra – la seule caméra qui continue encore de filmer – offre un plan fixe et frontal de cette partie de l'hémicycle, avec la silhouette d'Adolfo Suárez quasiment au centre exact de l'image, monopolisant l'attention du spectateur comme si un drame historique se déroulait dans la salle et que le président du gouvernement en interprétait le rôle principal.

Rien ne vient démentir cette comparaison quand l'image se met en mouvement ; rien ne la démentira jusqu'à la fin de l'enregistrement. Après le discours du capitaine Muñecas, l'atmosphère dans l'hémicycle se détend, les députés échangent du feu et du tabac et des regards éteints. Adolfo Suárez demande par des gestes une cigarette à un huissier, se lève de son siège, va jusqu'à l'huissier, prend la cigarette que celui-ci lui tend et retourne à son siège. Suárez est un fumeur impénitent, il porte toujours du tabac sur lui et ce soir-là n'est pas une exception (en effet, il a déjà fumé plusieurs cigarettes depuis le début de la séquestration) ; ainsi, son geste est une manière de sonder les assaillants, d'évaluer leur degré de permissivité vis-à-vis des séquestrés et de chercher le moyen d'en apprendre davantage sur ce qui se passe. Cela ne tarde pas. Il n'a pas fumé la moitié de sa cigarette que, par la porte droite de l'hémicycle, entre un homme habillé en civil ; derrière lui apparaît le lieutenant-colonel Tejero qui fait un signe à ses gardes pour qu'ils laissent l'homme prendre place à côté du président, sur l'escalier d'accès aux sièges. L'homme (maigre, grand et brun, un mouchoir blanc sortant de la poche de son veston foncé) s'assoit à l'endroit indiqué, puis Suárez et lui entament un dialogue qui se prolonge presque sans interruption pendant plusieurs minutes ; le mot "dialogue" est exagéré : Suárez se limite à écouter les paroles de l'homme et à intercaler de temps en temps des commentaires ou des questions. Qui est le nouveau venu ? Pourquoi lui a-t-on permis d'entrer dans l'hémicycle ? De quoi parle-t-il avec Suárez ? Le nouveau venu est le commandant de cavalerie José Luis Goróstegui, aide de camp du général Gutiérrez Mellado ; l'assaut du Congrès l'a apparemment surpris aux abords du bâtiment ou dans une de ses dépendances ; et apparemment il a fait valoir sa condition de militaire, d'ami ou de connaissance du capitaine Muñecas et de connaissance de Tejero pour que celui-ci lui permette de s'asseoir à côté du président et de lui raconter ce qu'il sait. A en juger par l'attention distraite que lui prêtent les ministres et les députés qui entourent Suárez, les nouvelles dont Goróstegui dispose semblent maigres et sans grande importance ; à en juger par l'attention sans faille que lui prête Suárez, elles doivent être abondantes et d'une importance extrême. Le plus probable est qu'elles sont tout cela à la fois, et le plus probable est que Tejero a permis à Goróstegui de parler avec Suárez pour lui miner le moral, pour lui faire comprendre qu'il contrôle parfaitement le Congrès et que le coup d'Etat a réussi.

Ainsi s'écoulent uniformément plusieurs minutes, au bout desquelles une voix coupe, tel un couteau, le silence meublé de toussotements et de murmures que l'hémicycle semble assourdir. "Docteur Petinto, s'il vous plaît, venez ici, dit la voix. Ce monsieur semble légèrement blessé." La voix est celle d'un officier ou d'un sous-officier putschiste qui demande au médecin du Congrès de s'occuper de Fernando Sagaseta, député de l'Union du peuple canarien, sur lequel sont tombées plusieurs plaques que la fusillade a arrachées du plafond. Tous les parlementaires se sont tournés en même temps vers la partie supérieure de l'hémicycle, d'où provient la voix, mais ils se rassoient immédiatement sur leur siège ; Adolfo Suárez fait de même et reprend quelques secondes plus tard son entretien avec le commandant Goróstegui. A un moment donné *pourtant, les deux hommes se taisent et fixent l'entrée gauche de l'hémicycle : là-bas, après quelques secondes, presque imperceptible dans le coin inférieur droit de l'image, apparaît le lieutenant-colonel Tejero, d'abord de dos puis faisant demi-tour sur lui-même pour embrasser l'hémicycle du regard, comme pour s'assurer que tout est en ordre ; le lieutenant-colonel disparaît puis réapparaît et disparaît de nouveau, et ses allées et venues sont exactement à l'image d'autres allées et venues qui animent l'image : un député – Donato Fuejo, médecin et socialiste – se dirige vers le siège de Fernando Sagaseta, deux huissiers apportent des verres d'eau aux sténographes et les font finalement sortir de l'hémicycle, un journaliste, portant en évidence une carte de presse sur son pull-over, monte une travée suivi par un garde civil. Ces mouvements de personnes n'ont pas interrompu Adolfo Suárez et le commandant Goróstegui dans leur échange de conjectures et de commentaires. Juste après qu'Antonio Jiménez Blanco (membre de l'*UCD *et président du Conseil d'Etat, qui a entendu à la radio la nouvelle de la prise d'assaut du Congrès et qui a obtenu des assaillants l'autorisation d'y entrer pour partager le sort de ses compagnons) est entré dans l'hémicycle et s'est assis derrière Goróstegui, Suárez se lève de son siège et dit en s'adressant aux deux gardes civils qui surveillent l'entrée de l'hémicycle : "Je veux parler à celui qui commande aux forces ici présentes", puis il descend les escaliers et fait un pas vers les gardes. Ce qui suit n'est pas enregistré par la caméra parce que, même s'il ignore que celle-ci continue à filmer, un garde civil vient de frapper accidentellement l'objectif qui n'offre plus qu'un premier plan confus de la tribune de presse ; en revanche, le son provenant de l'hémicycle est assez nettement perceptible. On entend la voix de Suárez, inintelligible, au milieu d'un tohu-bohu général ; c'est à peine si on entend les voix des soldats qui tentent d'imposer le silence (l'un dit : "Du calme, messieurs !" ; un autre dit : "La prochaine fois que vous bougez vos mains, ça va barder, hein !" ; un autre dit : "Bougez pas les mains. Ça, c'est pour quand vous serez seuls. Ici, c'est fini") ; plus âpre, plus puissante et plus méprisante que les autres, une voix s'impose soudain ("Monsieur Suárez, restez sur votre siège !") et c'est alors que le président réussit à se faire entendre dans le tohu-bohu ambiant ("J'ai le droit en tant que président du gouvernement…"),* *mais sa voix se noie dans une averse de cris, d'insultes et de menaces qui semble apaiser la salle et la replonger dans un semblant de normalité, une demi-heure après le début de l'assaut. Puis un silence mortuaire semblable à celui d'avant s'empare à nouveau de l'hémicycle, alors que la caméra, abandonnée, continue à offrir un plan statique de la tribune de presse ; dans les minutes qui suivent, le plan est traversé dans un clair-obscur par une anarchie de fragments décousus : le visage fugace d'une femme portant des lunettes, des vestes avec des cartes de presse illisibles, des mains crispées qui soulagent leur nervosité ou leur peur en manipulant des stylos bille bon marché ou en tenant des cigarettes d'une main tremblante, un paquet de feuilles à l'en-tête du Congrès jeté sur un escalier, la rampe de fer forgé de l'escalier, des cravates aux motifs en losanges et des chemises blanches et des poignets blancs et des vêtements couleur violette et des jupes plissées et des pull-overs et des pantalons gris et des mains tenant des dossiers saturés de papiers et des attachés-cases. Et finalement, après presque trente-cinq minutes, l'enregistrement se termine par un tourbillon de neige.*

1

C'est ainsi que se termine l'enregistrement : dans un parfait désordre dénué de sens, comme si le document essentiel sur le 23 février n'était pas le fruit aléatoire d'une caméra qui continue subrepticement à filmer les premiers moments de la séquestration, mais le résultat de l'intelligence formelle d'un cinéaste qui décide de conclure son œuvre par une métaphore plausible du coup d'Etat ; et par une vengeance d'Adolfo Suárez alors encore président du gouvernement. Suárez ne fut pas un bon président de gouvernement durant les deux dernières années de son mandat, tandis que la démocratie semblait se stabiliser en Espagne, mais il était peut-être le meilleur président qui fût pour affronter un coup d'Etat, parce qu'aucun homme politique espagnol de l'époque ne savait se débrouiller mieux que lui dans des circonstances extrêmes, ne possédait son sens dramatique, sa foi de converti dans les valeurs de la démocratie, sa conception idéalisée de la dignité d'un président de gouvernement au point de l'avoir érigée en mythe, sa connaissance de l'armée et son courage pour s'opposer aux militaires rebelles. "Il faut dire haut et fort qu'en Espagne, il n'existe pas un pouvoir civil et un pouvoir militaire – écrivit Suárez en juin 1982, dans un article où il protestait contre la clémence des peines infligées aux accusés du 23 février. Le pouvoir ne peut être que civil[1]." C'était l'une de ses obsessions pendant les cinq années qu'il passa à la tête du gouvernement : il était le président du gouvernement, et la seule obligation des militaires consistait à obéir à ses ordres. Jusqu'à la fin de son mandat, il parvint à faire en sorte qu'ils y obéissent, et jusqu'à la fin de son mandat il crut avoir soumis les militaires, mais c'est justement à la toute fin de son mandat, le 23 février, que cette croyance fut mise à mal ; il manquait peut-être d'habileté pour les soumettre, ou peut-être était-il simplement impossible de les soumettre. Quoi qu'il en soit, Suárez n'ignorait pas comment se servir de son habileté, mais il se dispensait parfois de s'en servir avec les militaires, et du jour où il est devenu président, et surtout à mesure qu'il s'affermissait dans l'exercice de ses fonctions, il avait tendance à leur rappeler sans ambages leurs obligations par des ordres et des impertinences, ainsi il aimait rabattre le caquet aux généraux en les faisant attendre à la porte de son bureau, et il n'hésitait pas à tenir tête à tout militaire qui osait mettre en question son autorité ou lui manquer de respect (ou le menacer : en septembre 1976, pendant une discussion violente dans le bureau de Suárez qui venait d'accepter ou d'exiger la démission du général de Santiago en tant que vice-président du gouvernement, celui-ci lui dit : "Je vous rappelle, monsieur le président, qu'il y a eu dans ce pays plusieurs coups d'Etat." "Et moi, je vous rappelle, mon général, lui répondit Suárez, que dans ce pays il existe encore la peine de mort[2]") ; ainsi, il eut le courage de prendre des décisions fondamentales, telle la légalisation du parti communiste, sans l'aval de l'armée et contre son avis presque unanime ; et il existe quantité d'histoires sur le 23 février qui témoignent de son refus catégorique de se laisser effrayer par les rebelles ou de céder un seul pouce de son pouvoir de président du gouvernement. Certaines de ces anecdotes sont des inventions que l'on peut trouver dans l'hagiographie de Suárez ; deux d'entre elles sont sans doute vraies. La première eut lieu au cours de la nuit du coup d'Etat, dans le petit bureau proche de l'hémicycle où Suárez fut isolé après avoir tenté de parlementer avec les putschistes. D'après les témoignages des gardes civils qui le surveillaient, à un moment donné, le lieutenant-colonel Tejero fit irruption dans le bureau et, sans mot dire, il sortit son pistolet de son étui et pointa de son canon la poitrine de Suárez ; en guise de réponse, celui-ci se leva de sa chaise et envoya par deux fois à la figure de l'officier rebelle le même ordre catégorique : "Garde-à-vous[3] !" La seconde anecdote eut lieu dans l'après-midi du 24, après l'échec du coup d'Etat, pendant une réunion de la Junte de défense nationale à la Zarzuela, sous la présidence du roi ; Suárez comprit alors qu'Armada avait été le principal meneur du coup d'Etat et, après avoir eu les preuves qui inculpaient l'ancien secrétaire du roi, dont l'enregistrement des conversations téléphoniques des assaillants au Congrès, le président ordonna au général Gabeiras d'arrêter Armada sur-le-champ. Gabeiras sembla hésiter : il était le supérieur immédiat d'Armada au Quartier général de l'armée, et c'était à peine s'il avait quitté ce dernier de toute la nuit ; ainsi, la mesure dut lui paraître prématurée, voire disproportionnée. Le général regarda ensuite le roi en quête d'une ratification ou d'un démenti à l'ordre de Suárez qui, parce que celui-ci savait très bien qui était le véritable chef de l'armée, fulmina contre lui en lui lançant furieusement : "Ne regardez pas le roi. Regardez-moi[4] !"

Adolfo Suárez était dans le fond, ou il aimait à se l'imaginer, un fanfaron de province s'étant hissé au sommet du gouvernement, qui assumait pleinement son rôle de président. C'est ainsi qu'il essaya de se comporter pendant les presque cinq années qu'il resta au pouvoir, et c'est ainsi qu'il se comporta le 23 février. Son geste consistant à se lever de son siège et à tenter de discuter avec les putschistes n'est, au fond, pas différent de celui d'affronter Tejero ou Gabeiras : ce sont trois tentatives de s'affirmer en tant que président du gouvernement ; son geste n'est, au fond, pas non plus différent de celui consistant à rester à sa place tandis que sifflaient les balles autour de lui : c'est un geste de courage et de grâce et de révolte, un geste de comédien et un geste d'une liberté absolue et un geste posthume, le geste d'un homme fini qui conçoit la politique comme une aventure et qui tente de se légitimer au moment de son agonie, et qui pour un instant semble pleinement incarner la démocratie, mais c'est aussi un geste d'autorité. C'est-à-dire un geste de violence. C'est-à-dire le geste d'un pur homme politique.

2

Qu'est-ce qu'un pur homme politique ? Un pur homme politique est-il un grand homme politique, ou un homme politique exceptionnel ? Un homme politique exceptionnel est-il un homme exceptionnel, ou un homme éthiquement irréprochable, ou un homme simplement honnête ? Il est fort probable qu'Adolfo Suárez fut un homme honnête, mais il ne fut ni un homme éthiquement irréprochable ni un homme exceptionnel, ou du moins pas dans l'acception habituelle du terme ; mais, tout compte fait, il fut l'homme politique espagnol le plus convaincant et le plus marquant du siècle passé.

Vers 1927, Ortega y Gasset essaya de décrire l'homme politique exceptionnel et, en fin de compte, c'est peut-être le pur homme politique qu'il décrit[5]. Celui-ci n'est pas, pour Ortega, un homme éthiquement irréprochable et il n'a nul besoin de l'être (Ortega considère comme insuffisant ou mesquin de juger éthiquement un homme politique : il faut le juger politiquement) ; chez lui, certaines qualités considérées *in abstracto* comme des vertus cohabitent avec d'autres qualités considérées *in abstracto* comme des défauts, sans que ces vertus lui soient moins inhérentes que ces défauts. J'énumère ici quelques vertus : l'intelligence naturelle, le courage, la sérénité, la poigne, l'astuce, la résistance, la vigueur des instincts, la capacité à concilier l'inconciliable. J'énumère ici quelques défauts : l'impulsivité, l'inquiétude constante, le manque de scrupules, le talent pour la tromperie, la vulgarité ou l'absence de raffinement dans les idées et les goûts ; et aussi l'absence de vie intérieure ou de personnalité définie, ce qui en fait un comédien caméléonesque et un être transparent dont le secret le plus enfoui consiste à manquer de secret. Le pur homme politique est le contraire d'un idéologue, mais il n'est pas qu'un homme d'action ; il n'est pas non plus le contraire exact d'un intellectuel : il possède l'enthousiasme de l'intellectuel pour le savoir, mais il le consacre entièrement à déceler ce qui est mort dans ce qui semble vivant et à cultiver l'ingrédient essentiel et la première vertu de son métier : l'intuition historique, ainsi que l'appelait Ortega ; Isaiah Berlin l'aurait appelée différemment[6] : il l'aurait appelée sens de la réalité, un don transitoire qu'on n'apprend pas à l'université ni dans les livres et qui implique une certaine familiarité avec les faits saillants, permettant à certains hommes politiques, et à certains moments, de savoir "ce qui s'ajuste avec quoi, ce qu'on peut faire et ce qu'on ne peut pas faire dans des circonstances données, quelles méthodes vont être utiles pour quelles situations et dans quelle mesure, sans que cela veuille nécessairement dire qu'ils soient capables d'expliquer comment ils le savent ni même ce qu'ils savent". Le vade-mecum ortéguien du pur homme politique n'est pas indiscutable ; je ne l'ai pas résumé ici pour en débattre, mais parce qu'il propose un portrait exact du futur Adolfo Suárez. Il est vrai que, parmi les qualités du pur homme politique, Ortega fait à peine allusion à celle qu'on reprocha avec le plus d'insistance à Suárez : l'ambition ; c'est parce qu'Ortega sait que pour un homme politique, comme pour un artiste ou pour un scientifique, l'ambition n'est pas une qualité – une vertu ou un défaut – mais une condition nécessaire.

Suárez en était largement pourvu. Le trait qui le définit le mieux jusqu'à son arrivée au pouvoir fut une faim démesurée de pouvoir : comme l'un de ces jeunes jusqu'au-boutistes d'un roman du XIXe siècle qui quittent leur province pour conquérir la capitale – comme le Julien Sorel de Stendhal, comme le Lucien de Rubempré de Balzac, comme le Frédéric Moreau de Flaubert –, Suárez fut l'ambition incarnée sans jamais en avoir honte, parce qu'il n'accepta jamais qu'il y ait quoi que ce soit de honteux dans le désir du pouvoir ; au contraire, il pensait qu'il n'y avait pas de politique sans pouvoir et que, sans politique, il n'y avait pour lui aucune possibilité d'atteindre la plénitude vitale. Il fut un pur homme politique parce qu'il ne s'imagina jamais être autre chose, parce qu'il ne rêva jamais d'être autre chose, parce qu'il était un ascète du pouvoir prêt à tout sacrifier pour y accéder et parce qu'il aurait sans hésiter vendu son âme au diable pour devenir ce qu'il est devenu.

"Qu'est-ce que pour vous le pouvoir ?" lui demanda un journaliste de *Paris-Match* quelques jours après sa nomination comme président du gouvernement, et Suárez, un éblouissant sourire de gagnant aux lèvres, répondit par des mots qui n'expliquent rien en même temps qu'ils expliquent tout : "Le pouvoir ? J'adore[7]." Cette désinvolture jubilatoire le dota pendant ses meilleures années d'une imbattable supériorité sur ses adversaires qui lisaient clairement une soif insatiable dans ses yeux, sans pourtant être capables de lui résister, et qui continuaient ainsi à la satisfaire à leurs dépens. Le pouvoir politique devint son instrument de prospérité personnelle, mais uniquement parce qu'avant cela, il avait été une passion libre, vorace, et si Suárez avait une conception idéalisée de la dignité d'un président de gouvernement au point de l'avoir érigée en mythe, c'était parce qu'un président de gouvernement était pour lui la plus haute expression du pouvoir et parce que, toute sa vie durant, il n'avait rien désiré d'autre que d'être président du gouvernement.

C'est vrai : il fut un roué sans formation, il fut un petit phalangiste de province, il fut un arriviste du franquisme, il fut le coursier du roi ; ses détracteurs avaient raison, mais sa biographie démontre que cela n'explique pas tout. Il possédait un talent de comédien pour la tromperie mais, la première fois qu'il vit Santiago Carrillo, il ne le trompa pas : il appartenait à une famille de républicains vaincus dont plusieurs avaient connu les prisons de Franco pendant la guerre civile ; personne chez lui ne lui transmit cependant la moindre conviction politique, et il est difficile d'imaginer que quelqu'un lui ait parlé de la guerre autrement qu'en termes de catastrophe naturelle ; en revanche, il est facile d'imaginer qu'il ait appris, depuis son enfance, à haïr la défaite, de la même manière qu'on hait un fléau familial. Il naquit en 1932 à Cebreros, un village viticole de la province d'Avila. Sa mère était fille de petits patrons et une forte femme, dévote et opiniâtre ; son père était fils du secrétaire du tribunal et un fanfaron sympathique, prétentieux, charlatan, coureur de jupons et joueur. Bien qu'il ne soit jamais parvenu à s'entendre avec son père – ou peut-être à cause de cela –, il est possible qu'au fond Suárez ait été comme son père, même si, dans son cas, l'existence de ces penchants et traits de caractère était entièrement soumise à la satisfaction de son unique appétit véritable. Il fut un très piètre élève qui peinait d'un collège à l'autre et qui ne fréquenta l'université que pour passer des examens dans des matières qu'il mémorisait souvent par cœur sans les comprendre ; il n'avait pas l'habitude sédentaire de la lecture et, jusqu'à la fin de ses jours, une légende le poursuivit, alimentée au début par lui-même, selon laquelle il n'avait jamais réuni suffisamment de patience pour lire un livre du début à la fin. Il s'intéressait à d'autres choses : les filles, la danse, le football, le tennis, le cinéma et les cartes. Il était un vitaliste hyperactif, compulsivement sociable, un chef de bande de quartier jouissant d'une sympathie spontanée et d'un succès indiscutable auprès des femmes, mais il passait facilement de l'euphorie à l'abattement et, même s'il n'a probablement jamais consulté de spécialiste, certains de ses amis intimes l'ont toujours considéré comme un patient rêvé pour la psychiatrie. Pour surmonter ses fragilités psychologiques, il avait pour sédatif une solide religiosité qui le jeta dans les bras de l'Action catholique et canalisa sa vocation de vedette en lui permettant de fonder et de présider, depuis son adolescence, des associations pieuses aux inoffensives prétentions politiques. Vers la fin des années 1940 ou au début des années 1950, dans une ville comme Avila, emmurée par la pruderie provinciale du national-catholicisme, Adolfo Suárez incarnait à la perfection l'idéal juvénile de la dictature : un garçon d'ordre, catholique, beau, jovial, sportif, audacieux et entreprenant, dont les ambitions politiques étaient étroitement liées à ses ambitions sociales et économiques et dont la mentalité imprégnée d'obéissance et de sacristie n'imaginait pas même qu'on puisse mettre en question les fondements et les mécanismes du régime au lieu de s'en servir.

Tout paraissait lui prédire un avenir radieux, mais du jour au lendemain tout sembla s'écrouler. Au début de l'année 1955, alors qu'il venait d'avoir vingt-trois ans, de terminer tant bien que mal ses études de droit et d'obtenir son premier travail rémunéré au bureau d'aide sociale d'Avila, son père, impliqué dans un scandale lié aux affaires, quitta la ville, abandonnant ainsi sa famille. Suárez vécut cette désertion comme un cataclysme : outre la déchirure affective qu'elle représentait, la fuite du père entraînait déshonneur et pénurie d'argent pour une famille nombreuse dont les ennuis pécuniaires n'étaient pas compatibles avec la position sociale qui était la sienne ; il est probable que, souffrant d'hypocondrie et incapable d'assurer avec son seul salaire de débutant les besoins de sa mère et de ses quatre petits frères, Suárez songea assez sérieusement à se dérober en entrant au séminaire. Un coup de chance le tira d'affaire : au mois d'août, Suárez rencontra Fernando Herrero Tejedor, un jeune procureur phalangiste et militant de l'Opus Dei, qui venait d'être nommé gouverneur civil et chef régional du Mouvement à Avila et qui, sur la recommandation d'un des professeurs particuliers de Suárez, l'engagea. Cela lui permit de compléter son salaire d'employé du bureau d'aide sociale, d'entrer dans la structure du parti unique et de cultiver l'amitié d'un personnage puissant et bien introduit, qui au cours des années deviendrait son mentor politique. Sa joie fut pourtant de courte durée : en 1957, Herrero Tejedor fut muté à Logroño, Suárez perdit son emploi et l'année suivante, sans argent et sans espoir de prospérer dans la province, il décida de tenter sa chance à Madrid. Il y retrouva son père, ouvrit avec lui un bureau d'assistant de justice (une fonction que son père avait déjà exercée de manière sporadique à Avila), et réussit à réunir sous le même toit son père, sa mère et certains de ses frères, dans un appartement de la rue Hermanos Miralles. Mais au bout de quelques mois seulement, les choses tournèrent mal une nouvelle fois : son père entraîna la famille dans des histoires d'argent et Suárez rompit avec lui, quitta le bureau et s'en alla vivre dans une pension. Il a peut-être touché le fond à cette époque-là, même si nous savons peu de choses avec certitude : on dit qu'il connaissait peu de monde à Madrid, qu'il voyait occasionnellement sa mère et qu'il gagnait sa vie grâce à des petits boulots, en portant des valises à la gare de Príncipe Pío ou en faisant du porte-à-porte pour vendre des appareils électroménagers ; on dit qu'il traversa des moments critiques, qu'il eut même faim, qu'il erra beaucoup. Certains apologistes de Suárez[8] évoquent ces situations difficiles pour dépeindre un *self-made man* qui a connu la misère et tout ignoré des privilèges dans lesquels les hommes politiques du franquisme avaient grandi ; ce tableau n'est pas faux, à condition de ne pas oublier que durant cet épisode, de courte durée, Suárez n'était rien d'autre qu'un fils à papa de province qui essayait de joindre les deux bouts, exilé dans la capitale dans l'attente d'une opportunité à la hauteur de son ambition. C'est encore Herrero Tejedor qui la lui offrit alors qu'il occupait le poste de délégué national des provinces au secrétariat général du Mouvement et qui, dès que le père d'un ami de Suárez lui eut raconté sa situation et demandé du travail pour lui, s'empressa d'en faire son secrétaire particulier. Cela se passa à l'automne 1958. Dès lors et jusqu'à la mort de Herrero Tejedor en 1975, c'est à peine si Suárez se défit de sa tutelle ; dès lors et jusqu'à ce que lui-même ne finisse par le détruire, Suárez ne se sépara guère du pouvoir franquiste, parce que c'est ainsi que débuta, très modestement, son ascension graduelle dans la hiérarchie du Mouvement. Mais avant cela il y eut un autre événement : la rencontre à Avila de Suárez et d'Amparo Illana, une jolie jeune femme, riche et bien née, dont il tomba immédiatement amoureux et qu'il épouserait au bout de quatre longues années ; il était alors sur le point de quitter Madrid sans le sou et, la première fois où il rendit visite à la famille de sa future épouse, le père de celle-ci – magistrat colonel et trésorier de l'Association de presse de Madrid – lui demanda comment il gagnait sa vie. "Je la gagne mal, répondit Suárez avec son imperturbable insolence de fanfaron d'Avila. Mais ne vous inquiétez pas : avant trente ans, je serai gouverneur civil ; avant quarante, sous-secrétaire ; et avant cinquante, ministre et président du gouvernement."

S'il est possible que cette anecdote soit fausse – ce ne serait là qu'une légende de plus parmi toutes celles qui nimbent sa jeunesse –, il est parfaitement vrai que Suárez exécuta ce programme point par point. Dans l'ordre fermé et pyramidal du pouvoir franquiste, où la servilité était un incontournable moyen de promotion politique, parvenir à ses fins supposait pour Suárez de déployer pleinement tout son art de plaire et toute sa capacité d'adulation. Son travail de secrétaire auprès de Herrero Tejedor consistait à rédiger sa correspondance, à fixer des rendez-vous et à s'occuper des visites, principalement celles des hiérarques du parti et des gouverneurs civils de passage à Madrid dont aucun n'oublierait par la suite ce phalangiste élégant, appliqué et enthousiaste, qui les accueillait le bras levé en imitant le salut fasciste (A vos ordres !) et prenait congé d'eux en imitant le coup de talon militaire (Que puis-je encore pour vous ?). C'est ainsi qu'il commença à travailler à son prestige de chiot phalangiste et à gravir la hiérarchie de deux enclaves stratégiques du régime : le secrétariat général du Mouvement et le ministère de la Présidence du gouvernement ; et c'est ainsi qu'il commença, sans se départir de sa loyauté envers Herrero Tejedor, à gagner la confiance des deux subalternes du dictateur, qui au milieu des années 1960 accaparaient la plus grande partie du pouvoir effectif en Espagne et qui incarnaient l'avenir le plus viable d'un franquisme sans Franco : l'amiral Luis Carrero Blanco, ministre de la Présidence, et Laureano López Rodó, commissaire général au Plan de développement. A cette époque-là, Suárez connaissait déjà mieux que quiconque les arcanes du pouvoir, il avait développé un sixième sens pour percevoir le moindre mouvement dans sa délicate tectonique et il était devenu docteur avec les félicitations du jury dans cette discipline raffinée qui consiste à naviguer entre les familles opposées du régime sans se faire d'ennemis, et en réalisant l'exploit que toutes, des phalangistes aux membres de l'Opus Dei, le considèrent comme l'un des leurs. Elle était encore loin, l'époque où le petit Madrid du pouvoir deviendrait pour lui le grand cloaque madrilène : à présent, cette même ville l'envoûtait par son éclat merveilleux tel un joyau exquis ; son biographe le moins indulgent, Gregorio Morán, a décrit en détail les stratégies d'arriviste que sa volonté déploya pour le conquérir[9]. D'après Morán, Suárez comblait d'attentions ceux qu'il avait besoin de captiver, il se rendait à leurs domiciles et à leurs bureaux, sous un prétexte quelconque, il s'appliquait à gagner la faveur de leurs proches et, manipulant des renseignements de première main sur les coulisses du pouvoir, sur les corruptions et les faiblesses de ceux qui l'exerçaient, il apportait et rapportait des nouvelles, des commérages et des rumeurs qui faisaient de lui un informateur tout à fait précieux et qui lui ouvraient la voie de son ascension. Pour lui, toutes les méthodes étaient bonnes et il ne lésinait pas sur les moyens. En 1965, il fut nommé directeur des programmes de la Radio-Télévision espagnole ; son supérieur était Juan José Rosón, un Galicien sobre, insensible à son talent et à son charme, avec lequel Suárez entretenait des rapports peu cordiaux : il tâcha de les améliorer en déménageant avec sa famille dans un appartement situé dans le même immeuble que celui où Rosón habitait. A cette même époque, il décida que sa prochaine nomination devait être celle de gouverneur civil ; il s'agissait d'un poste très convoité parce qu'un gouverneur civil détenait alors un pouvoir énorme dans sa province et, afin de gagner à sa cause le ministre de l'Intérieur, Camilo Alonso Vega – ami intime de Franco et largement responsable de la nomination des gouverneurs civils –, il loua trois étés consécutifs un appartement voisin de celui qu'occupait presque chaque année le ministre dans un lotissement d'Alicante et le soumit à un siège sans répit, de la messe quotidienne du matin au dernier verre du soir. En 1973, alors qu'il nourrissait déjà l'espoir légitime d'obtenir un ministère, il eut l'idée géniale de louer une villa de vacances à seulement quelques mètres du palais de la Granja, à Ségovie, dans les jardins duquel était célébrée tous les ans et pendant une journée entière la fête d'anniversaire du début de la guerre civile en présence de Franco et des principaux faucons du franquisme ; Suárez invitait dans sa villa certains personnages choisis qui jouissaient ainsi – avant et après l'éternelle réception, le déjeuner insipide et le spectacle que le ministre de l'Information et du Tourisme infligeait à l'assistance – du privilège de se reposer de la chaleur cruelle du 18 juillet, de s'épargner la torture de parcourir les quatre-vingts kilomètres qui séparaient le palais de Madrid en tenue de soirée et dans des smokings trempés de sueur, et de celui d'être traités comme des rois par un hôte dont la sympathie et l'hospitalité suscitaient chez eux des sentiments de gratitude éternelle.

Il réussit à se lier d'amitié avec Camilo Alonso Vega, et en 1968 il fut nommé gouverneur civil de Ségovie ; il réussit à se lier d'amitié avec Rosón – il réussit du moins à atténuer la méfiance qu'il lui inspirait – et, en 1969, il fut nommé directeur général de la Radio-Télévision espagnole ; il réussit à se lier d'amitié avec plusieurs faucons du franquisme et, en 1975, il fut nommé ministre. Suárez semblait irrésistible, mais ces épisodes quasi picaresques constituent une partie de sa véritable légende noire, en même temps qu'ils démontrent que rares étaient les politiciens à maîtriser aussi bien que lui l'endogamie avilissante du pouvoir franquiste, et que rares étaient ceux qui se sentaient prêts à aller aussi loin que lui pour en tirer parti. C'est pourquoi la personne qui, dans un certain sens, fit le meilleur portrait du Suárez de cette époque fut Francisco Franco car, en tant que créateur du pouvoir franquiste, il en connaissait mieux que quiconque la logique. Les deux hommes ne se rencontrèrent du vivant de Franco que pendant des cérémonies de nature protocolaire, ce qui n'empêcha pas le jeune politicien de se faire remarquer durant l'une d'elles par une déclaration dissonante ; c'est peut-être à la suite de cela et sans aucun doute par ses dons de fin psychologue, qui lui avaient servi pour diriger l'Etat pendant quarante ans, que Franco crut déceler chez Suárez l'esprit d'un traître en herbe, et un jour, alors que celui-ci occupait le poste de directeur de la Radio-Télévision espagnole, après un court bavardage avec lui dans le palais du Pardo, le dictateur fit le commentaire suivant à son médecin personnel : "Cet homme est d'une ambition dangereuse. Il n'a pas de scrupules[10*]."

Franco avait raison : l'ambition de Suárez s'avéra mortelle pour le franquisme ; son manque de scrupules aussi. Ces deux éléments n'arrivent pourtant pas à expliquer d'eux-mêmes son ascension fulgurante dans les années 1960 et 1970. Suárez travaillait sans ménager ses efforts, il écoutait plus qu'il ne parlait, il apprenait rapidement, il résolvait les problèmes de la manière la plus simple et la plus directe qui soit, il renouvelait, sans y aller par quatre chemins, les équipes de politiciens dont il héritait, il savait réunir des volontés opposées, concilier l'inconciliable et déceler ce qui était mort dans ce qui semblait encore vivant ; de plus, il ne manquait pas une occasion de montrer sa valeur : et comme si en réalité il avait signé un pacte avec le diable, il ne manquait même pas celles qui auraient pu ruiner la carrière de n'importe quel autre homme politique. Le 15 juin 1969, alors que Suárez était encore gouverneur civil à Ségovie, cinquante-huit personnes trouvèrent la mort ensevelies sous les décombres d'un

* Ce jour-là, Suárez s'était rendu au Pardo pour enregistrer le message de Noël de Franco ; nous ne savons pas de quoi les deux hommes s'entretinrent, mais nous savons que, lors d'une réception officielle tenue autour de cette date, Suárez parla à Franco – c'est à cela que je faisais allusion en mentionnant plus haut une "déclaration dissonante" – de l'inévitable avenir démocratique qui attendait le pays après sa mort. Pour n'importe qui d'entre nous, cette désinvolture signifie simplement que Suárez était un franquiste si sûr de son impeccable parcours franquiste et de sa loyauté envers Franco qu'il pouvait se permettre de douter ouvertement de la continuité du régime sans craindre de provoquer la colère de son fondateur ; il est possible que, pour Franco, cela ait signifié la même chose, mais que ce soit précisément pour cela qu'il ait considéré ce commentaire comme d'autant plus insidieux et digne de ne pas être oublié.

restaurant situé dans un lotissement de Los Angeles de San Rafael ; la tragédie, causée par l'avidité du propriétaire, aurait normalement dû éclabousser politiquement Suárez, surtout à un moment où la bataille que se livraient à l'intérieur du régime les phalangistes et les opus-déistes battait son plein. Suárez réussit pourtant à sortir raffermi de la catastrophe : pendant des semaines, les journaux ne cessèrent de louer la sérénité et le courage du gouverneur civil qui, ainsi que le répétait la chronique, était arrivé sur les lieux peu après l'accident, avait pris les choses à bras-le-corps et s'était mis à sortir les blessés des décombres de ses propres mains, et qui, pour son comportement exemplaire, avait peu après été décoré par le gouvernement de la grande croix du Mérite civil.

Des mois avant le désastre de Los Angeles de San Rafael, un événement eut lieu qui changea la vie du futur président : il fit la connaissance du futur roi. A ce moment-là, Suárez avait déjà la conviction que le prince Juan Carlos était le cheval gagnant dans la course imminente du postfranquisme, et cette conviction était corroborée par Herrero Tejedor, par l'amiral Carrero, par López Rodó, et surtout par la raison et par l'instinct politique, ce qui chez lui revenait au même. Il misa donc sur le prince ; celui-ci misa aussi sur Suárez, ayant besoin de la loyauté de jeunes politiciens prêts à batailler à ses côtés contre le puissant groupe de vieux franquistes inflexibles qui se méfiaient de sa capacité à succéder à Franco. Ce fut la tâche à laquelle Suárez se consacra de manière presque exclusive au cours des six années suivantes : il savait que batailler pour transformer le prince en roi voulait dire batailler pour le pouvoir, notamment parce que, de même qu'il savait déceler ce qui était mort dans ce qui semblait encore vivant, Suárez savait déceler ce qui était vivant dans ce qui semblait mort. Quant au roi, il sentit dès le début une très vive sympathie pour Suárez, mais il ne se faisait pas non plus d'illusions sur son compte : "Adolfo n'est ni de l'Opus Dei ni de la Phalange, dit-il un jour, Adolfo est adolfiste[11]." Peu après avoir rencontré le prince – et en partie grâce à l'insistance de celui-ci –, il fut nommé directeur général de la Radio-Télévision espagnole ; il resta à ce poste quatre ans au cours desquels il servit la cause de la monarchie avec une fidélité combative, mais cette étape fut aussi importante dans sa vie politique parce qu'elle l'aida à découvrir la capacité toute neuve de la télévision à modeler la réalité, et parce que c'est à ce moment-là qu'il commença à sentir la proximité et le vrai souffle du pouvoir, ainsi qu'à préparer son assaut du gouvernement : il venait fréquemment en visite à la Zarzuela où il remettait au prince les enregistrements de ses voyages et des cérémonies protocolaires que diffusaient régulièrement les journaux de la première chaîne ; il s'entretenait chaque semaine avec l'amiral Carrero au siège de la présidence, 3, rue Castellana, où il était accueilli chaleureusement et où il recevait des orientations idéologiques et des instructions concrètes qu'il appliquait sans discuter ; il traitait délicatement les militaires – qui le décorèrent pour la générosité avec laquelle il recevait toutes les propositions de l'armée – et même les services de renseignements dont le chef, le futur colonel putschiste José Ignacio San Martín, devint plus ou moins un de ses amis. Ce fut également à cette époque-là, vers la fin de son mandat à la Radio-Télévision, que le sixième sens de Suárez nota un déplacement, presque imperceptible, du centre de gravité du pouvoir, qui bientôt se montrerait déterminant : Carrero Blanco continuait à incarner la certitude qu'à la mort de Franco, le franquisme suivrait son cours, López Rodó commençait à perdre de l'influence, tandis qu'émergeait comme nouvelle référence politique Torcuato Fernández Miranda, alors secrétaire général du Mouvement, un homme froid, cultivé, fin renard et taciturne, dont l'indépendance d'esprit hautaine provoquait la méfiance de toutes les familles du régime, à la satisfaction du prince qui avait adopté ce professeur de droit constitutionnel comme premier conseiller politique. Suárez prit note du changement : il cessa de fréquenter López Rodó pour commencer à fréquenter Fernández Miranda qui, même s'il le méprisait en secret, se laissa aimer en public, sans doute parce qu'il était sûr de pouvoir manipuler ce jeune phalangiste assoiffé de gloire. L'intuition de Suárez se vérifia et, en juin 1973, Carrero fut nommé président du gouvernement – le premier président de gouvernement nommé par un Franco qui continuait à s'arroger les pouvoirs de chef d'Etat – et Fernández Miranda obtint, en plus de son poste de président du Mouvement, celui de vice-président de cabinet. Mais Suárez n'obtint pas le ministère qu'il croyait déjà mériter, pas plus qu'il ne parvint à convaincre Fernández Miranda de le consoler avec la vice-présidence du Mouvement. Sa déception fut énorme, au point que Suárez démissionna de son poste à la Radio-Télévision pour chercher refuge à la présidence d'une entreprise d'Etat et dans l'organisation de la jeunesse chrétienne YMCA.

Pendant les deux ans et demi qui suivirent, Suárez se tint à l'écart du pouvoir et sa carrière politique sembla stagner ; à un moment, elle sembla même toucher à sa fin. Deux morts violentes contribuèrent à donner cette impression passagère : au mois de décembre 1973, l'amiral Carrero mourut dans un attentat de l'ETA ; en juin 1975, Herrero Tejedor trouva la mort dans un accident de voiture. L'assassinat de Carrero fut providentiel pour le pays car la disparition d'un président de gouvernement censé préserver le franquisme facilita le passage de la dictature à la démocratie mais, comme Suárez perdait en même temps un protecteur puissant, cela aurait pu être catastrophique pour lui ; la mort de Herrero Tejedor aurait pu être pire encore : Suárez se retrouvait exposé à tous les vents, dépourvu aussi de la protection de l'homme à l'ombre duquel il avait fait presque toute sa carrière politique et qui, seulement trois mois avant l'accident, l'avait nommé vice-secrétaire général du Mouvement. Suárez surmonta ce double contretemps parce qu'à ce moment-là, il se sentait déjà suffisamment sûr de lui-même et de la confiance du prince pour ne pas se laisser vaincre par l'adversité, ainsi consacra-t-il cette parenthèse dans son ascension politique à faire de l'argent dans des affaires douteuses, convaincu à juste titre qu'il était impossible de prospérer politiquement dans le franquisme sans bénéficier d'une certaine richesse personnelle ("Si je ne suis pas ministre, c'est parce que je ne vis pas à Puerta de Hierro et parce que je n'ai pas fait mes études à Pilar[12]", dit-il un jour à cette époque-là) ; il la consacra aussi à approfondir sa relation avec Fernández Miranda – et, par son intermédiaire, avec le prince – ainsi qu'à organiser l'Union du peuple espagnol (UDPE), une association politique créée dans le sillage de l'infime élan libérateur promu par le successeur de l'amiral Carrero à la tête du gouvernement, Carlos Arias Navarro, et auquel se rallièrent des ex-ministres de Franco et de jeunes cadres du régime tel Suárez lui-même. Par ailleurs, tandis qu'après quarante ans d'un pouvoir absolu, la mort de Franco apparaissait comme un fait à la fois inouï et imminent, et que chaque complication de santé du dictateur octogénaire faisait trembler le pays d'incertitude, Suárez cultiva de manière magistrale l'ambiguïté nécessaire à la préparation de son avenir quel que soit celui de l'Espagne : d'un côté, il ne ratait pas une occasion de proclamer sa fidélité à Franco et à son régime et, le 1er octobre 1975, accompagné d'autres membres de l'UDPE, il assista sur la place de l'Orient à une manifestation massive de soutien au Général harcelé par les protestations de la communauté internationale après sa décision de faire exécuter plusieurs membres de l'ETA et du FRAP ; de l'autre, il prodiguait en public et en privé des déclarations en faveur d'un jeu politique ouvert et de la création de voies d'expression pour les différentes sensibilités présentes dans la société. Ces lieux communs de la bouillie politique de l'époque résonnaient aux oreilles des franquistes comme des audaces inoffensives ou des leurres pour les dupes, et à celles des partisans désireux de mettre fin au franquisme comme des affirmations encore réprimées du désir d'un avenir démocratique pour l'Espagne. Il est probable que, dans un cas comme dans l'autre – quand il se déclarait indubitablement franquiste ou quand il commença à se déclarer démocrate –, Suárez ne disait pas la vérité, mais il est presque sûr que, tel un être transparent dont le secret le plus enfoui consiste à ne pas en avoir, ou comme un comédien virtuose déclamant son rôle sur scène, il croyait toujours ce qu'il disait, et que c'est pourquoi tous ceux qui l'écoutaient finissaient par le croire.

La mort de Franco – après avoir fait la queue pendant des heures aux côtés de milliers de franquistes, le visage baigné de larmes, Suárez se rendit à la chapelle ardente dressée pour le dictateur, en compagnie de l'état-major de l'UDPE – relança définitivement sa carrière politique. Une fois proclamé roi, Juan Carlos céda à la pression de la frange la plus dure du franquisme et confirma à la présidence du gouvernement un franquiste dur comme Arias Navarro, mais il réussit à imposer Fernández Miranda à la tête de la présidence des Cortès et du Conseil du royaume – les deux autres principaux organismes du pouvoir – et, grâce à Fernández Miranda, à faire en sorte qu'Arias nomme Suárez ministre secrétaire général du Mouvement. C'était un poste que Suárez convoitait depuis des années, capable de satisfaire l'ambition des plus ambitieux, mais Suárez était plus ambitieux que les plus ambitieux, et il ne s'en contenta pas. En théorie, sa tâche dans ce gouvernement qui devait conduire au postfranquisme était presque ornementale (les ministères forts étaient occupés par des hommes plus âgés bénéficiant de nettement plus de poids, de prestige et d'expérience politique que lui, tels que Manuel Fraga et José María de Areilza) : Suárez n'ignorait pas qu'il avait été placé là comme camérier ou comme coursier du roi ; néanmoins, il saisit une nouvelle fois l'occasion qui se présentait à lui et, surtout à mesure que le président Arias se montrait maladroit, hésitant et incapable de purger son énorme dette franquiste, profita de la désunion et de l'inefficacité d'un gouvernement dépassé par une vague de conflits sociaux (qui, en réalité, étaient des mobilisations politiques) pour voler la vedette à ses collègues de cabinet. Au mois de mars 1976, pendant l'absence de Manuel Fraga, alors à la tête du gouvernement régional, Suárez manœuvra habilement pour sortir de la crise provoquée à Vitoria par la mort de trois ouvriers abattus par la police ; cela évita au président Arias de décréter un état d'urgence destiné à réprimer ce qui, pour le gouvernement, semblait sur le point de dégénérer en une manifestation révolutionnaire. Au mois de juin de la même année, il défendit devant les Cortès, en un brillant discours dans lequel il plaidait pour le pluralisme politique comme moyen de réconcilier les Espagnols, une tentative timide de réforme parrainée par le gouvernement. La tentative échoua, mais l'échec de Suárez entraîna un succès bien plus grand que celui qu'aurait entraîné son succès. Ce n'est pas une absurdité : à cette époque-là, six mois après la proclamation de la monarchie, le roi et son mentor politique, Fernández Miranda, avaient déjà compris que, pour garder le trône, il fallait renoncer au pouvoir ou à une grande partie du pouvoir hérité de Franco, en transformant ainsi la monarchie franquiste en une monarchie parlementaire. Ils avaient aussi conçu un projet de réforme plus profond et plus ambitieux que celui que parrainait le gouvernement : ils savaient qu'Arias Navarro ne pourrait ni ne voudrait le mettre en pratique, et le discours de Suárez devant les Cortès finit par les persuader que le jeune politicien était la personne adéquate pour le mener à bien. C'est plutôt Suárez qui finit par en persuader le roi, parce que Fernández Miranda l'était depuis déjà un certain temps, tandis que le monarque n'arrivait pas à imaginer ce foutriquet servil et ambitieux, ce fanfaron phalangiste, sympathique, charlatan et inculte – qui lui était si utile en tant que camérier ou coursier – comme le personnage *ad hoc* pour mener à bien la tâche subtile consistant à démonter sans bouleversement le franquisme pour construire sur ses bases une certaine forme de démocratie capable d'assurer l'avenir de la monarchie. C'est Fernández Miranda qui, avec sa rhétorique de lecteur de Machiavel et son influence intellectuelle sur le roi, le convainquit qu'au moins pour leurs objectifs immédiats, les caractéristiques personnelles de Suárez n'étaient pas des défauts mais des qualités : ils avaient besoin d'un foutriquet servil et ambitieux parce que sa servilité et son ambition garantissaient une loyauté absolue, et parce que son manque de poids et de projet politique défini ou d'idées propres était la garantie de ce qu'il appliquerait à la lettre celles qu'ils lui dicteraient, et qu'une fois sa mission effectuée, ils pourraient se passer de lui après l'avoir remercié pour les services rendus ; ils avaient besoin d'un fanfaron phalangiste de sa trempe parce que seul un fanfaron phalangiste de sa trempe, jeune, dur, rapide, flexible, décidé et coriace, serait tout d'abord capable de supporter les attaques féroces des phalangistes et des militaires pour ensuite les contenir ; ils avaient besoin d'un type sympathique pour séduire la moitié des gens et charlatan pour duper l'autre ; quant au manque de culture de Suárez, Fernández Miranda était suffisamment cultivé pour savoir que la politique ne s'apprend pas dans les livres et que, pour cette entreprise, la culture pouvait même représenter un obstacle, et suffisamment perspicace pour déjà se rendre compte que Suárez possédait, comme aucun autre homme politique de sa génération, ce don transitoire, ou cette compréhension exacte et inexplicable consistant à déceler ce qui était alors mort et ce qui était vivant, ou cette familiarité avec les faits saillants – avec ce qui allait et ce qui n'allait pas, avec ce qui peut ou ne peut pas se faire, et comment et avec qui et à quel prix cela peut se faire – qu'Ortega appelait intuition historique et Berlin, sens de la réalité.

Décidé à faire de Suárez le président du gouvernement pour mener à bien la réforme, le roi obtint le 1er juillet 1976 la démission d'Arias Navarro ; il n'avait pourtant pas les mains libres pour nommer son successeur : conformément à la législation franquiste, il devait choisir entre trois candidats présentés par le Conseil du royaume, un organisme consultatif où siégeaient certains des membres les plus illustres du franquisme orthodoxe. Mais, grâce à l'astuce et à l'habileté de Fernández Miranda qui présidait le Conseil et le préparait depuis des mois, le 3 juillet à midi, le roi reçut la liste des trois candidats au nombre desquels figurait le nom de son favori. Suárez le savait ; plus précisément, il ne le savait pas, mais il en avait l'intuition, et ce samedi-là, dans la soirée, alors qu'il attendait l'appel du roi dans sa maison de Puerta de Hierro – où il avait fini par s'installer, et c'est pourquoi il était devenu ministre et pouvait à présent devenir président du gouvernement –, il se trouvait en proie aux doutes. Dans ses dernières années de lucidité, Suárez se rappela plusieurs fois cette scène en public, dont une fois à la télévision, alors vieux, grisonnant et arborant le même sourire mélancolique et triomphal avec lequel Julien Sorel ou Lucien de Rubempré ou Frédéric Moreau se seraient souvenus de leur heure de gloire au soir de leur vie, ou avec le même sourire ironique d'échec qu'affiche un homme qui a vendu son âme au diable et qui se souvient, bien des années plus tard, du moment où le diable finit par remplir sa part du marché. Suárez connaissait les cabales du roi et de Fernández Miranda, les certitudes de Fernández Miranda et les doutes du roi, il savait que le roi appréciait sa fidélité, son charme personnel et l'efficacité dont il avait fait preuve au sein du gouvernement, mais il n'était pas sûr qu'à la dernière minute, la prudence ou la crainte ou le conformisme ne lui conseillent pas d'oublier la hardiesse de nommer un second couteau de la politique, presque inconnu de l'opinion publique, et d'opter pour l'expérience d'un Federico Silva Muñoz ou d'un Gregorio López Bravo, les deux autres noms de la liste. Il n'avait jamais voulu être autre chose, il n'avait jamais rêvé de devenir autre chose, il avait toujours été un ascète du pouvoir, et à présent, quand tout semblait prêt pour lui permettre de satisfaire sa faim carnassière et son ambition de plénitude vitale, il avait l'intuition que, s'il n'obtenait pas alors ce poste, il ne l'obtiendrait plus jamais. Il s'assit, impatient, à côté du téléphone, et finalement, dans la soirée, le téléphone sonna. C'était le roi, il lui demanda ce qu'il faisait. Rien, répondit Suárez. J'étais en train de mettre de l'ordre dans mes papiers. Ah, dit le roi, et il lui demanda ensuite comment allaient les siens. Ils sont partis en vacances d'été, expliqua Suárez. A Ibiza. Je suis resté seul avec Mariam. Il savait que le roi savait qu'il savait, mais il ne dit rien de plus et, après un court silence qui fut pour lui comme une éternité, il se décida à demander au roi s'il voulait quelque chose. Rien, dit le roi. C'était juste pour savoir comment tu allais. Puis le roi le salua et Suárez raccrocha avec la certitude que le monarque avait eu peur et qu'il avait nommé Silva ou López Bravo, et qu'il n'avait pas eu le courage de lui faire part de la nouvelle. Peu après, le téléphone sonna une nouvelle fois : c'était de nouveau le roi. Ecoute, Adolfo, lui dit-il, pourquoi ne viens-tu pas ici ? Je veux te parler d'une affaire. Suárez essaya de contenir son euphorie et, tandis qu'il s'habillait et prenait la Seat 127 de sa femme et roulait vers la Zarzuela dans les rues presque désertes d'un week-end d'été, afin de se préserver d'une déception contre laquelle il était sans défense, il ne cessa de se répéter que le roi l'avait convoqué uniquement pour lui présenter ses excuses de ne pas l'avoir choisi, pour lui expliquer sa décision, pour lui assurer qu'il continuait à compter sur lui, pour le couvrir de témoignages d'amitié et d'affection. Il fut reçu à la Zarzuela par un aide de camp qui le fit attendre quelques minutes et qui l'invita ensuite à entrer dans le bureau du roi. Il entra, mais n'y vit personne, et à ce moment-là il dut avoir une sensation aiguë d'irréalité, comme s'il était sur le point de brusquement cesser de jouer un rôle qu'il interprétait depuis bon nombre d'années sans le savoir. Il fut tiré de cette seconde de panique ou de confusion par un rire qui éclata dans son dos ; il se retourna : le roi s'était caché derrière la porte de son bureau. J'ai à te demander un service, Adolfo, lui dit-il de but en blanc. Je veux que tu sois le président du gouvernement. Suárez n'exulta pas ; tout ce qu'il parvint à articuler fut : Putain, Majesté, je croyais que vous ne me le demanderiez jamais[13].

3

Le 18 février 1981, cinq jours avant le coup d'Etat, le journal *El País* publia un éditorial dans lequel Adolfo Suárez était comparé au général Della Rovere. C'était un autre cliché, ou presque : dans le petit Madrid du pouvoir, au début des années 1980 – dans certains cercles de la gauche de ce même petit Madrid –, comparer Suárez à cet Italien qui avait collaboré avec les nazis avant de devenir un héros de la Résistance, protagoniste d'un vieux film de Roberto Rossellini, était presque aussi banal que faire allusion au général Pavía chaque fois qu'on parlait de la menace d'un coup d'Etat. Pourtant, même si Suárez avait démissionné de son poste de président trois semaines plus tôt (et que ce fait invitait peut-être à oublier les erreurs et à se rappeler les réussites du créateur de la démocratie), le journal évoquait cette comparaison non pour porter aux nues la figure de Suárez, mais pour la dénigrer. L'éditorial était très dur. Il s'intitulait "Adieu, Suárez, adieu" et contenait non seulement d'implacables reproches à l'encontre de sa passivité de président en fonction, mais surtout une liste exhaustive des erreurs commises durant sa présidence. Le seul mérite qu'il semblait lui reconnaître était d'avoir su assumer la dignité d'un président démocratique pour contenir, des années durant, les résidus du franquisme, "tel un général Della Rovere convaincu, s'identifiant à son rôle de défenseur de la démocratie". Mais le journal minimisait ensuite ce titre de consolation et accusait Suárez d'avoir cédé au chantage de la droite. "Le général Della Rovere est mort fusillé, concluait l'article, alors que Suárez s'est dépêché de partir en courant, avec une amertume infinie et très peu de culot."

Suárez connaissait-il le film de Rossellini ? Lut-il l'éditorial d'*El País* ? Suárez aimait beaucoup le cinéma : jeune, il avait été un habitué des doubles séances et, une fois président, rares étaient les semaines où il ne voyait pas un des films que son majordome Pepe Higueras obtenait de la Télévision espagnole et projetait en 16 millimètres dans un salon de la Moncloa (parfois il voyait ces films avec sa famille ou avec des invités ; il les voyait souvent tout seul, au petit matin : Suárez dormait peu et s'alimentait mal, à base de café noir et d'omelettes, auxquels s'ajoutaient des cigarettes brunes) ; ses goûts de cinéphile n'étaient pas sophistiqués – il aimait surtout les films d'aventures et les comédies américaines –, mais il n'est pas impossible qu'il ait vu le film de Rossellini en 1960, à sa sortie en Espagne, ou même qu'il l'ait vu des années plus tard, à la Moncloa, curieux de connaître le personnage auquel le comparait le grand cloaque madrilène. Quant à l'éditorial d'*El País*, il est probable qu'il l'avait lu ; même si, dans les mois de harcèlement politique et d'effondrement personnel qui précédèrent le coup d'Etat, il ne permettait pas que les journaux parviennent jusqu'aux chambres de sa famille sans être expurgés, afin d'épargner à sa femme et à ses enfants la canonnade quotidienne dont il était l'objet, Suárez continuait à les lire, ou du moins il continuait à lire *El País* : depuis le jour même de sa nomination jusqu'à sa démission, ce journal avait très sévèrement critiqué son mandat mais, parce qu'*El País* représentait la gauche intellectuelle, moderne et démocratique que sa mauvaise conscience d'ancien phalangiste, impossible à racheter, enviait, et que, depuis des années, il rêvait d'incarner, Suárez n'avait pas un instant cessé de s'y référer ni peut-être de chercher en secret son approbation, et c'est pourquoi tant de gens à l'intérieur de son parti et en dehors l'accusaient de gouverner avec un œil rivé sur ses pages. J'ignore si, le 18 février, Suárez lut l'éditorial d'*El País* ; s'il l'a fait, il a dû ressentir une humiliation profonde, parce que rien ne pouvait autant humilier l'ancien fanfaron phalangiste que d'être accusé de lâcheté, et peu de choses auraient pu le satisfaire davantage que de prouver, cinq jours plus tard, que l'accusation était fausse. J'ignore si Suárez se fit le plaisir ou eut la curiosité de voir le film de Rossellini alors qu'il était encore président du gouvernement et que tant de gens l'identifiaient avec son protagoniste ; s'il l'a fait, il a peut-être ressenti la même émotion profonde que nous avons en voyant de l'extérieur ce que nous portons en nous et, s'il s'en est souvenu après le

23 février, peut-être a-t-il pensé à l'étrange propension du réel à se laisser coloniser par les clichés qui, bien qu'étant des vérités fossilisées, démontrent qu'ils ne cessent pas pour autant d'être vrais, ou de préfigurer la vérité.

Le Général Della Rovere raconte une histoire située dans une ville italienne miséreuse et en ruine, occupée par les nazis. Le protagoniste en est Emanuele Bardone, un foutriquet beau, sympathique, menteur, charlatan, coureur de jupons et joueur, un roué sans scrupules qui extorque de l'argent aux familles des prisonniers antifascistes en prétendant qu'il s'en sert pour alléger la captivité de leurs proches. Bardone est également un caméléon : devant les Allemands, il est un fervent du Reich ; devant les Italiens, un adversaire voilé du Reich ; devant les uns et les autres, il déploie tous ses dons de séducteur et réussit à les convaincre que personne au monde n'est aussi important qu'eux, et qu'il sera prêt à tout pour défendre leur cause. Le destin de Bardone commence à vaciller le jour où, lors d'un contrôle routier, les Allemands tuent le général Della Rovere, un militaire aristocrate et héroïque, récemment rentré au pays pour organiser la résistance face à l'envahisseur ; pour le colonel Müller, le chef des forces d'occupation dans la ville, c'est une très mauvaise nouvelle : prisonnier, Della Rovere aurait pu avoir une certaine utilité ; mort, il n'en a plus aucune. Müller décide alors de répandre la nouvelle que Della Rovere a été fait prisonnier et, très vite, Bardone, dont le colonel a découvert peu avant le talent de comédien et dont il a démasqué les magouilles avec un officier corrompu, lui inspire une supercherie dont il souhaite tirer profit : Müller lui propose de le sauver du peloton d'exécution et lui offre liberté et argent à condition qu'il accepte de se faire passer pour le général Della Rovere et de séjourner quelque temps en prison, persuadé que sa présence en ces lieux pourra lui servir à l'avenir.

Bardone accepte le marché et il est transféré dans une prison bondée de détenus antifascistes. Dès le début, le roué sans scrupules joue avec aplomb le rôle de l'aristocrate de gauche, et tout ce qu'il voit ou expérimente semble l'aider dans son interprétation. Mais sa conscience est secouée : le jour même de son arrivée, il lit sur les murs de sa cellule les messages posthumes des résistants fusillés ; les prisonniers se mettent à ses ordres et le traitent avec le respect que mérite celui qui incarne à leurs yeux la promesse d'une Italie libérée, ils lui demandent des nouvelles de leurs proches et des amis qui ont lutté dans les unités sous son commandement, ils blaguent à propos du destin tragique qui les attend, ils le prient implicitement de leur remonter le moral ; l'un des prisonniers que Bardone fréquente se suicide pour ne pas devenir un délateur ; pour confirmer Bardone dans son rôle de Della Rovere, les Allemands le torturent, ce qui provoque presque une émeute parmi ses compagnons de captivité ; plus tard, Bardone reçoit une lettre de la duchesse Della Rovere, dans laquelle la femme du général essaie de réconforter son mari en lui assurant que ses enfants et elle-même vont bien et qu'ils font de leur mieux pour être dignes de son courage et de son patriotisme. Cette succession d'impressions déclenche chez Bardone une lente métamorphose presque invisible, et, une nuit, un événement insolite survient : pendant un bombardement allié qui provoque des cris de panique parmi les prisonniers, Bardone exige de sortir de sa cellule ; il tremble de peur mais, comme si le personnage du général s'était momentanément emparé de sa personne, se retrouvant dans le couloir de la prison et habité par la grandeur de Della Rovere, Bardone apaise la peur de ses compagnons en élevant la voix au milieu d'un vacarme de bataille : "Mes amis, c'est le général Della Rovere qui vous parle, dit-il. Du calme, de la dignité, de l'aplomb. Soyez des hommes. Montrez à ces salauds que la mort ne vous fait pas peur. C'est eux qui doivent trembler. Chaque bombe qui tombe nous rapproche de leur fin, de notre libération."

Peu après cet épisode, le hasard offre au colonel Müller l'occasion qu'il attendait. Un groupe de neuf résistants capturés lors d'une rafle est emprisonné ; parmi eux se trouve Fabrizio, le chef de la Résistance dont les Allemands ignorent l'identité : Müller demande à Bardone de l'identifier et de le dénoncer. Bardone hésite un instant, comme si, dans son for intérieur, luttaient Bardone et Della Rovere ; mais Müller lui rappelle l'argent et la liberté promis et ajoute au pot-de-vin un sauf-conduit pour lui permettre de fuir en Suisse. Bardone finit par céder. Il n'a pas encore réussi à identifier Fabrizio qu'un officier fasciste de haut rang est tué par la Résistance ; en représailles, Müller doit fusiller dix résistants, et le colonel comprend que le moment est venu pour Bardone d'accomplir sa tâche de délateur. La veille au soir de l'exécution, Müller enferme vingt prisonniers dans une cellule, parmi lesquels les dix futures victimes expiatoires ; convaincu qu'au seuil de la mort, Fabrizio révélera son identité à Della Rovere, Müller a incorporé Bardone et les neuf détenus de la rafle dans le groupe. Müller ne se trompe pas : au cours de cette dernière nuit de prières avant leur exécution, tandis que les prisonniers cherchent force ou consolation en la vaillante compagnie du faux général Della Rovere, Fabrizio lui révèle son identité. Finalement, au petit matin, onze détenus sortent de la cellule ; Bardone est l'un d'eux, contrairement à Fabrizio. Bardone capte le regard de Müller, mais ne dit rien ; il suffit d'un seul mot pour qu'on lui rende sa liberté, avec suffisamment d'argent pour reprendre sa vie d'avant vouée aux femmes et au jeu, mais il ne dit rien. Perplexe, Müller insiste : il est sûr que Bardone sait qui est Fabrizio, il est sûr qu'au cours d'une telle nuit, Fabrizio lui a révélé son identité. Bardone lance à Müller un regard de défi : "Qu'en savez-vous ? finit-il par dire. Avez-vous déjà passé une nuit pareille ?" "Répondez ! crie Müller furieux. Vous savez qui c'est ?" Pour toute réponse, Bardone demande à Müller un crayon et un bout de papier, griffonne quelques lignes, les lui donne et, avant que le colonel ait pu vérifier si elles contiennent le véritable nom de Fabrizio, il lui demande de les faire adresser à la duchesse Della Rovere. Alors que Bardone exige d'un gardien qu'il lui ouvre les portes de la cour, Müller lit le papier : "Ma dernière pensée est pour vous. Vive l'Italie !" La cour est couverte de neige ; attachés chacun à un poteau, dix hommes, les yeux bandés, attendent la mort. Bardone – qui n'est plus Bardone mais Della Rovere, comme si d'une certaine façon Della Rovere avait toujours été présent en lui – occupe sa place aux côtés de ses compagnons et, juste avant de tomber sous la charge du peloton d'exécution, il s'adresse à eux. "Messieurs, dit-il, en cet ultime instant, que nos pensées aillent à nos familles, à la patrie et à la grandeur du roi." Et il ajoute : "Vive l'Italie !"

4

Il est probable que la métamorphose d'Adolfo Suárez en un homme qui, d'une certaine manière, avait toujours été en lui, et qui ne rappelait plus que de loin l'ancien phalangiste de province et l'ancien arriviste du franquisme qu'il avait été, débuta le jour même où le roi le nomma président du gouvernement. En réalité, cette métamorphose ne fut perceptible que plusieurs mois plus tard. L'accueil que l'opinion publique réserva à sa nomination fut terrible. Personne ne le résuma mieux que le caricaturiste Forges : sur un de ses dessins, deux fidèles de Franco enfermés dans un bunker commentent la nouvelle ; l'un des deux dit : "Il s'appelle Adolfo, n'est-ce pas merveilleux ?" l'autre de répondre : "Certainement[14]." A quelques rares exceptions près, seule l'extrême droite – des vieilles chemises de la Phalange aux militaires et technocrates de l'Opus Dei, en passant par les guérilleros du Christ-roi – salua l'accession de Suárez à la présidence, convaincue que le jeune phalangiste obséquieux et discipliné apportait du sang neuf tout en offrant la démonstration palpable de ce que les idéaux du 18 juillet restaient en vigueur, ainsi que la meilleure garantie au franquisme, avec tous les changements cosmétiques que les circonstances exigeaient, de ne pas mourir avec Franco. Au-delà de l'extrême droite, ce n'était que pessimisme et frayeur : pour l'immense majorité de l'opposition démocratique et des réformistes du régime, Suárez serait tout juste, comme l'écrivait *Le Figaro*, "l'exécuteur des basses œuvres de l'extrême droite, décidée à torpiller la démocratisation par tous les moyens[15]", ou, comme l'insinuait *El País*, le fer de lance du "véritable immobilisme dans le pays [...], incarnant les formes traditionnelles de l'espagnolité dans sa légende la plus noire et la plus atrabilaire : les pouvoirs économique et politique unis en une symbiose parfaite avec l'intégrisme ecclésiastique[16]".

Suárez ne recula pas : c'était sans doute l'accueil auquel il s'attendait – vu son parcours, il ne pouvait pas s'attendre à autre chose –, c'était aussi l'accueil qui lui convenait le plus. Parce que si la mission confiée par le roi consistait à démonter le franquisme pour construire sur ses ruines une monarchie parlementaire, en liquidant ce qui était mort mais qui semblait encore vivant et en faisant vivre ce qui semblait déjà mort, il devait d'abord disposer de la complicité (ou du moins de la confiance, ou du moins de la passivité) de l'orthodoxie franquiste ; il devait disposer ensuite de la compréhension (ou du moins de la tolérance, ou du moins de la patience) de l'opposition clandestine. Il se lança dès le début dans cette double conquête *a priori* impossible. Machiavel recommande à l'homme politique de "tenir ses sujets dans l'incertitude et la perplexité", en enchaînant ses actions dans le but de ne concéder à ses adversaires "aucun espace dans lequel ils pourraient tranquillement comploter contre lui[17]". Suárez n'avait peut-être pas lu Machiavel, mais il suivit son conseil à la lettre et, dès qu'il fut nommé président du gouvernement, il commença à courir un sprint jalonné de coups de théâtre et avec une telle rapidité et une telle assurance que personne ne trouva de raisons, de recours ou de courage pour le freiner : le lendemain de son entrée en fonction, il lut un message télévisé dans lequel, choisissant un langage, un ton et des formes d'homme politique incompatibles avec l'amidon ranci du franquisme, il promettait entente et réconciliation par une démocratie où le gouvernement serait "le résultat de la volonté de la majorité des Espagnols[18]". Peu après, il forma, avec l'aide de son vice-président Alfonso Osorio, un cabinet très jeune composé de phalangistes et de démocrates-chrétiens qui entretenaient de bons rapports avec l'opposition démocratique et le pouvoir économique ; un jour, il présentait un discours-programme presque de rupture, par lequel le gouvernement s'engageait à "rendre sa souveraineté au peuple espagnol[19]", et annonçait des élections générales avant le 30 juin de l'année suivante ; le lendemain, il réformait par décret le Code pénal qui empêchait la légalisation des partis, et le surlendemain il décrétait une amnistie pour les délits politiques ; un jour, il déclarait le caractère co-officiel de la langue catalane proscrite jusqu'alors, et le lendemain il légalisait le drapeau basque ; un jour, il annonçait une loi autorisant l'abrogation des Lois fondamentales du franquisme, et le lendemain il obtenait des Cortès franquistes son approbation, et le surlendemain il annonçait un référendum pour son adoption, et le surlendemain encore il en sortait vainqueur ; un jour, il supprimait par décret le Mouvement national, et le lendemain il ordonnait le retrait, de nuit et en cachette, des symboles franquistes sur les façades de tous les bâtiments du Mouvement, et le surlendemain il légalisait par surprise le parti communiste, et le surlendemain encore il convoquait les premières élections libres en quarante ans. Ce fut sa manière de procéder pendant les onze mois que dura son premier gouvernement : il prenait une décision inhabituelle et, alors que le pays essayait encore de l'assimiler, il en prenait une autre plus inhabituelle, puis une autre encore plus inhabituelle et puis une autre ; il improvisait constamment ; il entraînait les événements, mais se laissait aussi entraîner par eux ; il ne laissait pas aux autres le temps de réagir, ni de comploter contre lui, ni de prendre la mesure de l'écart entre ce qu'il faisait et ce qu'il disait, il ne laissait pas même le temps aux autres de s'étonner, pas plus qu'il ne s'en laissait à lui-même : la seule chose que pouvaient faire ses adversaires était peu ou prou de demeurer dans l'expectative, d'essayer de comprendre ce qu'il faisait et de tenter de ne pas rester en rade.

Au début de son mandat, son objectif principal fut de convaincre les franquistes et l'opposition démocratique que la réforme qu'il allait entreprendre était le seul moyen pour les deux camps de réaliser leurs objectifs contraires. Il assurait aux franquistes qu'il fallait renoncer à certains éléments du franquisme afin d'assurer la pérennité du franquisme ; il assurait à l'opposition démocratique qu'il fallait renoncer à certains éléments de la rupture avec le franquisme afin d'assurer la rupture avec le franquisme. A la surprise générale, il convainquit tout le monde. Il convainquit d'abord les franquistes et, quand il les eut convaincus, il convainquit l'opposition : il trompa complètement les franquistes ; pas l'opposition, du moins pas complètement, pas plus qu'il ne se trompa lui-même, mais il la manipula à sa guise, il l'obligea à jouer sur le terrain qu'il avait choisi et selon les règles qu'il avait conçues et, une fois qu'il eut gagné la partie, il fit travailler l'opposition à son service. Comment y réussit-il ? Dans un certain sens, avec les mêmes moyens de comédien séducteur avec lesquels Emanuele Bardone persuadait aussi bien les Italiens que les Allemands que personne au monde n'était aussi important qu'eux et qu'il était prêt à tout pour défendre leur cause, et avec la même habileté de caméléon avec laquelle Bardone parvenait à convaincre les Allemands qu'il était un fervent partisan du Reich, et les Italiens qu'il en était un adversaire voilé. Si, à la télévision, il était presque toujours imbattable, parce qu'il en maîtrisait les règles mieux que tout autre homme politique, en tête-à-tête il l'était encore davantage : il pouvait s'asseoir avec un phalangiste, avec un technocrate de l'Opus Dei ou avec un guérillero du Christ-roi, et le phalangiste, le technocrate et le guérillero finissaient par prendre congé de lui avec la certitude que, dans le fond, Suárez était un guérillero, un phalangiste ou un défenseur de l'Opus Dei ; il pouvait s'asseoir avec un militaire et dire, en évoquant l'époque où il était sous-lieutenant de réserve : Ne t'en fais pas, dans le fond, je continue à être un militaire ; il pouvait s'asseoir avec un monarchiste et dire : Je suis avant tout un monarchiste ; il pouvait s'asseoir avec un démocrate-chrétien et dire : En réalité, j'ai toujours été un démocrate-chrétien ; il pouvait s'asseoir avec un social-démocrate et dire : Ce que je suis, dans le fond, c'est social-démocrate ; il pouvait s'asseoir avec un socialiste ou un communiste et dire : Je ne suis pas communiste (ou socialiste), ça non, mais je suis des tiens, parce que ma famille était républicaine et, dans le fond, je n'ai jamais cessé de l'être moi non plus. Il disait aux franquistes : Il faut céder du pouvoir pour gagner la légitimité et conserver le pouvoir ; il disait à l'opposition démocratique : J'ai le pouvoir et, vous, la légitimité : nous sommes condamnés à nous entendre. Tout le monde écoutait Suárez pour ne retenir que ce dont on avait besoin, et tout le monde sortait de ces entretiens enchanté par sa bonhomie, sa modestie, sa sérénité et son ouverture, par ses excellentes intentions et sa volonté de les appliquer ; quant à lui, il n'était pas encore un président de gouvernement démocratique mais, de même qu'après son incarcération Bardone essaya d'agir comme il pensait qu'aurait agi le général Della Rovere, après sa nomination comme président du gouvernement, Suárez essaya d'agir comme il pensait qu'aurait agi un président de gouvernement démocratique : comme Bardone, tout ce qu'il voyait ou expérimentait l'aidait à perfectionner son interprétation ; comme Bardone, il lui fallut peu de temps pour s'imprégner de la raison politique et morale des partis démocratiques ; comme Bardone, il trompait avec une telle sincérité qu'il ne savait pas lui-même qu'il trompait.

C'est ainsi qu'au cours de cette première année de gouvernement, Suárez construisit les fondements d'une démocratie avec les matériaux d'une dictature. Il réalisa avec succès des opérations insolites, dont la plus insolite – et peut-être la plus essentielle – consistait en la liquidation du franquisme par les franquistes eux-mêmes. L'idée vint de Fernández Miranda, mais Suárez fut bien plus que son simple exécuteur : c'est lui qui l'étudia, qui la mit au point et en pratique. Il s'agissait presque de résoudre la quadrature du cercle et, en tout cas, de concilier l'inconciliable pour éliminer ce qui était mort mais semblait vivant ; il s'agissait, dans le fond, d'une martingale juridique basée sur le raisonnement suivant : l'Espagne de Franco était régie par un ensemble de Lois fondamentales qui, comme l'avait répété avec insistance le dictateur lui-même, étaient parfaites et offraient des solutions parfaites en toutes circonstances ; or, les Lois fondamentales ne pouvaient être parfaites que si elles pouvaient être modifiées – sinon, elles n'auraient pas été parfaites, puisqu'elles n'auraient pas été capables de s'adapter à toutes les circonstances. Le plan conçu par Fernández Miranda et développé par Suárez consista à élaborer une nouvelle Loi fondamentale, appelée Loi pour la réforme politique, capable de s'ajouter aux autres lois en ne les modifiant qu'en apparence, même si, dans le fond, elle les transgressait ou autorisait leur transgression, ce qui permettrait de remplacer le régime dictatorial par un régime démocratique tout en respectant les procédures juridiques du premier. L'argutie était brillante, mais elle devait être adoptée par les Cortès franquistes dans un exercice inouï d'immolation collective ; sa mise en pratique fut vertigineuse : à la fin du mois d'août 1976, un brouillon de la loi était déjà prêt et, pendant les deux mois qui suivirent, une bataille fut livrée sur tous les fronts pour convaincre les représentants franquistes d'accepter leur suicide. La stratégie que Suárez imagina pour y parvenir fut un prodige de précision et de tromperie : alors que, depuis la présidence des Cortès, Fernández Miranda mettait des bâtons dans les roues aux détracteurs de la loi, sa présentation et sa défense revenaient à Miguel Primo de Rivera, neveu du fondateur de la Phalange et membre du Conseil du royaume, qui demanderait un vote en sa faveur "en souvenir ému de Franco[20]" ; pendant les semaines précédant la séance plénière, Suárez, ses ministres et des hauts fonctionnaires de son gouvernement, après s'être réparti les députés hostiles ou peu enthousiastes au projet, prirent des petits-déjeuners, des apéritifs, des déjeuners et des dîners avec chacun, en les flattant par d'abondantes promesses et en les emberlificotant ; seuls quelques rares cas exigèrent de faire ouvertement appel à la menace et, avec un groupe de représentants syndicaux, il n'y eut pas d'autre moyen que de les embarquer dans une croisière pour les Caraïbes à destination du Panamá. Finalement, le 18 novembre, après trois jours consécutifs de débats et non sans avoir craint à plusieurs moments que tout tombe à l'eau, la loi fut votée dans les Cortès ; le résultat fut sans équivoque : 425 votes pour, 59 contre et 13 abstentions. La réforme fut adoptée. Les caméras de télévision enregistrèrent le moment, et il fut rediffusé en de nombreuses occasions. Les députés franquistes se lèvent pour applaudir ; Suárez se lève pour applaudir les députés franquistes. Il semble ému ; il semble sur le point de pleurer ; il n'y a aucune raison de penser qu'il fait semblant et, même s'il fait semblant, que le comédien chevronné qu'il est ne ressente pas vraiment ce qu'il fait semblant de ressentir. Ce qui est sûr, c'est qu'il aurait pu rire en lui-même et aux larmes aux dépens de ce tas d'imbéciles qui venaient de signer leur arrêt de mort au milieu des accolades et des félicitations d'une fête franquiste triomphale.

Ce fut un tour de magie spectaculaire, et le plus grand succès de sa vie. En Espagne, l'opposition démocratique s'en frottait les yeux : hors d'Espagne, l'incrédulité était absolue : "Victoire stupéfiante d'Adolfo Suárez" fut le gros titre du *New York Times* ; "Les Cortès nommées par le dictateur ont enterré le franquisme" fut le gros titre du *Monde*[21]. A peine quelques jours plus tard, sans s'accorder un instant de trêve ni permettre à ses adversaires de sortir de leur stupeur, Suárez organisa un référendum sur la loi récemment adoptée ; il eut lieu le 15 décembre et il le gagna avec presque quatre-vingts pour cent de participation et quatre-vingt-quinze pour cent de votes favorables. Pour les franquistes et pour l'opposition démocratique, qui avaient appelé à voter contre et à s'abstenir, le revers fut irrécusable, pour les premiers bien plus que pour les seconds, bien entendu ; à partir de ce moment-là, les franquistes ne pouvaient plus qu'avoir recours à la violence. La semaine du 23 au 28 janvier – durant laquelle des groupes d'extrême droite assassinèrent neuf personnes dans une atmosphère de pré-guerre civile et durant laquelle Suárez eut la certitude que quelqu'un tentait de faire un coup d'Etat – eut valeur d'avertissement pour montrer qu'ils étaient prêts à y recourir ; quant à l'opposition démocratique, elle se vit obligée de reléguer sa chimère d'une rupture frontale avec le franquisme pour accepter la réforme avec rupture, aussi inattendue que trompeuse, imposée par Suárez, et de commencer à négocier avec lui, divisée, déconcertée et affaiblie, dans les termes qu'il avait choisis et qui lui convenaient le mieux. Cela étant, à cette époque-là, en février 1977, il était déjà clair pour tout le monde que Suárez allait accomplir en un temps record la mission que lui avaient confiée le roi et Fernández Miranda ; en effet, une fois le Rubicon de la Loi pour la réforme politique franchi, Suárez n'avait qu'à achever le démontage du squelette légal et institutionnel du franquisme et à convoquer des élections libres après avoir négocié avec les partis politiques les conditions requises pour leur légalisation et pour leur participation aux élections. C'était là que se terminait en théorie son travail et c'était là en théorie la fin du spectacle, mais Suárez s'était déjà créé son personnage et, exultant, il naviguait sur la crête du tsunami qu'avaient provoqué ses succès, ainsi rien ne lui aurait paru aussi absurde que d'abandonner le poste dont il avait rêvé depuis toujours ; mais voici peut-être quelle avait été l'intention du roi et de Fernández Miranda au moment où ils lui avaient attribué le rôle-vedette dans cette pièce de théâtre faite de séductions, de vérités tronquées et de tromperies, convaincus peut-être de ce que le foutriquet charmant et roué allait se consumer sur scène, convaincus en tout cas qu'il serait incapable de maîtriser tous les rouages complexes de l'Etat et *a fortiori* après les élections démocratiques : une fois ces dernières convoquées et sa tâche accomplie, Suárez devait passer derrière le rideau, entre applaudissements et témoignages de reconnaissance, pour céder la faveur des projecteurs à un véritable homme d'Etat, peut-être à Fernández Miranda lui-même, peut-être à l'éternel candidat à la présidence Manuel Fraga, peut-être au vice-président Alfonso Osorio, peut-être au cultivé, élégant et aristocratique José María de Areilza. Bien sûr, Suárez aurait pu ignorer l'intention du roi, lui forcer la main et se présenter aux élections sans son consentement, mais il était le président nommé par le roi et il voulait être le candidat du roi pour être ensuite le président élu du roi, et pendant ces mois fulgurants, tandis qu'il se libérait peu à peu de la tutelle de Fernández Miranda et qu'il tenait de moins en moins compte d'Osorio, il s'appliqua à montrer au roi qu'il était le président dont ce dernier avait besoin parce qu'il était le seul homme politique capable d'enraciner la monarchie en construisant une démocratie en même temps qu'il démontait le franquisme ; il s'appliqua aussi à lui montrer par contraste que Fernández Miranda n'était qu'un vieux juriste timoré et fantomatique, Fraga, un bulldozer terrassant tout sur son passage, Osorio, un homme politique aussi pompeux que vain et Areilza, un dandy falot.

Tout cela deviendrait clair pour le roi quand, début avril, Suárez fit le coup le plus audacieux de sa carrière, un autre saut périlleux, mais cette fois-ci sans filet : la légalisation du parti communiste. Cette mesure était la limite que les militaires avaient imposée à la réforme et que Suárez avait eu l'air d'accepter ou qu'il leur avait fait croire qu'il acceptait ; au début, peut-être l'avait-il vraiment acceptée mais, à mesure qu'il assumait son personnage de président démocratique sans démocratie et s'imprégnait des arguments d'une opposition qui, depuis la rue, le poussait sur le chemin de la réforme à coups de mobilisations populaires, Suárez comprit qu'il avait besoin du parti communiste autant que le parti communiste avait besoin de lui. Vers la fin du mois de février, il avait déjà pris sa décision et avait conçu une haute voltige de funambule à l'image de celle qui avait conduit les Cortès de Franco à s'immoler, à cette différence près qu'il choisit de la réaliser presque tout seul et en catimini ; tout d'abord, malgré le désaccord de Fernández Miranda et d'Osorio, mais avec l'accord du roi, il s'entretint en secret avec Santiago Carrillo et scella avec lui un pacte d'acier ; il chercha ensuite à protéger ses arrières avec une expertise juridique du Tribunal suprême qu'il espérait favorable à la légalisation, puis, quand il s'avéra qu'elle ne l'était pas, il manœuvra pour arracher son avis favorable à la magistrature ; il sonda ensuite les ministres militaires et sema la confusion dans leurs rangs en ordonnant au général

Gutiérrez Mellado de les avertir que le PCE pouvait être légalisé (les communistes étaient dans l'attente d'une procédure judiciaire, dit Gutiérrez Mellado aux ministres militaires et, s'ils souhaitaient des éclaircissements, le président était prêt à les leur donner), mais il ne leur dit ni quand, ni comment, ni si effectivement le PCE allait être légalisé. C'était de la haute voltige dans la haute voltige par laquelle il essayait d'éviter que les ministres militaires ne l'accusent de ne pas les avoir informés et qu'ils ne réagissent contre sa décision avant qu'il ne l'annonce ; il attendit ensuite les congés de la Semaine sainte, envoya la famille royale en voyage en France, Carrillo à Cannes, ses ministres en vacances et, tandis que les rues des grandes villes étaient désertes et les casernes vides, les rédactions des journaux, des radios et de la télévision comme abandonnées, il resta seul à Madrid à jouer aux cartes avec le général Gutiérrez Mellado. Enfin, disposant une fois de plus du soutien du roi, malgré l'opposition d'Osorio et sans même consulter Fernández Miranda, le Samedi saint – le jour le plus mort de ces jours morts – il légalisa le PCE. C'était une bombe, et elle faillit lui exploser à la figure : il avait pris cette décision radicale parce que ses victoires l'avaient doté d'une confiance absolue en lui-même et, même s'il s'attendait à ce que la secousse au sein de l'armée soit brutale et à ce qu'il y ait des protestations et des menaces et peut-être des velléités de rébellion, la réalité dépassa ses pires prévisions, et à plusieurs moments, pendant les quatre jours affolés qui suivirent le Samedi saint, Suárez se dit qu'il avait peut-être surestimé ses forces et que le coup d'Etat était inévitable, mais au cinquième jour la catastrophe annoncée tourna une fois de plus en sa faveur : il exerça une pression maximale sur Carrillo, et celui-ci réussit à faire en sorte que son parti renonce publiquement à certains de ses symboles et accepte tous ceux que l'armée considérait comme menacés par sa légalisation, à savoir la monarchie, l'unité de la patrie et le drapeau rouge et or. C'est après cela que tout s'apaisa. Les militaires demeurèrent dans leurs casernes, le pays entier reprit sa respiration et Suárez s'attribua une double victoire : il avait réussi, d'un côté, à apprivoiser les militaires – ou du moins à les apprivoiser momentanément – en les obligeant à digérer une décision impossible à digérer mais incontournable pour lui (et pour la démocratie) ; de l'autre côté, à apprivoiser le parti communiste – et avec le parti communiste, très vite, toute l'opposition démocratique – en l'obligeant à se joindre sans réserve au projet de la monarchie parlementaire et en faisant de l'adversaire de toujours le principal soutien du système. Pour achever son coup double, Suárez avait fait de Fernández Miranda et d'Osorio deux hommes politiques soudain vieux jeu, tout juste bons pour la retraite, et tout semblait prêt pour qu'il convoque les premières élections démocratiques en quarante ans et qu'il les gagne en tirant avantage du succès de ses réformes.

Il les convoqua, il les gagna et, chemin faisant, il élimina aussi Fraga et Areilza, ses deux derniers rivaux. Il accula le premier dans un parti antédiluvien où gesticulaient les gloires fugitives de la débandade franquiste ; il fut sans pitié avec le second. Suárez manquait d'un parti propre pour se présenter aux élections, de sorte que pendant des mois, tapi, manœuvrant à distance comme un bluffeur, feignant de ne pas se présenter, il attendit la formation d'une grande coalition des partis centristes avec Areilza pour leader ; une fois la coalition formée, il se jeta sur elle en piqué et, fort de la conviction générale qui tenait pour gagnante aux élections la liste électorale ayant à sa tête un homme tel que lui, doté du prestige d'accoucheur de la réforme, il mit les dirigeants de la nouvelle formation devant une alternative très claire : ou Areilza ou lui. La réponse s'imposait d'elle-même : Areilza dut se retirer, Suárez remodela la coalition à sa guise, et le 3 mai 1977, le jour même où était fondée l'UCD, il annonça sa candidature aux élections. Moins d'un mois et demi plus tard, il les gagna. Peut-être Suárez pensa-t-il à juste titre que c'était lui qui les avait gagnées et non l'UCD, parce que, sans lui, l'UCD n'aurait pas été ce qu'elle était ; pourtant, à tort ou à raison, il commença probablement à se dire d'autres choses encore. Peut-être se dit-il que, sans lui, non seulement l'UCD n'existerait pas, mais les autres partis non plus. Il se dit peut-être que, sans lui, non seulement les autres partis n'existeraient pas, mais la démocratie non plus. Peut-être se dit-il que son parti, c'était lui, que le gouvernement, c'était lui, que la démocratie, c'était lui, parce qu'il était le leader charismatique qui en onze mois, et de manière pacifique, avait mis fin à quarante ans de dictature grâce à une opération inédite dans l'Histoire. Peut-être se dit-il qu'il allait gouverner pendant des décennies. Peut-être se dit-il que, pour cette raison, il n'allait pas gouverner le regard uniquement tourné vers la droite et le centre – où se trouvaient les siens, ceux qui l'avaient conduit au pouvoir par leurs votes –, mais aussi vers la gauche : tout compte fait, il se dit peut-être qu'un véritable dirigeant ne gouverne pas pour certains, mais pour tous ; tout compte fait, il se dit peut-être qu'il avait aussi besoin de la gauche pour gouverner ; tout compte fait, il se dit peut-être qu'il était, dans le fond, un social-démocrate, presque un socialiste ; qu'il n'était plus un phalangiste, même s'il l'avait été, et que le phalangisme et la gauche partageaient la même rhétorique anticapitaliste, les mêmes préoccupations sociales, le même mépris des potentats ; tout compte fait, il se dit peut-être qu'il était tout sauf un potentat, il était un simple novice de la politique et de la vie monté en grade, il connaissait la détresse de la rue, les pensions minables et les salaires de misère, et il n'allait en aucune manière accepter d'être qualifié d'homme politique de droite, il était de centre gauche, de plus en plus de gauche et de moins en moins du centre, même si c'est le centre et la droite qui l'avaient élu, il se trouvait à des années-lumière de Fraga et de ses franquistes pachydermiques ; être de droite revenait à être vieux de corps et d'esprit, être contre l'Histoire et contre les opprimés, à endosser la culpabilité et la honte de quarante ans de franquisme, alors qu'être progressiste était plus juste, plus moderne et plus audacieux et lui, depuis toujours – depuis qu'il menait sa bande d'adolescents à Avila et incarnait à la perfection l'idéal juvénile de la dictature –, avait été le plus juste, le plus moderne et le plus audacieux, son passé franquiste se trouvait à la fois très loin et trop près, et il l'humiliait par sa proximité, il n'était plus ce qu'il avait été, il était à présent non seulement le créateur de la démocratie mais aussi son champion, le principal bastion de sa défense, il l'avait construite de ses propres mains et il allait la défendre contre les militaires et les terroristes, contre l'extrême droite et l'extrême gauche, contre les banquiers et les patrons, contre les hommes politiques et les journalistes et les aventuriers, contre Rome et Washington.

C'est peut-être cela qu'Adolfo Suárez éprouva au fil des années ; cela, ou cela en partie, ou quelque chose de fort semblable, un sentiment qui s'imposa à lui, lentement, dès le moment où il fut élu président du gouvernement lors des premières élections démocratiques, et qui déclencha chez lui une métamorphose radicale : l'ancien phalangiste de province, l'ancien arriviste du franquisme, le Julien Sorel ou le Lucien de Rubempré ou le Frédéric Moreau des années 1970 finit par assumer la dignité du héros de la démocratie, Emanuele Bardone crut être le général Della Rovere et le plébéien fasciste se rêvait en aristocrate de gauche. Comme Bardone, Suárez ne le fit pas par orgueil, car l'orgueil n'était pas dans sa nature, mais parce qu'un instinct esthétique et politique qui le dépassait le poussa à interpréter, avec une fidélité antérieure à la raison, le rôle que l'Histoire lui avait attribué ou qu'il sentait qu'elle lui avait attribué. J'ai dit *au fil des années*, j'ai dit *lentement* : comme la mutation de Bardone, celle de Suárez – mais est-il utile de le préciser ? – ne fut pas une épiphanie instantanée, mais un processus lent, sinueux et souvent secret pour tout le monde ou presque, peut-être surtout pour Suárez lui-même. Certes, il serait logique d'en chercher l'origine le jour même où le roi le nomma président du gouvernement et où Suárez, ennobli par sa charge, décida d'agir comme s'il était un président de gouvernement nommé par les citoyens, en s'ouvrant aux arguments politiques et moraux de l'opposition démocratique, mais il est certain que son nouveau personnage ne se manifesta pas jusqu'à ce que, afin de se démarquer de la droite peu avant les élections, Suárez insistât pour accorder au sein de l'UCD un poids disproportionné à un petit parti social-démocrate de la coalition, et jusqu'à ce que – au moment où son groupe parlementaire discutait la possibilité pour ses députés d'occuper l'aile gauche de l'hémicycle du Congrès, symboliquement réservée aux partis de gauche – il se déclarât social-démocrate à son ancien vice-président et lui annonçât la formation d'un gouvernement de centre gauche[22]. Ces gestes annoncèrent la dérive de Suárez durant les quatre années où il resta encore au gouvernement. Ce furent les années du déclin : il ne serait plus jamais l'éclatant politicien des onze premiers mois de son mandat, toutefois et jusqu'au mois de mars 1979, quand il gagna pour la seconde fois les élections générales, il resta un homme politique résolu et efficace ; après quoi et jusqu'en 1981, il fut un homme politique médiocre, parfois néfaste. Trois projets monopolisèrent la première période, trois projets collectifs, que Suárez pilota et auxquels participèrent les principaux partis politiques : les pactes de la Moncloa, l'élaboration de la Constitution et le projet appelé "Etat des autonomies". Ce ne furent pas des entreprises aussi épiques que celles qui avaient stimulé son imagination et démultiplié ses talents au cours de sa première année à la présidence, quand ses exploits exigeaient des ruses juridiques, des tours de passe-passe inédits, de faux duels contre de faux ennemis, des entretiens secrets, des décisions fondamentales et des scénographies de paladin affrontant le danger seul avec son écuyer. Ce ne fut certes plus ce type d'entreprises, mais ce furent toutefois des dossiers d'envergure historique ; il ne s'en saisit pas avec l'élan prédateur qu'il avait montré jusqu'alors, mais avec la conviction que lui donnaient la force de ses victoires et l'autorité des élections ; il le fit aussi au moment où, en lui, le général Della Rovere prenait peu à peu le pas sur Emanuele Bardone. Ainsi, les pactes de la Moncloa furent un essai, en grande partie réussi, de pacifier une société sur le pied de guerre depuis les derniers râles du franquisme, secouée par les conséquences dévastatrices de la première crise pétrolière ; mais ces pactes furent avant tout un accord entre le gouvernement et la gauche et, bien que signés par les principaux partis politiques, ils reçurent des critiques acerbes des patrons, de la droite et de certains groupes de l'UCD qui accusèrent le président de s'être rendu aux syndicats et aux communistes. La Constitution fut aussi une tentative réussie de doter la démocratie d'un cadre légal durable ; mais le plus probable est que Suárez ne consentit à l'élaborer que sous la pression de la gauche, et il est certain que, même si au début il fit tout son possible pour soumettre le texte à ses intérêts, quand il comprit que sa prétention était inutile et pernicieuse, il s'efforça plus que quiconque pour faire de ce texte l'œuvre de tous les partis et non, comme l'avaient été toutes les Constitutions antérieures ou presque toutes, un objet de discorde continuelle et, sur la durée, un fardeau pour la démocratie ; il est également vrai que, pour y parvenir, Suárez chercha toujours à s'allier avec la gauche et non avec la droite, ce qui provoqua plus d'un tourment au sein de son propre parti. Ces deux grands projets – le premier adopté au Congrès en octobre 1977 et le second adopté par référendum en décembre 1978 – furent deux succès pour Suárez (et pour la démocratie) ; quant au troisième, comme pour les deux précédents, il est impossible de ne pas imaginer une fois encore le général Della Rovere luttant pour supplanter Emanuele Bardone : mais cette fois-ci le projet échappa à Suárez et finit par devenir l'une des causes principales du désordre politique qui provoqua sa démission et le coup d'Etat du 23 février.

Cela n'aurait pas dû se produire, parce que l'idée de l'Etat des autonomies était au moins aussi valable que celle des pactes de la Moncloa et presque aussi nécessaire que l'élaboration d'une Constitution. Suárez n'avait peut-être aucune notion d'Histoire, comme le répétaient ses détracteurs, mais il savait fort bien que la démocratie ne pouvait pas fonctionner en Espagne sans satisfaire les aspirations du Pays basque, de la Catalogne et de la Galice à faire reconnaître leurs particularités historiques et linguistiques, et les laisser bénéficier d'une certaine autonomie politique. L'article 8 de la Constitution, dans lequel est définie l'organisation territoriale de l'Etat, prétendait répondre à ces demandes anciennes ; comme on pouvait s'y attendre, sa rédaction provoqua une bataille entre les partis politiques, débouchant sur un texte hybride, confus et ambigu, qui laissait presque toutes les portes ouvertes et qui, pour pouvoir être appliqué avec un succès immédiat, aurait exigé une ruse, une subtilité, une capacité à concilier l'inconciliable et une intuition historique ou un sens de la réalité qu'au début de l'année 1979, Suárez perdait à vue d'œil.

Tout commença longtemps avant l'adoption de la Constitution, et tout commença bien, ou du moins pour Suárez qui réalisa en Catalogne un nouveau tour de passe-passe : afin de conjurer le danger de voir la gauche sortir vainqueur aux élections générales et former un gouvernement autonome, Suárez sortit de sa manche Josep Tarradellas, le dernier président du gouvernement catalan en exil, un vieux politicien pragmatique qui garantissait à la fois le soutien de tous les partis catalans et le respect de la couronne, de l'armée et de l'unité de l'Espagne ; aussi, son retour en octobre 1977 marqua le rétablissement, après quarante ans, d'une institution républicaine, qui permit ainsi de légitimer la monarchie parlementaire et d'assurer la victoire du gouvernement de Madrid. En Galice, les choses ne marchèrent pas aussi bien, et au Pays basque encore moins. De nombreux militaires accueillirent l'annonce de l'autonomie de ces trois territoires comme l'annonce du démembrement de l'Espagne, mais les véritables problèmes surgirent plus tard ; plus tard et à plus d'un titre, à cause de Suárez ou du général Della Rovere en Suárez qui s'impatientait d'évacuer Emanuele Bardone : étant donné que, dans l'Espagne de ces années-là, on identifiait manifestement à tort le nationalisme avec la gauche, et manifestement à raison la gauche et la décentralisation de l'Etat, Suárez (en partie pour se rapprocher de la gauche, quoi qu'il en soit pour ne pas pouvoir être accusé de discrimination – afin de continuer à être le plus juste, le plus moderne et le plus audacieux) se dépêcha de concéder leur autonomie à tous les territoires, y compris à ceux qui ne l'avaient jamais sollicitée parce qu'ils manquaient de conscience ou de désir de singularité ; cela eut pour conséquence qu'avant même le référendum constitutionnel apparurent, presque du jour au lendemain, quatorze gouvernements préautonomes et qu'on se mit à discuter quatorze statuts d'autonomie dont l'adoption aurait exigé l'organisation précipitée de dizaines et de dizaines de référendums et d'élections régionales au milieu d'une floraison improvisée de particularismes locaux et d'une guerre larvée faite de méfiances et d'injustices entre les communautés. C'était plus qu'un Etat séculairement centraliste ne pouvait en supporter en seulement quelques mois sans risquer de s'effondrer, et c'est pourquoi la sonnette d'alarme fut tirée même parmi les nationalistes et les partisans les plus enthousiastes de la décentralisation, car personne ne parvenait à entrevoir l'issue de cette fuite en avant dont presque tout le monde se mit à craindre les conséquences. Vers la fin de 1979, Suárez lui-même sembla s'apercevoir que le désordre galopant qui accompagnait la décentralisation de l'Etat démocratique entraînait une menace pour la démocratie comme pour l'Etat, aussi essaya-t-il de faire marche arrière, de rationaliser le processus ou de le ralentir, mais à ce moment-là il était déjà devenu un homme politique invalide et sans ressources, et son amorce de freinage ne réussit qu'à diviser le gouvernement et son parti, et accroître son impopularité qui, au début de l'année suivante, lui fit perdre en moins d'un mois, de manière consécutive et spectaculaire, un référendum en Andalousie, des élections au Pays basque et en Catalogne. Il est vrai que personne ne l'aida à mettre de l'ordre dans cet imbroglio : au printemps et à l'été 1980, on faisait feu de tout bois pour l'attaquer et, au lieu d'essayer de le soutenir comme ils l'auraient fait pendant ses premières années de mandat – parce qu'ils avaient compris que le soutenir revenait à soutenir la démocratie –, les partis politiques s'appliquèrent à le renverser, sans comprendre que le renverser à tout prix revenait à contribuer au renversement de la démocratie. Mais il n'y eut pas que cette obstination-là : structurer l'Etat du point de vue territorial était peut-être le problème central du moment, et aucun autre dossier ne révéla aussi bien l'indigence et la frivolité téméraire d'une classe politique qui s'empêtra au long de l'année 1980 dans des rixes délirantes, continuant sans scrupules à défendre ses intérêts, fomentant un semblant de chaos universel et s'attirant un discrédit galopant, en entraînant le pays dans une position de plus en plus précaire, tandis que la deuxième crise pétrolière dissipait la prospérité fugace apportée par les pactes de la Moncloa, étranglait l'économie et condamnait la moitié des travailleurs au chômage, et que l'ETA cherchait à provoquer un coup d'Etat en assassinant des militaires durant la campagne terroriste la plus impitoyable de son histoire. Ce fut l'humus omnivore sur lequel le 23 février prit racine et prospéra, et la maladresse de Suárez pour conduire les débuts de l'Etat des autonomies alimenta sa voracité comme ne l'avait peut-être fait aucune des maladresses qu'il avait commises jusqu'alors. Avec le recul, il est pour le moins exagéré d'affirmer que, pendant ces jours-là, la situation était objectivement catastrophique et que le pays courait de manière incontrôlée à sa désintégration. C'est pourtant ce qu'apparemment tout le monde pensait à la veille du coup d'Etat ; non seulement les militaires putschistes, mais tout le monde, même ceux qui, peu nombreux le 23 février, eurent le courage de défendre la démocratie dès le début du coup d'Etat. L'avant-dernier jour du mois de décembre 1980, *El País* peignait un tableau de fin du monde dans lequel le désordre territorial présageait une issue violente ; après avoir traité d'irresponsables tous les partis politiques sans exception et leur avoir reproché leur ignorance criminelle de l'objectif visé par l'Etat des autonomies, ou leur désintérêt intéressé pour le structurer, l'éditorial terminait ainsi : "Une décomposition politique moins grave que celle qui, ici, [...] se profile incita Companys à se soulever le 6 octobre 1934 contre un gouvernement central de coalition de droite, et une fraction socialiste, à encourager la révolte désespérée des Asturies[23]." Si ce diagnostic d'*El País* sur une situation prérévolutionnaire représentait le mieux la gauche espagnole, il est peut-être légitime de se demander si une grande partie de la société démocratique ne fournissait pas quotidiennement aux putschistes des arguments leur permettant de réaffirmer leur conviction que le pays se trouvait dans une situation d'urgence qui exigeait des solutions d'urgence ; il est même peut-être légitime de se demander – ce n'est là qu'une manière plus dérangeante de formuler la même question – si une grande partie de la société démocratique ne se ligua pas malgré elle pour involontairement faciliter la tâche aux ennemis de la démocratie.

On peut accuser le Suárez de cette époque-là de passivité et d'incapacité, et aussi d'indigence politique, mais non d'avoir été un irresponsable ou un frivole ou un profiteur sans scrupules : Suárez continuait à être Suárez, mais il n'était plus un Julien Sorel, ni un Lucien de Rubempré, ni un Frédéric Moreau, ni un Emanuele Bardone sur le point de définitivement devenir le général Della Rovere. La dernière occasion pour Suárez d'interpréter Bardone se présenta peut-être juste avant de se faire élire pour la seconde fois président du gouvernement, au mois de mars 1979 ; craignant la victoire du PSOE, il essaya alors son dernier numéro d'illusionniste, sa dernière grande fraude de roué de province : il apparut à la télévision à la veille des élections pour tonner contre le danger de la victoire de la gauche révolutionnaire capable de détruire famille et Etat ; il savait très bien que son cri n'agirait que comme un épouvantail, mais il se disait sans doute que seule une cabriole démagogique pourrait l'aider à gagner les élections, et il n'hésita pas à prendre ce risque. La ruse fit son effet, il remporta les élections, après quoi il accapara plus de pouvoir qu'il n'en avait jamais eu. Mais très vite il se retrouva en chute libre ; on connaît la suite : l'année 1979 fut pour lui une mauvaise année ; 1980 fut pire encore. Pourtant, il est probable qu'à cette époque de désastres – alors que s'approchait l'heure de son renoncement à la présidence et celle du coup d'Etat militaire, et qu'il s'imaginait lui-même au centre du ring, aveuglé, titubant et sans souffle, entre les hurlements du public et sous la chaleur des projecteurs, politiquement anéanti et personnellement brisé –, Suárez assuma plus que jamais son rôle aristocratique d'homme d'Etat progressiste, de plus en plus convaincu d'être le dernier bastion de la démocratie au moment où toutes ses défenses s'effondraient, de plus en plus sûr que d'innombrables manœuvres politiques entreprises contre lui ouvraient les portes de la démocratie aux ennemis de la démocratie, de plus en plus profondément investi de la dignité de son poste de président de la démocratie et de sa responsabilité de créateur de la démocratie, s'identifiant de plus en plus à son personnage, comme un Suárez inventé mais plus réel que le Suárez réel parce qu'il se superposait au Suárez réel en le transcendant, tel un comédien sur le point d'interpréter la scène qui le justifierait devant l'Histoire, caché derrière un masque qui révèle son vrai visage plus qu'il ne le cache, comme un Emanuele Bardone irrévocablement devenu le général Della Rovere qui, dans la soirée du 23 février, à l'heure de vérité, tandis que les balles sifflent autour de lui dans l'hémicycle du Congrès et que les députés cherchent à se protéger sous leurs sièges, reste sur le sien au milieu de ce vacarme de bataille pour apaiser la peur de ses compagnons et pour les aider à faire face à l'infortune avec ces mots : "Mes amis, c'est votre président qui vous parle. Du calme, de la dignité, de l'aplomb. Soyez des hommes." Et aussi avec les mots suivants : "Montrez à ces salauds que la mort ne vous fait pas peur." Et aussi : "En cet ultime instant, que nos pensées aillent à nos familles, à la patrie et à la grandeur du roi." Et, finalement : "Vive l'Italie !"

5

Rossellini n'était pas très fier de son *Général Della Rovere*, mais un artiste n'est pas toujours le mieux placé pour juger de sa propre œuvre, et en l'occurrence je crois qu'il avait tort[24]: le film est classique par sa forme, presque conventionnel par moments, mais l'histoire que propose le destin d'Emanuele Bardone – un collaborateur du fascisme devenu héros de l'Italie antifasciste – est d'une richesse et d'une complexité extraordinaires. Plus riche et plus complexe encore est peut-être l'histoire parallèle qu'offre le destin d'Adolfo Suárez – un collaborateur du franquisme devenu héros de l'Espagne démocratique – parce que Suárez était un homme politique, et la péripétie qu'il traverse suggère que, chez un homme politique, les vices privés peuvent être des vertus publiques ou qu'il est possible en politique d'arriver au bien par le mal, qu'il ne suffit pas de juger éthiquement un homme politique, il faut d'abord le juger politiquement, que l'éthique et la politique sont incompatibles, que l'expression "éthique politique" est un oxymore, ou que peut-être les vices et les vertus n'existent pas *in abstracto*, mais uniquement en fonction des circonstances dans lesquelles on les pratique : Suárez ne fut pas un homme éthiquement irréprochable, et il est fort possible qu'il n'aurait jamais pu faire ce qu'il fit si, pendant des années, il n'avait pas été un roué doté d'une morale de survivant et du don de la tromperie, un arriviste sans grande culture et sans idées politiques fermes, un fanfaron phalangiste, flatteur et charlatan. On peut raisonnablement supposer que ce que fit Suárez, n'importe lequel des jeunes politiciens franquistes aurait pu le faire[25], ceux qui à la mort de Franco savaient ou avaient l'intuition comme lui que le franquisme manquait d'avenir et qu'il fallait l'élargir ou le transformer ; on peut raisonnablement le supposer, mais en réalité, même s'ils partageaient presque tous ses vices privés, aucun ne réunissait son courage, son audace, sa force, l'exclusivité de sa vocation politique, son don de comédien, son sérieux, son charme, sa modestie, son intelligence naturelle, son aptitude à concilier l'inconciliable et, surtout, son sens de la réalité et son intuition historique qui le rendaient capable de comprendre très vite, poussé par l'opposition démocratique, qu'il valait mieux se laisser modeler par la réalité, plutôt qu'essayer de s'imposer à elle, que d'élargir ou de transformer le franquisme ne ferait qu'entraîner des malheurs, et que la seule chose qu'on pût en faire était de l'achever une fois pour toutes, en trahissant le passé pour ne pas trahir l'avenir. Quoi qu'il en soit, il ne faut pas forcer le parallélisme entre Bardone et Suárez : Bardone était un individu moralement abject qui avait commis des péchés atroces dans une époque atroce ; Suárez fut, en revanche, un homme essentiellement honnête : pendant qu'il occupa la présidence du gouvernement, il ne commit aucun péché mortel – ou s'il en commit, ce furent les péchés mortels qu'entraîne l'exercice du pouvoir – et, avant d'occuper la présidence du gouvernement, il commit les péchés ordinaires propres à une époque pourrie. Cela explique peut-être, outre ses succès politiques, que, pendant des années, tant de gens l'admiraient et continuaient à voter pour lui ; je veux dire par là qu'il n'est pas vrai que les gens ne votaient pour Suárez que parce qu'ils se leurraient sur ses défauts et sur ses limites, ou parce que Suárez avait réussi à les leurrer : ils votaient aussi pour lui parce qu'il était comme ils auraient aimé être, mais surtout parce que, moins par ses vertus que par ses défauts, il était leur semblable. Voici l'Espagne telle qu'elle était plus ou moins dans les années 1970 : un pays peuplé d'hommes vulgaires, incultes, charlatans, joueurs, coureurs de jupons et presque dénués de scrupules, provinciaux dotés d'une morale de survivants, éduqués par l'Action catholique et par la Phalange, qui avaient confortablement vécu sous le franquisme, des collaborateurs qui n'auraient même pas reconnu leur collaboration, mais qui secrètement en avaient de plus en plus honte et qui avaient confiance en Suárez parce qu'ils savaient que, même s'il voulait être le plus juste et le plus moderne et le plus audacieux – ou précisément parce qu'il voulait l'être –, il ne cesserait jamais d'être l'un des leurs et qu'il ne les amènerait jamais là où ils ne voulaient pas aller. Suárez ne les déçut pas : il leur construisit un avenir et, ce faisant, il lava leur passé, du moins essaya-t-il de le faire. A y regarder de près, l'étrange destin de Suárez ressemble aussi par ce dernier point à celui de Bardone : en criant : "Vive l'Italie !" devant le peloton d'exécution au petit matin enneigé, Bardone ne se rachetait pas uniquement lui-même, mais d'une certaine façon il rachetait aussi tout un pays qui avait massivement collaboré avec le fascisme ; en demeurant sur son siège pendant que les balles sifflaient autour de lui dans l'hémicycle au cours de la soirée du 23 février, Suárez ne se rachetait pas seulement lui-même, mais il rachetait d'une certaine façon tout un pays qui avait massivement collaboré avec le franquisme. Qui sait : c'est peut-être pour cette raison – peut-être aussi pour cette raison – que Suárez ne se jeta pas à terre.

6

Les vices privés d'un homme politique sont-ils des vertus publiques ? Est-il possible d'arriver au bien par le mal ? Est-il insuffisant ou mesquin de juger un homme politique d'un point de vue éthique et faut-il le juger uniquement d'un point de vue politique ? L'éthique et la politique sont-elles incompatibles, l'expression "éthique politique" est-elle un oxymore ? Au moins depuis Platon, la philosophie a discuté la question des fins et des moyens, et il n'y a aucune éthique sérieuse qui ne se soit demandé s'il est permis d'employer des moyens douteux, ou dangereux, ou simplement mauvais, pour arriver à de bonnes fins. Machiavel ne doutait pas de la possibilité d'arriver au bien par le mal, mais un de ses quasi-contemporains, Michel de Montaigne, fut encore plus explicite : "Le bien public requiert qu'on trahisse et qu'on mente et qu'on massacre[26]" ; c'est pourquoi tous deux considéraient qu'on devait laisser la politique "aux citoyens plus vigoureux et moins craintifs, qui sacrifient leur honneur et leur conscience [...] pour le salut de leur pays". Max Weber se posa la question en des termes semblables. Weber ne pense pas que l'éthique et la politique soient exactement incompatibles, mais il croit que l'éthique du politique est une éthique spécifique, avec des effets secondaires mortels : face à l'éthique absolue, qu'il appelle "éthique de conviction" et qui considère la bonté des actes sans prendre en compte leurs conséquences – *Fiat iustitia et pereat mundus* –, l'homme politique pratique une éthique relative, que Weber appelle "éthique de responsabilité" et qui, au lieu de considérer uniquement les bienfaits d'un acte, considère surtout les bienfaits de ses conséquences. Cela étant, si le moyen essentiel de la politique d'après Weber est la violence, alors le métier d'homme politique consiste, tout en s'en tenant à l'éthique de responsabilité, à employer des moyens pervers pour arriver à des fins bénéfiques : c'est pourquoi l'homme politique pour Weber est un homme perdu qui ne peut pas aspirer à sauver son âme, puisqu'il a pactisé avec le diable en pactisant avec la force du pouvoir, et il est condamné à subir les conséquences de ce pacte abominable[27]. C'est pourquoi, ajouterais-je, le pouvoir ressemble à une substance abrasive qui laisse derrière elle une terre dévastée, dont la superficie est proportionnelle à la quantité répandue de cette substance, et c'est pourquoi tout pur homme politique finit tôt ou tard par croire qu'il a sacrifié son honneur et sa conscience pour le salut de son pays, parce que tôt ou tard il comprend qu'il a vendu son âme et que tout salut est impossible.

Suárez ne le comprit pas immédiatement. Une fois qu'il eut abandonné le pouvoir après le coup d'Etat, il resta dans la politique exactement dix ans encore, mais durant cette période il devint un homme politique différent ; il ne cessa pas d'être un pur homme politique, mais c'est à peine s'il agit en tant que tel, et il devint un homme politique avec moins de responsabilités et plus de convictions – lui qui, jeune, en avait à peine –, comme s'il croyait que ce changement de dernière heure pouvait empêcher le diable de venir chercher sa part du marché. Quand il présenta sa démission en tant que président du gouvernement, le roi lui promit de le gratifier d'un duché en remerciement des services rendus au pays ; rares étaient ceux dans l'entourage de la Zarzuela qui soutenaient l'idée d'anoblir ce parvenu qui pour beaucoup s'était rebellé contre le roi et avait mis la couronne en danger, ainsi la gratification fut-elle ajournée et, dans un geste plus émouvant qu'embarrassant – parce qu'il trahit le plébéien arriviste de province luttant encore pour se légitimer et expier son passé –, Suárez demanda ce qui lui avait été promis et, deux jours à peine après le 23 février, le monarque finit par le nommer duc de Suárez, à la condition qu'il reste pour un certain temps loin de la politique. Suárez manquait de temps pour accepter cet arrangement vexatoire, pour se faire broder des couronnes ducales sur ses chemises et pour commencer à faire usage de son titre nobiliaire ; il s'agissait là des signes extérieurs qui lui permettaient de parachever l'interprétation du personnage qu'il aspirait à être depuis un bon moment, et que d'une certaine façon il était déjà devenu : un aristocrate progressiste, tout comme le général Della Rovere. Peut-être moins attaché à son avenir politique qu'au parachèvement de sa figure historique, s'efforçant vainement de fondre l'éthique de conviction dans l'éthique de responsabilité, jusqu'à la fin de sa vie politique il essaya d'être fidèle à une image – qui n'était que partiellement irréelle : celle d'un homme d'Etat sans ambition de pouvoir, qui se consacrait à ce qu'il appelait "l'introduction de l'éthique dans la politique[28]", mais aussi à préserver la démocratie, à susciter l'entente, à élargir les libertés et à combattre l'inégalité et l'injustice. Il n'atteignit pas toujours son objectif, parfois par inconscience, parfois par dépit, souvent à cause de la difficulté qui était la sienne de brider le pur homme politique qu'il portait encore en lui. Trois jours après le coup d'Etat, il partit pour de longues vacances à travers les Etats-Unis et les Caraïbes en compagnie de sa femme et d'un groupe d'amis ; c'était la fuite compréhensible d'un homme défait et extrêmement las, mais c'était aussi une mauvaise manière de quitter la présidence, parce que cela revenait à abandonner son successeur : il ne lui passa pas ses pouvoirs, il ne lui laissa pas la moindre indication, il ne lui donna pas un seul conseil, et la seule chose que Leopoldo Calvo Sotelo trouva dans son bureau de la Moncloa fut le coffre-fort de ses secrets de gouvernant, mais dont le seul contenu, trouvé après en avoir forcé les serrures, fut un papier plié en quatre sur lequel Suárez avait noté de sa propre main la combinaison du coffre-fort en question, comme s'il voulait jouer un tour à son successeur, ou lui donner une leçon sur la véritable essence du pouvoir, ou lui révéler qu'en réalité, il n'était qu'un comédien caméléonesque sans vie intérieure ni personnalité définie et un être transparent dont le secret le plus enfoui était de manquer de secret[29].

Mais il n'abandonna pas seulement son successeur ; il abandonna aussi son parti. De retour de ses vacances, Suárez ouvrit un cabinet d'avocats avec une poignée de fidèles issus de son cabinet présidentiel, et pendant un certain temps il s'efforça de rester éloigné de la politique ; le petit Madrid du pouvoir facilita ses efforts : le désastre de ses derniers mois au gouvernement, le traumatisme de sa démission et du 23 février avaient presque fait de lui un indésirable, et tous ceux qui nourrissaient des ambitions – et presque tous ceux qui n'en nourrissaient pas – tâchaient de le tenir à distance. Sa vocation était pourtant bien plus forte que son insolvabilité et, malgré la promesse qu'il avait donnée au roi, sa période de sevrage politique fut brève et son éloignement du pouvoir, relatif ; après tout, il exerçait encore un certain contrôle sur l'UCD à travers quelques-uns de ses hommes, ce qui n'empêcha cependant pas son parti de vivre des bouleversements continuels. Suárez y assistait avec une contrariété à laquelle se mêlait une colère vindicative : contrairement à ce que tant de membres de son parti prêchaient depuis longtemps, cela prouvait que sa direction n'avait pas été la cause de tous les maux de l'UCD. Sa contrariété quant à son successeur était, elle, sans nuances : dès qu'il arriva à la présidence du gouvernement, Calvo Sotelo commença par adopter des mesures qui corrigeaient en profondeur la politique de Suárez, et que celui-ci interpréta comme un virage intolérable à droite. En réponse à tout cela et quelques mois seulement après son retrait de la politique, Suárez commença à préparer son retour. A ce moment-là, Calvo Sotelo avait éloigné les suaristes de la direction de l'UCD et Suárez se sentait de plus en plus mal à l'aise dans un parti auquel il faisait porter à juste titre la responsabilité de sa chute, ainsi, même si on lui avait offert de reprendre les rênes de l'UCD pour éviter son éclatement, Suárez aurait refusé, et fin juillet 1982, à seulement trois mois des élections générales, il annonça la création d'un nouveau parti : le Centre démocratique et social.

Ce fut sa dernière aventure politique. Un double objectif le guidait : d'un côté, créer un vrai parti, cohérent d'un point de vue organisationnel et idéologique, contrairement à l'UCD ; de l'autre, promulguer ses nouveaux principes d'homme d'Etat favorable au progrès et à l'entente, sa nouvelle éthique politique d'aristocrate de gauche ou de centre gauche. Il fonda le parti presque sans moyens, presque sans hommes, sans le respect de qui que ce soit ou presque, et absolument sans aucun appui des pouvoirs non institutionnels qui avaient fait tout leur possible pour l'expulser du pouvoir et qui voyaient avec horreur son retour éventuel. Loin de le décourager, cet abandon l'exalta (peut-être parce qu'il sentit qu'il redonnait à la politique un souffle épique et esthétique qu'il n'avait plus perçu depuis ses premiers mois au gouvernement et qu'il avait presque oublié) et lui permit aussi de se présenter comme une victime des puissants, comme un guerrier solitaire en lutte contre l'injustice et l'adversité, comme un Don Quichotte prêt à remettre les borgnes sur le droit chemin en plein milieu de la tempête, pour reprendre sa déclaration aux journalistes lors de la présentation de son nouveau parti[30]. A cette époque-là, une histoire circulait partout que beaucoup considéraient comme apocryphe : peu avant les élections, l'un de ses collaborateurs lui recommanda d'engager un conseiller américain pour sa campagne ; Suárez accepta la suggestion. Vous voulez gagner les élections ? demanda le conseiller à brûle-pourpoint quand Suárez le reçut. Bien entendu, Suárez répondit que oui. Alors laissez-moi utiliser l'enregistrement du coup d'Etat, dit le conseiller. Montrez aux gens l'hémicycle vide et vous assis sur votre siège et vous aurez la majorité absolue. Suárez éclata de rire, remercia le conseiller et le renvoya séance tenante. L'anecdote semble surgie de l'imagination d'un hagiographe de Suárez – utiliser électoralement les images les plus désolantes de la démocratie n'était pas rendre service à la démocratie, et le grand homme choisissait de jouer franc jeu quitte à perdre les élections. Je ne sais si c'est vrai mais, si une telle proposition lui avait été faite par un de ses conseillers, je parierais que telle aurait été sa réaction : d'abord, parce qu'il savait que le conseiller se trompait et que, même si l'image de l'hémicycle dans la soirée du 23 février pouvait lui apporter quelques milliers de votes, elle ne le ferait jamais gagner les élections ; ensuite et surtout parce que, même en imaginant que l'usage électoral de ces images eût pu lui faire gagner les élections, cela aurait forcément été en contradiction avec le rôle qu'il devait interpréter pour définitivement exorciser son passé et fixer sa position dans l'Histoire ; en d'autres termes, Emanuele Bardone aurait peut-être pu accepter le conseil, mais pas le général Della Rovere, et depuis longtemps déjà Suárez ne voulait plus rien savoir d'Emanuele Bardone.

Il obtint deux sièges à ces élections. Ce fut un résultat infime, insuffisant même pour former un groupe parlementaire au Congrès, et qui le confina dans les combles du groupe mixte à côté de son éternel acolyte Santiago Carrillo qui, à cette époque-là, prolongeait son agonie à la tête du PCE et ne se lassait pas de lui répéter en riant que le pays leur faisait ainsi payer à tous deux d'avoir tenu bon dans la soirée du 23 février ; mais c'était aussi un résultat suffisant pour lui permettre de rester en activité en tant qu'aristocrate de gauche ou de centre gauche et qu'homme d'Etat favorable à l'entente. Il commença à agir en tant que tel à la première occasion : pendant la séance d'investiture du nouveau président, il accorda ses suffrages à Felipe González (son adversaire le plus acharné à l'époque où Suárez présidait le gouvernement) qui ne le remercia pas même de son soutien, sans doute parce que la majorité absolue obtenue par le PSOE aux élections le rendait superflu. "Nous ne devons pas contribuer au désenchantement, dit Suárez ce jour-là depuis la tribune du Congrès. Les éventuelles erreurs du gouvernement ne nous feront pas plaisir. Nous ne participerons pas aux opérations qui pourraient déstabiliser le gouvernement, que ce soit ici, dans la Chambre des députés, ou ailleurs. Nous ne sommes pas partisans du jeu irresponsable et dangereux consistant à tirer parti des difficultés de ceux qui ont l'honorable charge de gouverner l'Espagne[31]." Ses paroles furent accueillies dans une indifférence retentissante ou dans le mépris silencieux d'un hémicycle presque vide, mais elles contenaient une déclaration de principe et une leçon d'éthique politique que, pendant les quatre années qui suivirent, Suárez ne se lasserait pas de donner : il n'était pas prêt à faire aux autres ce que les autres lui avaient fait au prix d'une crise nationale comme celle qui avait conduit à sa démission et au 23 février. C'était une forme de défense rétroactive et, même si personne ne lui reconnut d'autorité pour donner des leçons d'éthique politique, Suárez continua, imperturbable, à prêcher son nouvel évangile. En réalité, il s'y tint non seulement parce que son insignifiance parlementaire le lui permettait, mais surtout parce qu'il voulait être fidèle à l'idiosyncrasie de son nouveau personnage. C'est ainsi qu'il commença à travailler à sa résurrection : peu à peu, les gens se mirent à enterrer l'homme politique déboussolé que fut Suárez dans les dernières années de son mandat pour exhumer le vibrant créateur de la démocratie et, peu à peu, surtout à mesure que certains revenaient de l'illusion socialiste, ils se laissèrent pénétrer par ses gestes et sa rhétorique d'homme d'Etat, par son régénérationnisme éthique et par un discours progressiste assez vague pour lui permettre non seulement de flirter avec la gauche intellectuelle des grandes villes, à laquelle il souhaitait depuis toujours appartenir, mais aussi de retrouver une partie de son attrait aux yeux de la droite traditionnelle des provinces, à laquelle il avait toujours appartenu.

Quatre ans après son premier discours au Congrès en tant que député ordinaire, Suárez sentit que les élections générales le plaçaient de nouveau aux portes du gouvernement. Les élections eurent lieu en juin 1986, et il s'y présenta une fois de plus presque sans argent ni soutien médiatique, mais avec un message radical qui mina ses adversaires, lui donna presque deux millions de votes et une vingtaine de sièges au Parlement. Ce triomphe de taille et inattendu plongea la droite dans l'affliction ("Si ce pays donne dix-neuf sièges à Suárez, c'est qu'il est fichu[32]", déclara à l'époque Fraga qui abandonnerait peu après la tête de son parti), et la gauche dans la confusion, car elle se vit obligée de prendre au sérieux l'ascension de Suárez auquel elle demanda sans relâche de cesser de phagocyter ses électeurs et de reprendre son discours et sa place d'homme de droite. Si son seul objectif avait été de reconquérir la présidence, Suárez l'aurait fait : Fraga liquidé et les pouvoirs non institutionnels résignés à le voir revenir en politique, il était pour tout le monde le leader naturel du centre droit, et c'est pourquoi le successeur de Fraga lui proposa à plusieurs reprises de prendre la tête d'une grande coalition capable de battre les socialistes. Suárez l'aurait fait, mais il ne le fit pas : il avait perdu sa férocité juvénile de pur homme politique et il n'était plus prêt à se retrouver dans le gouvernement au mépris des idées qu'il avait faites siennes ; il se sentait plus proche de la gauche généreuse qui veillait sur les défavorisés que de la droite mesquine, jalouse de ses privilèges ; en fin de compte, il avait décidé d'interpréter son personnage jusqu'à la fin. De plus, après cinq ans de déboires politiques, le succès le propulsait une nouvelle fois sur le devant de la scène avec une euphorie qui par moments semblait compenser l'agonie de ses dernières années à la Moncloa : en arborant l'idéalisme des valeurs et la somme objective de ses réussites face à ce qu'il considérait comme le pragmatisme terre-à-terre des socialistes et l'impuissance sans avenir de la droite, comme s'il n'avait rien perdu de son ancien charisme et de sa capacité à concilier l'inconciliable et de son intuition historique, Suárez éblouit de nouveau, dans les quelques mois qui suivirent, bon nombre de ses anciens partisans et attira des hommes politiques, des professionnels et des intellectuels de gauche ou de centre gauche. Ainsi, en très peu de temps, il réussit à faire en sorte qu'un parti aux relents caudillistes, sans autre garantie que l'opiniâtreté et le parcours de son leader, s'impose sur tout le territoire espagnol, au point que certains puissent l'imaginer s'érigeant en une alternative sérieuse au pouvoir socialiste.

Il n'est pas impossible que certaines victoires symboliques de ce petit retour glorieux aient eu pour lui autant de valeur que ses triomphes électoraux. En octobre 1989, il fut nommé président de l'Internationale libérale, une organisation qui, comme Suárez l'exigea, changea son nom en Internationale libérale et progressiste : on reconnaissait par là que le phalangiste d'Avila, qui avait accédé au poste de secrétaire général du parti unique de Franco, était devenu un homme politique de référence pour le progressisme international, ainsi Emanuele Bardone était définitivement devenu le général Della Rovere aux yeux du monde. Une petite anecdote advenue au Congrès deux ans plus tôt a sans doute rendu Suárez plus heureux encore. Au cours d'un débat parlementaire, le nouveau leader de la droite, Antonio Hernández Mancha, dont Suárez avait rejeté à plusieurs reprises les demandes de soutien, avec l'arrogante ironie de l'avocat à la Cour qu'il était lui dédia quelques vers contrefaits pour l'occasion, qu'il attribua à sainte Thérèse d'Avila : "Que dois-je avoir, Adolfo, pour que tu recherches mon inimitié ? / Quel objet t'afflige, mon Adolfo, / Pour que, devant ma porte, couvert de rosée / Tu passes les nuits de l'obscur hiver ?" Dès que son adversaire eut fini de parler, Suárez sauta de son siège et demanda la parole : il déclara que Hernández Mancha avait mal récité absolument tous les vers du quatrain, puis il les corrigea et, pour terminer, il dit que leur auteur n'était pas sainte Thérèse mais Lope de Vega ; puis, sans autre commentaire, il se rassit. C'était la scène dont rêve tout fanfaron de province assoiffé de revanche : il avait toujours été un parlementaire réservé et discret, il venait pourtant de faire honte, pendant une séance plénière du Congrès et devant les caméras de télévision, à son concurrent le plus direct, en rappelant à tous ceux qui pendant des années l'avaient considéré comme un foutriquet ignare qu'il n'avait peut-être pas lu autant qu'eux mais suffisamment pour faire pour son pays bien plus qu'eux, et en leur rappelant au passage que Hernández Mancha n'était qu'un des nombreux faquins bardés de mentions très honorables qu'il avait souvent dû combattre dans sa carrière politique et qui, parce qu'ils croyaient tout savoir, ne comprendraient jamais rien[33].

Tout cela ne fut qu'un mirage, l'éclat posthume d'une étoile éteinte, les cent jours de gloire de l'empereur détrôné. Je refuse de croire que Suárez l'ignorait ; je refuse de croire qu'il était revenu à la politique en ignorant qu'il n'accéderait plus au pouvoir : tout compte fait, rares étaient ceux qui savaient aussi bien que lui qu'il est peut-être impossible d'introduire de l'éthique dans la politique sans renoncer à la politique, parce que rares étaient ceux qui savaient aussi bien que lui que probablement personne n'arrive au pouvoir sans recourir à des moyens douteux ou dangereux ou simplement malveillants, en jouant franc jeu ou en s'efforçant au maximum de jouer franc jeu afin de se faire une place honorable dans l'Histoire ; je me demande même s'il n'en savait pas davantage, s'il n'avait pas au moins eu l'intuition suivante : à supposer qu'on puisse vraiment admirer les héros sans qu'ils nous dérangent ni nous offensent en nous diminuant face à l'anomalie emphatique de leurs actes, nous ne pouvons peut-être pas admirer les héros de la retraite, ou pas pleinement, et c'est pourquoi nous ne voulons pas qu'ils reviennent nous gouverner une fois que leur tâche est achevée : parce que nous nous doutons qu'ils y ont sacrifié leur honneur et leur conscience et parce que nous avons une éthique de la loyauté et non une éthique de la trahison. Quoi qu'il en soit, le mirage dura à peine deux ans : au cours de la troisième année, le Congrès et l'opinion publique commencèrent à avoir la certitude que ce que Suárez appelait politique d'Etat n'était en réalité qu'une politique ambiguë, trompeuse et populiste, qui cherchait à Madrid les votes de la gauche et à Avila ceux de la droite, et qui lui permettait de négocier avec la gauche au Congrès et avec la droite dans les mairies ; la quatrième année, après des résultats décevants aux élections générales et européennes, des problèmes surgirent au sein de son parti, notamment des divisions internes et des expulsions de militants indociles, et la droite et la gauche, voyant l'occasion tant attendue de donner le coup de grâce à leur adversaire commun, se jetèrent sur lui toutes deux à la fois, avides de ses électeurs de gauche et de droite ; la cinquième année fut celle de l'effondrement : aux élections régionales du 26 mai 1991, le CDS perdit plus de la moitié de ses électeurs et se trouva exclu de presque tous les Parlements régionaux. Le soir même, Suárez annonça qu'il démissionnait de la présidence du parti et qu'il renonçait à son siège au Congrès. C'était la fin : une fin médiocre, sans grandeur ni éclat. Il n'arrivait plus à lutter : épuisé et désillusionné, il était incapable de mener une nouvelle bataille à l'intérieur et à l'extérieur de son parti. Il ne se retirait pas de son plein gré : on l'y obligeait. Il ne laissait rien derrière lui : l'UCD avait disparu depuis des années, et le CDS ne tarderait pas à disparaître lui aussi. La politique est une boucherie : son retrait suscita bien des soupirs de soulagement, mais pas un seul regret.

Au cours de l'année suivante, Suárez commença à s'habituer à son avenir de préretraité de la politique, de père de la patrie au chômage, d'intermédiaire en affaires occasionnelles, de conférencier de luxe en Amérique latine et de joueur d'interminables parties de golf. L'avenir serait long, paisible et quelque peu insipide, ou c'est ainsi qu'il dut l'imaginer, peut-être avec une certaine dose de joie inattendue. La première fois qu'il abandonna le pouvoir, après sa démission et le coup d'Etat, Suárez sentit sans doute le froid d'un héroïnomane en manque ; il est fort possible qu'alors il n'ait rien ressenti de semblable, ou qu'il ait seulement ressenti une sorte d'étonnement joyeux comme qui balaie un obstacle qu'il ignorait devoir surmonter. Il oublia la politique ; la politique l'oublia. Il était encore profondément religieux et je ne crois pas qu'il ait lu Max Weber, ainsi n'avait-il aucune raison de douter de son salut, ni de penser que, bien que le pouvoir soit une substance abrasive et qu'il ait signé un pacte avec le diable, quelqu'un viendrait lui réclamer quoi que ce soit ; il restait un optimiste compulsif, aussi devait-il avoir la certitude qu'il n'avait qu'à laisser agréablement passer le temps en attendant que le pays le remercie de sa contribution à la conquête de la démocratie. "Une chose, et une seule, est garantie au héros de la retraite, écrivit Hans Magnus Enzensberger à propos de Suárez peu avant que celui-ci ne renonce définitivement à la politique, c'est l'ingratitude de la patrie[34]." En apparence, Enzensberger se trompait, ou du moins partiellement, mais quant à Suárez, il se trompait complètement, et peu après une métamorphose finale s'opéra en lui, comme si, après qu'il eut joué un jeune arriviste de roman français du XIXe siècle et un roué d'âge mûr devenu héros aristocratique du cinéma néoréaliste italien, un démiurge lui avait réservé pour la dernière tranche de sa vie le rôle tragique d'un prince de roman russe, vieilli, pieux et dévasté.

Suárez comprit que ce n'était pas une retraite paisible qui l'attendait quand, à peine un an et demi après qu'il eut abandonné la politique, il apprit, au mois de novembre 1992, que sa fille Mariam avait un cancer du sein et que les médecins ne lui donnaient plus que trois mois à vivre. La nouvelle l'anéantit mais ne le paralysa pas et, sans perdre une minute, il se consacra entièrement à sa fille. Deux ans plus tard, quand il pensait avoir réussi à enrayer la maladie de cette dernière, un cancer identique fut diagnostiqué à Amparo, sa femme. Cette fois-ci, le coup fut plus dur parce qu'il s'ajoutait au précédent, et Suárez ne s'en remit pas. Il est possible que, viscéralement catholique, affaibli par l'âge et par le malheur, il n'ait pas été achevé par la double annonce de cette maladie mortelle, mais par un sentiment de culpabilité. Dans l'année 2000, alors que sa femme et sa fille étaient encore en vie, Suárez ajouta un prologue au livre que celle-ci avait écrit sur sa maladie. "Pourquoi elles ? Pourquoi nous ? se lamentait-il. Qu'ont-elles fait ? Qu'avons-nous fait ?" Suárez comprend que de telles questions sont absurdes, "le tribut à payer pour notre narcissisme instinctif[35]", mais le fait qu'il les formule révèle qu'il se les est souvent posées et que, même s'il n'avait pas lu Max Weber, il se faisait souvent le reproche de ce que le diable était venu chercher sa part du marché et que la terre dévastée qui l'entourait était le fruit du narcissisme instinctif qui lui avait permis de devenir celui qu'il avait toujours voulu être. C'est justement à ce moment-là que cela se produisit. C'est justement à ce moment-là, peut-être le plus obscur de sa vie, que l'inévitable se produisit, l'heure si convoitée de la reconnaissance publique, l'occasion de voir tout le monde le remercier d'avoir sacrifié son honneur et sa conscience pour le pays, l'humiliant sabbat national de la compassion. Il était le grand homme brisé par le malheur, qui ne gênait plus personne et ne pouvait plus faire de l'ombre à personne, il ne retournerait plus jamais à la politique et pouvait donc être utilisé par les uns comme les autres, devenu le parfait paladin de l'entente, l'as invaincu de la réconciliation, le créateur irréprochable du changement démocratique, une statue vivante derrière laquelle s'abriter pour permettre au pays de laver les consciences, de caler les institutions chancelantes, d'exhiber sans pudeur sa satisfaction pour son récent passé et d'organiser des scènes wagnériennes de gratitude envers l'éminence déchue. C'est précisément à ce moment-là que se mirent à pleuvoir sur lui hommages, prix et distinctions honorifiques, qu'il retrouva l'amitié du roi, la confiance de ses successeurs à la présidence du gouvernement, la faveur populaire, qu'il obtint tout ce qu'il avait souhaité et imaginé d'obtenir, même si c'était un peu faux et forcé et précipité mais surtout venu trop tard, parce que Suárez s'en allait déjà ou s'en était déjà allé ; il contemplait son effondrement final sans trop le comprendre et mendiait à ceux qui croisaient son chemin une prière pour sa femme et sa fille, comme si son âme s'était définitivement égarée dans un labyrinthe d'autocompassion contrite et de douloureuses méditations sur les fruits coupables de l'égoïsme et qu'il s'était définitivement transformé en vieux prince pécheur et repenti d'un roman de Dostoïevski.

Sa femme est morte en mai 2001, suivie trois ans plus tard de sa fille. Son esprit avait déjà abdiqué et il se trouvait ailleurs, loin de lui-même. La maladie avait commencé à s'insinuer bien plus tôt en lui, en le ballottant entre mémoire et oubli, mais vers l'année 2003 la détérioration de sa santé sautait aux yeux. De cette époque date son dernier discours politique, bien qu'il soit difficile de le désigner ainsi ; la télévision en enregistra un fragment. Le parti de la droite avait proposé à son fils Adolfo d'être candidat à la présidence de la communauté autonome de Castilla-La-Mancha ; comme Suárez n'ignorait pas que cette proposition voulait tirer avantage du prestige de son nom de famille, il déconseilla à son fils d'accepter, mais le désir d'imiter son père l'emporta sur le manque de vocation, et le fils présenta sa candidature. Le père se sentit obligé de la soutenir. Le 3 mai, ils firent un meeting à Albacete. Debout derrière un pupitre et face à la foule, Suárez est habillé d'un costume foncé, d'une chemise blanche et d'une cravate à pois ; il a soixante-dix ans, mais il les porte bien malgré ses cheveux grisonnants, ses tempes dégarnies et sa peau tavelée par la vieillesse ; son corps garde encore les vestiges de sa prestance de joueur de tennis et de son allure de danseur de bals populaires. Il ne parle pas de politique ; il parle de son fils, il fait allusion au fait qu'il a étudié à Harvard, puis il s'arrête net. "Mon Dieu, dit-il en esquissant un sourire tandis qu'il fouille dans les papiers qu'il a préparés. Je crois que je me suis sacrément embrouillé." L'audience applaudit, l'incite à continuer, et il lève les yeux de ses papiers, se mord la lèvre inférieure avec un reste de coquetterie et fait un large sourire : c'est ce même sourire de bel homme sûr de plaire, grâce auquel il pouvait autrefois convaincre un phalangiste, un technocrate de l'Opus Dei ou un guérillero du Christ-roi que, dans le fond, lui aussi était un guérillero, un phalangiste ou un admirateur de l'Opus Dei ; c'est ce même sourire avec lequel il pouvait dire : Je ne suis pas communiste (ou socialiste), ça non, mais je suis l'un des vôtres parce que ma famille a toujours été républicaine et qu'au fond, je n'ai jamais cessé de l'être moi non plus ; c'est ce même sourire avec lequel il disait : J'ai le pouvoir et, vous, la légitimité : on est condamnés à s'entendre. C'est ce même sourire, peut-être un peu moins naturel ou plus terni, mais dans le fond c'est ce même sourire. Il regarde de nouveau ses papiers, il répète que son fils a étudié à Harvard, il s'arrête net une nouvelle fois. "Je ne sais pas si je suis en train de me répéter, dit-il, et une ovation d'urgence retentit. Là, je me suis sacrément embrouillé dans mes papiers", répète-t-il. La musique se met en marche, les gens se lèvent pour couvrir ses balbutiements par des applaudissements, il oublie ses papiers et tente de prendre congé tant bien que mal, mais tout ce qu'on l'entend dire dans le tohu-bohu est la phrase suivante : "Mon fils ne vous décevra pas[36]."

Ce furent les dernières paroles qu'il prononça en public. Tout s'arrêta là. Ensuite, pendant quelques années, il disparut, reclus dans sa maison de La Florida, et ce fut comme s'il était déjà mort. En effet, tout le monde se mit à parler de lui comme s'il était mort. J'ai moi-même écrit ce livre comme s'il était mort. Un jour, pourtant, il réapparut : ce fut le 18 juillet 2008. Ce matin-là, tous les journaux espagnols reproduisirent sur leur une sa dernière photo. Elle fut prise la veille par son fils Adolfo, et Suárez y apparaît en compagnie du roi dans le jardin de sa maison de La Florida. Foulant un gazon récemment tondu, les deux hommes marchent de dos sous le soleil en direction d'un bois épais. Le roi, en costume gris, a posé sa main droite sur l'épaule droite de Suárez, un air amical ou protecteur ; Suárez est en chemise bleue, les manches retroussées, en pantalon beige et chaussures ocre. La photographie capte un moment de la visite du roi à Suárez, venu lui remettre le collier de l'ordre de la Toison d'or, la plus haute distinction donnée par le Palais royal espagnol ; d'après les chroniques, le roi l'a aussi remise à d'autres éminentes figures du récent passé de l'Espagne – notamment au grand-duc Jean Ier de Luxembourg, à la reine Béatrix Ire de Hollande ou à Marguerite II de Danemark –, mais au foutriquet qui l'avait aidé comme personne à conserver la couronne, il ne l'a remise qu'en 2007, car avant, il n'en avait pas eu le temps. La gratitude de la patrie.

7

Nous savons ce qui s'est passé dans les services de renseignements avant et pendant le 23 février, mais que s'est-il passé après ? Ce qui s'est passé après suscite très peu de doutes et peut être rapporté brièvement.

Au CESID, les jours qui suivirent le coup d'Etat furent marqués par une grande nervosité. Dans les locaux de l'organisme, des rumeurs circulaient sur la participation de membres de l'unité du commandant Cortina à la tentative putschiste échouée ; beaucoup d'entre elles visaient les trois membres de la SEA – le sergent Sales, les brigadiers Monge et Moya –, le capitaine Gómez Iglesias, le capitaine García-Almenta, second du commandant Cortina, et Cortina lui-même ; toutes ou presque provenaient de la même source : du capitaine Rubio Luengo et du sergent Rando Parra, auxquels Monge avait raconté lors de la soirée du coup d'Etat comment il avait escorté les autobus de Tejero jusqu'au Congrès, secondé par Moya et Sales, sur ordre de García-Almenta et, selon la conclusion générale, de Cortina. Le commandant avait peut-être la certitude d'avoir créé pendant ses cinq années passées à la direction de l'AOME une organisation aussi élitiste, impénétrable, fidèle et disciplinée qu'un ordre de chevaliers ayant prêté serment, mais il pouvait voir à présent que certains de ses hommes avaient des comptes à régler avec lui et qu'ils étaient décidés à profiter de cette occasion. C'est eux qui se présentèrent à Calderón, l'homme fort du service, afin de dénoncer Cortina et les autres putschistes de leur unité. Pour des raisons évidentes, la seule idée que la responsabilité des événements du 23 février puisse impliquer, ne serait-ce que de loin, le CESID donnait des frayeurs à Calderón (il avait déjà à se défendre des accusations de négligence et de manque de clairvoyance) et c'est pourquoi il parla avec Cortina et, après que celui-ci lui eut assuré que l'AOME n'était pas intervenue dans le coup d'Etat, il exigea de lui qu'il parle à ses hommes et coupe court aux rumeurs. Dans les jours qui suivirent, Cortina parla avec Rubio Luengo et Rando Parra : d'après Cortina, il essaya de leur démontrer que leurs accusations étaient fausses ; d'après Rubio Luengo et Rando Parra, afin d'acheter leur silence, il tenta de faire du chantage, de les soudoyer, puis il les menaça à demi-mot (les menaces de certains camarades dénoncés furent selon Rando Parra plus directes, et inclurent des insultes, des menaces de mort et la destruction d'une moto). A la mi-mars, un officier de l'AOME raconta au président de la commission de la Défense du Congrès que la direction du CESID tentait d'occulter la participation de certains de ses camarades dans le coup d'Etat, et à la fin du mois, pressé de l'extérieur comme de l'intérieur – peut-être surtout de l'intérieur –, Calderón chargea d'une enquête le lieutenant-colonel Juan Jáudenes, chef de la division de l'Intérieur, qui, après plusieurs semaines passées à interroger accusateurs et accusés, remit un rapport dans lequel, comme on pouvait s'y attendre, il exemptait le CESID en général et le commandant Cortina et ses subordonnés en particulier de tout lien avec le coup d'Etat.

Tout cela fut inutile. Après l'arrivée, au début du mois de mai, d'un nouveau directeur au CESID qui remit le rapport Jáudenes au juge nommé par le gouvernement pour instruire la cause du 23 février, le commandant Cortina fut traduit devant le tribunal. Il ne fut pas inculpé à cause du rapport, même s'il est probable que certaines de ses données finirent par convaincre le juge de son implication dans le coup d'Etat ; il fut inculpé à la suite du témoignage du lieutenant-colonel Tejero[37]. Si, dans ses deux premières dépositions devant le juge, celui-ci n'avait fait allusion ni à Cortina ni à son ami Gómez Iglesias, c'était, selon Tejero, parce que tous deux lui avaient fait parvenir par l'intermédiaire de son avocat le même message : s'il les dénonçait, il perdrait leur protection et celle du CESID, au moment où il en avait le plus besoin ; dans sa troisième déclaration, en revanche, faite début avril dans le château de La Palma, au Ferrol, le lieutenant-colonel affirma que Cortina avait été le véritable instigateur du coup d'Etat. J'ai déjà évoqué les raisons de ce changement : pendant les deux mois qui suivirent le 23 février, les défenses de presque tous les accusés présentèrent une stratégie commune, encouragée par la presse d'extrême droite, qui consistait à prétendre que leurs clients étaient innocents du délit de rébellion qu'on leur imputait parce qu'ils n'avaient fait qu'obéir aux ordres de leurs supérieurs, lesquels obéissaient aux ordres de Milans et d'Armada, lesquels obéissaient aux ordres du roi ; ce fut la principale ligne de défense avant et pendant le procès, et impliquer Cortina dans le coup d'Etat était non seulement une manière d'impliquer un organisme essentiel de l'Etat, mais surtout (car il semblait logique de mettre en rapport le commandant avec Armada et avec le roi) une manière d'impliquer les dirigeants de l'armée et la couronne. Ainsi, lors de sa troisième déposition devant le juge d'instruction, le lieutenant-colonel Tejero décida de renoncer à la protection promise du CESID, et il raconta ou inventa ses deux rencontres avec Cortina et l'accusa de l'avoir incité à exécuter le coup d'Etat et d'avoir été son intermédiaire auprès d'Armada, et le 21 mai, après avoir été interrogé par le juge d'instruction, le commandant Cortina fut envoyé en prison, accusé d'avoir participé au coup d'Etat. Quelques jours plus tard, le 13 juin, le capitaine Gómez Iglesias fut lui aussi accusé. Aucun autre membre de l'AOME ne partagea leur sort.

8

Le 23 février

D'une certaine façon, ce fut le moment le plus critique de la nuit. Il était 1 h 30 du matin et, après le discours télévisé par lequel le roi avait condamné la prise d'assaut du Congrès et exigé le respect de la Constitution, la plupart des gens dans le pays, restés jusqu'alors éveillés, collés à leur poste de radio et de télévision, allèrent se coucher, et presque tout le monde eut l'impression que l'allocution du monarque marquait la fin du coup d'Etat ou le début de la fin du coup d'Etat. C'était une impression juste, mais seulement en partie. Après l'échec d'Armada au Congrès, le coup d'Etat mou d'Armada et de Milans avait échoué, mais non le coup d'Etat dur de Tejero, un coup d'Etat qui prétendait en finir avec la démocratie quitte à en finir aussi avec la monarchie et qui – le lieutenant-colonel occupant encore le Congrès, Milans étant encore dans les rues de Valence, les capitaines généraux demeurant encore en alerte, et de nombreux généraux, chefs et officiers étant encore tentés d'agir – restait dans l'attente du moindre mouvement de troupes qui provoquerait une réaction en chaîne de l'armée. Comme alors le roi s'était ouvertement opposé aux putschistes, cette réaction aurait forcément entraîné une confrontation armée entre les militaires loyaux à la couronne et les unités rebelles. Ce risque était présent depuis le début du coup d'Etat mais probablement jamais aussi réel qu'à ce moment-là, tandis que les ordres du roi parvenaient à peine à atteindre le moral des insurgés et que l'échec du coup d'Etat n'était absolument pas tenu pour acquis dans l'armée.

A cette heure-là, quinze minutes après l'intervention du roi à la télévision, dix minutes après qu'Armada fut sorti du Congrès sans avoir pu proposer aux députés la création d'un gouvernement d'unité nationale, le mouvement de troupes tant attendu par les putschistes se produisit : une colonne de quinze Land Rover occupées par un commandant, quatre capitaines, deux lieutenants, cinq sous-officiers et cent neuf soldats en disponibilité apparut dans le centre de Madrid, arriva jusqu'à la Carrera de San Jerónimo et rompit le double cordon de sécurité formé par les gardes civils et les agents de police qui encerclaient le Congrès ; alors que la foule amassée autour de l'hôtel Palace essayait de comprendre si l'objectif des nouveaux venus était de déloger les rebelles ou de les aider, la colonne se joignit aux forces du lieutenant-colonel Tejero. En provenance de la caserne générale de la division blindée Brunete aux abords de la capitale, elle était dirigée par Ricardo Pardo Zancada, le commandant d'état-major qui, la veille du coup d'Etat, lors d'un aller-retour à Valence, avait été chargé par Milans de soulever sa division avec l'aide du général Torres Rojas et celle du colonel San Martín. Durant toute la soirée et toute la nuit, Pardo Zancada avait assisté, perplexe, irrité et impuissant, à l'échec de la rébellion à la Brunete après que Juste, le général en chef, avait révoqué l'ordre de sortir, donné à tous les régiments quelques minutes avant l'assaut du Congrès ; humilié par la fuite de Torres Rojas qui était, peu après 20 heures, retourné à son poste de La Corogne sans avoir accompli sa mission, autant que par la paralysie de San Martín et des autres chefs et officiers de l'unité, qui s'étaient si souvent déclarés ardents partisans du coup d'Etat, Pardo Zancada, peu avant 1 heure du matin, enleva son uniforme de parade pour mettre celui de campagne, improvisa la formation d'une colonne de véhicules légers, assisté de plusieurs jeunes capitaines et des deux seules compagnies cantonnées à la caserne générale. Après l'avoir laissée en formation pendant plus d'un quart d'heure près de la barrière de sortie, comme pour défier ses camarades ou les inviter à la rejoindre, Pardo Zancada partit en direction du Congrès après s'être assuré que personne d'autre ne se rallierait à lui et avoir menacé d'exécuter d'une balle dans la tête le premier soldat qui désobéirait à ses ordres.

Ce ne fut pas un acte donquichottesque. En effet, comme Pardo Zancada rejoignit Tejero au moment où, pour beaucoup, le coup d'Etat avait pratiquement été neutralisé, nombreux furent ceux qui pensèrent que son acte était donquichottesque ou qu'il s'agissait d'un acte communément qualifié de donquichottesque : un geste noble inspiré par la loyauté envers une cause perdue. Il n'en fut rien : il est vrai que, contrairement à la plupart de ses camarades, Pardo Zancada montra qu'il n'était pas un lâche, de même qu'il est vrai qu'il était un idéaliste à l'imagination trop enflammée par les codes d'honneur du poussiéreux héroïsme franquiste, et un radical qui avait trop baigné dans le fatras idéologique de l'extrême droite pour se décourager au dernier moment, mais il n'est pas vrai que son acte ait été un acte donquichottesque. Ce fut un acte de guerre : à la limite, le seul acte de guerre qui s'était produit depuis que Tejero occupait le Congrès et Milans, les rues de Valence, et par ce fait un aiguillon nécessaire pour exciter les militaires et libérer les ardeurs putschistes réprimées qui depuis plusieurs heures agitaient les casernes, une étincelle capable de mettre le feu à la poudrière de la Brunete et, avec elle, à celle de l'armée tout entière. C'est pour cette raison que l'action de Pardo Zancada fut dangereuse ; mais peut-être pour une autre raison encore. Bien que le 23 février il ait agi sous les ordres de Milans, il est possible que Pardo Zancada ait été en lien de manière plus ou moins étroite avec un groupe de colonels lui-même en lien avec San Martín ou dirigés par San Martín, un groupe qui depuis des mois, comme l'expliquait au mois de novembre de l'année précédente le rapport de Manuel Fernández-Monzón Altolaguirre intitulé “Panorama des opérations en cours”, planifiait un coup d'Etat dur en vue d'établir une république sous régime présidentiel ou un directoire militaire ; San Martín et Pardo Zancada avaient rallié au dernier moment le coup d'Etat monarchiste d'Armada et de Milans mais, une fois que celui-ci avait échoué, le coup d'Etat des colonels était peut-être la seule solution envisageable pour les putschistes en proie à la nervosité et au désarroi dans un chaos généralisé. L'action de Pardo Zancada aurait pu être un ressort qui, même s'il n'activait pas cette opération, était capable de stimuler ses organisateurs et les complices et les sympathisants de ses organisateurs, en les ralliant à l'émeute et en entraînant par la force Milans et les autres capitaines généraux dans un coup d'Etat qui ne pouvait plus se faire avec le roi, mais uniquement contre lui.

Même si, à une 1 h 30 du matin, rares étaient ceux qui craignaient que cet imprévu puisse donner la victoire aux putschistes, les premiers moments de Pardo Zancada dans le Congrès semblèrent toutefois être de mauvais augure. L'arrivée de sa colonne redonna du courage aux gardes civils soulevés qui, déjà en proie à la fatigue et au découragement, prenaient de plus en plus conscience que l'échec de la négociation entre Armada et Tejero avait empêché un dénouement favorable de la séquestration des députés, et qu'il devenait de plus en plus difficile pour l'armée de leur venir en aide ; après avoir momentanément remonté le moral aux rebelles – en leur faisant accroire que la Brunete avait fini par se rallier au coup d'Etat et que ce détachement n'était que la tête de pont du mouvement général tant attendu –, dès qu'il se fut mis sous les ordres de Tejero, Pardo Zancada s'efforça de soulever les autres unités : muni d'une liste de numéros de téléphone de la division, qu'il s'était procurée dans la caserne générale, allant d'un téléphone à l'autre à mesure que ceux qui contrôlaient l'encerclement du Congrès lui coupaient les communications avec l'extérieur pour ne plus laisser en fonctionnement que quatre ou cinq appareils sur les quatre-vingts dont le bâtiment disposait, Pardo Zancada parla (depuis le bureau du rez-de-chaussée du nouveau bâtiment, depuis le standard, depuis les cabines de presse) à de nombreux chefs de la Brunete en charge du commandement des troupes ; après avoir donné des nouvelles à San Martín en l'appelant à la caserne générale, il parla avec le colonel Centeno Estévez, de la 11e brigade mécanisée, avec le lieutenant-colonel Fernando Pardo de Santayana, du Groupe d'artillerie antiaérienne, avec le colonel Pontijas, de la 12e brigade blindée, avec le lieutenant-colonel Santa Pau Corzán, du 14e régiment de cavalerie Villaviciosa. Il eut avec tous la même conversation : Pardo Zancada les informait de son action et il les sommait ensuite de suivre son exemple en leur assurant que de nombreux autres militaires s'apprêtaient à faire comme lui et qu'il suffisait de mettre un char de combat sur la Carrera de San Jerónimo pour que le coup d'Etat devienne irréversible. Les réactions à ses duperies téléphoniques allaient du défaitisme de Pardo de Santayana à l'enthousiasme de Santa Pau Corzán ("T'inquiète, Ricardo, on ne te laissera pas tomber, on t'épaulera[38] !") et, vers 3 h 30, ses efforts semblèrent porter leurs fruits quand un aide de camp de Milans appela au Congrès pour annoncer que les régiments de cavalerie Villaviciosa et Pavía venaient de se soulever et qu'ils se dirigeaient vers la Carrera San Jerónimo. Ce n'était pas vrai, mais – grâce au lieutenant-colonel de Meer et au colonel Valencia Remón qui furent toutefois pendant une bonne partie de la nuit sur le point de faire sortir leurs chars des casernes – il s'en fallut de très peu ; il s'en fallut aussi de très peu pour qu'au moins deux ou trois autres unités de la Brunete suivent l'exemple de Pardo Zancada. Ce dernier ne parvint pas non plus à faire diffuser une déclaration dans laquelle il exposait les objectifs des putschistes : le journal *El Alcázar* refusa de la publier dans ses pages ; la station de radio La Voix de Madrid prétexta des problèmes techniques pour ne pas la transmettre : ces deux médias empêchèrent ainsi le commandant de diffuser un message de propagande par lequel il voulait vaincre l'indécision de ses compagnons dans tout le pays.

Peu après avoir reçu la nouvelle de ce double revers, Pardo Zancada appela à Valence et parla avec Milans. C'était leur première conversation téléphonique de cette nuit-là et, même si le commandant l'ignorait encore, cela faisait déjà plusieurs heures que Milans avait compris que le coup d'Etat touchait à sa fin. Quelques minutes après l'allocution télévisée du roi et le refus de Tejero d'obtempérer dans le bureau du nouveau bâtiment du Congrès, scellant ainsi l'échec de son coup d'Etat mou, Milans reçut un télex de la Zarzuela par lequel on le sommait catégoriquement de mettre fin au coup d'Etat. Après avoir réaffirmé sa volonté de défendre l'ordre constitutionnel, le roi ajoutait : "Quelle que soit la nature de ce coup d'Etat, il ne pourra s'abriter derrière le roi, puisqu'il est contre le roi." Il disait aussi : "Je vous ordonne de retirer toutes les unités que vous avez déplacées." Et aussi : "Je vous ordonne de dire à Tejero qu'il change immédiatement d'attitude." Et finalement : "Je jure que je n'abdiquerai pas ni n'abandonnerai l'Espagne. Ceux qui se rebellent sont prêts à provoquer une nouvelle guerre civile dont les conséquences relèveront de leur responsabilité." Cet ultimatum sembla vaincre la résistance de Milans qui, dès réception du télex, envoya à tous les groupes tactiques d'intervention l'ordre de regagner les casernes. Pourtant, la tension à l'état-major de Valence se prolongea pendant plusieurs heures encore, non seulement à cause des tentatives avortées d'arrêter son général en titre, encouragées par le Quartier général de l'armée en la personne du général Gabeiras, mais surtout parce que les doutes ne cessaient de ronger Milans et ne lui permettaient pas de lâcher complètement prise, comme s'il s'attendait à ce qu'un ralliement tardif puisse encore apporter la victoire aux putschistes, ou comme s'il avait honte d'abandonner à leur sort les assaillants du Congrès, qu'en fin de compte il avait mis lui-même dans cette situation. Il n'y eut plus d'autre ralliement, personne n'osa désobéir au roi, les colonels conduits par San Martín ou en lien avec lui décidèrent de s'effacer dans l'attente d'une occasion plus favorable et, après que Milans eut compris qu'il ne pouvait plus rien faire pour Tejero et Pardo Zancada (ou que la meilleure chose qu'il pût faire pour eux était précisément de les abandonner, afin de provoquer leur reddition et de mettre ainsi fin à la séquestration), il admit son échec. Et voici ce qu'il dit à Pardo Zancada lors de leur dernière conversation téléphonique cette nuit-là : aucun état-major ne soutenait le coup d'Etat, il avait fait rentrer les troupes dans les casernes et annulé l'arrêté qui proclamait l'état d'exception ; il ajouta seulement qu'il devait essayer de persuader Tejero d'accepter la proposition que, quelques heures plus tôt, lui avait présentée Armada et que le lieutenant-colonel avait rejetée. Cette demande semblait alors aussi absurde qu'inutile et tous deux savaient qu'elle l'était. Mon général, demanda Pardo Zancada, ne voulez-vous pas parler directement au lieutenant-colonel ? Non, répondit Milans. Parlez-lui vous-même. A vos ordres, dit Pardo Zancada. Est-ce que je peux faire autre chose pour vous ? Rien, Pardo, dit Milans. Je vous salue cordialement.

Il était 4 h 30 le matin du 24, et le coup d'Etat n'était pas encore fini, mais il avait définitivement changé de nature : jusqu'alors, il s'était agi d'un problème politique et militaire ; dès lors, une fois qu'eurent échoué le coup d'Etat d'Armada et de Milans, ainsi que leur tentative de le transformer dans la foulée en coup d'Etat dur de Tejero, le problème n'était plus que d'ordre public : il s'agissait à présent de trouver une issue non-violente à la séquestration du gouvernement et des députés. En effet, à cette heure de la nuit – après l'apparition du roi à la télévision, à mesure que tombaient en cascade les condamnations du coup d'Etat provenant des organisations politiques, syndicales et professionnelles, des gouvernements régionaux, des mairies, des conseils municipaux, de la presse et de tout un pays qui avait gardé le silence jusqu'au moment où il entrevit l'échec des putschistes –, l'intérieur du Congrès était mûr pour la capitulation, ou c'est du moins ce que croyaient ceux qui contrôlaient l'encerclement du bâtiment et qui avaient abandonné l'idée de le prendre d'assaut avec des troupes d'opérations spéciales par crainte de provoquer un massacre. Ils en avaient conclu qu'il suffisait de laisser passer le temps pour que le manque de soutien externe finisse par faire fléchir les assaillants : hormis les principaux leaders politiques, isolés pendant toute la nuit dans différentes salles du Congrès, les parlementaires restèrent dans l'hémicycle à fumer et à somnoler et à échanger tout bas des nouvelles contradictoires, de plus en plus convaincus de la défaite du coup d'Etat, surveillés par des gardes civils qui tâchaient à présent de leur faire oublier les outrages des premiers instants de la séquestration en les traitant avec davantage de considération, et démoralisés par leur solitude de plus en plus criante, décimés de surcroît par le sommeil, la fatigue et le découragement, repentis de s'être embarqués ou de s'être laissé embarquer dans cette odyssée sans issue, effrayés de l'avenir qui les attendait et impatients que tout finisse au plus vite.

Au petit matin, les tentatives de négociation pour la reddition des rebelles furent engagées. La première tentative émana de l'Etat-Major général de Madrid (ou peut-être de la Zarzuela) et c'est le colonel San Martín qui en fut chargé ; la seconde partit du Quartier général de l'armée, confiée au lieutenant-colonel Eduardo Fuentes Gómez de Salazar. Tous deux cherchaient à faire sortir Pardo Zancada du Congrès (en théorie, si Pardo Zancada en sortait, Tejero ne tarderait pas à le suivre) mais, même si San Martín semblait la personne idéale pour y parvenir, en tant qu'ami personnel et supérieur hiérarchique immédiat de Pardo Zancada et peut-être parce que nombreux étaient ceux qui se doutaient qu'il était d'une façon ou d'une autre impliqué dans le coup d'Etat, la première tentative échoua ; contrairement à la seconde. Le lieutenant-colonel Fuentes était un officier de la division du Renseignement extérieur du Quartier général de l'armée, lié par une longue amitié à Pardo Zancada : ils avaient tous deux travaillé sous les ordres de San Martín au service de renseignements de l'amiral Carrero Blanco, ils faisaient tous deux partie du comité de rédaction de la revue militaire *Reconquista* et ils partageaient tous deux les mêmes idées radicales ; cette nuit-là, Pardo Zancada et lui avaient parlé au téléphone à plusieurs reprises, en s'encourageant mutuellement, mais vers 8 heures du matin Fuentes avait reconnu que la présence de son ami dans le Congrès n'avait plus de sens. Il décida de solliciter la permission de ses supérieurs d'aller lui parler pour essayer de le faire renoncer à son projet. Son idée fut accueillie favorablement au Quartier général, la permission lui en fut donnée et, après être passé à l'hôtel Palace par le poste chargé de contrôler l'encerclement du Congrès – où les généraux Aramburu Topete et Sáenz de Santamaría exigèrent de lui qu'il n'accepte la reddition qu'à des conditions qu'il jugerait absolument raisonnables –, peu après 9 heures, il se présenta aux gardes civils qui surveillaient la grille d'accès au Congrès et demanda à parler avec Pardo Zancada.

C'est ainsi que s'ouvrit l'épilogue du coup d'Etat. Depuis plusieurs heures déjà le pays s'était réveillé avec une ferveur antiputschiste certaine quoique tardive, les journaux épuisaient des éditions spéciales avec des unes débordantes d'enthousiasme pour le roi et la Constitution, et d'invectives contre les insurgés. Même si toutes les villes reprenaient leur rythme animé de n'importe quelle matinée d'hiver en suivant la consigne donnée par la Zarzuela et par le gouvernement provisoire de revenir à la normalité, à Madrid plus de quatre mille personnes s'amassaient autour de la Carrera de San Jerónimo, saccagée pendant la nuit par des bandes d'extrême droite, et poussaient des vivats à la liberté et à la démocratie ; à ce moment-là, les ravisseurs ne maîtrisaient presque plus la situation à l'intérieur du Congrès : vers 8 heures, les parlementaires avaient refusé avec des cris de protestation le petit-déjeuner qui leur avait été présenté – du lait, du fromage, du jambon d'York – et, vers 9 heures, les gardes civils durent réprimer, en menaçant d'en venir aux armes, une esquisse d'émeute menée par Manuel Fraga et appuyée par plusieurs de ses collègues. Il restait un peu plus d'une heure avant que Tejero ne permette aux députés de sortir et que plusieurs dizaines de gardes civils ne se rendent aux forces de l'ordre en sautant dans la Carrera de San Jerónimo depuis la fenêtre de la salle de presse du nouveau bâtiment du Congrès. Ces symptômes de débandade expliquent le fait que, contrairement au colonel San Martín quelques heures plus tôt, le lieutenant-colonel Fuentes trouva un Pardo Zancada disposé à négocier. Toutefois, la négociation fut longue et laborieuse. Pardo Zancada exigea de sortir du Congrès au même moment que Tejero, il demanda à le faire à la tête de son unité et à pouvoir la ramener au quartier général de la Brunete, il demanda à être le seul de son unité à endosser la responsabilité de la participation au coup d'Etat, il demanda qu'il n'y ait ni photographes ni caméras de télévision au moment de leur sortie. Fuentes jugea toutes ces conditions acceptables sauf une : les capitaines seront arrêtés, objecta-t-il. D'accord, répondit Pardo. Mais alors laissez partir les lieutenants et les grades inférieurs. Fuentes regagna le Palace où on se dépêcha de valider l'accord convenu, ainsi que le fit le général Gabeiras depuis le Quartier général de l'armée, et le lieutenant-colonel retourna immédiatement au Congrès pour essayer cette fois-ci de convaincre Tejero. Après avoir réuni ses officiers et ses gardes, Tejero souscrivit aux exigences de Pardo Zancada, mais il en nuança certaines et en ajouta d'autres : il fallait, par exemple, que le général Armada se porte garant de l'accord par sa présence. Fuentes nota tout sur la feuille d'un cahier et, en retournant vers le Palace, il croisa à quelques mètres de la grille d'entrée le général Aramburu Topete accompagné du général Armada qu'on avait appelé pour donner du poids aux négociations. Il y eut d'autres entretiens, d'autres allers-retours entre le Congrès et le Palace, et vers 11 h 30 la reddition fut effective : dans la cour qui séparait le nouveau bâtiment de l'ancien, sur le toit d'une des Land Rover de Pardo Zancada, en présence de celui-ci, de Tejero, de Fuentes et d'Aramburu Topete, le général Armada donna son aval pour la réalisation de tous les points négociés en signant la feuille sur laquelle Fuentes les avait notés[39]. Une demi-heure plus tard commença la libération du Congrès. Elle se fit de manière ordonnée : le président de la Chambre leva de façon réglementaire la séance et les parlementaires commencèrent à se retirer ; avant d'atteindre la Carrera de San Jerónimo, une dernière humiliation les attendait pourtant dans la cour : Pardo Zancada avait aligné ses soldats en trois colonnes pour obliger les parlementaires à passer devant eux, ravagés par les angoisses de leur nuit blanche et observés de loin par la foule qui attendait aux portes du Palace.

L'un des premiers parlementaires à sortir fut Adolfo Suárez. Il le fit seul, à pas précipités, ne prêtant aucune attention aux soldats alignés dans la cour. En passant par la grille d'entrée et en se dirigeant vers sa voiture officielle, il aperçut le général Armada et, parce qu'à un moment donné de ses longues heures de réclusion, tout seul dans le bureau des huissiers, il avait entendu dire que l'ancien secrétaire du roi était en train de négocier une solution à la séquestration, Suárez se dirigea vers lui, le salua chaleureusement et le prit presque dans ses bras, convaincu que l'homme qu'il avait depuis toujours considéré comme un putschiste en puissance, et plus récemment comme le promoteur de sombres machinations politiques contre le gouvernement, avait été en définitive l'artisan de sa libération ainsi que de l'échec du coup d'Etat. Les autres députés imitèrent le geste de Suárez, dont le général Gutiérrez Mellado, mais presque tous se souviendraient plus tard du visage cadavérique du général Armada pendant qu'il recevait leurs témoignages de gratitude. Il était exactement midi en ce mardi glaçant et brumeux, et venaient de s'écouler les dix-sept heures et demie les plus confuses et décisives des cinquante dernières années de l'histoire d'Espagne. Le coup d'Etat du 23 février avait touché à sa fin.

Epilogue

PROLOGUE D'UN ROMAN

1

Le procès qui suivit le coup d'Etat du 23 février eut lieu du 19 février au 3 juin 1982, dans le bureau de cartographie du Service géographique de l'armée, à Campamento, une zone militaire près de Madrid. Il se déroula sous strict contrôle policier et pendant d'interminables séances, matin et après-midi, dans une salle bondée de proches, d'avocats, de journalistes, de commissions militaires, d'invités et d'observateurs. Le tribunal était composé de trente-trois officiers généraux du Tribunal suprême de justice militaire, l'organe le plus important de la juridiction militaire, et il y eut trente-trois inculpés, tous militaires à l'exception d'un civil. C'est un nombre ridicule comparé au nombre réel de personnes impliquées dans le coup d'Etat ; la raison de cette disparité est claire : trois jours après l'insurrection, le gouvernement nomma un juge d'instruction chargé d'enquêter et, au cours des quatre mois exactement que dura l'instruction, le gouvernement de Leopoldo Calvo Sotelo fit tout ce qui était en son pouvoir pour réduire au minimum le nombre d'inculpés, pensant que la démocratie, fragilisée par le coup d'Etat, ne supporterait pas le défilé de centaines de militaires de haut rang dans la salle du procès, ni l'examen rigoureux de leurs complices civils, capable d'éclabousser de nombreux membres de la classe dirigeante qui, consciemment ou non, avaient alimenté le placenta du coup d'Etat. De fait, entre le coup d'Etat et l'audience, tandis que dans les casernes et dans les journaux d'extrême droite se déchaînait une campagne visant à impliquer le roi afin d'innocenter les putschistes, certains inculpés commencèrent à nourrir l'espoir que le procès pourrait même ne pas avoir lieu et, peu avant le commencement des séances, le président du gouvernement lui-même fit réunir les rédacteurs en chef des journaux nationaux les plus importants et leur demanda de ne pas publier d'informations blessantes pour les militaires, de ne pas involontairement faire écho dans leurs pages à la propagande putschiste et, par conséquent, d'informer en ton mineur, quasiment en sourdine, sur les événements à venir dans le bureau de cartographie du Service géographique de l'armée. Le procès eut lieu, les inculpés virent leur espoir de bénéficier de l'impunité balayé, mais les journaux refusèrent la forme d'autocensure que le gouvernement leur demandait et, pendant plus de trois mois d'audience publique, les Espagnols eurent tous les jours des informations exhaustives sur le coup d'Etat, et les putschistes disposèrent d'un haut-parleur puissant pour chacun de leurs propos, ce qui, contrairement aux craintes du gouvernement, contribua à les discréditer aux yeux de la majorité du pays, même si cela leur conféra un prestige supplémentaire auprès de leurs partisans.

Ce fut le procès le plus long de l'histoire espagnole. Etant donné que les juges et les inculpés étaient des militaires et que l'armée est une institution foncièrement endogame, ce fut dans le fond un procès presque impossible : les juges et les inculpés avaient partagé postes et logements militaires, leurs conjointes étaient amies et faisaient des achats dans les mêmes économats, leurs enfants étaient copains et fréquentaient les mêmes écoles ; certains juges auraient pu se trouver à la place des inculpés et certains inculpés à la place des juges. Dès le premier instant, les putschistes, leurs avocats et les membres de leurs familles tentèrent de transformer la salle d'audience et ses abords en une scène de carnaval sordide, et jusqu'à un certain degré ils y parvinrent : il y eut presque tous les jours des protestations, des cris, des applaudissements, des insultes, des menaces, des expulsions, des interruptions ou des provocations ; ainsi, à mesure que les journées se succédaient, les inculpés et leurs défenseurs s'enhardirent à tel point qu'ils arrivèrent à intimider le tribunal : un jour, avant les délibérations précédant le verdict, le général qui présidait le tribunal fut remplacé, trop affaibli pour supporter la pression à laquelle il était soumis et pour enrayer les provocations des putschistes. Il fut clair dès le début que la stratégie des avocats de la défense consistait à diviser les inculpés en deux groupes opposés : le premier était formé par le général Armada, le commandant Cortina et le capitaine Gómez Iglesias, subordonné de Cortina à l'AOME ; le second, par tous les autres, avec le général Milans et le lieutenant-colonel Tejero à sa tête. Les premiers se contentèrent tant bien que mal de se défendre du délit de rébellion militaire dont on les accusait et de se démarquer ainsi du coup d'Etat et du reste des inculpés ; les seconds, en revanche – à l'exception du commandant Pardo Zancada qui assuma clairement sa part de responsabilité dans les faits –, essayèrent de s'associer aux premiers et, par ricochet, au roi, cherchèrent à transformer ce conseil de guerre en un procès politique en se présentant comme un groupe d'hommes d'honneur qui avait agi sous les ordres d'Armada qui, lui, avait agi sous les ordres du roi, dans le but de sauver un pays corrompu par un régime politique corrompu et par une classe politique corrompue, alléguant l'obligation d'obéissance comme circonstance atténuante de nature militaire, et la nécessité comme circonstance atténuante de nature politique. Du point de vue juridique, cette ligne de défense était en apparence logique : soit Armada avait dit la vérité à Milans au cours de leurs réunions conspiratrices, et le coup d'Etat était une opération souhaitée par le roi, ce qui veut dire que, selon leurs défenseurs, les inculpés n'étaient pas coupables puisqu'ils s'étaient limités à obéir au roi par le biais d'Armada et de Milans, soit Armada avait menti à Milans, le roi ne souhaitait pas le coup d'Etat, et le seul coupable était par conséquent Armada ; c'était, en réalité, une ligne de défense contradictoire et absurde : contradictoire parce que la circonstance atténuante invoquant l'obligation d'obéissance annulait celle qui invoquait l'état de nécessité car, si les putschistes considéraient comme nécessaire ou indispensable de faire un coup d'Etat, c'était parce qu'ils connaissaient la situation du pays et qu'alors, ils n'avaient pas agi de façon naïve en obéissant aveuglément aux ordres du roi ; absurde parce qu'il était absurde de prétendre que la formule juridique de l'obligation d'obéissance puisse couvrir des excès tels que la prise d'assaut du Congrès ou l'invasion de Valence par les chars de combat. Ainsi, à coups de contradictions et d'aberrations, le procès prit une mauvaise tournure, accompagné par un festival de mensonges où, à l'exception de Pardo Zancada, aucun des inculpés ne dit ce qu'il aurait dû dire : qu'ils avaient fait ce qu'ils avaient fait parce qu'ils croyaient que c'était ce qu'il fallait faire, profitant de ce que Milans disait qu'Armada disait que le roi disait que c'était ce qu'il fallait faire, et qu'en tout cas, ils l'auraient fait tôt ou tard, parce que c'était ce que tant de leurs compagnons d'armes souhaitaient faire depuis longtemps.

Pendant l'audience, les principaux acteurs du coup d'Etat se comportèrent à l'image de ce qu'ils étaient : Tejero, comme un rustre abruti par la bonne conscience ; Milans, comme un flibustier provocateur en uniforme ; Armada, comme un courtisan millionnaire tout en duplicité : isolé, méprisé et insulté par presque tous ses compagnons du banc des accusés qui exigeaient de lui qu'il dénonce le roi ou reconnaisse qu'il avait menti, Armada refusait d'impliquer le monarque, mais tout en cherchant à le faire par ses proclamations de loyauté envers la couronne et, davantage encore, par des silences laissant entendre qu'il se taisait afin de protéger le roi ; quant au commandant Cortina, il se montra de loin le plus intelligent des inculpés : il démonta toutes les accusations qui pesaient sur lui, il évita tous les pièges que lui tendirent le procureur et les avocats de la partie civile et, comme l'écrivit Martín Prieto – chroniqueur d'*El País* lors des séances du procès –, il soumit ses interrogateurs à "une souffrance qui dépassait largement la capacité de résistance humaine[1]". Les derniers jours furent difficiles pour Armada, Cortina et Gómez Iglesias ; ils avaient vécu pendant des mois sans problèmes particuliers aux côtés des autres inculpés dans les locaux du Service géographique mais, à mesure que s'approchait l'heure du verdict et qu'il semblait de plus en plus évident que tous ou presque tous allaient être condamnés, les relations entre les deux groupes devinrent insoutenables et, le jour même où Tejero essaya d'agresser Cortina à la fin de la séance du matin, le tribunal décida de protéger les trois dissidents en les confinant dans une aile isolée de la résidence. Enfin, le 3 juin, le tribunal rendit son jugement : Tejero et Milans furent condamnés à trente ans de prison – la peine maximale –, mais Armada s'en sortit avec six ans seulement, de même que Torres Rojas et Pardo Zancada, et tous les autres chefs et officiers eurent des peines qui variaient de un à cinq ans ; tous sauf Cortina qui fut acquitté, de même qu'un capitaine de la Brunete et un capitaine et neuf lieutenants qui avaient accompagné Tejero jusqu'au Congrès. C'était plus qu'une condamnation indulgente, c'était presque une invitation à refaire un coup d'Etat, et le gouvernement fit appel devant les magistrats civils du Tribunal suprême. Moins d'un an plus tard, le tribunal en question prononça une sentence définitive[2], la majorité des inculpés virent leur condamnation au moins doublée : Armada passa de six à trente ans de prison, Torres Rojas et Pardo Zancada de six à douze, Ibáñez Inglés de cinq à dix, San Martín de trois à dix, et ainsi de suite, même les lieutenants qui avaient pris le Congrès d'assaut et avaient été acquittés par le premier tribunal furent eux aussi condamnés. Le gouvernement ne fit pas appel pour l'acquittement de Cortina et des deux autres capitaines, et le Tribunal suprême se contenta de confirmer la peine de trente ans infligée à Milans et Tejero.

La sanction semblait encore trop clémente, mais il n'y avait pas de plus haute instance pour faire appel, et les putschistes commencèrent à sortir des prisons peu après leurs condamnations fermes. Certains d'entre eux abandonnèrent l'armée par la force des choses, mais presque tous ceux qui le purent y restèrent, tandis que les gardes civils et les sous-officiers qui avaient tiré sur l'hémicycle du Congrès et malmené le général Gutiérrez Mellado ne furent, quant à eux, même pas inculpés. Certains officiers firent des carrières remarquables après le coup d'Etat : Manuel Boza – un lieutenant que l'enregistrement de l'assaut du Congrès montre en train de tenir tête à Adolfo Suárez, probablement en l'injuriant ou en l'insultant – rejoignit la garde civile après avoir purgé une peine de douze mois de prison et reçut dans les années suivantes des décorations pour ses mérites exceptionnels et sa conduite irréprochable : la croix du Mérite de la garde civile avec ruban blanc, l'ordre royal de saint Herménégild, la médaille de saint Herménégild et la croix de saint Herménégild ; Juan Pérez de la Lastra – un capitaine que l'enthousiasme putschiste n'empêcha pas, dans la nuit même du 23 février, d'abandonner ses hommes dans le Congrès, d'aller dormir quelques heures chez lui et de revenir ensuite comme si de rien n'était – réintégra également la garde civile une fois sa peine purgée, et en 1996 il se retira avec le grade de colonel et les décorations suivantes : la médaille de saint Herménégild, la croix de saint Herménégild et la grande croix de saint Herménégild. La gratitude de la patrie.

Les principaux responsables du 23 février restèrent plus longtemps en prison ; certains d'entre eux y sont morts. Le dernier à être libéré fut le lieutenant-colonel Tejero qui tenta en vain, un an après le coup d'Etat, de se présenter aux élections avec un parti éphémère appelé Solidarité espagnole, dont le slogan de campagne disait : "Faites entrer Tejero au Congrès par votre vote" ; comme bon nombre de ses camarades, il mena pendant ses années de réclusion une vie confortable, choyé par certains des directeurs des prisons où il purgea sa peine, devenu l'icône de l'extrême droite, mais quand il sortit de prison en 1996, il n'était plus l'icône de rien du tout ou tout juste encore une icône pop, et ses seules activités connues depuis sont la peinture de toiles que personne n'achète et l'envoi de lettres aux rédacteurs en chef de journaux, que personne ne lit. Milans est mort en juin 1997 à Madrid ; il est enterré dans la crypte de l'Alcazar de Tolède, ville dans laquelle il avait commencé son parcours de héros de guerre franquiste ; comme Tejero, il ne s'est jamais repenti d'avoir organisé le 23 février mais, après cette date-là, il abandonna son éternel monarchisme et, pendant les années qu'il passa en prison, il encouragea presque toutes les nouvelles tentatives de coup d'Etat ou leur donna sa bénédiction, même à celle qui projetait d'assassiner, le 2 juin 1985, les dirigeants de l'armée, le président du gouvernement et toute la famille royale lors d'un défilé militaire. Armada, en revanche, continua malgré tout à être monarchiste, ou du moins c'est ce qu'il prétend lui-même, bien que dans aucune de ses déclarations publiques – ni, bien évidemment, dans ses Mémoires melliflus et mensongers – il n'ait cessé d'alimenter l'ambiguïté sur le rôle du roi dans le coup d'Etat ; il fut gracié par le gouvernement socialiste à la fin de l'année 1988, et depuis il partage son temps entre sa maison de Madrid et la résidence familiale de Santa Cruz de Rivadulla, à La Corogne, une demeure aristocratique baroque où encore tout récemment il s'occupait personnellement d'une pépinière où sont cultivés des milliers de camélias. Quant à Cortina, son parcours après le coup d'Etat mérite une explication plus détaillée.

Dans la matinée du 14 juin 1982, un peu plus d'un mois après la proclamation de la sentence du Tribunal militaire qui acquittait le chef du service de renseignements, quatre puissantes charges explosives firent sauter les quatre locaux clandestins de l'AOME. Les bombes explosèrent toutes presque au même moment, dans une opération synchronisée qui ne provoqua pas de victimes, et le lendemain les médias attribuèrent l'attaque à une nouvelle offensive terroriste de l'ETA. C'était faux : l'ETA ne revendiqua jamais cet acte qui portait la signature de la garde civile et qui n'aurait pas pu se réaliser sans l'aide des rapports établis par des membres de l'AOME. Encore sous l'effet de la très vive tension militaire provoquée par ce conseil de guerre historique et par la condamnation de certains des chefs les plus prestigieux de l'armée, d'aucuns interprétèrent ce quadruple attentat comme le signe avant-coureur d'un nouveau coup d'Etat et comme un avertissement lancé au CESID de ne pas se mettre une nouvelle fois sur le chemin de ses organisateurs. Il est plus probable qu'il s'agissait d'un avertissement plus personnel : bon nombre de militaires et de gardes civils étaient furieux contre le CESID parce qu'il ne s'était pas rallié le 23 février au coup d'Etat et parce qu'il avait tout fait pour l'arrêter, mais ils étaient bien plus furieux encore contre Cortina qui, selon eux, avait lancé les putschistes dans l'aventure, les avait abandonnés sur le chemin et avait réussi malgré tout à sortir indemne du procès. Ce précédent de mauvais augure et une certaine coïncidence de dates et de lieux expliquent les soupçons que suscita l'épisode advenu un an plus tard, le 27 juillet 1983. Ce jour-là, quelques mois à peine après que le Tribunal suprême eut proclamé sa sentence définitive en doublant la peine de la plupart des inculpés du 23 février, le père de Cortina trouva la mort, brûlé dans un incendie qui s'était déclaré à son domicile. Le fait qu'il s'agisse de l'endroit même où, d'après Tejero, avait eu lieu son entretien avec le commandant quelques jours avant le coup d'Etat, sans parler des circonstances dans lesquelles le drame s'est produit – à 16 heures, au moment où le père de Cortina faisait la sieste –, finit par renforcer l'hypothèse d'une vengeance. Cortina et les enquêteurs attribuèrent l'incendie à un court-circuit électrique ; l'explication ne convainquit presque personne, mais la vérité ne convainc pas toujours. Quoi qu'il en soit, une fois le procès clos, Cortina réintégra l'armée ; bien qu'il n'ait plus jamais été dans les services de renseignements – tous ses postes furent dès lors liés à la logistique –, il ne réussit pas à dissiper les soupçons qui pesaient sur lui, sa réputation ambiguë le poursuivait partout et, pendant les années qui suivirent, son nom fut évoqué dans presque tous les scandales militaires. En 1991, déjà promu colonel, il fut démis de ses fonctions pour avoir facilité la transmission à la presse de plans secrets d'opérations militaires mais, bien qu'acquitté après avoir tout d'abord été accusé de négligence, il avait déjà demandé son affectation à la réserve. Par la suite, pendant un certain temps, il conseilla un vice-président du gouvernement de José Maria Aznar ; il possède actuellement un cabinet-conseil en affaires logistiques du nom de I2V et il collabore à une entreprise familiale qui s'est spécialisée dans la sécurité. Au moment où je termine ce livre, Cortina est un homme âgé, athlétique, aux cheveux blancs et clairsemés, avec une calvitie couverte de taches de rousseur, portant des lunettes à monture dorée, au nez de boxeur ; un homme affable, ironique et souriant, qui a dans son bureau un portrait signé du roi et qui, depuis un certain nombre d'années déjà, ne veut plus entendre parler du 23 février.

2

Pendant les mois qui suivirent l'échec du coup d'Etat, certains hommes politiques et certains journalistes démocrates répétèrent souvent qu'en réalité, le coup d'Etat avait réussi ou que, du moins, il n'avait pas complètement échoué. C'était une figure de rhétorique, une manière de mettre en garde contre ce qu'ils considéraient comme un rétrécissement de la démocratie après le 23 février. Le coup d'Etat n'avait pas réussi, il n'avait même pas partiellement réussi, pourtant, à court terme, certains objectifs politiques des putschistes semblèrent en effet se réaliser.

Quel était, en théorie, l'objectif politique fondamental des putschistes ? Pour Armada, pour Cortina, pour ceux qui pensaient comme Armada et Cortina – non pour Milans, ni pour Tejero, ni pour ceux qui pensaient comme Milans et Tejero, qui représentaient sans doute la majorité des putschistes –, l'objectif politique fondamental du 23 février consistait à protéger la monarchie et à rectifier, ou réduire, ou rétrécir une démocratie qui, à leurs yeux, constituait une menace pour elle, et à l'enraciner en Espagne. Pour réaliser cet objectif fondamental, il fallait en atteindre un autre : en finir avec la carrière politique d'Adolfo Suárez, le premier responsable de cet état de fait ; il fallait ensuite en finir avec cet état de fait : il fallait en finir avec le risque d'un coup d'Etat dur et antimonarchiste, il fallait en finir avec le terrorisme, il fallait en finir avec l'Etat des autonomies ou le mettre entre parenthèses, ou réduire ses prétentions et consolider le sentiment national, il fallait en finir avec la crise économique, il fallait en finir avec une politique internationale qui irritait les Etats-Unis parce qu'elle éloignait l'Espagne du bloc occidental, il fallait réduire, dans tous les domaines, les marges de tolérance, il fallait donner une leçon à la classe politique et il fallait redonner au pays la confiance perdue. C'était – en théorie, j'insiste – les objectifs du 23 février. Pendant les mois qui suivirent le coup d'Etat, certains furent immédiatement atteints – alors que le pays tentait d'assimiler les événements en attendant, avec plus de scepticisme que de crainte, le procès des putschistes, et tandis que le gouvernement et l'opposition pratiquaient une politique d'apaisement avec les militaires, certains hommes politiques et de nombreux journalistes dénoncèrent la réalité d'une démocratie surveillée par l'armée. La carrière politique d'Adolfo Suárez finit le jour même du 23 février, précisément au moment où il fit son dernier acte véritablement politique en demeurant assis sur son siège tandis que les balles sifflaient autour de lui dans l'hémicycle du Congrès : sans le coup d'Etat, Suárez aurait peut-être eu une possibilité de revenir au pouvoir ; après le coup d'Etat, il n'en avait plus aucune : nous pouvons peut-être admirer les héros, nous pouvons peut-être même admirer les héros de la retraite, mais nous ne voulons pas qu'ils nous gouvernent, ainsi, après le 23 février, Suárez ne fut plus que l'ombre de lui-même, un homme politique posthume. Après le coup d'Etat, tous les bureaux officiels, tous les balcons des mairies, toutes les assemblées des partis et tous les sièges des gouvernements autonomes hissèrent soudain les drapeaux nationaux, et il n'y eut plus que des prisonniers de droit commun pour remplir les prisons. Le coup d'Etat, a-t-on souvent dit, fut le vaccin le plus efficace contre un autre coup d'Etat, et c'est vrai : après le 23 février, le gouvernement de Leopoldo Calvo Sotelo investit des milliards dans la modernisation des forces armées et réalisa une purge en profondeur – il remplaça en bloc la Junte des chefs d'état-major, il affecta à la réserve les généraux les plus franquistes, il rajeunit les services de renseignements – et, même si après 1981 il y eut encore plusieurs tentatives de rébellion militaire, il faut dire qu'elles furent organisées par une minorité de plus en plus marginale et isolée, parce que le 23 février avait discrédité les putschistes non seulement aux yeux de la société, mais aussi à ceux de leurs propres compagnons d'armes, accélérant ainsi la fin d'une tradition de coups d'Etat vieille de deux siècles. Trois mois à peine après le 23 février, le gouvernement ratifia le traité d'adhésion à l'OTAN que Suárez avait refusé de signer des années durant, ce qui tranquillisa les Etats-Unis, contribua à civiliser l'armée en la mettant en contact avec des armées démocratiques, et enracina pleinement le pays dans le bloc occidental. Peu après, au début du mois de juin, le gouvernement, les patrons et les syndicats, avec le soutien d'autres partis politiques et dans une tentative semblable à celle qui avait conduit aux pactes de la Moncloa, signèrent un Accord national pour l'emploi qui freina les suppressions de postes, réduisit l'inflation et marqua le début d'une série de changements qui annonçaient la relance économique du milieu des années 1980. Et un mois et demi après, ce fut au tour du gouvernement et de l'opposition, malgré les fortes protestations des nationalistes, de signer la loi organique appelée LOAPA, qui, invoquant la rationalisation nécessaire de l'Etat des autonomies, tenta de mettre un frein à la décentralisation de l'Etat. Les terroristes, certes, ne cessèrent pas de tuer, mais c'est un fait qu'après le coup d'Etat, l'attitude du pays à leur égard changea, la gauche s'appliqua à leur retirer les alibis qu'elle leur avait fournis jusqu'alors, les forces armées commencèrent à lutter contre l'ETA avec des instruments que Suárez n'avait jamais osé utiliser : en mars 1981, Calvo Sotelo autorisa l'intervention de l'armée dans la lutte antiterroriste sur les frontières terrestres et maritimes, et seulement deux ans plus tard, à peine arrivés au pouvoir, les socialistes créèrent le GAL, un groupe de mercenaires financé par l'Etat, qui commença une campagne d'enlèvements et d'assassinats de terroristes dans le Sud de la France. L'hostilité accrue de la société face au terrorisme ne représentait qu'une facette d'un changement social plus vaste. Dix-sept heures et demie de vexations dans l'hémicycle du Congrès avaient été une correction suffisante pour la classe politique qui sembla avoir trouvé une maturité soudaine et forcée : elle suspendit pour un temps les querelles acharnées entre les partis et ses ambitions de pouvoir qui avaient créé le placenta du coup d'Etat, elle cessa de s'adonner à de douteuses manipulations constitutionnelles et ne fit plus allusion aux gouvernements de gestion ou de concentration ou de salut ou d'unité nationale, elle n'impliqua plus l'armée de quelque façon que ce soit ; la correction ne fut pas moins sévère pour la plus grande partie du pays, c'est-à-dire pour celle qui avait accepté avec passivité le franquisme, qui s'était d'abord enthousiasmée pour la démocratie et qui ensuite avait semblé en être déçue : le désenchantement s'évapora brusquement et tout le monde parut redécouvrir avec ferveur les avantages de la liberté. Peut-être la meilleure preuve en est-elle qu'un an et demi après le coup d'Etat, une majorité anonyme d'Espagnols décida qu'aucune réconciliation ne serait possible tant que les héritiers des vaincus de la guerre civile ne gouverneraient pas de nouveau, permettant ainsi une alternance au pouvoir qui acheva d'unir la démocratie à la monarchie. C'est un des effets secondaires qu'il est difficile de ne pas attribuer, ne serait-ce que partiellement, au 23 février : début 1981, il semblait encore difficile d'imaginer le parti socialiste gouvernant l'Espagne mais, au mois d'octobre de l'année suivante, le parti arriva au pouvoir avec dix millions de votes, salué par la monarchie et l'armée, par les patrons, les financiers et les journalistes, par Rome et Washington.

C'est vrai : rien de ce que je viens de citer ne fut possible grâce au coup d'Etat, mais malgré lui : si un changement se produisit, ce n'est pas parce que le coup d'Etat triompha, mais parce qu'il échoua et parce que son échec convulsa le pays et sembla le changer en profondeur. Pourtant, sans ce coup d'Etat, cette convulsion ne serait pas arrivée, pas plus que ce changement, ou du moins pas de la façon dont il s'est produit et pas aussi rapidement, et il ne se serait surtout pas produit le plus important : la couronne ne se serait pas vu attribuer un pouvoir et une légitimité dont elle n'aurait même pas osé rêver avant le coup d'Etat. Le pouvoir du roi lui venait de Franco, et aussi sa légitimité, du fait qu'il avait renoncé aux pouvoirs ou à une partie des pouvoirs de Franco pour les céder à la souveraineté populaire et pour devenir ainsi un monarque constitutionnel ; mais cela était une légitimité précaire, qui privait le roi d'un certain pouvoir effectif et l'exposait aux vicissitudes d'une Histoire qui avait expulsé du trône bon nombre de ses prédécesseurs. Le coup d'Etat blinda la couronne[3] : agissant en marge de la Constitution, utilisant son dernier joker de roi sans pouvoir – celui dont il disposait en tant que chef symbolique de l'armée et héritier de Franco –, le roi stoppa le coup d'Etat et devint le sauveur de la démocratie, ce qui combla la monarchie de légitimité et la convertit en l'institution la plus solide, la plus appréciée, la plus populaire, la plus épargnée par la critique et, dans le fond, la plus puissante du pays. C'est ce qu'elle est aujourd'hui, pour la plus grande incrédulité *post mortem* des ancêtres du roi, et suscitant l'envie de toutes les monarchies du continent. En d'autres termes : si avant le 23 février les putschistes avaient effectué un calcul des risques et des bénéfices de l'opération et s'ils en étaient arrivés à la conclusion que faire un coup d'Etat ou permettre qu'il ait lieu était moins dangereux pour la monarchie parlementaire que de ne pas le faire, ou s'ils avaient conçu le coup d'Etat non pour renverser la démocratie, mais pour la restreindre temporairement et pour protéger ainsi la monarchie dans un moment de naufrage et l'asseoir dans le pays, alors il y aurait de bonnes raisons de soutenir la thèse selon laquelle le coup d'Etat du 23 février avait réussi, ou du moins n'avait pas complètement échoué. Mais il vaut mieux le dire en ces termes : le coup d'Etat échoua complètement et ce fut son échec complet qui fit de la monarchie parlementaire en tant que système démocratique le seul système de gouvernement concevable en Espagne, et c'est pourquoi peut-être il est aussi possible de dire que (comme si je voulais suggérer que la violence est le terreau de l'Histoire, la matière même dont elle est faite, et que seul un acte de guerre peut révoquer un autre acte de guerre – comme si je voulais ainsi suggérer que seul un coup d'Etat pouvait révoquer cet autre coup d'Etat qui, le 18 juillet 1936, engendra la guerre civile et le franquisme qui en fut le prolongement par d'autres moyens) le 23 février mit fin non seulement à la Transition et à l'après-guerre franquiste : le 23 février mit aussi fin à la guerre civile[4].

3

Borges a-t-il raison et est-il vrai que tout destin, aussi long et compliqué soit-il, consiste en réalité en un seul instant, celui où un homme sait une fois pour toutes qui il est ? Je regarde une nouvelle fois l'image d'Adolfo Suárez dans la soirée du 23 février et, comme si je ne l'avais pas déjà vue des centaines de fois, elle me paraît toujours aussi hypnotique et rayonnante, en même temps réelle et irréelle, rigoureusement saturée de sens : les gardes civils en train de tirer sur l'hémicycle, le général Gutiérrez Mellado debout à côté de lui, la table du Congrès dépeuplée, les sténographes et les huissiers à terre, les parlementaires à terre et Suárez appuyé contre le cuir bleu de son siège de président alors que les balles sifflent autour de lui, seul, statuaire et spectral dans un désert de sièges vides.

C'est une image fugitive. Si je ne me trompe pas, il y a dans les gestes parallèles de Gutiérrez Mellado et Santiago Carrillo une logique que nous sentons immédiatement, avec l'instinct plutôt que l'intelligence, comme s'il s'agissait de deux gestes nécessaires et programmés par l'Histoire et par les deux biographies opposées d'anciens ennemis de guerre. Le geste de Suárez est presque identique au leur, mais en même temps nous sentons qu'il est différent et plus complexe, ou du moins c'est ainsi que je le sens, sans doute parce que je sens aussi que son sens complet m'échappe. Il est vrai que c'est un geste de courage et un geste de grâce et un geste de rébellion, un geste souverain de liberté et un geste de comédien, le geste d'un homme fini qui conçoit la politique comme une aventure et qui essaie, tel un agonisant, de se légitimer et qui, pour un moment, semble incarner pleinement la démocratie, un geste d'autorité et un geste de rédemption individuelle et peut-être collective, le dernier geste purement politique d'un pur homme politique, et pour cette raison éminemment violent ; tout cela est vrai, mais il est aussi vrai que, pour une raison ou pour une autre, cet inventaire de définitions ne satisfait ni le sentiment, ni l'instinct, ni l'intelligence, comme si le geste de Suárez était un geste inépuisable ou inexplicable ou absurde, ou comme s'il contenait un nombre infini de gestes. Il y a quelques jours, par exemple, je me suis dit que le geste de Suárez n'était pas en réalité un geste de courage, mais un geste de peur : je me suis souvenu d'un torero qui disait qu'il ne se sentait ému jusqu'aux larmes que lorsqu'il toréait et cela, non parce qu'il le faisait bien, mais parce que la peur lui faisait vaincre la peur, et je me suis souvenu au même moment d'un poète qui a dit qu'un torero qui entrait mort de peur dans les arènes n'avait plus peur du taureau et devenait invulnérable[5] puisqu'il était déjà mort, et j'ai alors pensé qu'à cet instant-là, Suárez restait aussi tranquille sur son siège parce qu'il était ému jusqu'aux larmes, baigné des larmes du dedans, mort de peur. Avant-hier soir, je me suis dit que le geste de Suárez était le geste d'un névrosé, le geste d'un homme qui s'effondre quand la chance lui sourit et qui prend de l'assurance dans l'adversité. Hier soir, je me suis encore dit autre chose : je me suis dit que j'avais déjà écrit des pages et des pages à propos de Suárez et que je n'avais pas encore dit que Suárez était tout sauf un foutriquet, qu'il était un type sérieux, un type qui faisait honneur à sa parole et à ses actes, un type qui avait fabriqué la démocratie ou qui sentait qu'il l'avait fabriquée et qui dans la soirée du 23 février avait compris que la démocratie dépendait de lui, qui ne s'était pas caché et qui était resté immobile sur son siège alors que les balles sifflaient autour de lui dans l'hémicycle, tel un capitaine qui reste immobile sur le pont de commandement alors que son bateau est en train de sombrer. Et tout à l'heure, après avoir écrit la phrase de Borges au début de ce chapitre, j'ai pensé que le geste de Suárez était un geste borgésien et cette scène, une scène borgésienne, parce que je me suis souvenu d'Alan Pauls qui, dans un essai sur Borges, dit que le duel est l'ADN des contes de Borges, son empreinte digitale, et je me suis dit que, contrairement au faux duel que s'étaient inventé autrefois Adolfo Suárez et Santiago Carrillo, cette scène est un duel authentique, c'est-à-dire un duel entre des hommes armés et des hommes qui ne le sont pas, c'est-à-dire une extase, une transe vertigineuse, une hallucination, une seconde extirpée au temps qui passe, "une suspension du monde", comme dit Pauls, "un bloc de vie arraché au contexte de la vie[6]", un trou minuscule et éblouissant qui repousse toutes les explications ou peut-être les contient toutes, comme si, en effet, il suffisait de savoir regarder pour voir dans cet instant éternel le chiffre exact du 23 février, ou comme si, mystérieusement, dans cet instant éternel, non seulement Suárez, mais aussi tout le pays avait su une fois pour toutes qui il était.

Je ne sais pas : je pourrais peut-être prolonger indéfiniment ce livre et tirer une infinité de sens du geste de Suárez sans en épuiser le sens ou sans frôler ou entrevoir son sens réel. Je ne sais pas. Je me dis parfois que tout cela n'est qu'une erreur, une élucubration ajoutée aux innombrables élucubrations qui existent autour du 23 février, la dernière et la plus insidieuse : si on accepte l'idée que ce qui est réellement énigmatique n'est pas ce qui n'a été vu de personne, mais ce que tout le monde a vu et que personne n'arrive à comprendre complètement, alors le geste de Suárez ne contient peut-être aucun secret ni aucun sens réel, ou du moins pas plus que ceux contenus dans tout autre geste, tous inépuisables ou inexplicables ou absurdes, telles des flèches tirées dans des directions infinies. Mais parfois, en réalité la plupart du temps, je me dis que tel n'est pas le cas : les gestes de Gutiérrez Mellado et de Santiago Carrillo sont limpides, ils sont épuisables, explicables, intelligibles, c'est du moins ce que nous ressentons ; le geste de Suárez ne l'est pas : si on ne se demande pas ce qu'il signifie, on comprend ce qu'il signifie ; mais si on se demande ce qu'il signifie, on ne comprend pas ce qu'il signifie. C'est pourquoi le geste de Suárez n'est pas un geste limpide, mais un geste transparent : un geste porteur de sens car en soi, il ne signifie rien, un geste qui ne contient rien mais à travers lequel, comme à travers une vitre, nous nous sentons capables de tout voir – nous pourrions voir Adolfo Suárez, le 23 février, l'histoire récente de l'Espagne, peut-être un visage qui est notre véritable visage –, un geste d'autant plus troublant que son secret le plus enfoui consiste dans le fond à ne pas avoir de secret. A moins, bien évidemment, qu'avant d'être une erreur ou une bonne réponse, tout cela ne soit qu'un grand malentendu, et qu'interroger le sens du geste de Suárez ne revienne pas à formuler une question légitime, ou une fausse question, ou une question sans réponse, mais uniquement à formuler une question essentiellement ironique dont la véritable réponse est la question elle-même. A moins, je veux dire, que le défi que je me suis lancé au moment d'écrire ce livre, en essayant de répondre par la réalité à ce que je n'avais pas su et à quoi je n'avais pas voulu répondre par la fiction, ne soit pas un défi perdu d'avance, et que la réponse à cette question – la seule réponse possible à cette question – ne soit pas un roman.

4

"La Transition fait déjà partie de l'Histoire, écrivit en 1996 le sociologue Juan J. Linz. Aujourd'hui, elle n'est plus un objet de débat ou de lutte politique[7]." Une décennie après, Linz n'aurait pas pu prétendre la même chose : depuis, la Transition est non seulement un objet de débat, mais aussi – de manière parfois implicite, parfois explicite – un objet de lutte politique. Il me vient à l'esprit que ce changement est la conséquence d'au moins deux phénomènes : le premier est l'arrivée au pouvoir politique, économique et intellectuel d'une génération de gauche, la mienne, qui n'avait pas activement pris part au passage de la dictature à la démocratie, et qui considère que ce passage a été mal fait, ou qu'il aurait pu mieux se faire ; le second est le renouvellement dans les centres du pouvoir intellectuel d'un vieux discours d'extrême gauche selon lequel la Transition avait été le fruit d'une tromperie négociée entre les franquistes désireux de rester coûte que coûte au pouvoir, menés par Adolfo Suárez, et des gens de gauche assujettis, menés par Santiago Carrillo, une tromperie dont le résultat ne fut pas une véritable rupture avec le franquisme car le pouvoir réel du pays demeurait entre les mains qui l'avaient usurpé tout au long de la dictature, configurant ainsi une démocratie émoussée et insuffisante, défectueuse*. Entre une bonne conscience aussi granitique que celle des putschistes du 23 février, une nostalgie irrépressible des certitudes de l'autoritarisme et parfois la simple méconnaissance de l'Histoire récente, les deux phénomènes courent le risque d'attribuer le monopole de la Transition à la droite – laquelle s'est empressée d'accepter ce

* A ces deux phénomènes, un philosophe pourrait en ajouter un autre, moins circonstanciel et probablement plus profond : la capacité croissante des êtres humains à être insatisfaits, fruit paradoxal de la capacité croissante des sociétés occidentales à satisfaire nos besoins. "Quand les progrès culturels sont réellement un succès et qu'ils éliminent le mal, ils suscitent rarement de l'enthousiasme, écrit Odo Marquard. On les considère plutôt comme naturels, et l'attention se centre sur les maux qui demeurent. C'est ainsi qu'agit la loi de l'importance grandissante de ce qui reste : plus la négativité disparaît de la réalité, plus irritante semble la négativité qui reste, précisément parce qu'elle diminue[8]."

rôle en glorifiant cette époque dans des proportions ridicules, c'est-à-dire en la mythifiant –, alors que la gauche, cédant au double chantage d'une jeunesse narcissique et d'une gauche ultramontaine, semble par moments prête à se désintéresser de la Transition comme on se désintéresse d'un héritage qui gêne.

Je crois que c'est une erreur. Même si on ne connut pas cette joie particulière qui aurait accompagné l'écroulement instantané d'un régime d'épouvantes, la rupture avec le franquisme fut néanmoins une rupture authentique. Pour y parvenir, la gauche a fait de nombreuses concessions, mais faire de la politique suppose de faire des concessions, parce qu'elle consiste à céder sur l'accessoire pour ne pas céder sur l'essentiel ; la gauche céda sur l'accessoire, mais les franquistes cédèrent, eux, sur l'essentiel : le franquisme disparut et ils furent obligés de renoncer au pouvoir absolu qu'ils avaient détenu pendant presque un demi-siècle. La justice, certes, ne s'est pas faite pleinement, la légitimité républicaine violée n'a pas été restaurée, les responsables de la dictature n'ont pas été jugés, ses victimes n'ont été ni immédiatement ni complètement dédommagées, pourtant on a construit une démocratie qu'il aurait été impossible de construire si l'objectif prioritaire n'avait pas été celui de construire l'avenir mais – *Fiat iustitia et pereat mundus* – celui de corriger le passé : le 23 février 1981, au moment où les libertés ne semblaient plus menacées après quatre ans de gouvernement démocratique, l'armée tenta un coup d'Etat qui faillit réussir, ainsi est-il facile d'imaginer quelle aurait pu être la durée de vie de la démocratie si quatre ans plus tôt, à ses tout débuts, un gouvernement avait décidé de pleinement imposer la justice, quitte à faire périr le monde autour de lui. Il est aussi vrai que le pouvoir politique et économique ne changea pas de mains du jour au lendemain – cela ne se serait probablement pas plus produit si, au lieu d'une rupture négociée avec le franquisme, une rupture frontale avait eu lieu – mais il est évident que celui-ci commença immédiatement à se soumettre aux restrictions imposées par le nouveau régime, ce qui au bout de cinq ans provoqua l'arrivée de la gauche au gouvernement et, bien longtemps avant, le début de la réorganisation en profondeur du pouvoir économique. Cela étant, affirmer que le système politique issu de cette époque-là n'est pas une démocratie parfaite est un truisme : peut-être que la dictature parfaite existe – elles aspirent toutes à l'être et, d'une certaine façon, elles ont toutes l'impression de l'être –, mais la démocratie parfaite n'existe pas car ce qui définit une véritable démocratie est son caractère flexible, ouvert, malléable – c'est-à-dire toujours perfectible –, ainsi seule est parfaite une démocratie qui est perfectible à l'infini. La démocratie espagnole n'est pas parfaite, mais elle est une vraie démocratie, pire que certaines et meilleure que bien d'autres, quoi qu'il en soit, bien plus solide et plus profonde que la démocratie fragile que le général Franco avait renversée par la force. Tout cela fut essentiellement une victoire pour l'antifranquisme, une victoire pour l'opposition démocratique, une victoire pour la gauche qui obligea les franquistes à comprendre que le franquisme n'avait d'autre avenir que son extinction complète. Suárez l'a immédiatement compris et a agi en conséquence ; nous lui devons tout cela ; tout cela et aussi, essentiellement, ce qui saute aux yeux : la période la plus longue de liberté que l'Espagne ait connue dans son histoire. Car les trente dernières années n'ont été que cela. Le nier est nier la réalité, ce vice suranné d'une certaine gauche encore gênée par la démocratie, et de certains intellectuels qui ont du mal à s'affranchir de l'abstraction et que leur quête d'absolu empêche d'associer les idées à l'expérience. Enfin, le franquisme fut une histoire malheureuse, mais sa fin ne l'a pas été. Elle aurait pu l'être : la preuve en est qu'au milieu des années 1970, bon nombre d'analystes étrangers parmi les plus lucides prédisaient une issue catastrophique à la dictature ; la meilleure preuve en est peut-être le 23 février. Cela aurait pu être une catastrophe, mais cela ne le fut pas, et je ne vois aucune raison pour nous, qui ne sommes pas intervenus dans cette histoire car nous étions alors trop jeunes, de ne pas nous en réjouir ; ni de penser que, si nous avions été en âge d'intervenir, nous aurions commis moins d'erreurs que nos pères.

5

Le 17 juillet 2008, la veille du jour où Adolfo Suárez apparut pour la dernière fois dans les journaux, photographié dans le jardin de sa maison de La Florida en compagnie du roi – alors qu'il semblait mort depuis longtemps déjà ou que tout le monde parlait de lui en ces termes –, j'enterrai mon père. Il avait soixante-dix-neuf ans, trois ans de plus que Suárez, et il était mort la veille dans sa maison, assis dans son éternel fauteuil, paisiblement et sans douleur, peut-être sans comprendre qu'il était en train de mourir. Comme Suárez, c'était un homme commun : il venait d'une riche famille sur le déclin installée depuis des temps immémoriaux dans sa propriété d'un village d'Estrémadure, il avait étudié à Cordoue avant d'émigrer dans les années 1960 en Catalogne ; il ne buvait pas, il avait été un fumeur impénitent, mais il ne l'était plus ; jeune, il avait appartenu à l'Action catholique et avait été phalangiste ; il avait aussi été un beau jeune homme, sympathique, prétentieux, coureur de jupons et joueur, un bon danseur de bals populaires, mais je jurerais qu'il n'avait jamais été un fanfaron. Il fut, ça oui, un vétérinaire compétent, et je suppose qu'il aurait pu gagner de l'argent, mais il ne l'a pas fait, ou du moins pas plus que ce qu'il fallait pour faire vivre sa famille et pour permettre à trois de ses cinq enfants de faire des études. Il avait peu d'amis, il n'avait pas de passe-temps, il ne voyageait pas et, pendant les quinze dernières années de sa vie, il vécut de sa pension de retraité. Comme Suárez, il était brun, mince, élégant, frugal, transparent ; contrairement à Suárez, il avait tâché de passer inaperçu, et je crois qu'il y était parvenu. Je n'aurai pas la présomption de dire qu'il n'avait jamais triché au cours de cette époque frauduleuse, mais je peux affirmer que, pour autant que je sache, il était unanimement considéré comme un homme honnête.

Nous nous sommes toujours bien entendus, sauf, fatalement, durant mon adolescence. Je crois que j'avais alors un peu honte d'être son fils, je crois qu'il en était ainsi parce que je m'imaginais que j'étais meilleur que lui, ou que j'allais le devenir. Nous ne discutions pas beaucoup mais, quand cela nous arrivait, c'était de politique, ce qui semble curieux, vu que mon père ne s'y intéressait pas outre mesure et moi non plus. J'en déduis que c'était notre manière de communiquer à cette époque où nous n'avions pas grand-chose à nous dire, et où il ne nous était pas facile de communiquer. J'ai dit au début de ce livre que mon père était suariste, de même que ma mère, et que je méprisais Suárez, un collaborationniste du franquisme, un foutriquet ignorant et superficiel qui avait eu de la chance et qui, à coups d'intrigues, avait réussi à prospérer dans la démocratie ; il est possible que j'aie pensé à peu près la même chose de mon père, et que ce soit la raison pour laquelle j'avais un peu honte d'être son fils. Toujours est-il que la plupart de nos discussions finissaient par des cris, si ce n'est par des claquements de porte (mon père, par exemple, s'indignait des assassinats de l'ETA et les trouvait horrifiants ; je n'étais pas favorable à l'ETA, du moins pas trop, mais je considérais que la faute en revenait entièrement à Suárez qui ne laissait pas à l'ETA d'autre option que de tuer) ; il est aussi vrai qu'une fois l'adolescence passée, nous avons cessé de discuter. Nous avons pourtant continué à parler de politique, à force de feindre de l'intérêt pour elle je suppose que nous avions fini par nous y intéresser pour de vrai. Quand Suárez se retira, mon père continua d'être suariste, il votait à droite et quelquefois à gauche et, si nous n'avons pas cessé d'être en désaccord, nous avons aussi découvert qu'il valait mieux qu'il en soit ainsi, parce que la conversation durait plus longtemps. En réalité, la politique finit par devenir notre principal sujet de conversation, pour ne pas dire exclusif ; je ne me souviens pas d'avoir souvent discuté avec lui de son travail ou de mes livres : mon père ne lisait pas de romans et, bien que j'aie appris qu'il lisait les miens, qu'il était fier que je sois écrivain, et qu'il découpait et archivait les articles qui paraissaient sur moi dans les journaux, je ne l'ai jamais entendu se prononcer sur aucun de mes livres. Les dernières années, il perdit peu à peu son intérêt pour tout, y compris pour la politique, mais son intérêt pour mes livres augmenta, ou telle était mon impression, et quand j'ai commencé à écrire celui-ci, je lui ai raconté de quoi il parlait (je ne lui ai pas menti : je lui ai dit qu'il parlait du geste d'Adolfo Suárez et pas du coup d'Etat du 23 février, parce que depuis le début j'ai voulu imaginer que le geste d'Adolfo Suárez contenait en tant que chiffre le 23 février) ; il me regarda : pendant un instant, j'ai cru qu'il allait faire un commentaire, qu'il se mettrait à pleurer ou à éclater de rire, mais il a seulement esquissé une moue absente, peut-être moqueuse, je n'en suis pas sûr. Plus tard, dans les derniers mois de sa maladie, quand il ne lui restait plus que la peau sur les os et qu'il pouvait à peine encore bouger et parler, j'ai continué à lui raconter des détails de ce livre. Je lui parlais des années du changement politique, du 23 février, des faits ou des personnages sur lesquels, des années plus tôt, nous avions abondamment discuté ; à présent, il m'écoutait de manière distraite, je lui posais parfois des questions auxquelles il ne répondait pas. Mais un soir, après que je lui ai demandé pourquoi lui et ma mère avaient eu confiance en Suárez, il sembla tout d'un coup se réveiller de sa léthargie et, tout en essayant en vain de se redresser dans son fauteuil, il me regarda de ses yeux exorbités et il bougea nerveusement ses mains squelettiques, presque avec fureur, comme si cet emportement pouvait lui redonner pour un moment son autorité paternelle ou me ramener à l'adolescent que j'avais été, ou comme si nous avions passé toute notre vie empêtrés dans une discussion absurde et que s'était enfin présentée l'occasion d'y mettre un terme. "Parce qu'il était comme nous", dit-il avec ce qui lui restait de voix. J'allais lui demander ce qu'il voulait dire par là, mais il ajouta : "Il était du peuple, il avait été dans la Phalange, dans l'Action catholique, il ne ferait rien de mal, tu comprends, non ?"

J'ai compris. Je crois que, ce jour-là, j'ai compris. Ainsi, quelques mois plus tard, quand sa mort et la résurrection d'Adolfo Suárez dans les journaux formèrent la dernière symétrie, la dernière figure de cette histoire, je n'ai pas pu ne pas me demander si j'avais commencé à écrire ce livre non pour essayer de comprendre Adolfo Suárez ou un geste d'Adolfo Suárez, mais pour essayer de comprendre mon père, si je continuais à l'écrire pour continuer à parler avec mon père, si j'avais voulu le terminer pour que mon père le lise et qu'il sache que j'avais fini par comprendre, que j'avais compris que je n'avais pas si raison que cela et qu'il n'avait pas si tort que cela, que je ne suis pas meilleur que lui et que je ne le serai jamais.

BIBLIOGRAPHIE

La plupart des informations dont j'ai disposé pour écrire ce livre proviennent des entretiens que j'ai réalisés pendant trois ans avec les témoins et les protagonistes du coup d'Etat et de la transition politique. Quant aux sources écrites, il faut rappeler que le Tribunal suprême n'autorise pas la consultation de l'instruction du procès qui suivit le 23 février : il ne l'autorisera que vingt-cinq ans après la mort des inculpés ou cinquante ans après le coup d'Etat ; néanmoins, de nombreux juristes qui prirent part au procès possèdent des copies des dépositions des témoins et des accusés, et d'importants extraits en ont été publiés dans différents livres, notamment dans ceux de Juan Blanco (*23-F. Crónica fiel de un golpe anunciado*, Madrid, Fuerza Nueva, 1995), Julio Merino (*Tejero. 25 años después*, Madrid, Espejo de Tinta, 2006), Juan Alberto Perote (*23-F. Ni Milans ni Tejero. El informe que se ocultó*, Madrid, Foca, 2001), Manuel Rubio (*23-F. El proceso : del sumario a la sentencia*, Barcelone, Libros Ceres, 1982) et Santiago Segura et Julio Merino (*Jaque al Rey*, Barcelone, Planeta, 1983). De plus, la sentence du tribunal qui jugea les faits du 23 février est reproduite dans certains livres comme celui de José Luis Martín Prieto (*Técnica de un golpe de estado*, Barcelone, Planeta, 1982, p. 335-385), celui de José Oneto (*La Verdad sobre el caso Tejero*, Barcelone, Planeta, 1982, p. 381-406) ou celui de Manuel Rubio (*23-F. El proceso*, p. 631-704).

Je donne ci-après les titres de quelques ouvrages qui m'ont particulièrement été utiles pour la rédaction du mien en les regroupant par thèmes, et j'ajoute à cette bibliographie succincte quelques notes qui n'ont d'autre but que de spécifier la provenance des citations et, exceptionnellement, d'apporter quelques éclaircissements sur des aspects particulièrement douteux ou polémiques.

OUVRAGES D'ORDRE GÉNÉRAL

AA.VV., *Tiempo de transición*, Madrid, Fundación Pablo Iglesias, 2007.

AGÜERO, Felipe, *Militares, civiles y democracia*, Madrid, Alianza, 1995.

ALONSO-CASTRILLO, Silvia, *La Apuesta del centro : historia de la UCD*, Madrid, Alianza, 1996.

ATTARD, Emilio, *Vida y muerte de UCD*, Barcelone, Planeta, 1983.
CALVO SOTELO, Leopoldo, *Memoria viva de la transición*, Barcelone, Plaza y Janés, 1990.
COLOMER, Josep Maria, *La Transición a la democracia : el modelo español*, Barcelone, Anagrama, 1998.
FERNÁNDEZ MIRANDA, Pilar et Alfonso, *Lo que el Rey me ha pedido. Torcuato Fernández Miranda y la reforma política*, Barcelone, Plaza y Janés, 1995.
FRAGA, Manuel, *En busca del tiempo servido*, Barcelone, Planeta, 1981.
GUERRA, Alfonso, *Cuando el tiempo nos alcanza. Memorias*, Madrid, Espasa Calpe, 2004.
HERRERO Y RODRÍGUEZ DE MIÑÓN, Miguel, *Memorias de estío*, Madrid, Temas de Hoy, 1993.
– (éd.), *La Transición democrática en España*, Bilbao, Fundación BBVA-Fundaçao Mario Soares, 1999.
JULIÁ, Santos, Javier PRADERA, et Joaquín PRIETO (coord.), *Memoria de la transición*, Madrid, Taurus, 1996.
– *Los Socialistas en la política española, 1879-1982*, Madrid, Taurus, 1987.
LINZ, Juan J., et Alfred STEPAN, *Problems of Democratic Transition and Consolidation. Southern Europe, South America, and Post Communist Europe*, Baltimore, John Hopkins University Press, 1996.
OSORIO, Alfonso, *Trayectoria de un ministro de la Corona*, Barcelone, Planeta, 1980.
PREGO, Victoria, *Así se hizo la transición*, Barcelone, Plaza y Janés, 1995.
– *Diccionario de la transición*, Barcelona, Debolsillo, 2003.
SÁNCHEZ NAVARRO, Ángel J., *La Transición española en sus documentos*, Madrid, Centro de Estudios Políticos y Constitucionales, 1988.
SARTORIUS, Nicolás, et Alberto SABIO, *El Final de la dictadura. La conquista de la democracia en España (noviembre de 1975-junio de 1977)*, Madrid, Temas de Hoy, 2007.
SERRA, Narcís, *La Transición militar*, Barcelone, Debate, 2008.
SINOVA, Justino (éd.), *Historia de la transición*, 2 vol., Madrid, Diario 16, 1984.
TUSELL, Javier, et Álvaro SOTO, *Historia de la transición, 1975-1986*, Madrid, Alianza, 1996.
– *La Transición a la democracia (España, 1975-1982)*, Madrid, Espasa Calpe, 2007.

OUVRAGES SUR LE 23 FÉVRIER

AGUILAR, Miguel Ángel, Julio BUSQUETS, et Ignacio PUCHE, *El Golpe. Anatomía y claves del asalto al Congreso*, Barcelone, Ariel, 1981.
ARMADA, Alfonso, *Al servicio de la Corona*, Barcelone, Planeta, 1983.
BLANCO, Juan, *23-F. Crónica fiel de un golpe anunciado*, Madrid, Fuerza Nueva, 1995.
CALDERÓN, Javier, et Florentino RUIZ PLATERO, *Algo más que el 23-F*, Madrid, La Esfera de los Libros, 2004.

CERNUDA, Pilar, Fernando JÁUREGUI, et Miguel Ángel MENÉNDEZ, *23-F. La conjura de los necios*, Madrid, Foca, 2001.
COLECTIVO DEMOCRACIA, *Los Ejércitos más allá del golpe*, Barcelone, Planeta, 1981.
CUENCA TORIBIO, José Manuel, *Conversaciones con Alfonso Armada*, Madrid, Actas, 2001.
FERNÁNDEZ LÓPEZ, Javier, *El Rey y otros militares. Los militares en el cambio de régimen político en España (1969-1982)*, Madrid, Trotta, 1998.
– *Diecisiete horas y media. El enigma del 23-F*, Madrid, Taurus, 2000.
FUENTES GÓMEZ DE SALAZAR, Eduardo, *El Pacto del capó*, Madrid, Temas de Hoy, 1994.
GARCÍA ESCUDERO, José María, *Mis siete vidas. De las brigadas anarquistas a juez del 23-F*, Barcelone, Planeta, 2005.
MARTÍN PRIETO, José Luis, *Técnica de un golpe de estado*, Barcelone, Planeta, 1982.
PALACIOS, Jesús, *23-F. El golpe del CESID*, Barcelone, Planeta, 2001.
PARDO ZANCADA, Ricardo, *23-F. La pieza que falta*, Barcelone, Plaza y Janés, 1998.
PRIETO, Joaquín, et José Luis BARBERÍA, *El Enigma del Elefante. La conspiración del 23-F*, Madrid, Aguilar, 1991.
URBANO, Pilar, *Con la venia... yo indagué el 23-F*, Madrid, Argos Vergara, 1982.

SUR ADOLFO SUÁREZ

ABELLA, Carlos, *Adolfo Suárez*, Madrid, Espasa Calpe, 1997.
GARCÍA ABAD, José, *Adolfo Suárez. Una tragedia griega*, Madrid, La Esfera de los Libros, 2005.
HERRERO, Luis, *Los que le llamábamos Adolfo*, Madrid, La Esfera de los Libros, 2007.
MELIÀ, Josep, *Así cayó Adolfo Suárez*, Barcelone, Planeta, 1981.
– *La Trama de los escribanos del agua*, Barcelone, Planeta, 1983.
MORÁN, Gregorio, *Adolfo Suárez. Historia de una ambición*, Barcelone, Planeta, 1979.
POWELL, Charles, et Pere BONNIN, *Adolfo Suárez*, Barcelone, Ediciones B, 2004.
SUÁREZ, Adolfo, *Fue posible la concordia*, éd. Abel Hernández, Madrid, Espasa Calpe, 1996.

SUR MANUEL GUTIÉRREZ MELLADO

GUTIÉRREZ MELLADO, Manuel, *Un soldado de España, conversaciones con Jesús Picatoste*, Barcelone, Argos Vergara, 1983.

PUELL DE LA VILLA, Fernando, *Manuel Gutiérrez Mellado. Un militar del siglo XX (1912-1995)*, Madrid, Biblioteca Nueva, 1997.

SUR SANTIAGO CARRILLO

CARRILLO, Santiago, *El Año de la peluca*, Barcelone, Ediciones B, 1987.
– *Memorias*, Barcelone, Planeta, 1993.
CLAUDÍN, Fernando, *Santiago Carrillo. Crónica de un secretario general*, Barcelone, Planeta, 1983.
MORÁN, Gregorio, *Miseria y grandeza del partido comunista de España. 1939-1985*, Barcelone, Planeta, 1986.

SUR LE ROI

POWELL, Charles T., *El Piloto del cambio. El Rey, la monarquía y la transición a la democracia*, Barcelone, Planeta, 1991.
PRESTON, Paul, *Juan Carlos. El Rey de un pueblo*, Barcelone, Círculo de Lectores, 2006.
VILALLONGA, José Luis de, *El Rey*, Barcelone, Plaza y Janés, 1993.

SUR LES SERVICES DE RENSEIGNEMENTS

CERNUDA, Pilar, Joaquín BARDAVÍO, et Fernando JÁUREGUI, *Servicios secretos*, Barcelone, Plaza y Janés, 2000.
DÍAZ FERNÁNDEZ, Antonio M., *Los Servicios de inteligencia españoles : desde la guerra civil hasta el 11-M. Historia de una transición*, Madrid, Alianza, 2005.
PEROTE, Juan Alberto, *23-F. Ni Milans ni Tejero. El informe que se ocultó*, Madrid, Foca, 2001.

NOTES

PROLOGUE. ÉPILOGUE D'UN ROMAN (p. 11-23)

1. L'enquête en question, dans Umberto Eco, "Erase una vez Churchill", *El Mundo*, 20-3-2008.

2. L'article s'intitule "La tragedia y el tiempo", *La Repubblica*, 23-2-2006, repris dans *La Verdad de Agamenón*, Barcelone, Tusquets, 2006, p. 39-42.

3. La déclaration institutionnelle du Congrès se trouve dans Amadeo Martínez Inglés, *Juan Carlos I, el último Borbón*, Barcelone, Styra, 2007, p. 264.

4. Jorge Luis Borges, "Biografía de Tadeo Isidoro Cruz", dans *El Aleph*, dans *Obras completas*, vol. II, Barcelone, Círculo de Lectores, 1992, p. 155.

5. Julián Marías, *Una vida presente*, Madrid, Páginas de Espuma, 2008, p. 740.

PREMIÈRE PARTIE. LE PLACENTA DU COUP D'ÉTAT (p. 25-91)

1. Hans Magnus Enzensberger, "Los héroes de la retirada", *El País*, 25-12-1989.

2. Leopoldo Calvo Sotelo, *Memoria viva de la transición*, p. 52.

3. Alfonso Guerra, *Cuando el tiempo nos alcanza*, p. 297.

4. Fernando Alvarez de Miranda fut l'un des visiteurs de la Moncloa auxquels Suárez fit une affirmation de ce genre, *Del "contubernio" al consenso*, Barcelone, Planeta, 1985, p. 145.

5. Entretien d'Hemingway avec Dorothy Parker, "The Artist Reward", *The New Yorker*, 30-11-1929, p. 20.

6. Albert Camus, *L'Homme révolté*, dans *Essais*, éd. Roger Quillot et Louis Faucon, Paris, Gallimard, 1965, p. 423.

7. Josep Melià, *La Trama de los escribanos del agua*, p. 55-56. L'hypothèse de Melià – selon laquelle la première chose à laquelle Suárez pensa en entendant les tirs des gardes civils fut la une des journaux du lendemain – est corroborée par différents témoignages de Suárez

lui-même : voir Luis Herrero, *Los que le llamábamos Adolfo*, p. 224-225, ou Jorge Trías Sagnier, "La cacería de Suárez y el 23 de febrero", ABC, 23-2-2009, qui fait allusion à l'ébauche d'un projet resté inédit des Mémoires de Suárez, actuellement dans les archives personnelles d'Eduardo Navarro, l'un des collaborateurs les plus fidèles et les plus proches de l'ex-président.

8. Leopoldo Calvo Sotelo, *Memoria viva de la transición*, p. 26.

9. Voir par exemple le reportage télévisé de Victoria Prego ("Asalto a la democracia", dans *El Camino de la libertad*, Barcelone, Planeta/De Agostini, 2008), où il dit littéralement : "J'étais le président du gouvernement et je n'avais absolument pas envie de me mettre à terre, tout simplement parce que j'étais président du gouvernement. Et un président de gouvernement ne doit pas le faire. Je comprends parfaitement les autres [ceux qui se sont mis à terre] ; je l'aurais probablement fait moi aussi si je n'avais pas été président du gouvernement. Mais j'étais président du gouvernement."

10. Pablo Castellano, député du PSOE, écrit par exemple : "Quand Tejero fit irruption dans la Chambre des députés, j'eus l'impression que nous étions très peu nombreux à être surpris et, quelle que soit notre appartenance politique, à ne pas connaître le sujet parfaitement bien", *Yo sí me acuerdo. Apuntes e historias*, Madrid, Temas de Hoy, 1994, p. 344.

11. Juan Blanco, *23-F. Crónica fiel...*, p. 131.

12. Entretien de Suárez avec Sol Alameda ; voir Santos Juliá *et al.* (coord.), *Memoria de la transición*, p. 454.

13. La première citation de Franco, dans *Discursos et mensajes del jefe del estado. 1968-1970*, Madrid, Publicaciones españolas, 1971, p. 108 ; la seconde, dans *Discursos y mensajes del jefe del estado, 1960-1963*, Madrid, Publicaciones españolas, 1964, p. 397. Quant à la phrase de Jesús Fueyo, voir *Pueblo*, 24-11-1966, cité par Juan Pablo Fusi, *España, de la dictadura a la democracia*, Barcelone, Planeta, 1979, p. 236. Le testament de Franco peut être lu dans Stanley G. Payne, *El Régimen de Franco*, Madrid, Alianza Editorial, 1987, p. 649.

14. Je tire les deux premières informations de Mariano Torcal Loriente, "El origen et la evolución del apoyo a la democracia en España", *Revista española de ciencias políticas*, n° 18, avril 2008, p. 50, et la troisième de Joaquín Prieto, *El País*, 28-10-2007.

15. C'est le 14 juin 1979 que Tarradellas parla pour la première fois de la nécessité d'un coup de gouvernail ; voir Juan Blanco, *23-F. Crónica fiel...*, p. 49 ; la citation entre guillemets provient d'*El Alcázar*, 4-7-1980 ; mais le premier dimanche du mois de mai de cette dernière année, l'ex-président catalan avait déjà déclaré à *El País* : "Si on ne donne pas un coup de gouvernail fort et rapide, il faudra utiliser le bistouri." Cité par Santiago Segura et Julio Merino, *Las Vísperas del 23-F*, Barcelone, Plaza y Janés, 1984, p. 286.

16. Joaquín Aguirre Bellver, "Al galope", *El Alcázar*, 2-12-1980, recueilli dans *El Ejército calla*, Madrid, Ediciones Santafé, 1981, p. 129-130. Sur

les différentes opérations politiques mentionnées, voir par exemple Xavier Domingo, "Areilza aspira a la Moncloa", *Cambio 16*, n° 456, 31-8-1980, p. 19-21 ; Miguel Angel Aguilar, "Sectores financieros, militares y eclesiásticos proponen un «Gobierno de gestión» con Osorio", *El País*, 27-11-1980 ; José Oneto, "La otra Operación", *Cambio 16*, n° 470, 1-12-1980, p. 21.

17. Pilar Urbano, *ABC*, 3-12-1980.

18. Fernando Latorre, sous le pseudonyme de Merlín, dans sa rubrique habituelle "Las Brujas", *Heraldo español*, 7-8-1980.

19. Les trois articles d'Almendros, publiés tous les trois dans *El Alcázar*, sont : "Análisis político del momento militar", 17-12-1980 ; "La hora de las otras instituciones", 22-1-1981 ; et "La decisión del mando supremo", 1-2-1981.

20. Fernando de Santiago, "Situación límite", *El Alcázar*, 8-2-1981.

21. Antonio Izquierdo, sous le pseudonyme de Telémetro, "La guerra de las galaxias", *El Alcázar*, 24-1-1981.

22. Manuel Fraga, *En busca del tiempo servido*, p. 232. Le rapport de l'indicateur de police est évoqué par Prieto et Barbería, dans *El Enigma del Elefante*, p. 233. L'article de *Spic* est repris par Pilar Urbano, dans *Con la venia...*, p. 363.

23. Emilio Romero, "Las tertulias de Madrid", *ABC*, 31-1-1981.

24. Francisco Medina, *23-F. La verdad*, Barcelone, Plaza y Janés, 2006, p. 89-117. La citation d'Armada, dans *Al servicio de la Corona*, p. 92. Des doutes sur la complicité entre Anson et Armada commencèrent en réalité à circuler immédiatement après le coup d'Etat ; voir José Luis Gutiérrez, "Armada & Anson", *Diario 16*, 2-3-1981. Quant au gouvernement Armada, voir la note en bas de la page 320. Sur le rapport entre Suárez et Anson, voir Gregorio Morán, *Adolfo Suárez*, p. 40-42, 189, 297-298 et 305-306, et Luis María Anson, *Don Juan*, Barcelone, Plaza y Janés, 1994, p. 403.

25. Manuel Fraga, *En busca del tiempo servido*, p. 225-226 (le 22 novembre : "D'une source sûre me vient l'information que le général Armada serait prêt à présider un gouvernement de concentration") ou p. 231 (le 3 février : "Déjeuner politique lors duquel on souligne l'importance de la promotion d'Armada [devenu deuxième chef d'état-major], que plusieurs personnes encouragent à devenir «la solution»").

26. Juan de Arespocochaga, *Carta a unos capitanes*, Madrid, CYAN, 1994, p. 274-275.

27. Juan Blanco, *23-F. Crónica fiel...*, p. 135.

28. C'est ce qu'affirme Juan de Arespacochaga, *Carta à unos capitanes*, p. 274. Voir aussi, par exemple, Cernuda, Jáuregui et Menéndez, *23-F. La conjura de los necios*, p. 191 ; ou Palacios, *23-F. El golpe del CESID*, p. 385.

29. La version d'Armada quant à son entretien avec Múgica, dans *Al servicio de la Corona*, p. 224 ; la version de Múgica, dans *El Socialista*, 11-17 mars 1981, et dans *El País*, 13-3-1981. Armada prétend avoir notifié l'entretien à son capitaine général qui, de son côté, en informa la Zarzuela, et celle-ci, Suárez : voir Prieto et Barbería, *El Enigma del Elefante*, p. 92.

Quelque temps après, Múgica raconta à Leopoldo Calvo Sotelo que, lors de la réunion de Lérida, Armada avait expliqué son idée de gouvernement de concentration et qu'au moment où le général se demandait qui pouvait le présider, Raventós l'interrompit : "Comment ça, qui va le présider ? Toi, évidemment." Entretien de Rosa Montero avec Calvo Sotelo, dans Santos Julía *et al.* (coord.), *Memoria de la transición*, p. 522. Quant aux contacts des socialistes avec les chefs des partis minoritaires – à savoir le PNV et la Convergènica i Unió –, voir Prieto et Barbería, *El Enigma del Elefante*, p. 93-96, ou Antxon Sarasqueta, *De Franco a Felipe*, Barcelone, Plaza y Janés, 1984, p. 137. L'entretien entre Jordi Pujol et un membre du PSOE est évoqué dans l'ouvrage d'Andreu Farràs et Pere Cullell, *El 23-F a Catalunya*, Barcelone, Planeta, 1998, p. 53-54. Sur les rumeurs de la nouvelle motion de censure du PSOE et de son entrée dans un gouvernement de concentration, voir simplement le chapitre 10 de cette même partie et la note en bas de la page 72.

30. En voici un exemple : le 9 janvier, Múgica donne une conférence dans le Club du XXIe siècle en présence d'importants hommes politiques de droite et du centre, impliqués dans différentes opérations contre le président du gouvernement – notamment Alfonso Osorio et Miguel Herrero de Miñón ; d'après la chronique de Miguel Angel Aguilar pour *El País*, le dirigeant socialiste y "décrivit les conditions qui devraient être réunies pour que le pouvoir légitimement constitué soit obligé de faire appel à ses armées afin d'assurer les droits des personnes et la sécurité de l'Etat" ; aussi, il "fit une digression constitutionnelle à travers l'article 116 qui concerne la proclamation de l'état de siège et les garanties qui doivent l'entourer".

31. Carlos Abella, *Adolfo Suárez*, p. 421.

32. Les relations entre Suárez et Abril Martorell étaient pourtant déjà très détériorées et il est probable que, de toute façon, Suárez n'aurait pas tardé à se débarrasser de son vice-président ; voir Carlos Abella, *Adolfo Suárez*, p. 432-434 ; Luis Herrero, *Los que llamábamos Adolfo*, p. 196 ; et Julia Navarro, *Nosotros, la transición*, Madrid, Temas de Hoy, 1995, p. 17.

33. L'article de Miguel Herrero de Miñón s'intitule "Sí, pero…", *El País*, 18-9-1980, dans *Memorias de estío*, p. 211-213.

34. Voir par exemple les articles de Fernando Reinlein et Abel Hernández, respectivement dans *Diario 16* et *Ya*, publiés le 24 janvier. Reinlein écrit : "L'offensive extrémiste contre les institutions démocratiques peut donner son appui à une alternative molle d'involution […]. Il y a quelques jours, des cercles politiques firent savoir à *Diario 16* qu'ils avaient évalué les deux alternatives d'involution, l'une «molle» et l'autre «dure» […]. Selon ces sources, une fois la seconde hypothèse écartée car peu viable et inutile, la première pourrait demeurer présente dans de nombreux esprits." Hernández fait sans doute allusion à cette dernière possibilité quand il dit que, "selon des sources dignes de foi", on considère sérieusement l'hypothèse d'un gouvernement de concentration ou de salut national ou "d'autorité" avec un militaire à sa tête ("Et, d'après ces sources, un certain militaire est déjà prêt"), un gouvernement principalement

composé par des représentants du centre et des socialistes ; toujours selon Hernández, "il ne semble pas faire de doute que le haut commandement a eu et a encore des discussions avec des dirigeants socialistes, centristes et d'autres partis" à propos d'une manœuvre qui, telle qu'elle est décrite par le journaliste, ressemble à un coup d'Etat mou : "Toutes les sources consultées insistent sur le fait qu'il ne s'agit pas d'un coup d'Etat militaire proprement dit, mais d'une tentative tout à fait réfléchie de mettre de l'ordre dans la situation actuelle pour précisément éviter un coup d'Etat militaire. Selon les hommes politiques impliqués directement dans les conversations, l'«opération» est inévitable et presque préparée" (cinq jours après cet article, Hernández fait de nouveau pression pour la formation d'un gouvernement de salut national dans "La tregua", *Ya*, 29-1-1981). Le fait que Suárez savait qu'à la tête de cette opération se trouvait le général Armada est confirmé, par exemple, par Fernando Alvarez de Miranda – l'un des chefs démocrates-chrétiens de l'UCD les plus critiques envers le président – qui eut un long entretien avec lui à cette période : "J'ai fini par lui redire que, selon moi, la situation était très mauvaise, que pour la démocratie les sonnettes d'alarme étaient tirées depuis un bon moment déjà et qu'en l'absence de majorité absolue au Parlement, il fallait chercher une coalition avec le parti de l'opposition. Il me regarda avec tristesse, en disant : «Oui, je sais très bien que tout le monde veut ma tête, et que même les socialistes laissent entendre qu'ils seraient favorables à un gouvernement de coalition, présidé par un militaire, le général Armada. Je n'accepterai pas ce genre de pression, quitte à sortir de la Moncloa les pieds devant" (*Del "contubernio" al consenso*, p. 145). Quant aux rumeurs d'une motion de censure, plusieurs années après sa démission, Suárez dit à Luis Herrero, son ami personnel et fils de son mentor politique Fernando Herrero Tejedor : "J'ai découvert qu'il existait une conspiration au sein du groupe parlementaire pour me faire perdre le vote d'une autre motion de censure, la seconde en quelques mois seulement, que le PSOE était sur le point de présenter. Plusieurs députés de l'UCD l'avaient déjà signée et les papiers étaient conservés dans un coffre-fort" (*Los que le llamábamos Adolfo*, p. 213). Par ailleurs, Miguel Herrero de Miñón reconnaît que des démarches avaient été faites pour présenter la motion de censure. Voir Prieto et Barbería, *El Enigma del Elefante*, p. 116.

35. Dans *23-F. La conjura de los necios*, p. 190-191, Cernuda, Jáuregui et Menéndez donnent des détails sur l'entretien entre Armada et Todman, qui d'après eux eut lieu dans la propriété du docteur Ramón Castroviejo. Des informations fiables sur Todman et le gouvernement américain et sa relation avec le coup d'Etat peuvent être lues dans l'ouvrage de Calderón et Ruiz Platero, *Algo más que el 23-F*, p. 203-209.

36. Sur les premiers – notamment sur Ramón Tamames –, voir Santiago Carrillo, *Memorias*, p. 710 ; sur les seconds – notamment sur Marcelino Camacho et Nicolás Redondo –, voir Santiago Segura et Julio Merino, *Las Vísperas del 23-F*, p. 266-267.

37. On peut lire "Panorama des opérations en cours" dans Prieto et Barbería (*El Enigma del Elefante*, p. 280-293) ; dans Cernuda, Jáuregui

et Menéndez (*23-F. La conjura de los necios*, p. 295-308) ; ou dans Pardo Zancada (*23-F. La pieza que falta*, p. 403-417).

38. Voir par exemple Fernández López, *Diecisiete horas y media*, p. 214-218, et Prieto et Barbería, *El Enigma del Elefante*, p. 223-232.

39. Voir Cernuda, Jáuregui et Menéndez, *23-F. La conjura de los necios*, p. 116-119.

40. On peut les lire dans Juan Blanco, *23-F. Crónica fiel...*, p. 527 et 529 ; l'arrêté rendu par Milans del Bosch, dans Urbano, *Con la venia...*, p. 360-364, ou Pardo Zancada, *23-F. La pieza que falta*, p. 416-417.

41. Pardo Zancada (*23-F. La pieza que falta*, p. 81) dont je reprends pour l'essentiel le rapport des événements intervenus dans la division blindée Brunete.

DEUXIÈME PARTIE. UN PUTSCHISTE FACE AU COUP D'ÉTAT (p. 93-158)

1. Alfonso Armada, *Al servicio de la Corona. Palabras de un militar*, Madrid, Ibérica Europea de Ediciones, 1981, p. 254.

2. Sur la question du pacte dit "d'oubli", discutée jusqu'à l'épuisement ces dernières années, il suffit de renvoyer à deux articles incontournables de Santos Juliá : "Echar al olvido. Memoria y amnistía en la transición", *Claves de razón práctica*, n° 129, janvier-février 2003, p. 14-24 ; et "El franquismo : historia y memoria", *Claves de razón práctica*, n° 159, janvier-février 2005, p. 4-13.

3. Max Weber, "La política como vocación", *El Político y el Científico*, Madrid, Alianza Editorial, 1967, p. 160.

4. Gutiérrez Mellado exprima la même idée de différentes manières. Voir Puell de la Villa, *Manuel Gutiérrez Mellado*, p. 160.

5. Carlos Iniesta Cano, "Una lección de honradez", *El Alcázar*, 27-9-1976.

6. Nous ne connaissons pas la phrase exacte de Suárez, mais c'est peu ou prou celle-ci qu'il s'attribue dans son entretien avec Sol Alameda : voir Santos Juliá *et al.* (coord.), *Memoria de la transición*, p. 452 ("Ma réponse fut qu'avec les statuts actuels du PCE, sa légalisation était impossible") ; ou aussi ses déclarations à Nativel Preciado, citées par Nicolás Sartorius et Alberto Sabio, *El Final de la dictadura*, p. 743. Dans son entretien avec Sol Alameda, Suárez dit que, s'il a parlé de la légalisation du PCE, ce n'était pas sur sa propre initiative, comme on l'a si souvent prétendu (voir par exemple ce qu'en dit son vice-président de l'époque, Alfonso Osorio, dans Victoria Prego, *Así se hizo la transición*, p. 536-537), mais pour répondre aux questions formulées par les militaires. Une version vraisemblable de ce qui a pu avoir lieu lors de cette réunion décisive est donnée par Fernández López, dans *Diecisiete horas y media*, p. 17-20, d'où provient la citation du général Prada Canillas. La citation du discours de Suárez devant les Cortès franquistes, dans Prego, *Así se hizo la transición*, p. 477.

7. Notamment Alfonso Osorio (*Trayectoria de un ministro de la Corona*, p. 277), ou Sabino Fernández Campo (Javier Fernández López, *Sabino Fernández Campo. Un hombre de estado*, Barcelone, Planeta, 2000,

p. 98-103). Quant à l'hésitation de Suárez à légaliser les communistes, au mois de décembre 1976 le président déclara à Ramon Trias Fargas, un nationaliste catalan à la tête de l'Esquerra democràtica de Catalunya, encore illégale à l'époque, qu'"il ne pouvait pas mettre en péril la démocratisation pour un détail tel qu'une négociation avec les communistes" (Jordi Amat, *El Laberint de la llibertat. Vida de Ramon Trias Fargas*, Barcelone, La Magrana, 2009, p. 317) ; en janvier 1977, quand une commission des partis de l'opposition démocratique se réunit avec Suárez pour aborder le sujet de la légalisation des partis politiques, le président refusa de discuter celle du PCE (Sartorius et Sabino, *El Final de la dictadura*, p. 765) ; et encore à la mi-février, d'après Salvador Sánchez-Terán – alors gouverneur civil de Barcelone et, quelques mois plus tard, conseiller du président du gouvernement –, "la thèse officieuse [...] était que la légalisation du PCE ne pouvait pas être abordée par le gouvernement Suárez et qu'elle devait être réservée aux premières Cortès démocratiques ; cela impliquait qu'en tant que tel, le PCE ne pouvait pas participer aux élections générales" (Sánchez-Terán, *Memorias. De Franco a la Generalitat*, Barcelone, Planeta, 1988, p. 248).

8. Voir par exemple le récit de Pardo Zancada (*23-F. La pieza que falta*, p. 71-73), qui assista aux funérailles du général Ortín.

9. Puell de la Villa, *Manuel Gutiérrez Mellado*, p. 202 ; ou dans le reportage audiovisuel de Victoria Prego, "Asalto a la democracia", dans *El Camino de la libertad*, Barcelone, Planeta/De Agostini, 2008.

10. José Oneto, *Los Últimos Días de un presidente. De la dimisión al golpe de estado*, Barcelone, Planeta, 1981, p. 152. La scène est racontée de manière quelque peu différente par Josep Melià, dans *Así cayó Adolfo Suárez*, p. 111. Le premier évoqua l'anecdote de Suárez et Gutiérrez Mellado dans plusieurs reportages radiophoniques et télévisés. Voir le document de la Radio nacional de España, *Manuel Gutiérrez Mellado. La cara militar de la Transición*, juin 2006, cité par Manuel de Ramón, *Los Generales que salvaron la democracia*, Madrid, Espejo de Tinta, 2007, p. 62.

11. Après la démission de Suárez, on spécula beaucoup sur ses problèmes de santé que certains tenaient pour responsables de sa démission, ou du moins de sa paralysie de l'automne et de l'hiver 1980. Ces spéculations manquaient de fondement : Suárez n'eut pas de problèmes de santé à cette époque-là, mais à l'automne de l'année précédente, quand pendant deux mois il avait eu des maux de tête si lancinants qu'il dut être traité plusieurs heures par jour par les médecins, jusqu'à ce qu'ils découvrent qu'il n'avait pas de tumeur au cerveau, mais un simple problème dentaire. Suárez le raconte lui-même dans son entretien avec Sol Alameda, dans Santos Julià *et al.* (coord.), *Memoria de la transición*, p. 459. Voir aussi "La buena salud del presidente Suárez", dans Justino Sinova (éd.), *Historia de la transición*, vol. II, p. 648-649.

12. Josefina Martínez, *ABC*, 27-9-2007.

13. Extrait d'*El Príncipe y el Rey*, de José García Abad, publié par *El Siglo*, n° 781, 31-3-2008.

14. Juan Carlos Ier, *Discoursos. 1975-1995*, Madrid, Departamento de Publicaciones del Congreso de los Diputados y el Senado, 1996, p. 280-281.

15. Voir Charles Powell, *Juan Carlos, un rey para la democracia*, Barcelone, Ariel/Planeta, 1995, p. 278-279. Une phrase d'un dirigeant de l'UCD pourrait cautionner cette version de cette scène advenue le 4 janvier à La Pleta entre le roi et Suárez : "Il paraît que celui qui le put a entendu le dimanche 25 [janvier] un commentaire du roi : «Arias fut un vrai gentleman : quand j'ai évoqué l'idée de sa démission, il me l'a présentée" (Emilio Attard, *Vida y muerte de UCD*, p. 189).

16. Adolfo Suárez, *Fue posible la concordia*, p. 262-266 ; sur la manière dont le discours a été rédigé, voir Josep Melià – qui fut chargé d'ébaucher le premier jet –, *Así cayó Adolfo Suárez*, p. 94-96 ; et aussi Fernández López, *Sabino Fernández Campo*, p. 136.

17. Suárez explique les raisons de son soutien à González au XXVIIIe congrès du PSOE dans son entretien avec Sol Alameda ; voir Santos Juliá *et al.* (coord.), *Memoria de la transición*, p. 460. Voir aussi, de Juliá, *Los Socialistas en la política española, 1879-1982*, p. 535.

18. Voir Victoria Prego, *Adolfo Suárez. La apuesta del Rey (1976-1981)*, Madrid, Unidad Editorial, 2002, p. 28.

19. En réalité, la contre-vérité selon laquelle Javier Calderón organisa à la tête du CESID le coup d'Etat n'a pas vu le jour en 1981, mais quinze ans plus tard. L'histoire en est intéressante. En 1996, après avoir passé une décennie loin du Centre, Calderón rejoignit le CESID au poste de directeur général et, à la suite de la restructuration qu'il mit en place, plusieurs dizaines de personnes furent renvoyées. Se trouvait parmi elles Diego Camacho López-Escobar. Camacho crut que son expulsion n'était pas la conséquence de son incompétence professionnelle, de son caractère conflictuel ou de l'hostilité de la majorité des dirigeants du CESID à son égard, mais de la correction que Calderón voulait lui infliger pour son attitude après le 23 février, quand, alors capitaine de l'AOME sous les ordres de Cortina, il avait dénoncé devant Calderón la participation de son chef immédiat au coup d'Etat : en l'expulsant du CESID quinze ans plus tard, Calderón s'était vengé des problèmes que la dénonciation de son subordonné avaient suscités après le coup d'Etat, en impliquant des membres de son service. Il n'est pas facile de croire à la version de Camacho : j'ai déjà dit qu'à la suite du coup d'Etat, Calderón avait expulsé Cortina du CESID – de même que tous les suspects qui avaient agi en faveur des rebelles – mais non Camacho ni les autres agents qui avaient dénoncé les mouvements putschistes au sein du Centre et qui continuèrent pendant les années qui suivirent à y travailler (l'un d'eux fut expulsé avec Camacho en 1996, ce qui ne fut pas le cas pour au moins un d'entre eux) ; d'autre part, après le coup d'Etat, Camacho et Calderón entretinrent encore quatorze ans durant une solide amitié qui de fait avait vu le jour avant le coup d'Etat, quand Calderón avait introduit Camacho comme son officier de confiance d'abord au CESID puis à l'AOME ; de plus (et surtout), bien qu'après le coup d'Etat Camacho eût denoncé Cortina, ni

alors ni pendant les quatorze ans qui suivirent il ne dénonça Calderón : il ne dit jamais que Calderón avait participé au coup d'Etat, encore moins qu'il l'avait organisé. Quoi qu'il en soit, après son expulsion du service de renseignements, Camacho fut mis en examen et arrêté pour avoir fait à la presse des déclarations contraires à la discipline, et c'est alors que sa carrière militaire prit fin. A partir de ce moment-là, il commença à attribuer à Calderón et au CESID l'idée et l'exécution du 23 février, une attribution qui peu après inspira le livre de Jesús Palacios, *23-F. El golpe del CESID*.

20. La première autorité était le général Nicolás Cotoner y Cotoner, marquis de Mondéjar ; la deuxième, le chef du Service militaire du roi, le général Joaquín de Valenzuela. Le fonctionnement du palais et les attributions de chacune des autorités qui le dirigent sont expliqués en détail dans Javier Cremades, *La Casa de S. M. el Rey*, Madrid, Civitas, 1998, p. 61-105.

21. Quelques jours seulement après l'échec du 23 février, le général Quintana Lacaci dit au nouveau ministre de la Défense, Alberto Oliart, au cours de leur première réunion : "Monsieur le ministre, avant de m'asseoir, je dois vous dire que je suis franquiste, que je chéris le souvenir du général Franco, que j'ai été durant huit ans le colonel de son régiment de garde, que la médaille militaire que je porte, je l'ai méritée en Russie, que j'ai fait la guerre civile ; vous pouvez donc imaginer quelle est ma façon de penser. Mais Franco m'a donné l'ordre d'obéir au roi et le roi m'a ordonné d'arrêter le coup d'Etat du 23 février et je l'ai arrêté ; si le roi m'avait ordonné de prendre les Cortès d'assaut, je l'aurais fait." Voir Paul Preston, *Juan Carlos. El Rey de un pueblo*, p. 533.

TROISIÈME PARTIE. UN RÉVOLUTIONNAIRE FACE AU COUP D'ÉTAT (p. 159-227)

1. Voir Santiago Carrillo, *Memorias*, p. 712.

2. Max Weber, "La política como vocación", *El Político et el Científico*, p. 160.

3. Fernando Claudín, *Santiago Carrillo*, p. 303.

4. Sánchez Navarro, *La Transición española en sus documentos*, p. 288 ; "Tras la inevitable caída...", *Mundo obrero*, 7-7-1976.

5. Voir par exemple Alfonso Osorio, *Trayectoria de un ministro de la Corona*, p. 277, ou Rodolfo Martín Villa, *Al servicio del estado*, Barcelone, Planeta, 1984, p. 62. C'est peut-être Salvador Sánchez-Terán qui résume le mieux l'opinion de l'entourage de Suárez sur l'attitude des communistes face aux assassinats d'Atocha : "Le PCE a gagné en quelques heures – certes au prix du sang de ses hommes – plus de respectabilité démocratique que dans toutes ses revendications de liberté exprimées tout au long de la Transition" (*La Transición. Síntesis y claves*, Barcelone, Planeta, 2008, p. 157-158).

6. La version la plus détaillée que je connaisse de l'entretien entre Suárez et Carrillo – une version que même ses protagonistes ont qualifiée

de valable – se trouve dans Joaquín Bardavío, *Sábado Santo rojo*, Madrid, Ediciones Uve, 1980, p. 155-171. Carrillo s'y réfère largement dans *Juez y parte. 15 retratos españoles*, Barcelone, Plaza y Janés, 1995, p. 218-223. Par ailleurs, peu après l'entretien, Carrillo raconta à Manuel Azcárate que, durant celui-ci, Suárez lui avait dit : "Dans ce pays, il y a deux hommes politiques : vous et moi" (Manuel Azcárate, *Crisis del eurocomunismo*, Barcelone, Argos-Vergara, 1982, p. 247). Quant au changement de l'opinion publique en faveur de la légalisation du PCE, il fut de fait spectaculairement rapide ; voir les données des enquêtes que fournit Tusell dans *La Transición a la democracia*, p. 116.

7. La première citation de Carrillo, dans Prego, *Así se hizo la transición*, p. 656 ; la seconde, dans Morán, *Miseria y grandeza del partido comunista de España. 1939-1985*, p. 542, d'où je tire en grande partie le récit sur la réunion de la rue Capitán Haya : c'est Morán lui-même qui dit que le papier lu par Carrillo fut écrit par Suárez. Mais voir aussi Prego, *Así se hizo la transición*, p. 663-667.

8. *Le Monde*, 20-10-1977. Cité par Fernando Claudín, *Santiago Carrillo*, p. 279.

9. Fernando Claudín, *Santiago Carrillo*, p. 281.

10. Carlos Abella, *Adolfo Suárez*, p. 455.

11. Santiago Carrillo, *Memorias*, p. 712.

12. Il faut dire que, dans ses Mémoires, Guerra regrette cette phrase – prononcée au mois de septembre 1979, pendant le congrès extraordinaire du PSOE ; voir *Cuando el tiempo nos alcanza*, p. 274-275.

13. Karl Marx, *El 18 Brumario de Luis Bonaparte*, Madrid-Barcelone, Ediciones Europa-América, 1936, p. 11.

14. Nicolás Estévanez, *Fragmentos de mis memorias*, Madrid, Tipográfico de los Hijos de R. Alvarez, 1903, p. 460.

15. Les guillemets proviennent, de manière presque littérale, de Santiago Carrillo, *Memorias*, p. 712-716. Ce qui s'est passé dans la salle des Horloges est aussi reconstitué par Alfonso Guerra, dans *Cuando el tiempo nos alcanza*, p. 297-301.

16. Entretien de Santiago Carrillo réalisé par María Antonia Iglesias, *El País semanal*, 9-1-2005.

17. Fernando Claudín, *Santiago Carrillo*, p. 19.

18. Ian Gibson, *Paracuellos : cómo fue*, Madrid, Temas de Hoy, 1983 ; Jorge M. Reverte, *La Batalla de Madrid*, Barcelone, Crítica, 2004, p. 673-679, où on reproduit le rapport de la réunion entre communistes et anarchistes pendant laquelle les exécutions de Paracuellos avaient été planifiées ; et Angel Viñas, *El Escudo de la República. El oro de España, la apuesta soviética y los hechos de mayo de 1937*, Barcelone, Crítica, 2007, p. 35-78.

19. Antonio Elorza dit que l'ordre ne vint pas d'Orlov, et qu'"il ne put être pris que par le délégué de l'Internationale communiste en Espagne", Victorio Codovilla ("Codovilla en Paracuellos", *El País*, 1-11-2008).

20. Ian Gibson, *Paracuellos*, p. 229.

21. *Diario 16*, 16-3-1981.

22. José García Abad, *Adolfo Suárez*, p. 22.

23. M. Vázquez Montalbán, "José Luis Cortina Prieto. Cocido madrileño nocturno", dans *Mis almuerzos con gente inquietante*, Barcelone, Planeta, 1984, p. 91.

24. De fait, le GODSA fut l'aboutissement d'un groupe d'études appelé Equipe XXI, fondé par Antonio et José Luis Cortina à la fin des années 1960 et qui, dans de nombreux articles publiés dans les revues de l'époque, exprimait une vision de la Phalange à la fois radicale et tempérée. Sur l'Equipe XXI, voir Jeroen Oskam, *Interferencias entre política y literatura bajo el franquismo*, Amsterdam, Universiteit van Amsterdam, 1992, p. 215, 226 et 234, entre autres ; sur le GODSA, voir Cristina Palomares, *Sobrevivir después de Franco*, Madrid, Alianza Editorial, 2006, p. 198-205.

25. Mon récit se cale essentiellement sur celui de Fernández López, dans *Diecisiete horas y media*, p. 133-134. Les propos de Tejero sont évoqués par Aramburu dans Manuel de Ramón, *Los Generales que salvaron la democracia*, p. 99, où on peut aussi lire la version de l'affrontement entre Aramburu et Tejero, rapportée par Aramburu lui-même et l'un des gardes civils de Tejero.

26. Tout ce qui est survenu dans le Parlement pendant la soirée et la nuit du 23 février et la matinée du 24 est abordé en détail dans un rapport commandé par le président de la Chambre, rédigé par ses secrétaires – Víctor Carrascal, Leopoldo Torres, Soledad Becerril et José Bono – et remis au juge d'instruction ; il porte la date du 15 mars 1981, consiste en trente-cinq pages et inclut plusieurs annexes dans lesquelles tout est précisé, des dégâts produits dans le Congrès par les assaillants jusqu'aux consommations d'alcool – notamment dix-neuf bouteilles de champagne, dont quatre de Moët & Chandon –, de nourriture et de tabac, prises dans la cantine parlementaire. Une partie de mon rapport provient de cette source.

27. Selon *El País* (25-2-1981), il y avait dans le Congrès un autre transistor, appartenant au député de l'UCD Enrique Sánchez de León ; selon José Oneto (*La Noche de Tejero*, Barcelone, Planeta, 1981, p. 123), l'appareil qu'écoutait Abril Martorell appartenait à Julen Guimon, lui aussi député de l'UCD.

QUATRIÈME PARTIE. TOUS LES COUPS D'ÉTAT DU COUP D'ÉTAT (p. 229-304)

1. Fernández López évoque certaines des hypothèses sur l'autorité militaire attendue dans le Congrès dans *Diecisiete horas y media*, p. 218-223. La déclaration de Suárez fut reprise par l'agence EFE le 16 septembre 1988. Voir Juan Blanco, *23-F. Crónica fiel...*, p. 42.

2. Voir Fernández López, *Diecisiete horas y media*, p. 73-75.

3. Je reprends l'anecdote du général Sanjurjo de Pardo Zancada, *23-F. La pieza que falta*, p. 160. La citation de Calvo Sotelo provient de Victoria Prego, "Dos barajas para el golpe", *El Mundo*, 4-7-2008. Peu après le coup d'Etat, le journaliste Emilio Romero – très proche des putschistes – donna une opinion identique à celle que des années plus tard donnerait

Calvo Sotelo dans "De la radio a la prensa", son prologue à *La Noche de los transistores*, de Rosa Villacastín et María Beneyto, Madrid, San Martín, 1981, p. 7. D'autre part, la prétendue trame civile fut dénoncée trop hâtivement, dans *Todos al suelo : la conspiración et el golpe* (Madrid, Punto Crítico, 1981), par Ricardo Cid Cañaveral et d'autres journalistes, ce qui eut pour effet que les accusés présentèrent une plainte contre eux ; plus tard, certains de ces journalistes sont revenus sur leurs accusations (voir Cernuda, Jáuregui et Menéndez, *23-F. La conjura de los necios*, p. 225-228). Si on dispose de beaucoup de temps, on peut consulter sur cette affaire le livre de Juan Pla, *La Trama civil del golpe*, Barcelone, Planeta, 1982.

4. Alfonso Armada, *Al servicio de la Corona*, p. 149 et 146.

5. Gabriel Cardona, *Los Milans del Bosch*, Barcelone, Edhasa, 2005, p. 340-341. L'antipathie de Milans pour Gutiérrez Mellado devint publique après le coup d'Etat dans une lettre publiée par *El Alcázar* (28-8-1981), dans laquelle, après avoir dit que le seul adjectif qui convienne à l'ex-vice-président du gouvernement est celui de "méprisable" et avant de le traiter de lâche et de traître, il ajoute : "On ne peut pas recevoir de leçons d'éthique militaire de toi, pour la simple raison que tu l'ignores. Je veux croire que tu es fou, ce qui justifierait tes réactions fréquentes et hystériques..."

6. Rafael Sánchez Ferlosio, *God & Gun. Apuntes de polemología*, Barcelone, Destino, 2008, p. 273.

7. *El Imparcial*, 31-8-1978. La scène avec Tejero devant le cadavre du garde civil assassiné est racontée par José Luis Martín Prieto dans une de ses chroniques du procès qui suivit le 23 février ; voir *Técnica de un golpe de estado*, p. 269.

8. Manuel Gutiérrez Mellado, *Un soldado de España*, p. 32.

9. Le rapport envoyé par Armada à la Zarzuela est traditionnellement attribué à un professeur d'université de droit constitutionnel ; mais, selon Fernández López, il est plus probable qu'il s'agit d'un professeur de droit administratif ; Fernández López lui-même propose un nom : Laureano López Rodó. Voir *Diecisiete horas y media*, p. 71-73 ; et, du même auteur, *Sabino Fernández Campo*, p. 131-132. Que le rapport fût sorti de la Zarzuela et ait circulé dans le petit Madrid du pouvoir est confirmé par Emilio Romero, dans *Tragicomedia de España*, Barcelone, Planeta, 1985, p. 275.

10. Carlos Abella, *Adolfo Suárez*, p. 437.

11. Sur les rumeurs selon lesquelles un groupe de capitaines généraux demanda au roi la démission de Suárez, voir Pardo Zancada, *23-F. La pieza que falta*, p. 185 ; sur les rumeurs d'une motion de censure, voir la note en bas de la p. 72.

12. Voir le long rapport que Manuel Fraga fait de l'entretien qu'il eut avec le roi le 24 novembre, dans *En busca del tiempo servido*, p. 223 *sq.* Felipe González se rendit à la Zarzuela au début du mois de décembre ; voir, par exemple, Antonio Navalón et Francisco Guererro, *Objetivo Adolfo Suárez*, Madrid, Espasa Calpe, 1987, p. 183. Quant au discours du roi, il n'est pas inutile de rappeler que dans ses Mémoires, Armada dit que

le 18 décembre, à la Zarzuela, le roi lui en montra le brouillon ; voir Alfonso Armada, *Al servicio de la Corona*, p. 225.

13. Voir Jesús Palacios, *23-F. El golpe del CESID*, p. 282-286, où les souvenirs d'Armada sont recueillis. Voir aussi la version qu'en donne Fernández López, *Diecisiete horas y media*, p. 75, et, sur le dîner d'Armada et du monarque évoqué plus bas, p. 267-268, voir les p. 92-93.

14. Outre les articles déjà cités, voir par exemple les déclarations de Josep Tarradellas, publiées le 1er février, recueillies par Europa Press et citées par Palacios, *23-F. El golpe del CESID*, p. 323 ; ou l'article de Fernando Reinlein dans *Diario 16*, 2-2-1981.

15. Manuel Fraga lui aussi eut alors l'impression que le roi hésitait ; le vendredi 30 janvier, le lendemain de la démission de Suárez, il note dans son journal : "Le roi a immédiatement entrepris des consultations constitutionnelles ; j'ai eu le sentiment qu'il n'était pas pressé, qu'il ne prenait rien pour acquis et que, cette fois-ci, les consultations n'étaient pas qu'une simple formalité." Il ajoute plus loin : "Le 31, le roi prit la décision, avec discernement, de ne pas proposer de candidat avant que l'UCD n'ait trouvé une solution à sa crise et (sans le dire) de donner ainsi du temps pour que les groupes politiques puissent prendre contact les uns avec les autres", *En busca del tiempo servido*, p. 230-231. Fraga dit aussi que, le 1er février, le roi ajourna un voyage prévu aux Etats-Unis. Quant à la possibilité de former un gouvernement de différents partis comme solution à la crise politique, elle fut discutée publiquement par les partis eux-mêmes et évoquée dans tous les journaux.

16. Voir les déclarations d'Armada recueillies par Jesús Palacios, dans *El Camino de la libertad (1978-2008)*, vol. IV, Madrid, Unidad Editorial, 2008, p. 10, où l'ancien secrétaire du roi dit aussi qu'il avait annoncé le coup d'Etat à Gutiérrez Mellado ; nous ne savons pas si, d'après Armada, il avait donné au général les noms des putschistes : de manière surprenante, il disait en 2001 qu'il ne l'avait pas fait "parce que cela me paraissait être un manque de loyauté" ; voir Cuenca Toribio, *23-F. Conversaciones con Alfonso Armada*, p. 99. A propos de sa conversation avec Armada, Gutiérrez Mellado déclara, lui, devant le juge d'instruction : "Quand je lui ai dit que j'avais une obsession, l'union permanente des armées, le général Armada m'a répondu avec ironie, comme j'ai pu le constater par la suite, que je pouvais être tranquille, car l'armée était très unie." Cité par Pilar Urbano, *Con la venia...*, p. 37.

17. La journaliste accréditée lors du procès – qui cite Agatha Christie – est Pilar Urbano, *Con la venia...*, p. 108. La version qui analyse en profondeur les prolégomènes du coup d'Etat se trouve dans la sentence du conseil de guerre : voir par exemple Martín Prieto, *Técnica de un golpe de estado*, p. 335 *sq.* ; la version de Tejero se trouve dans sa déclaration au procureur, publiée par Merino dans *Tejero. 25 años después*, p. 163 *sq.*

18. Cette théorie est notamment défendue par Pilar Urbano dans *Con la venia...*, p. 306.

19. Niccolò Machiavelli, *De principatibus*, éd. Giorgio Inglese, Rome, Istituto Storico Italiano per il Medio Evo, 1994, p. 286.

20. Les déclarations devant le juge du sergent Rando Parra et du capitaine Rubio Luengo – membres de l'unité de Cortina – peuvent être lues dans Juan Blanco, *23-F. Crónica fiel*..., p. 487-494. Deux versions du rapport nommé Jáudenes – dans lesquelles figurent les dépositions sur la prétendue participation de plusieurs membres de l'AOME au coup d'Etat – se trouvent dans Cernuda, Jáuregui et Menéndez, *23-F. La conjura de los necios*, p. 309-327, et dans Perote, *23-F. Ni Milans ni Tejero*, p. 253-270. Javier Calderón et Florentino Ruiz Platero discutent en détail ces témoignages dans *Algo más que el 23-F*, p. 165-188.

21. Prieto et Barbería évoquent l'opération Mister dans *El Enigma del Elefante*, p. 223-232, et aussi Cernuda, Jáuregui et Menéndez, dans *23-F. La conjura de los necios*, p. 176-186.

22. Le membre de l'AOME est le capitaine Diego Camacho ; Jesús Palacios développe cette thèse dans *23-F. El golpe del CESID*, p. 230-231.

23. Certains auteurs prétendent que ce fut Cortina qui informa personnellement l'ambassadeur américain et le nonce du Vatican de l'imminence d'un coup d'Etat ; voir Cernuda, Jáuregui et Menéndez, *23-F. La conjura de los necios*, p. 191-198, ou Palacios, *23-F. El golpe del CESID*, p. 344-347.

24. Prieto et Barbería, *El Enigma del Elefante*, p. 185-186. Quant au témoignage du docteur Echave, on peut aussi voir le reportage télévisé intitulé *El 23-F desde dentro*, réalisé par Joan Ubeda en 2001 et diffusé par Público, le 23 février 2009. Juan de Arespacochaga est de ceux qui prétendent avoir eu des nouvelles du gouvernement d'Armada avant le coup d'Etat ; un gouvernement auquel, comme il l'avait pressenti au début, participeraient, "outre la personne que je respecte le plus politiquement et avec moi des millions d'Espagnols" (il pense sans doute à Manuel Fraga), "deux autres membres de la commission qui a rédigé la Constitution" ; il dit aussi qu'une liste du gouvernement se mit plus tard à circuler qui l'incluait lui-même et d'autres "représentants personnels au service de l'Espagne par-delà les partis et les drapeaux". Voir Juan de Arespocochaga, *Carta a unos capitanes*, p. 274-275.

25. La version que Tejero donne de l'entretien peut être lue dans Merino, *Tejero. 25 años después*, p. 232-236 ; celle d'Armada, dans *Al servicio de la Corona*, p. 242-243, et, avec plus de détails, dans Cuenca Toribio, *Conversaciones con Adolfo Armada*, p. 84-90. Il existe des reconstructions vraisemblables de l'événement chez Fernández López, *Diecisiete horas y media*, p. 161-165 ; Prieto et Barbería, *El Enigma del Elefante*, p. 182-187 ; Pardo Zancada, *23-F. La pieza que falta*, p. 296-300 ; Cernuda, Jáuregui et Menéndez, *23-F. La conjura de los necios*, p. 152-159 ; ou Palacios, *23-F. El golpe de CESID*, p. 410-415.

26. Ceux qui défendent la thèse du retard volontaire de la transmission du message du roi – même s'ils l'attribuent à des raisons distinctes et en tirent des conclusions différentes – vont de Pedro de Silva (*Las Fuerzas del cambio*, Barcelone, Prensa Ibérica, 1996, p. 204) à Amadeo Martínez Inglés (*23-F. El golpe que nunca existió*, Madrid, Foca, 2001, p. 145-148), en passant par Ricardo de la Cierva (*El 23-F sin máscaras*, Madrid, Fénix, 1999, p. 226).

27. Le message du roi dans, par exemple, Fernández López, *Diecisiete horas y media*, p. 166.

CINQUIÈME PARTIE. VIVE L'ITALIE ! (p. 305-383)

1. Adolfo Suárez, "Yo disiento", *El País*, 4-6-1982.
2. Le dialogue entre Suárez et le général de Santiago est repris de Victoria Prego, *Diccionario de la transición*, p. 557.
3. L'incident entre Suárez et Tejero est évoqué, entre autres, par Urbano, *Con la venia...*, p. 183, et Charles Powell, *Adolfo Suárez*, p. 180 ; José Oneto le restitue de manière romanesque dans *La Noche de Tejero*, p. 195.
4. L'anecdote survenue lors de la réunion de la Junte de défense nationale est racontée par Charles Powell, *Adolfo Suárez*, p. 181.
5. José Ortega y Gasset, *Mirabeau o el político*, dans *Obras completas*, vol. IV, Madrid, Taurus, 2005, p. 195-223.
6. Isaiah Berlin, *El Sentido de la realidad*, Madrid, Taurus, 1998, p. 67-68.
7. *Paris-Match*, 28-8-1976. Cité par García Abad, *Adolfo Suárez*, p. 354.
8. Je pense par exemple à Josep Melià qui dans *La Trama de los escribanos del agua*, p. 49-56, raconte les premiers temps de Suárez à Madrid ; c'est dans ce même livre, p. 49, que figure également l'anecdote concernant la première rencontre de Suárez avec le père de sa future épouse.
9. Gregorio Morán, *Adolfo Suárez*, p. 105 *sq.*
10. Le commentaire que Franco fait à son médecin personnel, Vicente Pozuelo, ne provient pas du livre de celui-ci, *Los 476 Días de Franco* (Barcelone, Planeta, 1995), mais de celui de Luis Herrero, *El Ocaso del régimen* (Madrid, Temas de Hoy, 1995), à qui Pozuelo a relaté l'épisode. Herrero dit que cette opinion était due "au fait que les services de renseignements avaient peu avant envoyé au Pardo une copie des notes que Suárez – à l'image de bon nombre de jeunes politiques du régime – avait envoyées au palais de la Zarzuela et qui résumait ses points de vue sur la transition politique qui approchait".
11. La phrase du roi est du mois de juillet 1972, et c'est son biographe, José Luis Navas, qui l'a entendue ; voir García Abad, *Adolfo Suárez*, p. 70.
12. Gregorio Morán, *Adolfo Suárez*, p. 261.
13. Le récit de Suárez peut être lu dans Victoria Prego, *Adolfo Suárez*, p. 26-27 ; plus de détails sur le même épisode sont donnés par Luis Herrero, dans *Los que le llamábamos Adolfo*, p. 135-138.
14. Le dessin de Forges, dans *Cambio 16*, 12-18 juillet 1976, p. 18.
15. Sánchez Navarro, *La Transición española en sus documentos*, p. 287.
16. Voir le documentaire "Nombres para una crisis", le 6 juillet 1976.
17. Machiavel, dans *De principatibus*, p. 289.

18. Sánchez Navarro, *La Transición española en sus documentos*, p. 288.

19. Adolfo Suárez, *Fue posible la concordia*, p. 26.

20. Sánchez Navarro, *La Transición española en sus documentos*, p. 355. Hormis Primo de Rivera, ceux qui défendirent la Loi pour la réforme politique dans les Cortès furent Fernando Suárez – qui était à la tête de sa commission –, Noel Zapico, Belén Landábury et Lorenzo Olarte.

21. Carlos Abella, *Adolfo Suárez*, p. 149.

22. Voir Alfonso Osorio, *Trayectoria de un ministro de la Corona*, p. 327-328. On trouve l'anecdote de la discussion sur le lieu que devaient occuper les députés de l'UCD dans l'hémicycle du Congrès dans Martín Villa, *Al servicio del estado*, p. 82, et Herrero de Miñon, *Memorias de estío*, p. 208.

23. L'éditorial s'intitule "Desorden autonómico, desorden partidario", *El País*, 30-12-1980.

24. Angel Quintana, *Roberto Rossellini*, Madrid, Cátedra, 1995, p. 187.

25. L'un de ces jeunes hommes politiques, Alfonso Osorio, reconnaît en 2006 : "Pour faire la Transition politique [...] il fallait quelqu'un de suffisamment intelligent et avec suffisamment de connaissances, de capacité de dialogue, de patience infinie, de manières exquises et d'irrésistible sympathie, et aucun des hommes politiques en 1976 ne réunissait toutes ces qualités [...]. Il y avait trop de présomption, trop d'arrogance, trop d'élitisme et de préjugés : précisément ce qu'Adolfo Suárez n'avait pas", "Prólogo" à Manuel Ortiz, *Adolfo Suárez y le bienio prodigioso*, Barcelone, Planeta, 2006, p. 20.

26. Michel de Montaigne, "De l'utile et de l'honeste", *Essais*, livre III, éd. P. Villey et V.-L. Saulnier, Paris, PUF, p. 791.

27. Max Weber, "La política como vocación", *El Político et el Científico*, p. 164 *sq.*

28. Adolfo Suárez, *Fue posible la concordia*, p. 293.

29. Leopoldo Calvo Sotelo, *Memoria viva de la transición*, p. 187-188.

30. Voir Adolfo Suárez, *Fue posible la concordia*, p. 359.

31. Adolfo Suárez, *Fue posible la concordia*, p. 293.

32. Le destinataire des propos de Fraga fut Ricardo de la Cierva, qui les reproduit dans *La Derecha sin remedio*, Barcelone, Plaza y Janés, 1987, p. 391.

33. L'anecdote de Suárez et de Hernández Mancha est racontée, par exemple, par José Díaz Herrera et Isabel Durán, dans *Aznar. La vida desconocida de un presidente*, Barcelone, Planeta, 1999, p. 373-374.

34. Hans Magnus Enzensberger, "Los héroes de la retirada", *El País*, 25-12-1989.

35. Adolfo Suárez, "El amor y la experiencia del dolor", son prologue à Mariam Suárez, *Diagnóstico : cáncer*, Barcelone, Debolsillo/Galaxia Gutemberg, 2005, p. 13.

36. Il existe un rapport sur la dernière apparition publique de Suárez dans Luis Herrero, *Los que le llamábamos Adolfo*, p. 297-298.

37. Les différentes dépositions de Tejero sur l'implication de Cortina sont examinées par Calderón et Ruiz Platero dans *Algo más que el 23-F*,

p. 166-171. Sur le rapport Jáudenes, voir la note en bas de la page 304. Les versions opposées de Rando Parra et Rubio Luengo, d'un côté, et de Cortina, de l'autre, aussi dans Palacios, *23-F. El golpe de* CESID, p. 31-58, où sont données des informations abondantes sur ce qui s'est passé à l'AOME après le coup d'Etat.

38. Pardo Zancada, *23-F. La pieza que falta*, p. 324.

39. Le texte présentant les conditions de capitulation des assaillants du Congrès, appelé "le pacte du Capot", peut être lu dans l'appendice documentaire inclus dans le livre de Pardo Zancada, *23-F. La pieza que falta*, p. 425. (A ce propos, c'est Pardo Zancada qui prétend que le pacte de reddition fut signé "sur le toit" d'un de ses véhicules, et non, comme on le dit d'habitude et comme le répète le lieutenant-colonel Fuentes – voir *El Pacto del capó*, p. 135 –, sur le capot.) On peut y lire également (p. 412 *sq.*) la déclaration rédigée par les assaillants du Congrès et envoyée à la presse, le texte du dernier télex envoyé par la Zarzuela à Milans, celui de l'arrêté de Milans qui annulait l'arrêté où il déclarait l'état d'exception à Valence ou celui du message que la Zarzuela fit parvenir à Pardo Zancada par l'intermédiaire de San Martín pour faciliter sa reddition.

ÉPILOGUE : PROLOGUE D'UN ROMAN (p. 385-405)

1. Martín Prieto, *Técnica de un golpe de estado*, p. 387. Les chroniques recueillies dans le livre de Martín Prieto constituent un excellent récit de ce qui s'est passé pendant le procès. On peut aussi consulter le livre déjà cité plus haut de l'avocat de Milans, Santiago Segura, écrit en collaboration avec le journaliste Julio Merino, *Jaque al Rey*, et celui de José Oneto, *La Verdad sobre el caso Tejero*, celui de Manuel Rubio, *23-F. El proceso*, ainsi que le récit d'Urbano dans *Con la venia...*, p. 311-357.

2. Sur les appels et la sentence définitive du Tribunal suprême, voir simplement Fernández López, *Diecisiete horas y media*, p. 195-198.

3. Voir Santos Juliá, "El poder del Rey", *El País*, 17-11-2007.

4. La date à laquelle s'achève la Transition est un sujet très débattu. On dit d'habitude que la démocratie se consolide au mois d'octobre 1982, avec l'arrivée des socialistes au pouvoir, mais Linz et Stepan – dont la thèse est qu'une démocratie s'est affirmée quand elle est devenue *"the only game in town"* – considèrent que la date-clé est peut-être le 23 février ou, plus précisément, le moment où l'emprisonnement du général Milans del Bosch et du lieutenant-colonel Tejero se produisit "sans que cela suscite aucun mouvement significatif, ni parmi les militaires, ni dans la société civile, alors que tous deux demandent l'indulgence pour eux" ; *Problems of Democratic Transition and Consolidation*, p. 108-110.

5. Le torero est Rafael de Paula, interviewé par Miguel Mora dans *El País*, 31-3-2006 ; le poète est José Bergamín, interviewé par Gonzalo Suárez, dans *La Suela de mis zapatos*, Barcelone, Seix Barral, 2006, p. 2007.

6. Alan Pauls, *El Factor Borges*, Barcelone, Anagrama, 2004, p. 42.

7. Juan J. Linz, "La transición española en perspectiva comparada", dans J. Tusell et Álvaro Soto (éd.), *Historia de la transición*, p. 21.

8. Odo Marquard, *Filosofía de la compensación : estudios sobre antropología filosófica*, Barcelone, Paidós, 2001, p. 41.

REMERCIEMENTS

Au terme de ce livre, je souhaiterais exprimer toute ma reconnaissance à bien plus de personnes que je ne puis en évoquer ici, mais je tiens à remercier tout particulièrement Miguel Ángel Aguilar, Luis Alegre, Óscar Alzaga, Jordi Amat, Luis María Anson, Jacinto Antón, José Luis Barbería, Josep Anton Bofill, Javier Calderón, Diego Camacho, Antoni Candela, Santiago Carrillo, Jaime Castillo, Carme Chacón, Jordi Corominas, Javier Fernández López, Manuel Fernández-Monzón Altolaguirre, Felipe González, Jordi Gracia, Manuel López, Lídia Martínez (et aussi Gemma Caballer et les autres bibliothécaires du Pavelló de la República), Carles Monguilod, Joaquim Nadal, Alberto Oliart, Ricardo Pardo Zancada, Javier Pradera, Joaquín Prieto, Ángel Quintana, Francisco Rico, Narcís Serra, Carlos Sobrino, Luis Miguel Sobrino, Mariano Torcal, David Trueba, Miguel Ángel Valladares et Enrique Zapata.

TABLE

Ouvrage réalisé
par l'Atelier graphique Actes Sud.
Achevé d'imprimer
en août 2010
par Normandie Roto Impression s.a.s.
61250 Lonrai
sur papier fabriqué à partir de bois provenant
de forêts gérées durablement (www.fsc.org)
pour le compte
des éditions Actes Sud
Le Méjan
Place Nina-Berberova
13200 Arles.

Dépôt légal
1re édition : septembre 2010
N° impression : 102828
(Imprimé en France)